DANIEL GOLEMAN

Le psychologue Daniel Goleman est né à Stockton (Californie). Diplômé de Harvard en psychologie clinique et développement personnel, il a écrit de nombreux articles scientifiques pour le *New York Times*. Il est l'auteur du best-seller *L'Intelligence émotionnelle* (tome 1, 1997 et tome 2, 1999 – Robert Laffont), qui est resté plus d'un an et demi sur la liste du *New York Times* et a été traduit dans trente langues. Membre de l'Association américaine pour le progrès de la science (American Association for the Advancement of Science), il dirige actuellement le groupe de recherche sur l'intelligence émotionnelle de l'université Rutgers, aux États-Unis. Il a publié un ouvrage avec le Dalaï-Lama intitulé *Surmonter les émotions destructrices* (Robert Laffont, 2003), suivi de *Cultiver l'intelligence relationnelle* (2009), chez le même éditeur.

Daniel Goleman vit dans le Massachusetts avec son épouse, la psychothérapeute Tara Bennett-Goleman.

Retrouvez l'actualité de l'auteur sur
http://danielgoleman.info

Cultiver l'intelligence
relationnelle

POCKET Évolution

Des livres pour vous faciliter la vie !

Tal Ben-Shahar
L'apprentissage de l'imperfection
Personne n'est parfait…

David Deida
Zen et autres plaisirs inattendus
Savoir être pleinement

Fehmi & Robbins
La pleine conscience
Guérir le corps et l'esprit par l'éveil de tous les sens

Gerd Gigerenzer
Le génie de l'intuition
Intelligence et pouvoirs de l'inconscient

Daniel Goleman
Cultiver l'intelligence relationnelle
Comprendre et maîtriser notre relation aux autres pour vivre mieux

Jon Kabat-Zinn
L'éveil des sens
Vivre l'instant présent grâce à la pleine conscience

Michelle Larivey
La puissance des émotions
Comment distinguer les vraies des fausses

McKay & Rogers
Les raisons de la colère
Les connaître pour apaiser le tourment intérieur

Daniel Goleman

Cultiver l'intelligence relationnelle

Comprendre et maîtriser notre relation aux autres
pour vivre mieux

*Traduit
par Claude-Christine Farny*

ROBERT LAFFONT

Titre original :
SOCIAL INTELLIGENCE

Le papier de cet ouvrage est composé de fibres naturelles, renouvelables, recyclables et fabriquées à partir de bois provenant de forêts plantées et cultivées durablement pour la fabrication du papier.

© Daniel Goleman, 2006
© 2009 Éditions Robert Laffont, S.A., Paris,
pour la traduction française
ISBN 978-2-266-20318-0

Aux générations futures

Découverte d'une nouvelle science

Au tout début de la seconde invasion de l'Irak, un groupe de soldats américains se dirigea vers une mosquée locale pour se mettre en rapport avec le chef religieux de la ville. Ils venaient solliciter son aide pour organiser la distribution de secours aux populations. Mais ils furent bientôt environnés par une foule de gens qui craignaient que ces soldats ne viennent arrêter leur chef spirituel ou détruire la mosquée, un sanctuaire important.

Des centaines de pieux musulmans, agitant leurs bras levés et poussant des cris hostiles, serraient de près le petit groupe d'hommes lourdement armés. L'officier qui les commandait, le lieutenant-colonel Christopher Hughes, réfléchit à toute vitesse.

S'emparant d'un porte-voix, il dit à ses hommes de mettre un genou à terre.

Puis il leur ordonna de pointer leur arme vers le sol.

Enfin il ajouta : « Souriez. »

Subitement, l'état d'esprit de la foule changea. Quelques personnes continuaient à crier, mais la grande majorité souriait en retour. Des hommes donnèrent même des tapes amicales dans le dos des soldats, à qui Hughes venait d'ordonner de s'éloigner, à reculons et sans cesser de sourire[1]*.

Cette rapide et intelligente manœuvre était le résultat d'une série impressionnante d'évaluations sociales effectuées par Hughes en quelques fractions de seconde : estimer le niveau d'hostilité de cette foule et sentir ce qui pourrait la calmer ; miser sur la discipline de ses hommes et sur leur confiance en lui ; décider quelle serait la réaction la plus apte à franchir la barrière de la langue et de la culture.

Une telle détermination, parfaitement adaptée à la situation, combinée à la capacité de lire les émotions des autres est ce qui distingue les officiers de police exceptionnels – et bien sûr les chefs militaires ayant affaire à des civils agités[2]. Que l'on approuve ou désapprouve la guerre en elle-même, cet incident illustre les brillantes capacités de l'intelligence relationnelle dans les situations les plus chaotiques, les plus tendues.

Ce qui a permis à Hughes de se tirer d'un mauvais pas, ce sont les mêmes circuits neuraux qui nous permettent de choisir immédiatement de fuir ou d'accepter la rencontre lorsque nous nous trouvons face à un individu inconnu et potentiellement dangereux. Ce radar interpersonnel a sauvé d'innombrables vies au cours de l'Histoire – et reste, aujourd'hui encore, indispensable à notre survie.

---

* Les notes sont regroupées, par chapitre, en fin d'ouvrage.

Sur un mode moins urgent, les circuits sociaux de notre cerveau nous guident à chaque rencontre, que ce soit en classe, dans la chambre à coucher ou les grands magasins. Ils interviennent lorsque deux amants se regardent les yeux dans les yeux et échangent leur premier baiser ou lorsque l'on sent qu'une personne retient ses larmes. Ils expliquent la qualité d'une conversation avec un ami, qui nous donne la sensation d'être nourris.

Ce système neural opère dans toutes les interactions qui nécessitent accord et synchronie. Il donne au juge la certitude de vouloir telle personne dans un jury, au négociateur la sensation physique que son interlocuteur ne fera pas d'offre plus intéressante, au malade le sentiment qu'il peut avoir confiance dans son médecin. Il explique la magie du moment où, dans une réunion, tout le monde cesse de remuer ses papiers, fait silence et s'attache à ce que dit l'orateur.

Et la science est aujourd'hui capable d'expliquer en détail les mécanismes neuraux à l'œuvre dans de telles situations.

Le cerveau sociable

Mon objectif, en écrivant ce livre, est de lever le voile sur une science émergente, une science qui fait presque quotidiennement des découvertes surprenantes sur notre monde interpersonnel.

Ce qu'elle a révélé de plus fondamental, jusqu'ici, est que tous nos circuits neuronaux sont câblés pour que nous puissions nous connecter les uns aux autres.

La neuroscience a découvert que, de par sa structure même, notre cerveau est *sociable*, c'est-à-dire inexorablement entraîné à établir un « arrimage » intime de cerveau à cerveau chaque fois que nous sommes en relation avec une autre personne. Cette passerelle neuronale fait que nous affectons le cerveau – et aussi le corps – de chaque individu que nous rencontrons, et vice versa.

Même les rencontres les plus banales agissent sur le cerveau en suscitant des émotions, qu'elles soient ou non bienvenues. Et plus nous sommes émotionnellement liés avec quelqu'un, plus l'effet réciproque se manifeste fortement. Nos échanges les plus puissants se produisent avec les personnes que nous fréquentons le plus souvent, année après année – notamment celles qui nous sont chères.

Pendant ces arrimages neuraux, nos cerveaux s'engagent dans un tango émotionnel, une danse des sentiments. Nos interactions sociales agissent comme des modulateurs, des thermostats interpersonnels qui régulent en permanence les aspects essentiels de notre cerveau en orchestrant nos émotions.

Les sentiments qui en résultent ont des conséquences d'une portée considérable qui se répandent dans tout notre corps, libérant des cascades d'hormones qui régulent nos systèmes biologiques, depuis notre cœur jusqu'à nos cellules immunitaires. Plus extraordinaire encore, la science explore aujourd'hui les liens existant entre les relations les plus stressantes et l'action de gènes spécifiques qui régulent le système immunitaire.

Nos relations ne modèlent donc pas uniquement notre expérience, mais aussi, et dans des proportions surprenantes, notre vie biologique. Le lien de cerveau à cerveau permet à nos relations de nous transformer dans des domaines aussi bénins que le fait de rire aux mêmes blagues, ou aussi profonds que l'activation (ou non) de tel gène dans nos cellules T, les fantassins de notre système immunitaire dans son incessante guerre contre les agressions extérieures.

Ce lien est une arme à double tranchant : les relations bénéfiques ont un impact positif sur notre santé, tandis que les relations négatives peuvent agir sur notre organisme comme un poison.

Presque toutes les découvertes scientifiques majeures dont je fais état dans ce livre sont postérieures à la publication de *L'Intelligence émotionnelle* en 1995, et il continue à s'en produire à un rythme de plus en plus rapide. Lorsque j'ai écrit *L'Intelligence émotionnelle*, je m'intéressais surtout à des capacités humaines essentielles qui sont *en nous*, la gestion de nos émotions et notre aptitude intérieure à nouer des relations positives. Dans le présent ouvrage, j'élargis mon angle de vue au-delà de la psychologie individuelle – les capacités intérieures de l'être – pour étudier la psychologie interpersonnelle : ce qui se produit lorsque nous sommes en relation[3].

Je considère ce livre comme le complément de *L'Intelligence émotionnelle,* puisqu'il explore le même champ de l'existence humaine d'un point de vue différent, un point de vue qui permet une compréhension élargie de notre univers personnel[4]. Nous nous intéresserons à ces moments éphémères qui naissent de nos interactions. Ils ont des conséquences profondes puisque nous comprenons maintenant comment, par la somme de ces moments, nous nous créons mutuellement.

Notre enquête portera sur des questions telles que : qu'est-ce qui fait d'un psychopathe un dangereux manipulateur ? Pouvons-nous réussir, en tant que parents, à rendre nos enfants plus heureux ? En quoi le couple peut-il constituer une assise bénéfique ? Les relations peuvent-elles nous protéger de la maladie ? Comment un professeur ou un chef peut-il faire en sorte que le cerveau de ses élèves ou de ses employés fonctionne au mieux de ses capacités ? Qu'est-ce qui peut aider des groupes soudés par la haine à vivre ensemble paisiblement ? Et que tirer de ces idées pour le genre de société que nous pouvons construire – et pour ce qui compte vraiment dans la vie de chacun d'entre nous ?

Corrosion sociale

Aujourd'hui, alors que la science découvre l'importance essentielle des relations nourrissantes, il semble que les rapports humains ne cessent de se dégrader. La corrosion sociale se manifeste sous différents visages.

• Dans un jardin d'enfants, la maîtresse demande à une fillette de six ans de ranger ses jouets ; celle-ci, prise d'une colère folle, hurle, renverse sa chaise, puis rampe sous le bureau de l'institutrice et donne des coups de pied si violents que les tiroirs du bureau répandent leur contenu. Cet épisode n'est qu'un exemple d'une épidémie de violence dans les jardins d'enfants constatée dans un seul secteur scolaire de Fort Worth, au Texas[5]. Les crises ne se produisaient pas uniquement chez les enfants pauvres, mais aussi chez les plus privilégiés. Certains expliquent le phénomène par la situation économique qui oblige les parents à travailler davantage, de sorte qu'en sortant de l'école, les petits passent plusieurs heures seuls ou dans une garderie et que les parents, en rentrant chez eux, sont à la limite de l'exaspération. Une autre explication s'appuie sur les statistiques montrant qu'en Amérique, 40 % des enfants de deux ans passent au moins trois heures par jour devant la télévision – temps pendant lequel ils n'ont aucune interaction avec des personnes susceptibles de leur inculquer comment se comporter. Plus ils regardent la télévision, plus ils sont intenables à l'âge scolaire[6].

• Dans une ville allemande, un motocycliste se fait renverser par un autre véhicule. Il reste étendu sur le trottoir, immobile. Les piétons passent près de lui, les automobilistes le regardent en attendant que le feu passe au vert, mais personne ne s'arrête pour lui porter secours. Enfin, au bout d'un long quart d'heure, le passager d'une voiture arrêtée au feu rouge baisse sa vitre et demande au motocycliste s'il est blessé, proposant d'appeler des secours sur son téléphone portable. Lorsque l'incident est diffusé à la télévision par la chaîne qui en a organisé la mise en scène, le public est scandalisé, car en Allemagne personne ne passe son permis de conduire sans avoir été initié aux premiers secours. Comme le dit un médecin urgentiste allemand : « Quand les gens voient une personne en danger, ils ne s'arrêtent même pas. On dirait qu'ils s'en moquent complètement. »

• En 2003 le célibat est devenu le mode d'existence le plus courant aux États-Unis. Alors qu'autrefois tous les membres de la famille se retrouvaient le soir, il semble de plus en plus difficile aux parents, aux enfants, aux époux, de passer du temps ensemble. Dans *Bowling Alone*, l'ouvrage qu'il a consacré à la désintégration du tissu social américain, Robert Putnam évoque le déclin du « capital social » constaté depuis vingt ans. Pour évaluer ce capital dans une société, on peut par exemple compter le nombre de réunions publiques qui y sont organisées et considérer le chiffre des adhésions à des clubs. Or, dans les années 1970, les deux tiers des Américains assistaient régulièrement aux réunions d'organisations dont ils faisaient partie, et dans les années 1990 cette proportion est tombée à un tiers environ[7]. Ces chiffres, estime Putnam, reflètent une diminution des connexions entre individus dans la société américaine. Depuis, des organisations d'un nouveau type ont connu un succès considérable, passant de 8 000 dans les années 1950 à plus de 20 000 à la fin des années 1990[8]. Mais contrairement aux clubs anciens où les gens se réunissaient et constituaient un tissu social durable, ces nouvelles structures tiennent leurs membres à distance. On reçoit sa carte d'adhésion par courrier électronique ou par la poste, et l'activité principale consiste à envoyer de l'argent, pas à rencontrer des gens.

Il y a aussi des inconnues dans les différentes manières dont les êtres se connectent – et se déconnectent – à travers le monde, puisque la technologie offre plusieurs types d'une communication minimale qui n'empêche pas l'isolement. Toutes ces tendances signalent la lente disparition des occasions de rencontre. Et l'inexorable montée en puissance des technologies est tellement insidieuse que personne n'a encore calculé son coût social et émotionnel.

Déconnexion progressive

Penchons-nous sur la triste situation de Rosie Garcia, patronne de l'une des boulangeries les plus fréquentées du monde, celle de la chaîne Hot & Crusty qui se trouve dans la gare centrale de New York. La foule des banlieusards qui s'y presse chaque jour de la semaine étire de longues files d'attente devant la boutique.

Mais Rosie a remarqué que ses clients paraissent de plus en plus distraits, leur regard perdu dans le vide. Elle demande : « Vous désirez ? » et ils ne réagissent pas.

Elle répète : « Vous désirez ? » sans plus de succès.

Alors elle crie : « *Vous désirez ?* » et finit par se faire entendre[9].

Ce n'est pas que les clients de Rosie soient sourds, c'est qu'ils ont les oreilles bouchées par le casque de leur baladeur. Ils sont ailleurs, perdus dans la musique de l'un de leurs morceaux préférés, oublieux du monde qui les entoure – ou, plus précisément, débranchés de tous les êtres qu'ils croisent.

Bien sûr, avant que le baladeur, le walkman et le téléphone portable isolent les passants, les coupant du contact brutal avec l'agitation de la rue, la voiture – instrument de passage à travers un espace public, bulle parfaitement isolée par le verre et le métal, sans compter le son lénifiant de l'autoradio – avait entamé le processus. Avant la généralisation de l'automobile, les moyens de transport classiques – marche à pied, voiture à cheval, char à bœufs – maintenaient la proximité entre les voyageurs et le monde qui les entourait.

La coquille individuelle créée par les écouteurs augmente l'isolement social. Même lors de rencontres en face à face avec une autre personne, le fait d'avoir les oreilles bouchées offre un prétexte facile pour traiter l'autre en objet, une chose à contourner plutôt qu'un être à reconnaître ou, du moins, à remarquer. Alors que la marche permet de saluer l'individu qui s'approche ou de passer quelques minutes à bavarder avec un ami, le port d'un casque permet de croiser les gens sans leur prêter attention, de les traverser du regard dans une attitude de dédain universel.

Certes, l'amateur de baladeur prétendra qu'il *est* en rapport avec quelqu'un – le chanteur, le groupe, l'orchestre branchés sur ses oreilles. Son cœur bat à l'unisson avec le leur. Mais ces êtres virtuels n'ont rien à voir avec les gens qu'il côtoie – dont l'existence lui est devenue à peu près indifférente, captivé qu'il est par sa musique. Plus la technologie absorbe les gens dans une réalité virtuelle, plus elle les rend sourds et aveugles à ceux qui les entourent. Et l'autisme social qui en résulte s'ajoute à la liste des effets non prévus liés à l'invasion continuelle de la technologie dans notre vie quotidienne.

La connectivité électronique permanente fait que notre travail nous poursuit, même pendant nos congés. Une enquête réalisée auprès de travailleurs américains a montré que 34 % d'entre eux gardent un contact tellement fréquent avec leur bureau pendant leurs vacances qu'ils en reviennent aussi tendus, ou plus, qu'avant de partir[10]. Courrier électronique et téléphone cellulaire pénètrent les principales frontières protégeant le temps libre et la vie de famille. Le téléphone portable peut sonner pendant un pique-nique avec les enfants, et, à la maison, papa et maman peuvent négliger la vie familiale parce qu'ils doivent absolument consulter leurs courriels tous les soirs.

Bien sûr, les enfants ne s'en aperçoivent pas vraiment – ils sont eux-mêmes scotchés devant leur ordinateur ou le téléviseur de leur chambre. Un rapport français sur une enquête menée dans le monde entier auprès de 2,5 milliards de téléspectateurs dans 72 pays montre qu'en 2004 la moyenne de temps passé chaque jour devant le téléviseur était de 3 h 39 ; le maximum étant au Japon, avec 4 h 25 et les États-Unis arrivant juste après[11].

La télévision, comme l'a dit le poète T.S. Eliot en 1963, lorsque ce nouveau média envahissait tous les foyers, « permet à des millions de personnes d'entendre la même blague au même moment, tout en restant solitaires ».

Internet et le courrier électronique ont le même impact. Une enquête réalisée aux États-Unis auprès de 4 830 personnes a montré que pour beaucoup de gens Internet a remplacé la télévision comme activité de loisir. Résultat : chaque heure supplémentaire consacrée à Internet diminue de 24 minutes le temps passé physiquement avec des amis, des collègues de travail et la famille. On reste en contact, mais à distance. Mais, comme le souligne Norman Nie, directeur du Stanford Institute for the Quantitative Study of Society et responsable de l'enquête sur Internet, « on ne peut ni se toucher ni s'embrasser par Internet[12] ».

Neuroscience sociale

Vous trouverez dans ce livre des découvertes éclairantes dues à une discipline émergente, la neuroscience sociale. Pourtant, lorsque j'ai entrepris mes recherches préliminaires, j'ignorais l'existence de cette discipline. Mais mon attention a été attirée par des articles, des communiqués qui indiquaient tous une compréhension scientifique très fine des dynamiques neuronales dans les relations humaines. En voici quelques exemples :

• Une catégorie de neurones nouvellement découverte, les cellules fuseaux, qui sont les plus rapides de toutes et permettent la prise instantanée de décisions, se trouvent en plus grand nombre chez l'être humain que chez toute autre espèce.

• Une catégorie différente de cellules cérébrales, les neurones miroirs, perçoivent chez une autre personne aussi bien le geste qu'elle s'apprête à faire que ses sentiments, et nous préparent instantanément à imiter son geste et à ressentir ce qu'elle ressent.

• Lorsqu'un homme trouve une femme séduisante, son cerveau sécrète de la dopamine, la substance chimique qui induit le plaisir, si elle dirige son regard vers lui, mais pas quand elle regarde ailleurs.

Chacune de ces découvertes constituait une sorte de cliché du fonctionnement du « cerveau social », les circuits neuraux qui opèrent pendant nos interactions.

Aucun ne donnait à voir l'ensemble du tableau, mais leur accumulation dessinait peu à peu les contours d'une nouvelle discipline majeure.

Je n'ai réussi à m'en faire une vision d'ensemble que longtemps après avoir commencé à recueillir ces informations isolées. Et c'est par hasard, en lisant le texte d'une conférence donnée à ce sujet en Suède en 2003, que je suis tombé sur le nom de ce champ de recherche, la « neuroscience sociale ».

J'ai cherché l'origine de ce terme, et la première utilisation que j'en ai trouvée était due aux psychologues John Cacioppo et Gary Berntson qui, dans les années 1990, annonçaient la naissance de cette nouvelle branche de la science[13]. Cacioppo, avec qui je me suis entretenu par la suite, m'a raconté : « Il y avait chez les spécialistes des neurosciences beaucoup de réticence à étudier ce qui se trouvait à l'extérieur de la boîte crânienne. La neuroscience du XXe siècle estimait que le comportement social était tout simplement trop complexe pour être étudié. Aujourd'hui, a-t-il ajouté, on peut commencer à comprendre comment le cerveau gère notre comportement social et comment, de son côté, le monde social influe sur notre cerveau et notre vie biologique. » Actuellement directeur du Center for Cognitive and Social Neuroscience à l'université de Chicago, Cacioppo a été témoin d'un vaste changement : ce champ de recherche est devenu l'une des questions scientifiques les plus brûlantes du XXIe siècle[14].

Il a d'ailleurs déjà permis de résoudre quelques énigmes scientifiques. Certaines des recherches initiales de Cacioppo ont révélé l'existence d'un lien entre une relation stressante et des poussées d'hormones de stress si violentes qu'elles endommagent certains des gènes contrôlant les cellules du système immunitaire. Pour établir ce lien, il manquait un élément de la trajectoire, les voies neuronales capables de convertir des difficultés relationnelles en leurs conséquences biologiques – ce qui est l'objet d'étude de la neuroscience sociale.

Dans ce nouveau champ de recherche, psychologues et neurologistes travaillent en partenariat et utilisent l'IRM fonctionnelle (ou IRMf), appareil utilisé jusque-là pour le diagnostic clinique en milieu hospitalier. Équipé de puissants aimants, l'IRM permet d'obtenir des images incroyablement détaillées du cerveau ; les spécialistes parlent d'ailleurs d'« aimants » pour désigner les IRM (disant par exemple : « Notre labo a trois aimants »). L'IRM fonctionnelle est dotée de puissants calculateurs électroniques qui produisent l'équivalent d'images vidéo, montrant par exemple quelles parties du cerveau sont activées lorsqu'un être humain entend la voix d'un vieil ami. Cet appareil permet de répondre à toutes sortes de questions : que se passe-t-il dans le cerveau d'une femme qui contemple l'homme qu'elle aime, dans celui d'un croyant pris de fanatisme ou dans celui d'un sportif planifiant sa victoire ?

Le cerveau social est la somme des mécanismes neuraux qui orchestrent nos interactions mais aussi nos pensées et sentiments concernant nos semblables et nos relations. C'est peut-être le seul système biologique de notre organisme qui nous relie en permanence à l'état intérieur des personnes avec lesquelles nous sommes et qui, en retour, en subit l'influence[15]. Tous nos autres systèmes biologiques, des glandes lymphatiques à la rate, règlent leur activité en réponse à des signaux provenant de notre corps, pas de l'extérieur. Les circuits du cerveau social sont uniques de par leur sensibilité au monde en général. Chaque fois que deux personnes se connectent directement – face à face, voix à voix ou peau contre peau –, leurs cerveaux entrent en relation.

Nos interactions sociales jouent même un rôle dans la réorganisation de notre cerveau par « neuroplasticité » : les expériences répétées sculptent la forme, la taille et le nombre de nos neurones et de leurs connexions synaptiques. Parce qu'elles mettent très souvent notre cerveau dans un registre donné, nos relations les plus importantes finissent par mettre en place certains circuits neuronaux. De fait, l'état de bonheur ou de souffrance où nous plonge la fréquentation régulière d'une personne pendant des années peut remodeler notre cerveau.

Ces découvertes révèlent que nos relations ont sur nous un impact subtil mais puissant et durable. Ceux qui entretiennent des relations plutôt négatives pourront donc s'inquiéter, mais ces mêmes découvertes mettent également en évidence les possibilités réparatrices de nos liens personnels à n'importe quel moment de notre vie.

Notre mode de relation aux autres a donc une importance que nous ne soupçonnions pas.

Cela nous amène à considérer ce qu'un rapport intelligent avec notre monde social pourrait nous apporter.

Agir avec sagesse

En 1920, juste après la flambée d'enthousiasme suscitée par le nouveau test de QI, le psychologue Edward

Thorndike inventa le concept d'« intelligence relationnelle » qu'il définit comme « la capacité de comprendre et de manœuvrer les hommes et les femmes », aptitude dont nous avons tous besoin pour bien vivre en société.

Mais cette définition permet aussi de considérer la manipulation pure comme un talent relationnel[16]. Aujourd'hui encore, certaines descriptions de l'intelligence relationnelle ne font aucune distinction entre le savoir-faire d'un hypocrite et les conduites réellement affectueuses qui enrichissent une relation. J'estime pour ma part que les attitudes manipulatrices – privilégiant l'intérêt d'une personne au détriment de l'autre – ne devraient pas être considérées comme socialement intelligentes.

Il faudrait au contraire voir dans l'intelligence relationnelle la capacité d'être intelligent non seulement *pour* ses relations mais aussi *dans* ses relations[17]. Un tel point de vue élargit l'étude de l'intelligence relationnelle pour y inclure le binôme relationnel, c'est-à-dire ce qui se produit lorsqu'une personne se connecte avec une autre. Une telle perspective permet de regarder au-delà de l'individu pour comprendre ce qui se passe pendant les interactions – et de dépasser le niveau étroit de l'intérêt subjectif pour s'intéresser aussi aux intérêts d'autrui.

Cette vision nouvelle nous amène à inclure dans le cadre de l'intelligence relationnelle des aptitudes telles que l'empathie et le souci de l'autre, qui enrichissent les relations. C'est pourquoi je tiens compte dans cet ouvrage d'une seconde définition, plus large, de nos capacités sociales, que propose également Thorndike : « agir avec sagesse dans les relations humaines[18] ».

La sensibilité sociale de notre cerveau exige de nous une certaine sagesse, la conscience que, comme nos humeurs, notre vie biologique est déterminée et façonnée par les gens qui partagent notre vie – de même que nous affectons leurs émotions et leur vie biologique. Nous pouvons en effet jauger nos relations d'après l'impact que les autres ont sur nous et celui que nous avons sur eux.

Cette influence biologique réciproque nous invite à faire en sorte que nos comportements soient bénéfiques, même à ce niveau très subtil, pour les personnes avec qui nous sommes en contact.

Toutes nos relations acquièrent une signification nouvelle, c'est pourquoi nous devons les envisager d'une manière radicalement différente. Et les implications des découvertes que j'ai évoquées dépassent le simple intérêt théorique : elles nous incitent à réévaluer notre façon de vivre.

Mais avant d'explorer ces implications, revenons au tout début de l'histoire : la facilité surprenante avec laquelle deux cerveaux se connectent, et permettent aux émotions de se répandre comme un virus.

PREMIÈRE PARTIE

Câblés pour le contact humain

1

L'économie émotionnelle

Ce jour-là, j'étais en retard pour une réunion et je cherchais un raccourci pour arriver plus vite au centre de Manhattan. J'entrai donc dans l'atrium d'un gratte-ciel avec l'intention de ressortir dans la rue parallèle par une porte aperçue à l'autre bout.

Mais j'étais à peine parvenu au centre du hall d'où partent les ascenseurs qu'un gardien en uniforme se précipita sur moi en agitant les bras et en criant : « Il est interdit de passer par ici ! » Surpris, je lui demandai pourquoi. « Propriété privée ! C'est une propriété privée ! » hurla-t-il, visiblement très agité.

J'étais entré, sans m'en apercevoir, dans une zone de sécurité non signalée. « Ce serait plus clair, ai-je suggéré par esprit de logique, de mettre un panneau à l'extérieur disant "entrée interdite". »

Ma remarque exaspéra la colère du gardien. « Sortez ! Sortez ! » aboya-t-il.

Je me hâtai de battre en retraite, bouleversé par tant de fureur, et je mis un bon moment à retrouver mon calme.

Lorsque quelqu'un déverse sur nous des émotions toxiques – explosion de colère, paroles menaçantes, manifestation de dégoût ou de mépris –, il ou elle active en nous les circuits de ces mêmes émotions. Son acte a des conséquences neurologiques puissantes car les émotions sont contagieuses. Nous « attrapons » les émotions fortes comme nous attrapons un virus, ce qui nous donne l'équivalent émotionnel d'un bon rhume.

Toute interaction s'accompagne d'un sous-texte émotionnel. Quoi que nous fassions par ailleurs, nous agissons mutuellement sur notre humeur, la rendant un peu meilleure, bien meilleure ou pire – comme dans l'exemple que je viens de citer. Au-delà de ce qui s'est passé ou dit, il reste un état émotionnel qui peut se prolonger bien après l'échange – une sensation de bien-être ou de malaise.

Ces transactions tacites finissent par constituer une économie émotionnelle, la somme des gains ou des pertes provoquées en nous par le commerce avec une personne donnée, ou au cours d'une conversation donnée, ou pendant une journée donnée. Le soir venu, l'équilibre entre les émotions échangées détermine en grande partie la qualité, « bonne » ou « mauvaise », que nous attribuons à la journée écoulée.

Nous participons à cette économie interpersonnelle chaque fois qu'une interaction sociale provoque un transfert d'émotion – c'est-à-dire presque en permanence. Cette forme particulière de judo a d'innombrables variantes qui se résument toutes à la capacité de modifier l'humeur de l'autre. Quand je vous fais froncer les sourcils, je suscite en vous une légère inquiétude ; quand vous me faites sourire, je suis heureux. Au cours de ces échanges clandestins, les émotions passent d'une personne à l'autre, de l'extérieur vers l'intérieur – pour le meilleur (de préférence) ou pour le pire.

L'inconvénient de cette contagion se révèle quand on « attrape » une humeur maussade en se trouvant simplement avec une certaine personne à un certain moment. J'ai été la victime involontaire de la fureur du gardien. Comme un fumeur passif, un spectateur innocent peut faire les frais des débordements toxiques auxquels il assiste.

Quand nous sommes confrontés à la colère de quelqu'un, le cerveau se met instantanément à la recherche d'indices d'un danger plus grand. L'hypervigilance qui en résulte est en grande partie due à l'amygdale, structure en forme d'amande située au centre du cerveau, qui déclenche les réponses au danger : fuite, attaque ou immobilisation[1]. De toutes les émotions, c'est la peur qui excite le plus puissamment l'amygdale.

En cas d'alarme, le circuit extensif de l'amygdale réquisitionne des points clés dans tout le cerveau, pour diriger notre attention, nos pensées et perceptions vers ce qui nous a effrayés. Nous devenons instantanément plus vigilants, cherchant à repérer sur le visage des personnes présentes des indices, sourire ou froncement de sourcils, qui nous permettront de mieux interpréter les signaux de danger ou de repérer les intentions de quelqu'un[2].

Cette vigilance accrue nous donne une meilleure perception des signes émotionnels visibles chez les autres. Ce surcroît d'attention, à son tour, nous fait éprouver plus précisément ce qu'ils ressentent, facilitant la contagion. C'est pourquoi nos moments d'appréhension augmentent notre susceptibilité aux émotions d'autrui[3].

De manière plus générale, l'amygdale sert de radar au cerveau en attirant l'attention sur tout ce qui peut être nouveau, déroutant ou important à examiner de plus près. L'amygdale gère le système d'alarme anticipé en analysant tout ce qui se passe, avec une vigilance toute particulière aux événements émotionnels saillants – les dangers potentiels surtout. Si le rôle de sentinelle et de déclencheur d'alarme n'est pas nouveau, son rôle social, en tant qu'élément du système cérébral de contagion émotionnelle, n'a été découvert que récemment[4].

La route basse : central de la contagion

À la suite de deux attaques, les connexions entre les yeux et le cortex visuel d'un homme appelé le patient X par les médecins avaient été détruites. Ses yeux continuaient à percevoir les signaux, mais son cerveau ne savait plus les déchiffrer, ni même enregistrer leur arrivée. Le patient X était – ou du moins semblait – complètement aveugle.

Quand on présentait à ce patient différentes formes, cercles et carrés, ou les photos d'hommes et de femmes, il n'avait pas la moindre idée de ce que voyaient ses yeux. Mais quand, sur les photos, les visages exprimaient la colère ou le plaisir, il devenait soudain capable de deviner quelles étaient ces expressions, dans une proportion bien supérieure au hasard. Mais comment ?

Les scanners de son cerveau effectués pendant qu'il identifiait ces émotions ont révélé qu'une voie différente de la voie habituelle pour la vue passait des yeux au thalamus, où tous les sens aboutissent d'abord dans le cerveau, avant d'arriver au cortex visuel. Cette seconde route renvoie l'information directement du thalamus à l'amygdale (le cerveau en possède deux, la droite et la gauche). L'amygdale extrait ensuite la signification émotionnelle du message non verbal, que ce soit une grimace, un brusque changement de posture ou une modification du timbre de la voix, quelques microsecondes avant que nous sachions ce que nous regardons.

Bien que l'amygdale soit extrêmement sensible à ces messages, son câblage neural ne permet aucun accès direct au centre de la parole ; en ce sens, l'amygdale est littéralement muette. Quand nous enregistrons une sensation, les signaux émanant de nos circuits cérébraux, au lieu d'alerter l'aire verbale où les mots peuvent exprimer ce que nous savons, reproduisent cette émotion dans notre corps[5]. Le patient X ne *voyait* donc pas les expressions des visages, il les *sentait*. C'est ce qu'on appelle la « vision aveugle affective[6] ».

Dans un cerveau intact, l'amygdale se sert de cette même voie pour lire les aspects émotionnels de ce que nous percevons – tonalité satisfaite dans une voix, nuance de colère dans un regard, posture de défaite – et traite ensuite cette information à un niveau subliminal, c'est-à-dire inaccessible à la conscience. Cette vigilance réflexe, inconsciente, signale l'émotion en la reproduisant (ou en suscitant une réaction telle que la peur devant la colère) en nous – mécanisme essentiel de la « contagion » des émotions.

Le fait que l'on puisse déclencher n'importe quelle émotion chez un tiers, ou lui chez nous, atteste l'existence de ce mécanisme puissant par lequel les sentiments d'une personne se communiquent à une autre[7]. Et ces contagions sont les transactions centrales de l'économie émotionnelle, cet échange de sentiments-sensations qui accompagne tout contact humain, quel qu'en soit le but ou la cause.

Prenez par exemple le caissier de supermarché à la bonne humeur communicative. Il réussit toujours à faire rire ses clients, et même les visages les plus fermés se fendent d'un sourire. Les gens comme lui se comportent comme des *zeitgebers*, ces forces de la nature qui entraînent nos rythmes biologiques selon leur tempo.

Et cette contagion peut toucher d'un seul coup un grand nombre de personnes, de façon bien visible quand les spectateurs d'un film dramatique sortent leur mouchoir, ou subtile quand l'ambiance d'une réunion vire soudain à l'aigre. Bien que nous percevions les effets de cette contagion, nous ignorons en grande partie de quelle manière elle se propage.

La contagion émotionnelle passe par ce qu'on peut appeler la « route basse » du cerveau. La route basse est un circuit qui opère à notre insu, automatiquement et sans effort, à une vitesse incroyable. Une grande partie de nos actes sont pilotés par des réseaux neuraux massifs opérant par la route basse – surtout dans notre vie émotionnelle. Lorsque nous sommes captivés par un beau visage ou sensibles au sarcasme contenu dans une remarque, c'est à la route basse que nous le devons.

La « route haute », à l'inverse, passe par des systèmes neuraux qui travaillent plus méthodiquement, étape par étape, et non sans efforts. Elle est consciente et nous donne sur notre vie intérieure un certain contrôle que la route basse nous refuse. Quand nous réfléchissons au moyen d'approcher ce beau visage, quand nous cherchons la meilleure riposte à un sarcasme, nous empruntons la route haute.

On peut imaginer que la route basse est « humide », dégoulinante d'émotions, tandis que la haute est « sèche », froidement rationnelle[8]. La route basse s'occupe d'émotions brutes, la haute de comprendre ce qui se passe. La route basse nous donne une sensation immédiate de l'autre personne, la haute peut réfléchir à ce que nous ressentons. Normalement, elles s'entendent fort bien. Notre vie sociale est gouvernée par le jeu de ces deux modes[9].

Si, donc, les émotions se transmettent d'individu à individu en silence et à notre insu, c'est parce que leur circuit de propagation se trouve dans la route basse. Pour simplifier, cette route emprunte des circuits neuraux qui traversent l'amygdale et autres structures automatiques, tandis que la route haute envoie des impulsions au cortex préfrontal, le centre exécutif du cerveau, qui contient notre capacité d'intention – et nous permet de penser ce qui nous arrive[10].

Les deux routes enregistrent les informations à des vitesses très différentes. La route basse est plus rapide que précise ; la route haute, plus lente, nous donne une vue plus juste de ce qui se passe[11]. La route basse est hâtive, grossière, la route haute est pondérée, raffinée. Pour reprendre les termes du philosophe John Dewey, l'une fait « clac clac, on réagit d'abord, on réfléchit après », et l'autre « hésite, observe »[12].

La différence de rapidité de ces deux systèmes – l'émotionnel, instantané, prend largement de vitesse le rationnel – nous permet de prendre des décisions subites que nous regrettons parfois ou que nous devons justifier après coup. Quand la route basse a réagi, la haute n'a bien souvent qu'à en tirer le meilleur parti. Comme l'a écrit l'auteur de science-fiction Robert Heinlein : « L'homme n'est pas un animal rationnel, mais un animal rationalisant. »

Les agents de nos humeurs

Je me souviens qu'au cours d'un voyage, j'ai été surpris par le ton amical de la voix enregistrée qui me disait : « Le numéro que vous avez composé n'est pas attribué. »

La chaleur contenue dans cette petite phrase a suscité en moi, croyez-le ou non, un réel plaisir – que j'attribue en grande partie aux années d'irritation provoquées par la voix électronique diffusant le même message dans la région où j'habite. Pour une raison quelconque, les techniciens s'étaient dit, avant de programmer ce message, qu'il devait être transmis d'une voix revêche et sur un ton impérieux, comme une punition immédiate pour avoir mal composé un numéro, peut-être.

Depuis longtemps j'en voulais à cette voix enregistrée détestable – qui évoquait l'image hautaine d'un redresseur de torts et qui me mettait systématiquement de mauvaise humeur, ne fût-ce que sur le moment.

Le pouvoir émotionnel de signaux aussi subtils peut être surprenant. Considérons par exemple cette expérience réalisée à l'université de Würzburg, en Allemagne[13]. Des étudiants volontaires ont écouté l'enregistrement d'une lecture passablement aride, la traduction en allemand des *Essais philosophiques sur l'entendement humain* de David Hume. Il y avait deux versions de ce texte, l'une dite sur un ton gai, l'autre sur un ton triste, mais la différence était si subtile qu'elle passait inaperçue aux oreilles non informées.

Malgré cela, les étudiants sortaient de cette expérience soit légèrement plus heureux, soit légèrement plus sombres qu'ils ne l'étaient auparavant. Ils ne se rendaient pas compte de la modification de leur humeur ni de sa cause, bien sûr.

Cette modification s'était produite pendant que l'attention des étudiants était distraite par une occupation manuelle – mettre des épingles dans les trous d'une planche de bois. Ce travail avait, semble-t-il, parasité la route haute, gênant la compréhension du texte philosophique, mais sans empêcher la gaieté ou la tristesse de se propager : la route basse était restée grande ouverte.

Nos humeurs se distinguent d'émotions plus fortement ressenties, nous disent les psychologues, par le fait que leur cause est ineffable : si nous savons généralement ce qui a pu déclencher en nous telle émotion, nous ignorons bien souvent pourquoi notre humeur est ce qu'elle est. Mais l'expérience de Würzburg permet de penser que notre environnement est plein de « déclencheurs d'humeur » que nous ne remarquons pas – de la muzak lénifiante des ascenseurs au ton aigre d'une voix.

Prenons par exemple les expressions que nous voyons sur le visage des autres. Comme l'ont démontré des chercheurs suédois, il suffit de regarder l'image d'un visage heureux pour que les muscles qui tirent les coins de la bouche ébauchent un sourire[14]. De fait, la vision d'émotions fortes comme la tristesse, le dégoût, la joie, incite automatiquement nos muscles faciaux à reproduire la même expression.

Nous imitons les traits d'un visage heureux, les muscles de notre bouche dessinent une amorce de sourire, même si nous ne sommes pas conscients d'avoir vu un visage souriant. Cette réaction peut être invisible à l'œil nu, mais elle apparaît clairement sur les appareils de contrôle qu'utilisent les scientifiques[15]. Tout se passe comme si nos muscles faciaux se préparaient, s'apprêtaient à exprimer pleinement l'émotion heureuse.

Et cette réaction a des conséquences biologiques, puisque nos expressions déclenchent en nous le sentiment qu'elles expriment. On peut ressentir n'importe quelle émotion par la mise en place volontaire des muscles faciaux correspondants : il suffit de se mettre un crayon entre les dents pour obliger sa bouche à sourire et son humeur à prendre une nuance plus positive.

Edgar Allan Poe avait intuitivement compris ce principe. Il a écrit : « Lorsque je veux savoir si quelqu'un est bon ou méchant, ou connaître ses pensées du moment, je modèle sur mon visage, aussi précisément que possible, l'expression du sien et puis j'attends de voir quels sentiments, quelles pensées surviennent dans

ma tête ou mon cœur comme pour s'adapter ou corres-
pondre à l'expression[16]. »

La contagion des émotions

La scène se passe à Paris, en 1895. Une poignée
d'esprits aventureux s'est risquée dans une exposition
des frères Lumière, pionniers de la photographie. Pour
la première fois dans l'Histoire, Louis et Auguste présentent au public des « images animées », une courte
séquence qui montre – dans un silence absolu – un
train se précipitant vers la caméra dans un nuage de
vapeur avant de s'arrêter dans une gare.

Réaction des spectateurs : ils poussent des cris
d'horreur et se réfugient derrière leurs sièges.

Personne n'avait encore jamais vu d'images en mouvement. Dans sa naïveté, le public ne pouvait que
considérer comme « réel » le spectre terrifiant apparu
sur l'écran. Cette première projection fut sans doute
l'événement le plus magique, le plus puissant de l'histoire du cinéma, car l'idée que les yeux puissent voir
des images qui soient de simples illusions n'avait pas
été enregistrée par les êtres humains. Ce qui apparaissait sur l'écran était donc bien – pour le système
perceptif du cerveau – une réalité.

Comme le remarque un critique de cinéma :
« L'impression dominante que *c'est réel* contribue largement au pouvoir primitif de cette forme d'art[17]. » Et
cette sensation de réalité séduit toujours les amateurs
de cinéma, parce que le cerveau utilise les mêmes circuits pour répondre à l'illusion créée par le film et à la

vie. Même les émotions présentes sur l'écran sont contagieuses.

Certains des mécanismes neuraux impliqués dans cette contagion écran-spectateur ont été identifiés par une équipe de chercheurs israéliens qui ont projeté des extraits du western-spaghetti *Le Bon, la Brute et le Truand* à des volontaires branchés sur un appareil d'IRMf. Dans un article, qui est sans doute le seul à saluer la contribution de Clint Eastwood aux neurosciences, ces chercheurs concluent que les images filmées jouent avec le cerveau des spectateurs comme un marionnettiste manipule ses marionnettes[18].

Le cerveau de leurs cobayes, de même que celui des spectateurs de *L'Entrée du train en gare de La Ciotat*, se comportait comme si l'histoire projetée sur l'écran *leur arrivait à eux*. Lorsque la caméra zoomait pour cadrer un visage en gros plan, les aires cérébrales de la reconnaissance des visages étaient activées. Lorsqu'elle montrait un bâtiment ou un paysage, c'était au tour de celles qui s'occupent de notre environnement.

Quand l'image montrait des mouvements de main délicats, l'aire concernée par le toucher et le mouvement réagissait. Et pendant les scènes les plus excitantes – fusillades, explosions, retournements de situation inattendus –, les centres émotionnels se mettaient en action. Bref, le film que nous regardons réquisitionne notre cerveau.

Et pour tous les spectateurs de l'expérience, c'était la même chose. Ce qui se produisait dans le cerveau de l'un se produisait dans celui des autres au même moment et pendant toute la projection. L'action du film chorégraphiant la même danse chez tous ceux qui le regardaient.

Selon une maxime courante dans les sciences sociales, « une chose est réelle si elle est réelle dans ses conséquences ». Lorsque des scénarios inventés font réagir le cerveau de la même façon que des scènes vécues, ils ont des effets biologiques. La route basse nous embarque dans un voyage émotionnel.

Seules les aires préfrontales de la route haute échappent à cette manipulation, car elles abritent les centres exécutifs du cerveau et facilitent la pensée critique (y compris l'idée que « c'est du cinéma ») et ne participent pas à cette coordination. C'est pourquoi nous ne sommes plus saisis de panique en voyant un train se précipiter vers nous sur un écran, malgré la peur que nous pouvons éprouver.

Plus un événement est remarquable ou frappant, plus notre cerveau déploie d'attention[19]. Les deux facteurs qui amplifient les réponses cérébrales à une réalité virtuelle comme le cinéma sont le « vacarme » perceptif et les épisodes émotionnellement forts, comme les cris ou les pleurs. C'est pourquoi tant de films comportent des scènes de violence : elles éblouissent l'esprit. Et l'immensité de l'écran – qui donne aux personnages une taille monstrueuse – est enregistrée comme un vacarme sensoriel[20].

Les modifications de l'humeur sont pourtant si contagieuses que nous sommes susceptibles d'être touchés par des choses aussi éphémères qu'un sourire ou une moue à peine aperçus, ou aussi arides que la lecture d'un texte philosophique.

Détecter l'insincérité

Deux femmes, qui ne se connaissaient pas, viennent de voir un documentaire très dur sur les conséquences humaines des bombardements d'Hiroshima et de Nagasaki pendant la Seconde Guerre mondiale. Toutes deux sont profondément bouleversées. Un mélange de dégoût, de colère et de tristesse les étreint.

Mais quand elles commencent à parler, il se produit un phénomène étrange. L'une des femmes exprime librement ce qu'elle ressent alors que l'autre refoule ses émotions et feint l'indifférence. La première femme a l'impression que la seconde n'éprouve rien ; elle lui paraît distraite, comme absente.

C'est exactement ce qui est censé se passer : les deux femmes participent à une expérience réalisée à l'université de Stanford sur les conséquences sociales du refoulement des émotions, et l'une d'elles a reçu la consigne de dissimuler ses sentiments[21]. On peut comprendre que l'autre femme se sente déconnectée d'elle pendant leur conversation ; elle se dit même que ce n'est pas le genre de personne dont elle voudrait devenir l'amie.

Celle-ci, pourtant, se sent mal à l'aise, tendue, pendant qu'elles parlent ensemble, obligée de faire semblant, elle prend un air distrait et préoccupé. Comme on pouvait s'y attendre, sa tension artérielle augmente à mesure que la conversation se prolonge. Dissimuler des émotions aussi fortes ne va pas sans provoquer des conséquences physiologiques ; son hypertension reflète les efforts émotionnels qu'elle consent.

Mais le plus surprenant, c'est que le même phénomène se produit chez la femme sincère, celle qui s'exprime honnêtement. L'état de son interlocutrice est donc non seulement perceptible mais contagieux.

La franchise est la réponse du cerveau par défaut ; nos circuits neuronaux transmettent nos plus légers changements d'humeur aux muscles du visage, rendant ainsi nos émotions visibles. Cette manifestation est automatique et inconsciente et il faut, pour l'empêcher, produire un effort conscient. Tricher sur nos émotions – vouloir dissimuler la peur ou la colère – demande de la volonté et il est rare que nous y réussissions parfaitement[22].

Une amie m'a par exemple raconté qu'elle avait tout de suite « su » qu'elle n'aurait pas dû faire confiance à l'homme qui louait son appartement. Et bien sûr, quand elle a voulu se réinstaller chez elle, il a refusé de quitter les lieux. Très vite elle a découvert qu'une foule de règlements protégeait les droits des locataires et qu'elle allait se retrouver à la rue le temps que son avocat réussisse à récupérer son appartement.

Elle n'avait rencontré cet homme qu'une seule fois. « Quelque chose en lui me disait qu'il allait me causer des problèmes », raconte-t-elle.

Ce « quelque chose en lui » évoque le travail d'un circuit route haute et route basse qui détecte pour nous l'insincérité. Ce circuit, spécialisé dans le doute et la suspicion, diffère de celui qui gère l'empathie et le rapport. Son existence prouve à quel point il est important de déceler la duplicité dans les affaires humaines. La théorie de l'évolution nous dit que cette capacité de méfiance a été aussi importante pour la survie de l'humanité que la confiance et la coopération.

Le radar neural concerné fut découvert lors d'une expérience où les chercheurs enregistraient les images du cerveau de volontaires qui regardaient différents acteurs raconter une histoire tragique. Selon l'expression adoptée par le comédien, les zones activées dans le cerveau du spectateur n'étaient pas les mêmes. Devant un visage triste, c'étaient l'amygdale et les circuits liés à la tristesse qui réagissaient.

Mais si l'acteur souriait en disant son texte tragique – créant une dissonance émotionnelle –, le cerveau du spectateur activait un site spécialisé dans la détection de menaces sociales ou d'informations conflictuelles. Et le spectateur détestait le comédien[23].

L'amygdale se livre automatiquement et compulsivement à un examen de toute personne rencontrée pour déterminer si elle est digne de confiance : « Ce type est-il fiable ? Est-il dangereux ? Puis-je compter sur lui ou pas ? » Les personnes ayant subi de graves lésions de l'amygdale sont incapables de porter des jugements concernant la fiabilité des personnes. Quand on leur montre la photo d'un être que les gens ordinaires trouvent louche, elles le mettent sur le même plan que celui qui inspire confiance aux autres[24].

Le système d'alarme permettant de jauger nos semblables a deux branches, l'une haute et l'autre basse[25]. La route haute nous permet de juger consciemment du degré de confiance à accorder. Mais il se produit dans l'amygdale un travail d'évaluation permanent qui ne dépend ni de notre conscience ni du fait que nous soyons préoccupés par une telle question. La route basse fait tout son possible pour nous protéger.

La chute d'un Casanova

Giovanni Vigliotto réussissait fort bien dans son rôle de Don Juan ; son charme lui assurait conquête sur conquête. Et il les accumulait puisqu'il avait plusieurs femmes en même temps – personne ne sait exactement combien.

Vigliotto était probablement passé une bonne centaine de fois devant M. le maire au cours de sa longue carrière de séducteur. Et il s'agissait bien d'une carrière puisqu'il en vivait : il épousait des femmes riches.

Elle prit fin le jour où Patricia Gardner, qu'il avait demandée en mariage, le traîna en justice pour bigamie.

Mais qu'est-ce qui faisait tomber tant de femmes sous le charme de Vigliotto ? La réponse fut donnée par Gardner au cours de son procès : il avait « l'air honnête ». Il la regardait droit dans les yeux en souriant pendant que sa bouche débitait des mensonges[26].

Comme cette femme, les spécialistes détectent beaucoup d'émotions dans le regard. Normalement, nous apprennent-ils, la tristesse nous fait baisser les yeux, le dégoût les détourner, et la culpabilité ou la honte nous incitent également à fuir le regard de l'autre. Presque tout le monde sent cela intuitivement, c'est pourquoi la sagesse populaire nous conseille de vérifier que notre interlocuteur nous « regarde dans les yeux » avant de croire ses paroles.

Vigliotto, comme beaucoup d'escrocs, le savait apparemment fort bien et avait appris à prendre un air parfaitement sincère quand il plongeait son regard dans celui des femmes qu'il convoitait.

Il cherchait quelque chose – peut-être à créer un rapport plus qu'à mentir. Car ce type de regard révèle en réalité très peu sur la sincérité de celui qui le pratique, nous dit Paul Ekman, expert mondial de la détection des mensonges.

Après avoir passé des années à étudier comment les muscles de notre visage expriment nos émotions, Ekman s'est penché sur les moyens de deviner quand nous avons affaire à un tricheur. Son œil habitué aux subtilités de l'expression a repéré des différences entre le masque de sincérité adopté par la personne et ce qui pouvait transpirer de ses sentiments véritables[27].

L'acte de mentir nécessite une activité consciente, intentionnelle, de la route haute, celle qui gère les systèmes de contrôle responsables de la cohérence de nos paroles et de nos actes. Comme le fait remarquer Ekman, les menteurs sont plus attentifs au choix des mots qu'ils emploient qu'à l'expression à donner à leur visage.

Il faut aussi un effort mental et du temps pour travestir la vérité. Quand on répond à une question par un mensonge, on prend la parole environ deux dixièmes de seconde plus tard que quand on dit la vérité. Cet intervalle témoigne de l'effort consenti pour élaborer le mensonge et contrôler les canaux émotionnels et physiques par lesquels la vérité pourrait transpirer[28].

Bien mentir implique de la concentration. Mais l'attention est une capacité limitée, et la réquisition des ressources neuronales nécessaires au mensonge laisse peu de moyens à l'aire préfrontale pour accomplir l'autre partie de la tâche : inhiber l'expression involontaire d'émotions qui pourraient contredire le mensonge.

Les paroles prononcées peuvent permettre de déceler le mensonge. Mais le plus souvent, c'est la contradiction entre les mots et l'expression du visage qui signale un problème ; une personne dit par exemple qu'elle se sent très bien avec un tremblement de la voix qui révèle une angoisse.

« Il n'existe pas de détection parfaite des mensonges, m'a dit Ekman, mais on peut détecter des points critiques » – des points où les émotions de la personne ne correspondent pas à ses paroles. Ces signes attirent l'attention, mais doivent être examinés de près car ils peuvent aussi bien être causés par une simple nervosité que par un mensonge éhonté.

Les muscles faciaux sont contrôlés par la route basse, la décision de mentir par la route haute, le visage contredit donc le mensonge émotionnel. La route haute dissimule, la basse révèle.

Les circuits de la route basse offrent de multiples passages pour franchir la passerelle silencieuse qui nous relie, de cerveau à cerveau. Ces circuits nous permettent de naviguer entre les écueils de nos relations, en repérant à qui faire confiance et de qui nous méfier – ou en diffusant autour de nous une onde positive.

Amour, pouvoir, empathie

Dans le flux interpersonnel des émotions, le pouvoir occupe une place importante. Dans les couples notamment. L'un des partenaires, celui qui a le moins de pouvoir, va effectuer la plus grande partie du mouvement de rapprochement[29]. Évaluer le pouvoir relatif dans un couple soulève des questions complexes. Mais dans une relation amoureuse on peut déterminer grossièrement qui détient le pouvoir, dans la pratique, en identifiant le partenaire qui a le plus d'influence sur le sentiment que l'autre a de lui-même, lequel a le dernier mot dans les décisions communes ou les questions d'argent par exemple, et dans tout ce qui concerne les détails de la vie quotidienne.

Des négociations tacites donnent évidemment certains pouvoirs à l'un ou à l'autre dans des domaines bien précis ; l'un peut être dominant relativement aux finances et l'autre à l'emploi du temps social. Mais dans le domaine des émotions, le partenaire qui détient le moins de pouvoir est celui qui doit faire les plus grands ajustements intérieurs quant à la convergence affective.

On repère mieux ces ajustements dans les situations où l'un des partenaires adopte une position neutre, comme dans le couple psychothérapeutique. Depuis l'époque de Freud, les psychothérapeutes ont remarqué que leur corps reflète les émotions exprimées par le client. Si l'un se met à pleurer en évoquant un souvenir triste, le thérapeute se sent au bord des larmes ; si un autre se montre terrifié par un épisode traumatique, le thérapeute a la peur au ventre.

Freud a écrit qu'en portant attention aux réactions physiques de ses clients, le psychanalyste a une meilleure perception de leur monde émotionnel. Si presque tous les psychothérapeutes détectent les émotions exprimées ouvertement, les meilleurs d'entre eux vont un peu plus loin en repérant des nuances sous-jacentes que leurs patients n'ont pas encore laissé affleurer à la conscience[30].

C'est seulement une centaine d'années après que Freud eut noté ce subtil partage des sensations que des chercheurs ont mis au point une méthode capable de suivre ces modifications simultanées dans la physiologie de deux personnes pendant une conversation ordinaire[31]. De nouvelles méthodes statistiques et des moyens électroniques permettent en effet aux scientifiques d'analyser directement un nombre considérable de données, rythme cardiaque, etc., pendant une interaction.

Leurs études montrent par exemple qu'au cours d'une dispute entre personnes mariées, le corps de chacune a tendance à imiter les perturbations intervenant chez l'autre. À mesure que le conflit se prolonge, les deux partenaires se mettent mutuellement dans un état de colère, de souffrance et de tristesse grandissant (découverte scientifique qui ne devrait surprendre personne).

La suite est plus intéressante : les chercheurs ont filmé en vidéo des disputes de couples et invité ensuite d'autres volontaires à regarder les bandes et à deviner quel sentiment éprouvait l'un des partenaires au cours de l'altercation[32]. Or, en s'appliquant à répondre à la question, les volontaires ont subi des modifications physiologiques correspondant à celles qu'ils devaient déceler.

Plus leur corps reproduisait précisément les attitudes de la personne qu'ils observaient, plus ils ressentaient ses émotions – notamment les émotions négatives comme la colère. L'empathie – capacité de ressentir les émotions d'autrui – paraît donc être physiologique autant que mentale, puisqu'elle s'élabore à partir de l'état intérieur de l'autre personne. Cette danse biologique se produit chaque fois que quelqu'un éprouve de l'empathie pour quelqu'un d'autre – par le partage d'un état physiologique.

Dans ces expériences, les personnes dont le visage exprimait les émotions les plus fortes jugeaient bien mieux des sentiments des autres. Pour dégager un principe général, nous dirons que plus l'état physiologique de deux personnes est semblable à un moment donné, plus chacune peut ressentir facilement ce que ressent l'autre.

Quand on est en accord avec quelqu'un, on ne peut pas faire autrement que d'éprouver les mêmes choses que lui, serait-ce à un niveau subtil. Il suffit de vibrer à la même fréquence pour être pénétré par ses émotions, qu'on le veuille ou non.

Bref, les émotions que nous captons entraînent nécessairement des effets. Et cela nous donne une bonne raison de nous demander comment les orienter de façon positive.

2

Recette pour créer un rapport

La séance de psychothérapie suit son cours. Raide et protocolaire dans ses manières, le psychiatre est assis dans un fauteuil en bois. Sa patiente, vautrée dans un canapé confortable, a visiblement l'air défait. Ils ne sont pas sur la même longueur d'onde.

Le psychiatre a fait une gaffe thérapeutique, une interprétation maladroite de ce que vient de dire la patiente. Il s'en excuse : « Ce qui m'inquiète c'est d'avoir fait quelque chose qui perturbe le traitement.

— Non... », commence la patiente.

Le thérapeute lui coupe la parole en proposant une autre interprétation.

La patiente tente à nouveau de parler, et le thérapeute fait de même, couvrant sa voix.

Quand elle arrive finalement à placer un mot, la patiente commence par se plaindre de tout ce qu'elle a dû endurer au fil des années, avec sa mère – commentaire détourné sur ce que le thérapeute vient de lui faire subir.

Et la séance se poursuit laborieusement, dans l'incompréhension et l'absence de synchronie.

Passons à un autre couple patient-psychothérapeute pendant une séance, dans un moment clé de leur rapport.

Le patient vient d'annoncer que, la veille, il a demandé en mariage la femme qu'il fréquente depuis longtemps. Depuis des mois, le thérapeute l'aidait à explorer et à dépasser sa peur de l'intimité pour trouver le courage de s'engager. Ils partagent donc un moment de triomphe. D'excellente humeur tous les deux, ils exultent.

Leur rapport est si intense que leur posture et leurs mouvements se synchronisent, comme s'ils étaient volontairement chorégraphiés : lorsque le thérapeute passe d'un pied sur l'autre, le patient fait de même.

Ces deux séances, enregistrées en vidéo, ont une particularité commune : deux boîtes en métal rectangulaires, empilées comme des baffles stéréo, sont posées entre patient et thérapeute et il en sort des fils terminés par une pince métallique fixée au bout d'un doigt de chacune des deux personnes. Les fils transportent des informations révélant de subtiles modifications dans leurs sécrétions sudorales quand ils parlent.

Il s'agit d'une étude sur la danse biologique invisible qui s'installe entre deux individus au cours de leurs échanges quotidiens[1]. L'enregistrement des séances de psychothérapie présente les données ainsi recueillies sous la forme de lignes sinueuses, une bleue pour le patient, une verte pour le thérapeute. Les lignes ondulent en fonction des montées et des chutes d'émotions.

Pendant les échanges décalés de la première séance, les deux lignes progressent comme des oiseaux nerveux, avec des pointes dissymétriques, chacune selon sa propre trajectoire. Elles esquissent le portrait d'une déconnexion.

Mais pendant le rapport de la seconde séance, les deux lignes se déplacent comme des oiseaux volant en formation, coordonnant leurs mouvements en un gracieux ballet. Ces lignes révèlent que lorsque deux personnes établissent un rapport, leurs états physiologiques s'accordent.

L'enregistrement de ces séances est actuellement la meilleure méthode pour étudier l'activité invisible du cerveau pendant les interactions humaines. Bien que la réponse sudorale puisse sembler éloignée du cerveau, il suffit d'inverser les manœuvres du système nerveux central pour faire une supposition éclairée sur ce que font telle ou telle structure cérébrale pendant ce tango entre deux personnes.

L'inventeur de ce calcul neuronal est Carl Marci, psychiatre à l'école de médecine de Harvard, qui a conduit ses recherches en installant une valise bourrée d'appareils de monitorage dans le cabinet de thérapeutes volontaires dans toute la région de Boston. Marci rejoignait ainsi le groupe des pionniers qui inventent des méthodes pour passer cette barrière autrefois réputée infranchissable : le crâne. Jusque-là, la neuroscience n'étudiait qu'un seul cerveau à la fois, mais il est maintenant possible d'en analyser deux pendant qu'ils interagissent, se livrant à un ballet jadis ignoré.

Marci a extrait de ses données ce qu'il appelle un « logarithme de l'empathie », c'est-à-dire qu'il a réduit à une équation mathématique l'état physiologique de deux êtres dans un moment clé de leur rapport, quand l'un se sent compris par l'autre.

L'élan de sympathie

Je me sentais compris, dans le bureau de mon professeur de statistiques Robert Rosenthal, quand j'étudiais la psychologie à Harvard. Bob (comme tout le monde l'appelait) était l'un des professeurs les plus aimés de tout le département. Chaque fois que l'un d'entre nous allait le voir dans son bureau, quels que soient sa raison de s'y rendre et l'état d'anxiété dans lequel il se trouvait, il en sortait avec la sensation d'avoir été écouté, entendu et – presque magiquement – d'aller mieux.

Bob avait le don de remonter le moral aux autres. Mais cela n'avait rien d'étonnant, puisque les liens non verbaux qui bâtissent les connexions étaient son domaine scientifique. Quelques années plus tard, il a publié, avec un collègue, un article marquant qui révélait les ingrédients de la magie relationnelle, la « recette » d'un rapport réussi[2].

Le rapport n'existe qu'entre individus ; on le reconnaît chaque fois qu'une connexion est agréable, absorbante et aisée. Mais le rapport implique beaucoup plus que quelques moments de plaisir passagers. Quand un rapport se crée entre des personnes, il augmente leur créativité, leur efficacité dans la prise de décisions – qu'il s'agisse d'un couple organisant ses vacances ou d'un conseil d'administration élaborant une stratégie commerciale[3].

Le rapport procure des sensations agréables, génère une impression de sympathie, un sens de l'amitié où chaque personne ressent la chaleur, la compréhension et la sincérité de l'autre. Ces sentiments mutuels renforcent les liens entre elles, aussi passagers qu'ils soient.

Pour que s'établisse cette connexion particulière, a découvert Rosenthal, il faut que trois éléments soient réunis : attention réciproque, bonnes dispositions et duo non verbal bien coordonné[4].

L'attention réciproque est le premier ingrédient essentiel. En étant attentifs à ce que dit et fait l'autre, deux individus créent un sentiment d'intérêt réciproque, une convergence commune équivalant à un ciment émotionnel. Cette attention bilatérale fait naître des sentiments partagés.

L'empathie mutuelle est un bon indicateur du rapport : les deux partenaires sentent qu'ils sont compris. C'est ce que nous éprouvions en discutant avec Bob – il était entièrement présent et nous consacrait toute son attention. Cela distingue le vrai rapport d'une interaction sociale aisée où l'on se sent bien, mais sans avoir l'impression d'être en phase avec les sentiments de l'autre.

Rosenthal cite une expérience où des volontaires sont mis par paires. L'un des deux partenaires qui, à l'insu de l'autre, travaille avec les chercheurs a un doigt bandé et donne l'impression de souffrir. À un moment de l'expérience, il fait semblant de se blesser à nouveau. L'autre, s'il se trouve face à lui, grimace, imitant son expression de souffrance. Mais s'il ne le regarde pas, il a moins tendance à faire la grimace, même s'il sait qu'il souffre[5]. Lorsque notre attention est divisée, nous sommes un peu « débranchés » et certains détails essentiels, notamment émotionnels, nous échappent. Le fait de se regarder en face ouvre la voie à l'empathie.

Mais à elle seule l'attention ne suffit pas à créer le rapport. Le deuxième ingrédient est la bonne disposition, manifestée surtout par le ton de la voix et les expressions du visage. Dans la création d'un climat de positivité, les messages non verbaux envoyés peuvent avoir plus d'importance que les paroles échangées. Lors d'une expérience où des personnes se faisaient critiquer par leur directeur en termes peu flatteurs mais exprimés avec une certaine chaleur dans les inflexions de la voix et les expressions du visage, ces personnes gardaient de l'entretien une impression globalement positive[6].

La coordination, ou synchronie, est le troisième ingrédient nécessaire au rapport, selon la recette de Rosenthal. Elle passe surtout par des canaux subtils, non verbaux, comme la vitesse et le rythme de la conversation et des mouvements corporels. Dans un rapport, les gens sont animés et expriment librement leurs émotions. Leurs échanges, spontanés, ressemblent à une danse soigneusement chorégraphiée. Leurs yeux se trouvent, corps se rapprochent, ils tirent leurs chaises l'une vers l'autre – même leurs nez se rapprochent plus que d'ordinaire pendant leurs conversations. Et les silences ne les dérangent pas.

En l'absence de coordination, une conversation est malaisée, pleine de réponses déphasées et de silences gênés. Les gens se tortillent ou restent figés. Ces dissonances torpillent le rapport.

La synchronie

Dans un restaurant, il y a une serveuse par laquelle tous les clients aiment être servis. Elle a un talent incroyable pour se couler dans l'humeur et le rythme de chacun, pour créer la synchronie.

Calme et discrète avec l'homme morose qui sirote son verre dans un coin, elle est sociable et prête à rire avec un groupe de collègues qui blaguent pendant leur pause déjeuner. Et quand arrive une jeune mère accompagnée de deux bambins hyperactifs, elle rentre dans le jeu, fait des grimaces pour amuser les petits et leur raconte des histoires. Pas étonnant que ce soit elle qui, de toutes les serveuses, empoche les plus gros pourboires[7].

L'exemple de cette femme si sensible aux longueurs d'ondes de chacun illustre le principe selon lequel la synchronie est bénéfique aux relations. Plus deux personnes synchronisent inconsciemment leurs mouvements et leurs manies pendant leurs interactions, plus elles ressentiront ces interactions – et se ressentiront mutuellement – comme positives.

Cela a été démontré par une série d'expériences réalisées avec des étudiants de l'université de New York, volontaires pour ce qu'ils croyaient être l'évaluation d'un nouveau test psychologique. L'un après l'autre, ils s'asseyaient à côté d'un autre étudiant – complice des chercheurs – pour juger une série de photos[8]. Le complice avait pour instructions de sourire ou pas, de remuer le pied ou de se frotter le visage pendant qu'ils regardaient les photos.

Tout ce que faisait le complice était presque systématiquement reproduit par les volontaires. À un frottement de la joue répondait un frottement de la joue, à un sourire un sourire. Mais au cours de l'interrogatoire qui suivit, il apparaissait que les volontaires ne s'étaient absolument pas rendu compte qu'ils souriaient ou remuaient le pied par imitation. Ils n'avaient pas non plus remarqué les attitudes du complice.

Dans une autre partie de l'expérience, lorsque le complice des chercheurs imitait délibérément les mouvements et les attitudes de la personne avec qui il parlait, il n'était pas particulièrement apprécié. Quand ses mimiques étaient spontanées, il séduisait davantage[9]. Contrairement à ce que conseillent certains ouvrages, calquer *volontairement* ses attitudes sur celles de l'autre – imiter la position de son bras ou la posture de son corps, par exemple – n'améliore pas le rapport. Une synchronie mécanique, artificielle, manque son but.

Les psychologues sociaux démontrent, expérience après expérience, que plus deux personnes s'accordent naturellement dans leur gestuelle – par le tempo ou tout autre forme de coordination –, plus elles en retirent des impressions positives[10]. En regardant deux amis discuter sans entendre leurs paroles, on observe fort bien cet accord non verbal : élégante orchestration des mouvements, alternance aisée de la prise de parole et même coordination des regards[11]. Les coachs de comédiens demandent souvent à leurs élèves de regarder des films entiers sans le son pour étudier cette danse silencieuse.

Et l'observation scientifique peut révéler des choses invisibles à l'œil nu : la façon dont, chaque fois que l'un des amis parle, la respiration de l'autre passe dans un rythme complémentaire[12]. Des études où deux interlocuteurs amis étaient équipés de détecteurs du rythme de leur respiration ont montré que celui qui écoutait accordait plus ou moins sa respiration avec celui qui parlait, soit en inspirant quand l'autre expirait, soit en synchronisant inspiration et expiration.

Ce synchronisme respiratoire s'accentue chaque fois que la parole va passer de l'un à l'autre. Et pendant les moments de légèreté si fréquents entre deux amis, le synchronisme augmente encore : tous deux se mettent à rire au même moment ou presque et, pendant qu'ils rient, leur rythme respiratoire est remarquablement accordé.

La coordination joue le rôle d'un régulateur social pendant les face-à-face : tant que la synchronie des mouvements existe, une conversation par ailleurs malaisée donne une impression de facilité. Cette harmonisation rassurante tend à perdurer pendant les moments difficiles, pauses, interruptions et superpositions du discours. Même lorsque la conversation s'effiloche ou est entrecoupée de silences, la coordination physique maintient le sentiment que l'interaction continue. La synchronie dévoile une compréhension ou un accord tacites entre les deux interlocuteurs.

Une conversation privée de cette dimension physique doit se passer beaucoup mieux pour donner une impression d'harmonie. Lorsque deux personnes discutent sans se voir, par exemple au téléphone ou par Internet, la structure de leur échange s'organise de façon plus étudiée que dans un face-à-face.

La simple uniformité des postures compte énormément dans la création du rapport. Une étude a montré que dans une classe, plus la position des élèves était semblable, plus le rapport avec le professeur et l'implication des élèves étaient intenses. De fait, la similarité des postures suffit souvent pour sentir l'atmosphère d'une classe[13].

Entrer en synchronie peut constituer un plaisir viscéral, et c'est d'autant plus vrai que le groupe est important. Le bonheur universel que procurent les danses collectives ou les mouvements de foule en témoigne. Et c'est le même élan joyeux de synchronisation qui anime les bras des spectateurs lorsque tout un stade commence à faire la « ola ».

Le câblage nécessaire à cette mise en résonance semble inscrit dans le système nerveux humain : dès le stade fœtal, les tout-petits synchronisent leurs mouvements avec les rythmes de la parole, à l'exclusion de tout autre son. À un an, ils adaptent le tempo et la durée de leurs vocalisations à la manière de parler de leur mère. La synchronie entre mère et enfant et entre deux personnes qui se rencontrent pour la première fois délivre ce message : « Je suis avec toi » – qui veut dire, implicitement : « Continue, je t'en prie. »

Ce message retient l'autre. Lorsque deux personnes arrivent à la fin d'une conversation, ils se désynchronisent, signalant ainsi qu'il est temps de mettre fin à leur interaction. Et si la désynchronisation ne se produit pas, cela crée un sentiment de malaise.

Toute conversation opère à deux niveaux, empruntant la route haute pour la rationalité, les mots et le sens, la route basse pour le maintien de l'interaction à travers une connexion immédiatement ressentie. Le sentiment de connexion repose moins sur le contenu du discours que sur le lien direct, intime et non verbal.

Cette connexion souterraine ne devrait pas nous surprendre car nous exprimons toujours notre ressenti par des expressions, des gestes, des regards spontanés. À ce niveau subtil, nous poursuivons en permanence un bavardage silencieux, une sorte de commentaire entre les lignes qui permet à notre interlocuteur de savoir où nous en sommes d'instant en instant et de réagir en conséquence.

Plus la synchronie s'installe, plus chaque partenaire sent ce que ressent l'autre, et tous deux sont en phase émotionnellement. Lorsque par exemple une mère et son enfant passent ensemble d'un degré d'énergie et de d'expressivité à un degré plus élevé, leur plaisir mutuel augmente régulièrement. Cette capacité de mise en résonance, dès notre plus jeune âge, manifeste l'existence d'un câblage cérébral sous-jacent qui rend la synchronie absolument naturelle.

Les chronomètres intérieurs

« Demande-moi pourquoi je ne peux pas raconter une bonne blague.

— D'accord, pourquoi ne peux-t…

— Mauvais timing. »

Sans effort, les meilleurs comédiens font preuve d'un sens du rythme et du tempo qui donne à leurs répliques le maximum de saveur. Comme des musiciens lisant une partition musicale, les comiques professionnels savent déterminer avec précision le nombre de mesures à respecter avant de conclure leur blague (ou à quel moment s'interrompre, comme dans cette blague sur le timing). Tout l'art du raconteur d'histoire tient à son sens du tempo.

La nature aime les cadences justes. Les sciences découvrent des synchronies dans tout le monde naturel, chaque fois qu'un processus en entraîne un autre ou évolue en rythme avec un autre. Lorsque des vagues sont mal synchronisées, elles s'annulent ; lorsqu'elles sont bien synchronisées, elles s'amplifient.

Tous les rythmes naturels s'accordent entre eux, que ce soient les vagues de la mer ou les battements de cœur ; même nos rythmes émotionnels se règlent les uns par rapport aux autres. Quand un *zeitgeber* humain nous entraîne dans son tempo, il nous rend service.

Pour s'en persuader, il suffit de regarder un orchestre exécutant un morceau de bravoure. Les musiciens eux-mêmes paraissent sous le charme et se balancent tous au même rythme. Mais cette synchronie visible prouve qu'ils sont reliés à un niveau invisible des spectateurs, celui de leur cerveau.

Si l'on mesurait l'activité neurale de deux de ces musiciens, on constaterait un synchronisme remarquable entre eux. Lorsque deux violoncellistes jouent le même morceau, par exemple, les étincelles synaptiques se produisant dans leur hémisphère droit sont étonnamment synchrones. Dans ces zones correspondant aux capacités musicales, les rythmes sont beaucoup plus synchrones entre deux cerveaux qu'entre les deux hémisphères d'un même cerveau[14].

Chaque fois que nous nous trouvons dans une telle harmonie avec une autre personne, nous pouvons remercier ce que les neurolinguistiques appellent des « oscillateurs », des systèmes neuraux qui se comportent comme des horloges et modifient perpétuellement leur activité afin de la coordonner avec la périodicité d'un signal provenant de l'extérieur[15]. Ce signal peut être aussi simple que la fréquence à laquelle vous sont tendues les assiettes que vous allez essuyer ou aussi complexe que les mouvements d'un pas de deux bien chorégraphié.

Si nous considérons ce type de coordination comme évident et banal, des modèles mathématiques sophistiqués ont été élaborés pour décrire les logarithmes permettant ces micro-fusions[16]. Cette mathématique neurale s'applique à toute mise en accord de nos mouvements avec le monde extérieur, que ce soit pour échanger avec une autre personne ou pour intercepter un ballon de foot arrivant comme un boulet de canon.

La rythmique et la fluidité synchronique des interactions les plus banales peuvent être aussi extraordinairement complexes que la coordination d'un orchestre de jazz pendant une improvisation. Considérez les multiples manières dont nos mouvements s'enchaînent[17]. Lorsque deux personnes sont engagées dans une conversation, leurs mouvements paraissent suivre le rythme et la structure de leur discours. Une analyse image par image révèle comment la gestuelle de chacun ponctue la conversation, les mouvements de tête et de mains coïncidant avec les temps forts et les hésitations de son discours[18].

Et la synchronie corps-discours se produit en une fraction de seconde ; notre pensée est incapable de suivre la complexité de la danse. Le corps est alors la marionnette de l'esprit, et l'horloge cérébrale fonctionne au millième, voire au millionième de seconde

– alors que le traitement conscient de l'information et notre réflexion se poursuivent à l'échelle de la seconde.

Pourtant, à notre insu, notre corps se synchronise avec le rythme subtil de la personne qui est avec nous. Même une vision périphérique nous donne assez d'informations pour que s'installe une oscillation couplée, une synchronie interpersonnelle[19]. Voyez par exemple ce qui se produit quand on marche à deux : en quelques minutes les rythmes des bras et des jambes s'accordent, comme deux pendules se balançant librement finissent par se synchroniser.

Les oscillateurs produisent l'équivalent neural de la petite chanson d'*Alice au pays des merveilles* : « Tu veux ou tu veux pas, tu viens ou tu viens pas, danser avec nous ? » Ils accordent inconsciemment les rythmes de deux êtres, deux amants par exemple qui se rapprochent l'un de l'autre avec une aisance naturelle pour s'embrasser ou se prendre par la main quand ils marchent dans la rue. (Une de mes amies me disait que quand elle sortait avec un homme, si leurs rythmes se désynchronisaient trop souvent, elle s'inquiétait pour l'avenir de la relation.)

Toute conversation exige du cerveau des calculs complexes, les oscillateurs orchestrant la cascade permanente d'ajustements nécessaires pour préserver la synchronie. De cette micro-harmonie découle une affinité due au partage d'un moment de l'expérience d'autrui. Et si nous nous glissons si facilement dans ce lien de cerveau à cerveau, c'est parce que nous avons pratiqué cette rumba silencieuse toute notre vie, depuis que nous en avons appris les pas.

La protoconversation

Imaginez une mère qui tient son bébé dans les bras. Elle le regarde affectueusement en tendant les lèvres comme pour l'embrasser. Le bébé rentre ses lèvres et prend un air sérieux.

La mère étire sa bouche en un léger sourire, et le bébé détend la sienne d'un air malicieux. Puis tous deux se sourient.

Alors, le visage du bébé s'éclaire et sa tête se tourne d'un côté à l'autre, dans une mimique proche de la séduction.

L'interaction a duré moins de trois secondes. Il ne s'est pas passé grand-chose et pourtant la communication a été réelle. Ce type d'échange rudimentaire, appelé « protoconversation », est le prototype de toute interaction humaine, le degré zéro de la communication.

Elle met en jeu les oscillateurs. La microanalyse révèle que mère et nourrisson accordent précisément le début, la fin et les pauses de leurs échanges, créant un couplage de leurs rythmes. Chacun adapte et coordonne ses actes au tempo de l'autre[20].

Ces « conversations » non verbales ne recourent aux mots que comme effets sonores[21]. Elles passent par les regards, le toucher et le ton de la voix. Les messages sont transmis à l'aide de sourires et de gazouillis ou d'émissions sonores proches du roucoulement, le *motherese* – équivalent adulte de la langue des bébés.

Plus proche du chant que du discours, cette langue déploie une prosodie et des accents mélodiques qui transcendent les cultures et se ressemblent, que la mère parle le mandarin, l'ourdou ou le français. Le ton employé est toujours joyeux et tendre, il grimpe dans l'aigu (aux alentours de 300 hertz, pour être précis) et fait alterner ondulations, crescendos et brefs points de suspension.

La mère synchronise souvent les phrases de ce langage avec des caresses ou des tapes affectueuses et rythmées. Son visage et les mouvements de sa tête sont en harmonie avec ses mains et sa voix, et le bébé répond par des sourires, des gazouillis et des mouvements de mâchoire, de lèvres et de langue en synchronie avec les gestes de ses mains. Ces dialogues mère-enfant sont brefs, quelques secondes ou fractions de seconde, et se terminent lorsque les deux partenaires se trouvent dans le même état, généralement heureux. La mère et le bébé semblent former un duo où leurs rôles se complètent ou alternent, au rythme de leurs cœurs, qui battent régulièrement à environ 90 pulsations par minute.

Pour obtenir de telles informations, il faut examiner laborieusement des heures de bande vidéo montrant des interactions entre mères et nourrissons. C'est ce qu'a fait le psychologue du développement Colwyn Trevarthen de l'université d'Édimbourg. Ses travaux ont fait de lui l'expert mondial de la protoconversation, duo où les deux protagonistes, dit-il, « cherchent l'harmonie et le contrepoint sur une seule mesure afin de créer une mélodie[22] ».

Mais au-delà de cette mélodie, la conversation est centrée sur un thème unique : les émotions. La fréquence des attouchements de la mère et le ton de sa voix communiquent au tout-petit le message rassurant de son amour – et créent, selon les termes de Trevathen, « un rapport immédiat, non verbalisé et aconceptuel ».

L'échange de ces signaux crée avec le bébé un lien grâce auquel on peut le rendre heureux et excité, calme et détendu, ou le bouleverser et le faire pleurer. Pendant une protoconversation heureuse, mère et enfant sont optimistes et en phase l'un avec l'autre. Mais si l'un ou l'autre ne remplit pas son rôle au cours de l'échange, tout bascule. Si, par exemple, la mère n'est pas assez attentive ou répond avec peu d'enthousiasme, le bébé se replie sur lui-même. Si les réponses de la mère sont inadéquates, le bébé s'étonne puis s'angoisse. Et si c'est le bébé qui réagit mal, la mère peut se fâcher.

Ces épisodes constituent une sorte d'enseignement. Le bébé commence son apprentissage de l'interaction par la protoconversation. Il s'entraîne à synchroniser ses émotions bien longtemps avant d'avoir des mots pour les nommer. Et les protoconversations fournissent le modèle de base que reproduiront toutes ses interactions. La capacité à se synchroniser avec l'autre comme le fait un bébé aide l'individu tout au long de sa vie en servant de schéma directeur pour tous les échanges interpersonnels.

Et les sentiments, sujet unique des protoconversations, demeurent le fondement de la communication entre adultes. C'est sur un dialogue émotionnel silencieux, programme sous-jacent de toute interaction, que s'élaborent les rencontres.

3

Une WiFi neuronale

Je venais de monter dans une rame du métro new-yorkais quand il se produisit une de ces scènes ambiguës, inquiétantes, de la vie urbaine. Un cri suraigu s'éleva derrière moi, à l'autre extrémité du wagon.

Je tournais le dos à l'incident, mais je vis se peindre sur le visage de l'homme qui me faisait face une expression légèrement anxieuse.

Mon esprit cherchait fébrilement à comprendre ce qui se passait et ce que je devais faire. Était-ce une bagarre ? un voyageur soudain pris de folie ? Le danger se rapprochait-il de moi ? Ou était-ce une exclamation de plaisir provenant d'un groupe d'adolescents particulièrement joyeux ?

La réponse ne tarda pas à m'apparaître dans l'attitude de l'homme qui voyait la scène : ses traits se détendirent et il se replongea dans son journal. Il n'y avait donc pas lieu de s'inquiéter.

Dans des moments comme celui-là, nous devenons instinctivement plus attentifs aux visages des personnes qui nous entourent, y cherchant des indications susceptibles de nous aider à interpréter les signaux de danger ou de nous révéler les intentions d'un tiers[1].

Dans les débuts de l'histoire humaine, une horde, avec ses multiples paires d'yeux et d'oreilles, était forcément plus vigilante qu'un individu isolé. Et dans un monde plein de dangers, cette multiplication des sentinelles – ajoutée à un mécanisme cérébral habitué à repérer automatiquement les signaux et à déclencher la peur – avait sans doute une grande valeur pour la survie.

Bien qu'une angoisse extrême puisse nous plonger dans une peur assez profonde pour nous faire perdre tous nos moyens, à un moindre degré, elle intensifie les échanges émotionnels et nous rend donc plus aptes à « attraper » les émotions des autres. Dans les premiers groupes humains, le visage terrorisé de celui qui avait vu un tigre rôder à proximité devait suffire à semer la panique chez tous ceux qui connaissaient cette expression – et à les précipiter vers un abri.

Observez un moment ce visage :

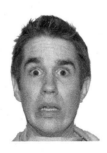

L'amygdale réagit immédiatement à une telle expression, et plus elle est accentuée, plus la réponse de l'amygdale est intense[2]. Quand on montre ce genre d'image à des gens connectés à un appareil IRMf, leur cerveau se comporte comme s'ils étaient eux-mêmes effrayés, bien qu'à un moindre degré[3].

Lorsque deux personnes sont face à face, la contagion passe par de multiples circuits neuraux opérant en parallèle dans leurs deux cerveaux. Ces systèmes de contagion fonctionnent pour tout le spectre des émotions, de la tristesse et l'anxiété à la joie.

Les épisodes de contagion représentent un événement neural remarquable : la formation entre deux cerveaux d'un lien fonctionnel, une boucle de feedback qui traverse les obstacles physiologiques de la peau et du crâne. En termes de système, les cerveaux sont alors « couplés », c'est-à-dire que ce qui sort de l'un entre dans l'autre pour modifier son fonctionnement, créant momentanément ce qui équivaut à un circuit intracérébral. Lorsque deux entités sont liées par une boucle de feedback, tout changement intervenant dans la première se produit dans la seconde.

La boucle créée entre deux cerveaux permet le passage d'un flux de signaux qui installe entre eux une harmonie tacite et, si ce flux va dans la bonne direction, amplifie leur résonance. Le bouclage permet la synchronisation des sentiments, des pensées et des actes. Nous diffusons et recevons malgré nous des états intérieurs, qu'il s'agisse de plaisir, de peur, de tendresse ou de rancœur.

En physique, la propriété définissant la résonance est la vibration sympathique, la tendance de l'une des parties à amplifier son taux vibratoire en l'accordant à celui de l'autre partie. Cette résonance produit la réponse la plus forte et la plus durable entre les deux parties en interaction – une sensation de bien-être.

Les cerveaux forment des boucles à notre insu, sans intention ni attention particulières de notre part. Nous pouvons bien sûr imiter quelqu'un pour nous rapprocher de lui, mais le résultat n'est pas toujours satisfaisant. La synchronisation est plus efficace quand elle est spontanée et non pas provoquée pour des motifs ultérieurs comme l'envie de se faire bien voir ou toute autre intention consciente[4].

La synchronisation doit sa rapidité à la route basse. L'amygdale repère les signes de peur sur le visage de quelqu'un à une vitesse remarquable, 33 millièmes de seconde, voire, pour certaines personnes, 17 millièmes de seconde (moins de 2 centièmes de seconde)[5]. Cette lecture quasi instantanée atteste de la rapidité de la route basse, qui ne permet pas à la conscience de percevoir ces signes, sinon par une vague sensation de malaise.

À notre insu, nous nous synchronisons donc avec une extrême facilité. La formation spontanée de duos sociaux est due à une classe de neurones particuliers.

Les miroirs neuronaux

Je n'avais pas plus de deux ou trois ans, mais le souvenir de cette scène reste gravé dans ma mémoire. Je déambulais avec ma mère dans l'allée centrale de l'épicerie du quartier quand une femme me remarqua – j'étais très mignon – et me gratifia d'un large sourire.

Ma bouche, je m'en souviens fort bien, me surprit en se déformant pour sourire, elle aussi. J'eus l'impression que mon visage était devenu comme une marionnette, tiré par des fils mystérieux qui élargissaient les contours de ma bouche et faisaient saillir mes joues.

Je me rendais parfaitement compte que mon sourire était involontaire – provoqué non de l'intérieur mais de l'extérieur.

Cette réaction étrangère à moi-même signalait l'existence dans mon jeune cerveau de ce qu'on appelle des « neurones miroirs ». Comme leur nom l'indique, les neurones miroir reflètent une action observée chez un tiers, nous incitant à la reproduire ou nous en donnant l'impulsion. Ils constituent un mécanisme cérébral qui permet d'expliquer les paroles de cette vieille chanson : « Quand tu souris, le monde entier sourit avec toi. »

Les principaux chemins de la route basse passent sans doute par ce type de neurones. Il existe de multiples systèmes neuronaux, et la science en découvre de nouveaux chaque année. Il y aurait apparemment une multitude de systèmes encore non répertoriés. Et ils expliquent de larges pans de notre vie, de la contagion émotionnelle et la synchronisation sociale à la manière dont les bébés apprennent.

Des spécialistes en neurosciences ont découvert cette « WiFi neuronale » par hasard, en 1992. Ils étaient en train d'établir la carte de l'aire sensori-motrice du cerveau du singe à l'aide d'électrodes tellement fines qu'elles peuvent être implantées dans des cellules cérébrales individuelles et permettent de voir lesquelles s'activent au cours d'un mouvement spécifique[6]. Ils constatèrent que dans cette aire les neurones s'avéraient remarquablement précis ; certains n'entraient par exemple en action que quand le singe prenait quelque chose en main, et d'autres uniquement quand il détruisait cette chose.

Mais la découverte inattendue se produisit par un chaud après-midi, lorsque l'un des assistants chercheurs revint de sa pause déjeuner en mangeant un cornet de glace. Les scientifiques virent alors avec stupeur une cellule sensori-motrice s'activer dans le cerveau d'un singe qui regardait l'assistant porter le cornet à sa bouche. D'autres expériences confirmèrent cette première découverte : un ensemble de neurones précis entrait en action quand les singes observaient les mouvements effectués par un autre singe – ou un expérimentateur.

Depuis, le même système a été mis en évidence chez l'homme. Une expérience remarquable, où une électrode de la taille d'un rayon laser était branchée sur un seul neurone d'une personne éveillée, a montré que ce neurone s'activait à la fois quand la personne anticipait une douleur – piqûre d'épingle – et quand elle voyait simplement quelqu'un d'autre se faire piquer – instantané neuronal de l'empathie primaire en action[7].

Beaucoup de neurones miroirs opèrent dans le cortex prémoteur qui gère des activités telles que la parole et l'action mais aussi l'intention d'agir. Ils sont adjacents aux neurones moteurs, et cette localisation signifie que les aires du cerveau qui initient le mouvement peuvent commencer à s'activer dès l'instant où nous regardons quelqu'un faire ce même mouvement[8]. Quand nous répétons mentalement un acte – que ce soit le texte d'un discours ou la précision de notre swing au golf –, les neurones du cortex prémoteur qui s'activent sont les mêmes que si nous avions prononcé les mots ou effectué le swing : il n'y a aucune différence entre simuler un acte et l'accomplir, sinon que l'exécution en est bloquée[9].

Il existe dans le cerveau humain de multiples systèmes de neurones miroirs servant non seulement à imiter les actions mais aussi à déchiffrer les intentions, à extraire les implications sociales de ce que fait un tiers et à lire les émotions[10]. Exemple : quand des volontaires sont dans un appareil IRMf et regardent un film vidéo montrant des visages souriants ou renfrognés, ce sont les mêmes aires qui s'activent, à un moindre degré, que quand ils prennent eux-mêmes ces expressions[11].

Les neurones miroirs rendent les émotions contagieuses en laissant les sentiments que nous observons se répandre en nous, en nous aidant à nous mettre en synchronie et à suivre ce qui se passe. Nous « sentons » l'autre, au sens le plus large du terme : en éprouvant ses sentiments, ses mouvements, ses sensations, ses émotions de l'intérieur.

Le talent relationnel repose sur les neurones miroirs. D'une part, l'écho qui résonne en nous quand nous observons une personne nous prépare à réagir de façon rapide et adaptée. D'autre part, les neurones répondent au moindre début d'*intention* de mouvement et nous aident à détecter la motivation qui les sous-tend[12]. Sentir les intentions des autres – et leur cause – procure des informations sociales inestimables et permet de prendre une légère avance sur ce qui va suivre.

Les neurones miroirs jouent aussi un rôle essentiel dans la manière dont les enfants apprennent. L'imitation a depuis longtemps été reconnue comme un facteur essentiel du développement humain. Mais ce que nous savons des neurones miroirs permet de comprendre comment les enfants arrivent à maîtriser certains talents uniquement par l'observation. En observant, ils gravent dans leur cerveau un répertoire d'émotions, de comportements, d'explications du monde.

Chez les humains, les neurones miroirs sont beaucoup plus souples et diversifiés que chez les singes, puisqu'ils reflètent des capacités sociales bien plus complexes. En imitant ce que fait ou ressent quelqu'un, ces neurones créent des sensibilités partagées. Ils font passer l'extérieur à l'intérieur, si bien que pour comprendre l'autre nous devenons presque semblables à lui[13]. Ce ressenti virtuel du vécu de l'autre cadre bien avec une notion émergente de la philosophie de l'esprit : nous comprenons autrui en traduisant ses actions dans le langage neural qui nous prépare aux mêmes actions et nous donnera le même vécu[14].

Je comprends les faits et gestes d'autrui en créant dans mon cerveau le modèle correspondant. Comme l'explique Giacomo Rizzolatti, le neurologue italien qui a découvert les neurones miroirs, ces systèmes « nous permettent de "piger" l'autre non par un raisonnement conceptuel mais par une simulation directe ; par le ressenti, pas par la pensée[15] ».

Grâce à l'établissement de circuits parallèles entre leurs cerveaux, deux personnes ont immédiatement la même appréhension de ce qui compte à un moment donné. Cela crée une immédiateté, le sentiment de partager l'instant. Les spécialistes des neurosciences appellent « résonance empathique » cet état de réverbération mutuelle, ce lien de cerveau à cerveau qui forme un circuit à deux, via la route basse.

Les manifestations extérieures de ces liens subtils ont été décrites en détail par un psychiatre américain travaillant à l'université de Genève, Daniel Stern, qui a effectué pendant plusieurs décennies des observations systématiques de couples mère-nourrisson. Spécialiste du développement dans la lignée de Jean Piaget, Stern explore également les interactions adultes, entre psychothérapeute et client ou entre amants, par exemple.

Il en conclut que notre système nerveux « est construit pour être capturé par le système nerveux des autres, afin que nous puissions les comprendre comme si nous étions dans leur peau[16] ». Dans ces moments-là, nous résonnons avec ce qu'ils ressentent et ils résonnent avec ce que nous ressentons.

Nous ne pouvons plus, ajoute Stern, « voir nos esprits comme aussi indépendants, séparés et isolés », il faut les voir comme « perméables », en interaction permanente, comme s'ils étaient reliés par des fils invisibles. Au niveau inconscient, nous sommes en dialogue constant avec notre interlocuteur, et nos sentiments, nos manières de bouger sont en phase avec les siens. Tant que nous sommes ensemble, notre vie mentale est cocréée dans la matrice formée par notre interconnexion.

Stern suppose que les neurones de l'imitation sont en jeu chaque fois que nous percevons l'état d'esprit d'une personne et que nous entrons en résonance avec ses sentiments. C'est pourquoi les mouvements de nos deux corps s'accordent, le fil de nos pensées se déroule en parallèle, et nos émotions se ressemblent. En établissant une passerelle entre deux cerveaux, les neurones miroirs créent un duo tacite qui ouvre la voie à des transactions subtiles mais puissantes.

La supériorité du sourire

La première fois que j'ai rencontré Paul Ekman, il venait de passer un an à se regarder dans la glace pour apprendre à contrôler ses quelque deux cents muscles faciaux. Cela impliquait parfois un certain héroïsme scientifique : pour localiser des muscles difficiles à détecter, il fallait les stimuler par des chocs électriques. Une fois son apprentissage terminé, Ekman a pu déterminer très précisément comment bougeaient différents ensembles musculaires pour exprimer les principales émotions et leurs variantes.

Ekman a identifié dix-huit manières de sourire, qui sont toutes des permutations des quinze muscles faciaux nécessaires. En voici quelques exemples : un pauvre sourire se greffe sur un air malheureux pour exprimer la résignation ; un sourire cruel manifeste le plaisir que donnent la colère et la méchanceté ; et puis il y a le sourire si particulier de Charlot, qui met en jeu un muscle que la plupart des gens ne maîtrisent pas consciemment, un sourire qui, comme le dit Ekman, « sourit à l'acte de sourire[17] ».

Il y a aussi bien sûr les vrais sourires de plaisir ou de gaieté. Ce sont les plus aptes à provoquer des sourires en retour, signalant le travail des neurones miroirs réservés à cet effet[18]. Selon un proverbe tibétain : « Lorsque tu souris à la vie, la moitié du sourire est pour ton visage, l'autre moitié pour quelqu'un d'autre. »

Le sourire a un avantage sur toutes les autres expressions, car le cerveau humain préfère les visages heureux, les reconnaît plus volontiers et plus vite que tous les autres[19]. Certains spécialistes des neurosciences pensent qu'il existe dans le cerveau un système réservé aux sentiments positifs, qui reste activé en permanence et nous permet d'être plus souvent optimistes que pessimistes, d'avoir une vision positive de la vie.

Cela implique que la nature tend à favoriser les relations positives. En dépit du rôle prépondérant de l'agressivité dans les affaires humaines, nous ne serions pas prédisposés à rejeter spontanément les autres.

Même entre des gens qui ne se connaissent pas, un moment de joyeuse détente, un jeu stupide crée une résonance immédiate. Au cours d'une expérience témoignant sans doute de l'acharnement des scientifiques à démontrer l'évidence, on a demandé à des volontaires de jouer à des jeux idiots. L'un des partenaires devait parler à travers une paille pour donner des instructions à l'autre, qui avait les yeux bandés, pendant qu'ils se renvoyaient une balle. Sans se connaître, ils étaient régulièrement pris de fous rires.

Lorsqu'on leur supprimait la paille et le bandeau, ils ne riaient jamais. Mais après avoir joué et ri ensemble ne fût-ce que quelques minutes, ils se sentaient très proches l'un de l'autre[20].

De fait, le rire est certainement la plus courte distance entre deux cerveaux, un phénomène de contagion irrésistible qui crée un lien social instantané[21]. Prenez par exemple deux adolescentes : plus elles s'amusent et pouffent de rire ensemble, plus elles deviennent amies, se synchronisent, s'animent et sont heureuses de se retrouver – bref, plus elles entrent en résonance[22]. Ce qui, aux yeux des parents, peut passer pour de l'hystérie stupide représente pour ces filles un délicieux moment de connivence.

Guerres de mèmes

À partir des années 1970, le rap a glorifié la vie des voyous, les armes et les drogues, la violence des gangs et la misogynie, l'appât du gain chez les souteneurs et les prostituées. Mais la tendance semble s'inverser, de même que la vie des rappeurs a changé.

« Dans le hip-hop, il était surtout question de fêtes, de flingues et de femmes », dit Darryl McDaniels du groupe de rap Run-DMC. Mais il ajoute que personnellement il préfère le rock classique au rap : « Si t'es dans un club, ça va, mais de 9 heures du matin jusqu'à l'heure de me coucher, cette musique n'avait rien à me dire[23]. »

Son témoignage annonce l'émergence d'une nouvelle espèce de musique rap qui véhicule une vision plus saine de la vie, malgré l'intransigeance de ses critiques. Comme l'avoue John Stevens, l'un de ces nouveaux rappeurs (connu sous le nom de Legend) : « Je serais mal à l'aise si je faisais une musique glorifiant la violence ou des trucs comme ça[24]. »

Legend, de même que l'autre réformateur du rap, Kanye West, fait des chansons où se mêlent autocritique et commentaires ironiques sur la société. Cette sensibilité nuancée reflète une expérience de la vie bien différente de celle des rappeurs d'autrefois. Stevens est diplômé de l'université de Pennsylvanie, et Kanye est fils d'une enseignante du secondaire. « Ma mère est prof, et moi je suis prof aussi, à ma façon », dit-il.

Il n'a pas tout à fait tort. Les textes des rappeurs, comme n'importe quel poème, essai ou article de presse, sont des systèmes de diffusion de « mèmes », d'idées qui se communiquent de cerveau à cerveau, à peu près comme les émotions. Le concept de mème a été forgé sur celui de gène et se définit comme une entité qui se reproduit par la transmission de personne à personne.

Les mèmes qui sont chargés d'un pouvoir particulier, « démocratie » ou « propreté » par exemple, nous incitent à agir de façon spécifique ; ce sont des idées pourvues d'impact[25]. Certains mèmes s'opposent naturellement à d'autres et entrent en guerre ; ce sont les affrontements d'idées.

Il semble que les mèmes tirent leur pouvoir de la route basse, par leur association avec des émotions fortes. Une idée n'a de valeur pour nous que dans la mesure où elle nous émeut. La force donnée aux chansons (rap ou autre) par la route basse, renforcée par un tempo qui entraîne nos oscillateurs, peut acquérir une puissance singulière – bien supérieure à celle des textes imprimés.

Il est possible que l'on rapproche un jour les mèmes du fonctionnement des neurones miroirs. Leur influence inconsciente détermine une grande partie de nos actes, notamment lorsque nous fonctionnons « en automatique ». Mais ce pouvoir subtil des mèmes sur nos comportements échappe souvent à la détection.

Considérons leur capacité à « préparer » les interactions sociales[26]. Des chercheurs ont fait entendre à un groupe de volontaires une liste de mots tels que « brutal », « grossier », « insupportable », et à un autre groupe des mots comme « respectueux », « poli », « attentionné ». Les volontaires ont ensuite été mis dans une situation où ils devaient transmettre un message à quelqu'un qui discutait avec une autre personne. Deux sur trois des participants préparés à l'impolitesse ont brutalement interrompu la conversation tandis que, parmi les autres, neuf sur dix ont attendu dix bonnes minutes que l'entretien se termine avant de prendre la parole[27].

Une autre forme d'influence, fondée sur des indices inconscients, peut produire des synchronicités surprenantes. Comment expliquer autrement ce qui nous est arrivé à ma femme et à moi lors d'un voyage dans une île tropicale ? Un matin, nous avons vu une image merveilleuse, celle d'un magnifique trois-mâts s'éloignant vers l'horizon. Ma femme a voulu que je prenne une photo, ce que j'ai fait. Nous étions là depuis dix jours, mais c'était la première photo que je prenais.

Quelques heures plus tard, au moment de partir déjeuner, j'ai décidé d'emporter mon appareil, que j'ai glissé dans mon sac à dos. En marchant sur la plage voisine, j'ai soudain pensé à en informer ma femme. Mais au même moment, hors de tout propos, elle m'a demandé : « As-tu pris ton appareil photo ? »

Comme si elle devinait ma pensée.

De telles synchronicités semblent dues à l'équivalent de la contagion émotionnelle. Nos associations d'idées suivent des trajets fixes, les circuits de nos connaissances et de notre mémoire. Une fois que ces trajets ont été sollicités, même par une simple allusion, les associations commencent à se faire, inconsciemment, hors d'atteinte de notre attention active[28]. Comme l'a dit le dramaturge russe Anton Tchekhov, il ne faut jamais poser un revolver dans le décor au deuxième acte sans l'utiliser avant la fin de la pièce, car les spectateurs s'attendent à entendre des coups de feu.

Puisque le seul fait de penser à une action prépare l'esprit à la réaliser, nous accomplissons les actes de la vie quotidienne sans avoir à faire d'effort, en suivant une sorte de liste mentale préétablie. Voir notre brosse à dents sur le rebord du lavabo, le matin, suffit à nous faire tendre la main, la prendre et entreprendre le rituel.

Cette programmation inconsciente nous guide en toutes circonstances. Quelqu'un s'adresse à vous en chuchotant, vous lui répondez en chuchotant. En voiture, sur une autoroute, vous parlez du Grand Prix de formule 1 à la personne qui conduit, et elle accélère. Tout se passe comme si un cerveau imprimait dans un autre cerveau les sentiments, pensées ou impulsions qu'il contient.

De la même façon, quand deux personnes ont des trains de pensée parallèles, elles arrivent à penser ou dire la même chose presque au même moment. Lorsque nous avons eu la même idée, ma femme et moi, on peut supposer qu'une perception fugitive mais commune avait lancé nos trains de pensée dans la même direction, pour aboutir à l'appareil photo.

Une telle intimité mentale témoigne d'une proximité émotionnelle ; plus un couple est harmonieux, plus les deux partenaires devinent mutuellement leurs pensées[29]. Quand on connaît bien la personne, ou que le rapport est intense, les conditions sont réunies pour que la confluence des pensées, sentiments, perceptions et souvenirs soit optimale[30]. Il existe une forme de communion d'esprit telle qu'on a tendance à percevoir, penser et sentir les mêmes choses que l'autre.

Une telle convergence se produit même quand la relation est récente. Prenez par exemple deux étudiants partageant la même chambre. Des chercheurs, à Berkeley, ont recruté des colocataires de fraîche date pour étudier leurs réponses émotionnelles à des courts métrages qu'on leur projetait. Dans l'un, Robin Williams faisait un numéro hilarant ; dans l'autre, un fils pleurait la mort de son père. La première fois, les deux étudiants, qui se connaissaient à peine, ont réagi très différemment. Mais sept mois plus tard, quand les chercheurs les ont à nouveau convoqués pour leur projeter le même genre de films, leurs réactions étaient étonnamment convergentes[31].

La folie des foules

On les appelle des « hooligans », ces bandes de supporters qui déclenchent des émeutes et des bagarres collectives lors des matchs de football, en Europe. La recette qu'ils appliquent est toujours la même, quel que soit le pays. Une petite bande très soudée arrive plusieurs heures avant le match et se met à boire en chantant les chansons de son club et en s'amusant bruyamment.

Puis, au moment où la foule se presse vers le stade, ces petits groupes s'excitent en agitant les drapeaux de leur équipe, en chantant à tue-tête et en lançant des imprécations contre l'équipe adverse, toute cette agitation se communiquant aux autres spectateurs. Les hooligans se dispersent ensuite dans la foule, se mêlant aux supporters de l'équipe adverse, et les chants se transforment en menaces directes. Alors, c'est l'explosion : l'un des chefs de bande en attaque un autre, incitant les autres à faire de même. Et des bagarres éclatent partout dans les gradins.

Ce scénario d'hystérie collective s'est répété à de multiples reprises depuis le début des années 1980, avec des conséquences tragiques[32]. Un groupe éméché et belliqueux réunit les conditions idéales pour la propagation de la violence : l'alcool désinhibe les pulsions, et quand l'exemple est donné par le chef, toute la bande suit, par contagion.

Dans son essai *Masse et Puissance*, Elias Canetti observe que pour s'unir en une foule, une masse d'individus doit être dominée par une « passion unique » – une émotion commune qui pousse à l'action collective, donc une contagion[33]. Le fait qu'une ambiance se propage très rapidement dans un groupe témoigne de l'alignement parallèle de sous-systèmes biologiques, qui provoque la synchronie physiologique de toutes les personnes présentes[34].

La vitesse et la facilité avec lesquelles une foule change de comportement évoquent étrangement la coordination des neurones miroirs. La prise de décision collective s'opère en quelques secondes – probablement le temps nécessaire pour que s'effectue la transmission entre personnes de la synchronie due aux neurones miroirs (bien que cela ne soit pour le moment qu'une hypothèse).

La contagion de groupe peut être observée sous des formes plus paisibles, pendant les spectacles où les acteurs (ou les musiciens) créent un effet de champ et jouent des émotions de leur public comme d'un instrument. Pièces de théâtre, concerts et films nous font pénétrer dans un même champ émotionnel avec de parfaits étrangers. Se retrouver à l'unisson dans un registre positif permet à tout le monde de se sentir bien.

La contagion se propage même dans les groupes les plus restreints, trois personnes assises ensemble en silence pendant quelques minutes, par exemple. En l'absence de hiérarchie formelle, c'est la personne dont le visage est le plus expressif qui donne le *la* émotionnel[35].

La contagion n'épargne aucune situation où des gens sont rassemblés dans un but commun. Une expérience a consisté à observer un groupe qui se réunissait pour répartir entre les employés les bénéfices de l'année. Chacune des personnes présentes tentait de faire attribuer le meilleur bonus possible à l'un ou l'autre des bénéficiaires, tout en optimisant la répartition à l'ensemble du groupe.

Les propositions conflictuelles entraînaient des tensions et, à la fin de la réunion, tout le monde était énervé. Mais un autre groupe, réuni pour prendre les mêmes décisions, se sépara dans la bonne humeur générale.

Les deux réunions étaient des simulations organisées pour une étude à l'université de Yale, et les décisions devaient être prises par des volontaires[36]. Personne ne savait que l'un des participants à chaque réunion était un acteur confirmé qui avait reçu la consigne de se montrer récalcitrant et négatif avec l'un des groupes, bienveillant et positif avec l'autre.

Or, son attitude était toujours suivie ; l'humeur des membres du groupe changeait, soit dans un sens positif, soit dans un sens négatif. Mais personne ne savait apparemment pourquoi. Toutes les personnes présentes étaient entraînées à leur insu dans ces changements d'état émotionnel.

Les sentiments qui traversent un groupe peuvent influencer la manière dont ses membres traitent l'information et aussi leurs décisions[37]. Au moment de prendre une décision commune, donc, n'importe quel groupe ferait bien de s'intéresser non seulement à ce qui se dit mais aussi aux émotions qui surgissent dans la pièce.

Cette convergence atteste l'existence d'un magnétisme subtil, inexorable, d'une force comparable à la gravitation qui incite tous les êtres humains liés entre eux par la famille, le travail ou l'amitié à penser et à sentir de la même façon.

4

L'altruisme : un instinct

La scène se passe au séminaire de théologie de Princeton. Quarante élèves attendent d'être convoqués pour prononcer un court sermon sur lequel ils seront notés. Le sujet imposé à la moitié d'entre eux a été choisi au hasard dans la Bible. Mais l'autre moitié a dû travailler sur la parabole du bon Samaritain – qui vient en aide à un blessé que d'autres hommes, supposés plus « pieux », ont croisé sur le bord du chemin sans s'arrêter.

Les étudiants sont réunis dans une salle et, tous les quarts d'heure, l'un d'entre eux est appelé pour aller prononcer son sermon, dans un autre bâtiment. Aucun ne sait qu'ils participent en fait à une expérience sur l'altruisme.

En chemin, ils passent devant une entrée d'immeuble où un homme est prostré, gémissant, visiblement mal en point. Sur les quarante étudiants, vingt-quatre le dépassent sans s'arrêter, qu'ils aient ou non planché sur l'histoire du bon Samaritain[1].

Pour certains, c'est une question de temps. Sur les dix qui croient être en retard, un seul s'arrête ; sur dix autres qui pensent avoir tout leur temps, six viennent en aide au malheureux.

Parmi les nombreux facteurs qui entrent en jeu dans l'altruisme, il semble que l'un des plus essentiels soit de prendre le temps de l'attention ; l'empathie est d'autant plus forte que nous nous centrons entièrement sur l'autre, créant une boucle émotionnelle. Tout le monde n'a évidemment pas la même capacité d'attention, le même désir et le même intérêt de la manifester – un adolescent maussade peut très bien se fermer aux reproches de sa mère et, l'instant d'après s'immerger totalement dans une conversation téléphonique avec sa bien-aimée. Les séminaristes pressés d'aller prononcer leur sermon étaient apparemment incapables ou non désireux de s'intéresser à l'homme gémissant, perdus qu'ils étaient dans leurs pensées et inquiets d'arriver en retard[2].

Dans les rues des grandes villes, les gens sont moins enclins à remarquer, à saluer ou à aider les autres à cause de ce qu'on a nommé la « transe urbaine ». Les sociologues supposent que nous tendons à nous absorber en nous-mêmes dans les rues les plus encombrées afin de nous protéger d'une surcharge de stimuli. Mais cette stratégie a évidemment comme conséquence de nous couper non seulement des distractions extérieures mais aussi du malheur des autres. Comme l'a écrit un poète, nous affrontons « le bruit de la rue hébétés et abasourdis ».

En outre, les clivages sociaux nous aveuglent. Un clochard qui demande la charité vautré sur le trottoir d'une ville américaine peut laisser indifférents des passants qui, à quelques mètres de là, vont s'arrêter pour discuter avec une femme bien mise qui fait signer une pétition politique. (Tout dépend bien sûr de nos sympathies, qui peuvent au contraire aller vers le clochard et non vers la pétition.) Bref, nos priorités, nos préjugés sociaux et une myriade d'autres facteurs peuvent nous amener à offrir ou inhiber notre attention ou les émotions qui nous traversent – donc, notre empathie.

Il suffit de porter attention à autrui pour créer une connexion émotionnelle. En l'absence d'attention, l'empathie n'a aucune chance de naître.

Quand l'attention est nécessaire

Comparons l'expérience du séminaire de Princeton avec ce qui s'est passé un jour à New York, alors que je prenais le métro à Times Square après mon travail. C'était l'heure de pointe et, comme de coutume, un torrent ininterrompu d'êtres humains se pressait dans l'escalier qui plonge sous terre, anxieux d'attraper la prochaine rame.

C'est alors que j'ai remarqué quelque chose d'étonnant : sur les marches, à mi-pente, un homme était étalé, torse nu, immobile, les yeux clos, et les gens l'enjambaient avec la plus parfaite indifférence.

Choqué par ce spectacle, je me suis arrêté pour voir si je pouvais aider cet homme. Et, curieusement, d'autres ont fait comme moi.

Un petit cercle de personnes inquiètes s'est formé presque instantanément autour de l'homme. Et tout aussi spontanément, quelques-unes se sont égaillées afin de lui porter secours ; un homme est allé lui acheter de quoi manger, une femme a rapporté une bouteille d'eau, une autre s'est chargée de prévenir un agent de la sécurité, qui a téléphoné pour demander de l'aide.

En quelques minutes, l'homme fut ranimé et se mit à manger avec plaisir en attendant une ambulance. Il nous apprit qu'il ne parlait que l'espagnol, qu'il n'avait pas d'argent et qu'il errait dans les rues de Manhattan, affamé. Il s'était évanoui de faim dans l'escalier du métro.

Qu'est-ce qui avait fait la différence ? Tout d'abord, l'homme avait été vu. Le simple fait de m'arrêter et de me pencher sur lui avait apparemment sorti les passants de leur transe urbaine et leur avait ouvert les yeux. En nous penchant sur son malheur, nous avions été poussés à le secourir.

Nul doute que dans nos têtes de citoyens debout et pressés de rentrer chez eux il y eût des préjugés contre cet homme allongé en travers de notre chemin, des stéréotypes formés à force de croiser des centaines de personnes sans domicile qui, c'est triste à dire, vivent dans les rues de New York et de tant d'autres centres urbains. Les habitants de ces villes apprennent à gérer l'angoisse que provoque la misère en détournant systématiquement leur attention.

En ce qui me concerne, ce réflexe était atténué, je pense, à cause d'un article que j'avais écrit peu de temps auparavant pour le *New York Times* sur la fermeture des hôpitaux psychiatriques, qui avait jeté dans les rues de la ville tous les malades mentaux. Pour recueillir les informations nécessaires, j'avais passé plusieurs jours avec une équipe de travailleurs sociaux qui distribuait de la nourriture aux sans-abri, leur proposait un hébergement et tentait de persuader les malades mentaux parmi eux – une proportion révoltante – d'aller dans des cliniques chercher leurs médicaments. Cette expérience m'avait amené à regarder cette population d'un œil très différent.

D'autres études fondées sur la parabole du bon Samaritain ont montré que les gens qui s'arrêtaient pour aider l'homme s'étaient sentis touchés par sa détresse au point d'éprouver pour lui un sentiment de tendresse empathique[3]. À partir du moment où ils lui portaient assez d'attention pour éprouver de l'empathie, la probabilité qu'ils lui offrent leur aide augmentait.

Le simple fait d'entendre raconter un acte d'assistance à un malheureux peut procurer un sentiment chaleureux que les psychologues désignent sous le nom d'« exaltation ». Bien souvent, les personnes ayant assisté à un acte spontané de courage, de tolérance ou de compassion font état de ce sentiment d'exaltation. Ils parlent d'émotion et même de frissons.

Les situations les plus aptes à provoquer cette exaltation sont l'assistance aux pauvres ou aux malades, l'aide à une personne traversant une période difficile. Mais ces bonnes actions n'impliquent pas nécessairement la prise en charge de toute une famille ni une abnégation comparable à celle de Mère Teresa qui consacre sa vie aux pauvres, à Calcutta. De simples gestes de gentillesse peuvent suffire à provoquer l'exaltation. Au Japon, des gens racontent spontanément des récits de *kandou,* moments où le cœur s'émeut en voyant par exemple un colosse à l'air patibulaire se lever dans le métro pour céder sa place à un vieux monsieur[4].

L'exaltation, d'après les chercheurs, pourrait être contagieuse. Lorsqu'un individu est témoin d'un acte de bonté, il est souvent poussé à en accomplir un à son tour. Cette influence sociale explique peut-être pourquoi les légendes mythiques du monde entier sont pleines de personnages qui en sauvent d'autres en accomplissant des actes courageux. Selon les psychologues, entendre ce genre d'histoires – quand elles sont bien racontées – aurait le même impact émotionnel que les voir de ses propres yeux[5]. Le fait que l'exaltation soit probablement contagieuse permet de penser qu'elle emprunte la route basse.

Mise en phase

Lors d'un voyage de cinq jours au Brésil, mon fils et moi avons remarqué que l'attitude des gens à notre égard était de plus en plus amicale. Le changement était frappant.

Au début les Brésiliens gardaient leurs distances, restaient sur la réserve. Mais le troisième jour, ils se montrèrent bien plus chaleureux.

Le quatrième jour, cette tendance se confirma, où que nous allions. Et à la fin de notre séjour, nous avions des gens à embrasser à l'aéroport.

Les Brésiliens avaient-ils changé ? Certainement pas. Mais quelque chose s'était dissipé, notre malaise de *gringos* en pays étranger. Notre réserve initiale nous avait rendus inaccessibles aux manières ouvertes et amicales des Brésiliens – et leur avait probablement signalé de se tenir à distance.

Au début du voyage – comme un poste de radio mal calé sur la fréquence voulue –, nous étions trop préoccupés pour capter la gentillesse des gens que nous rencontrions. Ensuite, plus détendus, plus en phase avec notre environnement, nous avons ressenti cette chaleur qui avait toujours été là – comme si nous avions réglé notre poste sur la bonne fréquence. Jusque-là, nos tensions nous empêchaient de percevoir l'étincelle dans un regard, l'ébauche d'un sourire, l'amabilité d'une voix – tous ces signes porteurs de messages d'amitié.

L'explication technique de ce phénomène souligne les limites de notre capacité d'attention. La mémoire de travail, c'est-à-dire la capacité mémorielle disponible à tout moment, a son siège dans le cortex préfrontal, citadelle de la route haute. Cette zone joue un rôle majeur dans la répartition de notre attention, puisqu'elle gère tout l'arrière-plan d'une interaction. Elle cherche par exemple dans notre mémoire ce que nous allons dire et faire, tout en restant attentive aux signaux qui continuent de nous parvenir afin de modifier nos réponses en conséquence.

Dans les situations difficiles, des demandes multiples pèsent sur notre capacité d'attention. Des signaux d'inquiétude émanant de l'amygdale se répandent dans des régions clés du cortex préfrontal, sous la forme de préoccupations qui détournent notre attention de ce qui l'occupait. Toute perturbation devient une surcharge pour notre attention – être un *gringo* sur la défensive, par exemple.

La nature donne une importance primordiale à la qualité de la communication entre membres d'une même espèce, et sculpte le cerveau pour qu'il s'y adapte – parfois dans l'instant. Chez certains poissons, pendant la parade nuptiale, le cerveau de la femelle sécrète des hormones qui remodèlent momentanément son circuit auditif pour le rendre plus sensible aux fréquences des appels du mâle[6].

On peut observer un phénomène similaire chez un bébé de deux mois qui détecte l'approche de sa mère : instinctivement, il cesse de bouger, atténue légèrement le rythme de sa respiration, se tourne vers sa mère et regarde son visage, concentré sur ses yeux et sa bouche, et il oriente ses oreilles vers tout son provenant d'elle, en adoptant une expression que les chercheurs appellent « bouche bée-sourcils froncés ». Chacune de ces réponses augmente la capacité du bébé à se mettre en phase avec ce que dit ou fait la mère[7].

Plus notre attention est fine, plus nous ressentirons efficacement l'état intérieur de l'autre – c'est-à-dire plus vite, à partir de signes plus subtils et dans des circonstances plus ambiguës. À l'inverse, plus nous sommes perturbés, moins nous sommes capables d'empathie.

Pour nous résumer, le repli sur soi, sous toutes ses formes, tue l'empathie, et plus encore la compassion. Lorsque nous sommes centrés sur nous-mêmes, notre monde se contracte, car nos problèmes prennent toute la place. Mais quand nous portons notre attention vers les autres, notre monde s'élargit. Nos problèmes, relégués à la périphérie de notre esprit, paraissent moindres, et notre capacité de connexion ou d'action altruiste augmente.

La compassion instinctive

• Un rat de laboratoire, suspendu en l'air par un harnais, se débat en poussant des cris perçants. Voyant cela, l'un des rats enfermés dans la même cage manifeste son émotion et s'arrange pour le secourir en pressant sur une barre qui ramène la victime saine et sauve au niveau du sol.

• Six singes rhésus ont été entraînés à tirer des chaînes pour obtenir de la nourriture. À un moment donné, ils constatent qu'un septième singe reçoit un choc électrique douloureux quand l'un des six tire sur ces chaînes. Devant la douleur de leur congénère, quatre d'entre eux se mettent à tirer sur d'autres chaînes qui leur délivrent moins de nourriture mais lui épargnent les chocs électriques. Le cinquième singe s'arrête de tirer sur les chaînes pendant cinq jours et le sixième pendant douze jours – c'est-à-dire qu'ils choisissent de mourir de faim pour éviter au septième de souffrir.

• Depuis leur naissance, pratiquement, les bébés qui voient ou entendent un autre bébé pleurer de détresse font chorus avec lui. Mais ils pleurent rarement quand on leur fait entendre un enregistrement de leurs propres pleurs. À partir de quatorze mois environ, non seulement ils pleurent à l'unisson des autres, mais ils s'efforcent de les consoler. Et en grandissant, ils pleurent de moins en moins et aident de plus en plus.

Rats de laboratoire, singes et bébés ont en commun cette réaction automatique qui rive leur attention sur la souffrance d'autrui, déclenche en eux une détresse similaire et les pousse à vouloir aider l'autre. Pourquoi différentes espèces réagissent-elles de façon similaire ? C'est simple : parce que la nature conserve et préserve tout ce qui fonctionne pour s'en resservir.

Dans l'architecture cérébrale, les systèmes efficaces se retrouvent chez différentes espèces. L'homme a en commun avec d'autres mammifères, notamment les primates, de vastes zones de constructions neuronales qui ont fait leurs preuves. La similarité des réactions à la détresse et des impulsions secourables permet de penser qu'il existe chez certaines espèces un ensemble de circuits cérébraux sous-jacents similaires. Les reptiles, contrairement aux mammifères, ne manifestent pas le moindre signe d'empathie et vont même jusqu'à dévorer leurs petits.

Bien que nous soyons capables de rester indifférents à la détresse, cette froideur est apparemment un refoulement de l'impulsion primordiale, automatique, qui nous pousse à secourir autrui. Des observations scientifiques montrent en effet qu'un système existe dans notre cerveau – et comprend sans doute des neurones miroirs – qui s'active quand nous voyons souffrir quelqu'un, nous faisant instantanément ressentir sa souffrance. Et plus nous y sommes sensibles, plus nous désirons lui venir en aide.

Cet instinct compassionnel constitue sans doute un avantage adaptatif du point de vue de l'évolution – on le définit en termes de « succès reproductif », c'est-à-dire le nombre de descendants d'un individu arrivant en âge de se reproduire eux-mêmes. Il y a plus de cent ans, Charles Darwin affirmait que l'empathie, prélude à l'acte compassionnel, avait constitué un outil puissant dans le « kit de survie » offert par la nature[8]. L'empathie facilite les relations sociales, et l'être humain est l'animal social par excellence. La science affirme aujourd'hui que la sociabilité fut la stratégie de survie essentielle de toutes les espèces de primates, y compris la nôtre.

On peut constater l'utilité de l'amitié dans l'existence des primates vivant dans leur milieu naturel, un monde dominé par la griffe et la dent, très proche de ce qu'était le nôtre à la préhistoire, quand peu d'enfants survivaient jusqu'à l'âge de la reproduction. Voyons par exemple le cas des macaques rhésus qui vivent sur une île des Caraïbes, Cayo Santiago ; ils descendent tous d'un seul groupe, transplanté de son Inde natale dans les années 1950. Ils vivent en petites bandes et, à l'adolescence, les mâles s'en vont tandis que les femelles restent.

Pour les jeunes mâles, la transition entre leur société d'origine et celle où ils tentent de s'intégrer comporte des dangers réels : jusqu'à 20 % d'entre eux meurent pendant les combats préliminaires. Des scientifiques ont prélevé sur une centaine de jeunes macaques des échantillons de liquide rachidien. Ils ont découvert que les individus les plus extravertis avaient le taux d'hormones de stress le plus bas, les fonctions immunitaires les plus robustes, et surtout qu'ils étaient les plus aptes à approcher, attirer ou défier au combat les mâles du nouveau groupe. Plus sociables, ces jeunes singes avaient les meilleures chances de survie[9].

D'autres données sur les primates proviennent de babouins vivant près du Kilimandjaro, en Tanzanie.

Pour ces singes, la prime enfance est un âge difficile : les bonnes années, 10 % des nouveau-nés meurent ; les mauvaises années, ils sont jusqu'à 35 %. Mais des biologistes qui ont observé les mères babouins se sont rendu compte que celles qui étaient les plus sociables – qui passaient le plus de temps avec leurs congénères, pour des séances d'épouillage ou autres interactions – perdaient le moins de petits.

Ces biologistes ont proposé deux explications au fait que les qualités sociales des mères sont favorables à la survie des petits. Tout d'abord, ces femelles font partie d'un groupe restreint, une sorte de club, qui peut les aider à défendre leur progéniture, à trouver un meilleur abri, de la meilleure nourriture. Ensuite, plus elles s'adonnent à l'activité d'épouillage mutuel, plus elles sont détendues et en bonne santé. Les babouins sociables sont de meilleures mères[10].

Notre attirance naturelle vers les autres remonte probablement aux époques de pénurie qui ont modelé le cerveau humain. On peut en effet supposer que l'appartenance à un groupe facilitait la survie dans des conditions difficiles – et que se trouver seul en compétition avec un groupe pour des ressources insuffisantes pouvait s'avérer fatal.

Une habitude douée d'une valeur de survie aussi considérable peut modifier progressivement les circuits neuronaux, puisque ce qui s'avère le plus efficace pour la répartition des gènes dans les futures générations envahit de plus en plus le bagage génétique.

Si la sociabilité a constitué pour les hommes une stratégie gagnante au cours de la préhistoire, les systèmes permettant l'existence de la vie sociale ont fait de même[11]. Rien d'étonnant, donc, à ce que notre tendance à l'empathie ait acquis une telle puissance.

Un ange sur terre

Une collision frontale a transformé sa voiture en accordéon. Sous le choc, coincée dans la tôle froissée avec deux os de la jambe droite cassés, elle souffre.

Alors, un passant – elle ne connaîtra jamais son nom – s'approche et s'agenouille près d'elle. Il lui prend la main et lui murmure des paroles rassurantes pendant qu'une équipe d'intervention d'urgence s'efforce de la dégager. Malgré sa souffrance et son angoisse, elle réussit à garder son calme grâce à cet homme.

« C'était mon ange descendu sur terre[12] », dira-t-elle plus tard.

On ne saura jamais quels sentiments précis ont poussé cet « ange » à agir comme il l'a fait, mais ce genre d'acte ne peut être accompli sans un préliminaire : l'empathie.

L'empathie crée une entente émotionnelle – condition préalable à la compréhension du monde intérieur d'autrui[13]. Les neurones miroirs, comme l'a dit un spécialiste des neurosciences, « sont ce qui nous donne cette richesse, l'empathie, mécanisme fondamental par lequel voir quelqu'un souffrir vous fait réellement souffrir[14] ».

Constantin Stanislavski, l'inventeur russe de la fameuse méthode de formation des comédiens, a compris que pour « vivre » son rôle un acteur pouvait évoquer ses souvenirs émotionnels et les transposer au présent. Mais il n'était pas obligé de se limiter à sa propre expérience. Il suffisait d'un peu d'empathie pour puiser dans les émotions d'autrui. « Nous devons étudier les autres et nous en rapprocher émotionnellement de si près que notre sympathie pour eux se transforme en des sentiments personnels », disait Stanislavski[15].

Ce conseil relevait de la préscience. L'imagerie cérébrale a en effet démontré que la réponse à la question « Que ressentez-vous ? » et à la question « Que ressent-*elle* ? » activent à peu près les mêmes circuits neuraux. Le cerveau réagit presque de façon identique à nos propres sentiments et à ceux des autres[16].

Pour les expressions faciales, bonheur, peur ou dégoût, c'est la même chose : les mêmes circuits sont activés quand on imite celles de quelqu'un et quand on les regarde simplement (ou encore quand on ressent soi-même spontanément l'émotion). Comme l'avait deviné Stanislavski, plus l'on provoque volontairement l'empathie, plus les circuits s'activent[17]. Et plus on fait d'effort ou plus les sentiments exprimés sont intenses, plus on les ressent en soi.

D'ailleurs, le mot allemand *Einfühlung*, qui a été traduit en 1909 par le néologisme « empathie », veut dire « sentir dans », s'identifier au ressenti d'autrui[18]. Comme l'a dit Theodore Lipps, l'homme qui a introduit le mot « empathie » dans la langue anglaise : « Lorsque je regarde un artiste de cirque évoluer sur une corde, j'ai l'impression d'être en lui. » Et nous ressentons effectivement les émotions des autres dans notre propre corps : les spécialistes des neurosciences affirment que plus le système des neurones miroirs est actif, plus l'empathie est forte.

La psychologie donne aujourd'hui au mot « empathie » trois sens distincts : *reconnaître* les sentiments d'autrui ; *ressentir* ce qu'il ressent ; et *réagir avec compassion* à sa détresse. Ces trois acceptions du terme semblent décrire une séquence en trois points : je te remarque, je m'identifie à toi, je te porte assistance.

Ces trois points correspondent bien à ce que la neuroscience a découvert sur le fonctionnement du cerveau, comme le rapportent Stephanie Preston et Frans de Waal dans un article majeur où ils relient la perception interpersonnelle à l'action[19]. On n'aurait pu trouver mieux que l'alliance de ces deux scientifiques pour étudier ce domaine : Preston, en tant que chercheuse, a été l'une des premières à appliquer les méthodes de la neuroscience sociale à l'étude de l'empathie humaine, et de Waal, en tant que directeur des « liens vivants » au centre d'étude des primates de Yerkes, a pendant des décennies tiré de l'observation des primates des leçons pour comprendre le comportement humain.

Preston et de Waal affirment que dans les moments d'empathie, nos émotions et nos pensées suivent le même cours que celles de l'autre. En entendant un cri d'effroi, nous pensons spontanément à ce qui a pu causer cet effroi. D'un point de vue cognitif, nous partageons avec la personne qui a crié une « représentation » mentale, un ensemble d'images, d'associations et de réflexions sur ce qui a provoqué le cri.

Le mouvement allant de l'empathie à l'acte passe par les neurones miroirs ; l'empathie, apparemment née de la contagion émotionnelle, emprunte donc les mêmes mécanismes neuraux. L'empathie primaire ne dépend pas d'aires cérébrales spécialisées mais en implique plusieurs, selon l'émotion partagée. Nous nous mettons dans la peau de l'autre pour ressentir ce qu'il ressent.

Preston a montré qu'évoquer le souvenir d'un des meilleurs moments de sa propre vie active pratiquement les mêmes circuits cérébraux qu'évoquer un souvenir heureux de son meilleur ami[20]. Autrement dit, pour comprendre ce que vit quelqu'un, nous nous servons des circuits neuraux qui sont activés par nos propres expériences[21].

Toute communication implique que ce qui importe à celui qui s'exprime importe également à celui qui écoute. À force de partager des sentiments et des pensées, deux cerveaux créent un code qui met immédiatement les deux personnes en phase, sans qu'elles aient besoin de passer par les mots pour s'expliquer plus précisément[22].

L'effet miroir se produit chaque fois que notre perception d'autrui active automatiquement dans notre cerveau une image ou une sensation relatives à ce qu'il fait ou exprime[23]. Ce qu'il a en tête vient occuper notre esprit. Et c'est à partir de ces images que nous sentons ce qui peut se passer en lui. D'ailleurs, qu'est-ce qu'un sourire, un clin d'œil ou un froncement de sourcils, si ce n'est un indice de ce qui se passe dans la tête de l'autre ?

Un débat ancien

Aujourd'hui, on se souvient surtout du philosophe Thomas Hobbes comme de l'homme qui, au

XVIIᵉ siècle, affirmait qu'en son état naturel – en l'absence d'une forme quelconque de gouvernement –, l'espèce humaine est « méchante, violente et brève », toujours en guerre contre elle-même. En dépit de cette vision des choses brutale et cynique, Hobbes avait ses bons côtés.

Un jour, dans les rues de Londres, il croise un vieil homme malade qui mendie. Touché, Hobbes lui fait immédiatement une aumône généreuse.

Plus tard, un ami lui demande si, en supposant qu'il n'existe ni position religieuse ni principe philosophique recommandant d'aider les malheureux, il aurait agi de la même façon. Hobbes répond que oui et explique pourquoi : la misère du mendiant a provoqué en lui une souffrance, et l'aumône qu'il lui a faite n'a pas seulement soulagé les maux du malheureux, elle l'a également aidé à se sentir mieux[24].

Cette anecdote suggère qu'en aidant les autres nous servons aussi nos propres intérêts. Une théorie économique moderne soutient que si les gens donnent à des œuvres charitables, c'est à la fois pour le plaisir d'imaginer la joie de ceux qu'ils secourent et pour se sentir délivrés de la détresse qu'ils ressentent à leur égard.

Certaines versions récentes de cette théorie tentent de réduire tout acte altruiste à un acte égoïste déguisé[25]. L'une d'elles prétend même que la compassion dissimule un « gène égoïste » qui s'efforce de maximiser ses chances d'être transmis en accumulant des dettes de reconnaissance ou en favorisant les proches parents qui le possèdent[26]. Une telle explication peut suffire dans certains cas particuliers.

Mais une explication plus immédiate et plus universelle nous est fournie par Mengzi (ou Mencius), un sage chinois du IIIe siècle avant notre ère, qui écrivit, bien avant Hobbes : « Tous les hommes ont un esprit, et cet esprit ne supporte pas de voir souffrir les autres[27]. »

Aujourd'hui, les neurosciences confirment la position de Mengzi en fournissant les données qui manquaient pour clore ce débat vieux de plusieurs siècles. Quand nous voyons quelqu'un qui souffre, les circuits correspondants s'activent dans notre cerveau et cette résonance empathique devient le prélude à la compassion. Nous allons automatiquement porter secours à un enfant qui hurle de terreur ; nous avons automatiquement envie de prendre dans nos bras un bébé qui sourit. Ces pulsions émotionnelles irraisonnées provoquent en nous des réactions non préméditées et immédiates. Le fait que ce passage de l'empathie à l'action se produise à une telle rapidité suggère l'existence de circuits consacrés à cette séquence. La sensation de détresse suscite le désir d'aider.

Entendre pousser un cri d'angoisse active en nous les mêmes circuits cérébraux que l'expérience vécue de l'angoisse et active aussi le cortex prémoteur, signe que nous nous préparons à agir. De même, une histoire triste racontée d'un ton geignard active le cortex moteur – siège du mouvement – de celui qui écoute ainsi que l'amygdale et les circuits concernés par la tristesse[28]. Cette empathie signale ensuite à l'aire motrice du cerveau, où s'élabore notre réponse, quelle action entreprendre. Nos perceptions initiales nous préparent à l'action, voire prédisposent à agir[29].

Les réseaux neuronaux de la perception et de l'action possèdent un code commun dans le langage du cerveau. Ce code permet à tout ce que nous percevons de provoquer presque instantanément la réaction appropriée.

Ce code commun, Charles Darwin en a eu l'intuition lorsqu'il écrivit, en 1872, un traité des émotions qui est encore pris en considération par les scientifiques d'aujourd'hui[30]. Bien que Darwin y parle de l'empathie comme d'un facteur de survie, une interprétation erronée de ses thèses a favorisé une vision sanglante de l'évolution (dominée par la « loi du plus fort » qui élimine systématiquement le faible), vision privilégiée par le « darwinisme social » pour rationaliser l'avidité.

Darwin voyait dans chaque émotion une prédisposition à agir de façon spécifique : la peur déterminant la fuite ou le combat ; la joie poussant les êtres à s'embrasser ; etc. L'imagerie cérébrale confirme aujourd'hui qu'il avait raison, et qu'au niveau neuronal, la contagion émotionnelle prépare, elle aussi, le cerveau à réagir de façon appropriée[31].

La loi de la nature veut qu'un système biologique utilise le moins d'énergie possible. En activant les mêmes neurones pour la perception et pour l'action, le cerveau respecte cette loi. Et cette économie s'étend d'un cerveau à l'autre. Quand nous percevons la détresse d'autrui, le lien perception-action nous pousse naturellement à lui venir en aide. Ressentir *avec* nous détermine à agir *pour*.

Certaines données suggèrent bien sûr que dans de nombreuses situations nous avons tendance à aider ceux que nous aimons plutôt que des étrangers. Il n'en reste pas moins que la sensibilité au malheur d'un inconnu nous pousse à agir comme nous le ferions pour un être cher. Une étude a par exemple montré que plus les gens sont attristés par le sort d'un orphelin, plus ils sont enclins à donner de l'argent pour le secourir et même à lui offrir momentanément un endroit où vivre – quelle que soit la distance sociale qui les sépare de cet orphelin.

La tendance à préférer secourir ceux qui nous ressemblent disparaît lorsque nous sommes en face de quelqu'un qui se trouve dans une situation désastreuse. Le lien de cerveau à cerveau qui s'établit alors nous fait ressentir si intimement sa souffrance que nous nous préparons immédiatement à intervenir[32]. Or, cette confrontation directe avec la souffrance a longtemps été la règle, lorsque la vie sociale rapprochait les êtres au lieu de les éloigner artificiellement les uns des autres comme aujourd'hui.

Voyons maintenant pourquoi, si le cerveau humain contient un système qui nous relie à ceux qui souffrent et nous prépare à leur venir en aide, nous ne le faisons pas. Les réponses possibles à cette énigme sont nombreuses et répertoriées dans de multiples études en psychologie sociale, mais la plus simple est peut-être que la vie moderne nous en empêche. Nous sommes en effet dans un rapport lointain avec les malheureux. Cette séparation veut dire que notre empathie est plus « cognitive » qu'immédiate et émotionnelle. Ou, pis, que c'est de la simple sympathie : nous sommes désolés pour eux mais sans ressentir l'aiguillon de leur souffrance[33]. Cette forme de relation plus distante affaiblit notre pulsion à leur venir en aide.

Comme le notent Preston et de Waal : « Dans l'ère actuelle de la communication électronique, des déplacements quotidiens et des déménagements multiples, la balance penche de plus en plus en défaveur de la perception automatique et juste des états émotionnels d'autrui sans laquelle l'empathie est impossible. » Les distances sociales et virtuelles de notre époque ont créé une anomalie dans la vie des hommes, même si cette anomalie est pour nous la norme. La séparation tue l'empathie et l'altruisme disparaît.

On a longtemps prétendu que l'homme était bon et compassionnel par nature malgré ses accès occasionnels de méchanceté, mais l'Histoire nous a fourni assez d'exemples d'horreurs pour contredire cette affirmation par ailleurs peu soutenue par la science. Mais faites cette expérience : imaginez le nombre d'occasions qu'auraient les gens, de par le monde, de commettre un acte antisocial, viol, meurtre, malhonnêteté ou simple impolitesse, aujourd'hui ; posez ce chiffre sous la barre d'une fraction ; comme chiffre supérieur, inscrivez le nombre des actes antisociaux qui seront effectivement commis aujourd'hui.

Le résultat obtenu sera proche de zéro n'importe quel jour de l'année. Et si le chiffre supérieur de la fraction est le nombre d'actes bienveillants commis en une journée, la proportion de bonté par rapport à la méchanceté sera toujours positive (bien que les informations nous suggèrent quotidiennement le contraire).

C'est Jerome Kagan, de Harvard, qui propose cet exercice mental pour prouver un simple fait concernant la nature humaine : la somme totale de ses bontés l'emporte largement sur celle de ses vilenies. « Bien que l'être humain hérite d'une prédisposition biologique à ressentir colère, jalousie, égoïsme, envie, et à se montrer brutal, agressif ou violent, écrit Kagan, il hérite d'une prédisposition biologique plus forte à la gentillesse, la compassion, la coopération, l'amour et l'éducation – surtout pour ceux qui sont dans le besoin. » Ce sens inné de l'éthique, ajoute-t-il, « est une caractéristique biologique de notre espèce[34] ».

Avec la découverte des circuits neuraux mettant l'empathie au service de la compassion, la neuroscience offre à la philosophie un mécanisme permettant d'expliquer l'ubiquité de l'élan altruiste. Au lieu d'essayer de justifier les actes désintéressés, les philosophes feraient mieux de s'interroger sur l'énigme que représente l'absence d'actes cruels dans d'innombrables situations[35].

5

Neuroanatomie d'un baiser

Leur premier baiser marque un jalon dans leur histoire de couple. Ils n'oublieront jamais ce moment-là.

Amis depuis plusieurs années, ils s'étaient retrouvés pour prendre un thé. Au cours de la conversation, ils se sont mis, l'un et l'autre, à évoquer la difficulté de trouver le partenaire idéal. C'est alors qu'ils se sont interrompus et, les yeux dans les yeux, sont restés silencieux pendant quelques secondes.

Plus tard, au moment de se dire au revoir, leurs regards se sont à nouveau rivés l'un à l'autre, longuement. Et ils ont senti une force mystérieuse attirer irrésistiblement leurs bouches l'une vers l'autre.

Ni lui ni elle n'a l'impression d'avoir pris l'initiative de ce baiser, mais bien des années plus tard ils se souviennent encore d'avoir accompli comme malgré eux cet acte romantique.

Ces longs échanges de regards avaient sans doute été le prélude nécessaire à leur baiser. La neuroscience nous révèle aujourd'hui que les yeux pourraient bien être, selon la formule poétique, les « fenêtres de l'âme » : ils permettent de plonger au plus profond d'un être. Plus prosaïquement, les yeux possèdent des projections nerveuses qui les relient directement à une structure cérébrale essentielle pour l'empathie et l'harmonisation des sentiments, l'aire orbito-frontale du cortex préfrontal (ou COF).

Se regarder dans les yeux crée une boucle. Pour réduire une situation romantique à ses aspects neurologiques, lorsque deux personnes se contemplent mutuellement, elles relient leurs aires orbito-frontales, structures particulièrement sensibles à des signaux tels que les regards. La passerelle sociale ainsi créée joue un rôle crucial pour la reconnaissance de l'état émotionnel d'autrui.

Dans la topographie du cerveau, comme dans l'immobilier, la localisation d'une structure est très importante. Le COF, situé juste derrière et au-dessus des orbites (d'où son nom), occupe un site stratégique : la jonction entre la partie supérieure des centres émotionnels et la partie inférieure du cerveau pensant. Si nous comparons le cerveau à un poing fermé, le cortex, avec sa surface plissée, serait à peu près à la place des doigts, les centres sous-corticaux se trouveraient à la base de la paume et le COF à l'endroit de leur jonction.

Le COF est directement relié, neurone par neurone, à trois régions majeures du cerveau : le cortex (ou cerveau pensant), l'amygdale (d'où se déclenchent beaucoup de réactions émotionnelles), et le tronc cérébral (cerveau reptilien, maître des automatismes). Grâce à ces connexions, une liaison rapide et puissante facilite la coordination instantanée entre pensée, sentiment et action. Sur cette autoroute neurale circulent les inputs de la route basse provenant des centres émotionnels, du corps et des sens, et les chemins de la route haute qui donnent du sens à ces données, générant les projets qui guident l'action[1].

Sa position, entre régions corticales supérieures et régions sous-corticales inférieures, fait du COF le point de rencontre des routes haute et basse et l'épicentre du décodage des informations provenant du monde extérieur. Associant nos expériences extérieures et intérieures, le COF accomplit un calcul social instantané qui nous informe sur nos sentiments par rapport à la personne qui est devant nous, ce qu'elle ressent à notre égard et ce qu'il convient de faire en fonction de sa réponse.

Finesse, rapport et interactions aisés dépendent en grande partie de ce circuit neural[2]. Le COF contient par exemple des neurones essentiels pour la détection des émotions sur un visage, l'interprétation du ton d'une voix et la connexion de ces messages sociaux à l'expérience viscérale : deux interlocuteurs peuvent ainsi savoir qu'ils s'apprécient[3].

Ces circuits décodent les messages affectifs – la signification émotionnelle qu'a pour nous telle chose ou telle personne. Lorsqu'on montre à de nouvelles accouchées des photos de nouveau-nés connus ou inconnus, le contrôle IRMf révèle que le COF s'active en réponse à la photo de leur bébé mais pas à celles des autres. Et plus cette activité est intense, plus leurs sentiments d'amour et de tendresse sont forts[4].

En termes techniques, le COF assigne une « valeur hédoniste » à notre monde social, puisqu'il nous apprend que nous apprécions telle personne, détestons ou adorons telle autre. De ce fait, il répond aux questions essentielles concernant les étapes amenant jusqu'au baiser.

Le COF évalue également l'esthétique sociale, notre appréciation d'une odeur corporelle par exemple, facteur déterminant dans le rapport avec autrui (réaction biologique indispensable à la réussite de tous les parfumeurs). Un ami m'a un jour confié qu'il ne pouvait pas aimer une femme si le goût de ses baisers lui déplaisait.

Avant même que ces perceptions enregistrées à notre insu soient parvenues à notre conscience, avant d'avoir pleinement perçu les sentiments qui s'agitent en nous, nous commençons à agir en fonction d'eux. D'où la sensation d'être inexorablement poussés à s'embrasser.

D'autres circuits neuraux sont aussi impliqués, bien sûr. Les oscillateurs adaptent et coordonnent le rythme de nos décharges neurales et de nos mouvements quand nous rencontrons un objet en mouvement. Dans le cas de ce baiser, ils s'efforçaient sans doute de guider les deux bouches l'une vers l'autre à la bonne vitesse et dans la bonne direction pour qu'au lieu d'une regrettable collision entre deux rangées de dents il se produise l'union délicate des lèvres.

Vélocité de la route basse

Voici comment un professeur que je connais a choisi son assistante, la personne avec laquelle il passe le plus de temps pendant ses journées de travail : « En entrant dans la salle d'attente où elle était assise, j'ai senti tout mon organisme s'apaiser. Instantanément, j'ai su que sa fréquentation serait facile. J'ai regardé son curriculum vitae, bien sûr, mais je savais, dès la première minute, que c'était elle que je devais engager. Et je ne l'ai pas regretté une seule seconde. »

Cette forme d'intuition consiste à deviner quel type de relation nous pourrons établir avec une personne dans la durée. Mais comment procédons-nous pour distinguer les élus, parmi tous les êtres qui pourraient devenir nos amis, notre associé, notre conjoint, et qui pourtant nous laissent froids ?

Il semble que, pour l'essentiel, la décision se prenne dès la première rencontre. Lors d'une expérience, des étudiants ont passé de trois à dix minutes ensemble pendant leur premier cours à l'université et, dès leur sortie du cours, on leur a demandé avec quels étudiants ils croyaient pouvoir se lier d'amitié et lesquels resteraient de simples relations. Neuf semaines plus tard, il s'est avéré que leurs premières impressions décrivaient très précisément quel type de relations s'étaient nouées entre eux[5].

Pour former ces jugements instantanés, nous dépendons en grande partie de l'activité d'un ensemble de neurones peu communs : en forme de fuseau, ils ont une extrémité rebondie qui s'affine en une extension longue et épaisse. D'après les spécialistes, ces cellules fusiformes seraient le secret de l'intuition sociale.

La clé se trouve dans leur forme : leur corps est environ quatre fois plus gros que celui des autres neurones ; de leur tronc très long et très large partent des dendrites et des axones qui se connectent aux autres cellules. Or la vitesse de transmission d'un neurone vers d'autres cellules augmente avec la taille des ramifications qui se raccordent à ces cellules. Leurs dimensions colossales assurent aux cellules fuseaux une vitesse de transmission extrême.

Les cellules fuseaux forment des connexions particulièrement épaisses entre le COF et les parties supérieures du système limbique, le cortex cingulaire antérieur (CCA). Le CCA dirige notre attention et coordonne nos pensées, nos émotions, et les réponses corporelles à nos sentiments[6]. Cette liaison crée une sorte de poste de commande neural. Et à partir de ce nœud essentiel, les cellules fusiformes s'étendent jusqu'à des régions très diverses du cerveau[7].

La nature des substances chimiques que transmettent leurs axones suggère qu'elles jouent un rôle central dans les connexions sociales. Les cellules fusiformes sont en effet riches en récepteurs de la sérotonine, de la dopamine et de la vasopressine, substances essentielles pour les relations interpersonnelles, l'amour, les humeurs et le plaisir.

Certains neuroanatomistes soupçonnent les cellules fuseaux de démarquer notre espèce de toutes les autres : nous en possédons environ mille fois plus que nos cousins les plus proches, les grands singes, qui n'en ont que quelques centaines. Et elles n'existent apparemment chez aucun autre mammifère[8]. Elles pourraient aussi expliquer pourquoi certaines personnes (ou espèces de primates) sont plus sociables ou plus sensibles aux interactions sociales que d'autres[9]. L'imagerie cérébrale permet de détecter une plus forte activité du cortex cingulaire antérieur chez les individus plus sensibles aux relations interpersonnelles

– capables non seulement de mieux évaluer une situation sociale mais aussi de sentir comment les autres personnes présentes la perçoivent[10].

Les neurones fuseaux sont concentrés dans une région de l'aire orbito-frontale qui s'active au cours de nos réactions émotionnelles aux autres, notamment l'empathie immédiate : quand une mère entend crier son enfant, par exemple[11]. Elle s'active également dans les moments de forte tension émotionnelle : quand nous regardons la photo d'un être aimé, quand nous sommes séduits par quelqu'un, quand nous estimons être correctement traités ou être trompés.

On trouve aussi des cellules fuseaux en abondance dans une aire du cortex cingulaire antérieur qui joue un rôle clé dans la vie sociale, puisqu'elle nous aide à exprimer et à reconnaître les expressions faciales et s'active lorsque nous ressentons des émotions intenses. Cette aire a aussi de fortes connexions avec l'amygdale, lieu de déclenchement de ces émotions et site où commencent à s'élaborer nos premières impressions émotionnelles[12].

Ces neurones ultra-rapides pourraient expliquer en partie la vélocité de la route basse : avant même de pouvoir mettre des mots sur ce que nous ressentons, nous avons déjà prononcé un jugement[13]. Cette capacité de décider « j'aime » ou « je n'aime pas » quelques millièmes de secondes avant de savoir de quoi il s'agit pourrait être due aux neurones fuseaux[14].

Lorsqu'il s'agit de nos semblables, ce type de jugement instantané paraît essentiel, et les cellules fuseaux tissent des liens entre tout ce qui constitue notre système de guidance sociale.

Ce qu'il l'a vue voir

Peu après son mariage, Maggie Verver, l'héroïne du roman de Henry James *La Coupe d'or*, rend visite à son père, veuf de longue date, dans sa résidence campagnarde où se trouvent d'autres invités. Parmi ceux-ci, plusieurs femmes libres semblent s'intéresser à son père.

D'un seul coup d'œil, Maggie comprend soudain que celui-ci, qui est resté strictement célibataire pendant qu'il élevait sa fille, se sent maintenant prêt à se remarier.

À ce moment-là, le père regarde Maggie et se rend compte, à l'expression de son regard, qu'elle a parfaitement compris ce qu'il ressent mais ne dit pas. Sans qu'un seul mot soit prononcé, Adam, le père, a l'intuition de « ce qu'il l'a vue voir ».

Pendant ce dialogue silencieux, « son visage ne pouvait le lui cacher : elle avait vu, avant toute autre chose, à sa manière rapide, ce qu'ils voyaient maintenant tous les deux ».

La description de ce bref moment de reconnaissance mutuelle occupe plusieurs pages au début du roman. Et le reste de l'histoire, qui se termine par le mariage d'Adam, met en scène les conséquences de cette soudaine compréhension réciproque[15].

Henry James décrit merveilleusement bien la richesse de ce que l'on peut lire dans l'esprit d'autrui en un éclair : une simple expression révèle une foule de choses. Si ce type d'intuition sociale se produit, c'est en partie parce que les systèmes neuraux concernés se tiennent toujours prêts à fonctionner. Même quand le reste du cerveau est inactif, quatre aires neurales demeurent sur le qui-vive, comme des moteurs au ralenti, prêts à réagir instantanément. Et trois de ces quatre aires sont impliquées dans notre appréciation des autres[16]. Leur activité augmente chaque fois que nous pensons ou participons à des interactions.

À l'université de Californie à Los Angeles, un groupe de chercheurs, dirigé par Marco Iacoboni, codécouvreur des neurones miroirs, et Matthew Lieberman, l'un des fondateurs des neurosciences sociales, a réalisé des expériences sur ces zones du cerveau[17]. Les appareils d'IRMf ont montré que l'activité cérébrale « par défaut » – ce qui se produit automatiquement quand le cerveau n'est pas occupé à quelque chose – semble être une réflexion permanente sur nos relations[18].

Le rythme métabolique accéléré de ces réseaux « sensibles aux personnes » révèle l'importance particulière que prend le monde social dans l'architecture du cerveau. Ressasser les événements de notre vie sociale peut être considéré comme l'activité favorite du cerveau pendant ses pauses, son programme de télé préféré, pourrait-on dire. De fait, c'est seulement quand il se lance dans une tâche impersonnelle, faire des comptes par exemple, que ces circuits s'interrompent.

Les aires correspondantes qui jugent les objets, elles, doivent se mettre en marche avant de fonctionner. Cela explique peut-être pourquoi nous portons des jugements sur les gens un dixième de seconde plus vite que sur les choses. Toute rencontre sociale déclenche l'activité des circuits émettant un jugement « j'aime »/« je n'aime pas » qui prédit la suite de la relation, ou son inexistence.

L'activité cérébrale commence par une décision rapide impliquant le cortex cingulaire, qui se communique, via les neurones fuseaux, à des aires bien connectées, notamment l'aire orbito-frontale. Ces réseaux de la route basse s'étendent à des circuits réverbérants dans toutes les aires émotionnelles. Il en résulte une impression générale qui, relayée par la route haute, peut se traduire par une réaction plus consciente – action effective ou simple compréhension silencieuse comme dans le cas de Maggie Verver.

Le circuit COF-aire cingulaire entre en action chaque fois que nous choisissons la meilleure réponse parmi plusieurs possibilités. Il apprécie tout ce que nous vivons, lui assignant une valeur – « j'aime »/« je n'aime pas » –, et façonne donc notre notion de ce qui compte. Ce calcul émotionnel, selon une hypothèse actuelle, constitue le système de valeur fondamental qu'utilise notre cerveau pour organiser notre fonctionnement, même s'il s'agit seulement de déterminer nos priorités du moment. Ce système neural est donc essentiel pour nos prises de décisions sociales – les suppositions que nous faisons en permanence et qui déterminent notre succès ou notre échec dans la relation[19].

La vitesse à laquelle notre cerveau opère dans notre vie sociale est proprement hallucinante : dès le premier instant d'une rencontre, ces aires sociales produisent leur jugement initial, pour ou contre, en un vingtième de seconde[20].

Ensuite se pose la question de notre réaction face à la personne concernée. Une fois enregistrée dans l'aire orbito-frontale, la décision « j'aime »/« je n'aime pas » en détermine l'activité neurale pendant encore un cinquième de seconde. Les aires préfrontales toutes proches, qui opèrent en parallèle, fournissent des informations sur le contexte social, avec une sensibilité plus fine quant aux réactions les mieux appropriées à l'instant.

L'aire orbito-frontale, se fondant sur des données telles que le contexte, établit un équilibre entre une impulsion primaire (« va-t'en ») et une réponse plus acceptable (« trouve une bonne excuse pour t'éclipser »). La décision prise par le COF n'est pas ressentie par nous comme une compréhension consciente des règles présidant à cette décision, mais comme l'impression que « c'est la chose à faire ».

En bref, l'aire orbito-frontale oriente notre réaction une fois que nous savons ce que nous inspire une personne. En inhibant nos impulsions brutes, l'aire orbito-frontale orchestre des actions qui servent notre intérêt, en nous empêchant au moins de dire ou de faire quelque chose que nous pourrions regretter.

Cette séquence ne se produit pas une seule fois mais continuellement, pendant toutes nos interactions sociales. Les mécanismes primaires qui guident nos réponses sociales dépendent donc d'un flux d'inclinations émotionnelles : si nous apprécions la personne, un certain répertoire se met en action ; si nous la détestons, c'en est un autre. Et si nous changeons d'avis au cours de l'interaction, notre cerveau social adapte tout simplement nos paroles et nos actes en conséquence.

Ce qui se passe ainsi en un clin d'œil joue un rôle essentiel dans la réussite de notre vie sociale.

Les choix de la route haute

Une de mes amies me fait part de ses difficultés relationnelles avec sa sœur qui, souffrant d'une maladie mentale, est devenue sujette à de violentes colères. Calme et chaleureuse par moments, elle peut subitement se montrer agressive et paranoïaque dans ses accusations.

Comme le dit mon amie : « Chaque fois que je me rapproche d'elle, elle me fait souffrir. »

Et, pour se protéger contre les « assauts émotionnels » de sa sœur, elle a commencé à espacer les coups de fil et à ne plus passer autant de temps avec elle qu'autrefois. Quand le ton des messages qu'elle trouve sur son répondeur lui semble querelleur, elle attend un jour ou deux avant de la rappeler, pour lui laisser le temps de se calmer.

Pourtant, elle aime sa sœur et veut rester proche d'elle. Quand elles discutent et que sa sœur commence à l'insulter, elle se rappelle qu'elle est malade, et cela l'aide à ne pas se sentir attaquée personnellement. Le judo mental qu'elle pratique la protège d'une contagion toxique.

Si le caractère automatique de la contagion émotionnelle nous rend vulnérables aux émotions négatives, nous ne sommes pas désarmés pour autant. Nous avons la capacité d'opérer des manœuvres stratégiques pour y échapper. Lorsqu'une relation devient destructrice, ces tactiques mentales peuvent créer une distance émotionnelle protectrice.

Comme nous l'avons vu, la route basse fonctionne à une rapidité folle. Mais nous ne sommes pas à la merci de tout ce qui nous arrive si vite. Lorsque nous sommes blessés par la route basse, la route haute peut nous aider à nous défendre.

La route haute nous propose des choix, grâce notamment au câblage des circuits liés à l'aire orbito-frontale. Un flot de messages circule dans les deux sens vers les centres de la route basse qui produisent nos réactions émotionnelles initiales, y compris la contagion simple. Dans le même temps, le COF dirige un flot parallèle vers le haut pour déclencher les pensées concernant ces réactions. Cette circulation vers le haut nous permet de faire des réponses plus nuancées qui intègrent la compréhension fine de ce qui nous arrive. Ces deux routes parallèles gèrent toutes nos rencontres, le COF servant de poste d'aiguillage entre les deux.

La route basse, avec ses neurones miroirs ultrarapides, constitue une sorte de sixième sens qui crée avec autrui un état de sympathie émotionnelle à notre insu : une empathie primaire immédiate.

La route haute, elle, s'ouvre au moment où nous dirigeons intentionnellement notre attention sur notre interlocuteur afin de mieux comprendre ce qui vient de nous arriver. Notre cerveau pensant, notamment les centres préfrontaux, entre alors en jeu. La route haute donne une extraordinaire flexibilité au répertoire limité et rigide de la route basse. En quelques millièmes de seconde, la route haute active son vaste déploiement d'embranchements neuraux, et les possibilités de réponses augmentent de façon exponentielle.

À partir d'une affinité émotionnelle immédiate, la route haute génère donc une signification sociale plus sophistiquée qui nous permet de réagir de façon appropriée. Cette souplesse tient en grande partie aux capacités du cortex préfrontal, centre exécutif du cerveau.

La lobotomie préfrontale, très en vogue dans la psychiatrie des années 1940 et 1950, opérait une scission entre l'aire orbito-frontale et les autres aires du cerveau. (L'opération était souvent primitive et équivalait à introduire une sorte de tournevis le long du globe oculaire pour l'enfoncer dans la masse tendre du cerveau.) À l'époque, les neurologues connaissaient très mal les fonctions spécifiques des différentes zones cérébrales, et encore moins du COF. Mais la lobotomie rendait placides les malades mentaux agités, avantage certain pour les responsables des vastes asiles psychiatriques où s'entassaient les malades, à l'époque.

Si les patients lobotomisés conservaient des capacités cognitives intactes, ils présentaient deux « effets secondaires » : leurs émotions s'atténuaient ou disparaissaient complètement, et toute situation sociale nouvelle les désorientait. Les neurosciences savent aujourd'hui que ce phénomène est dû au fait que le COF orchestre l'interaction entre le monde social et nos états intérieurs, et guide nos actions. Privés de ce système, les patients lobotomisés se trouvaient complètement perdus face à des situations sociales inédites.

La fureur de l'arnaqué

Imaginez que l'on offre, à vous et à un inconnu, dix dollars à vous partager de la façon qui vous conviendra. L'inconnu vous propose deux dollars, à prendre ou à laisser. La décision d'accepter, vous dira n'importe quel économiste, est tout à fait raisonnable.

Mais si vous prenez les deux dollars, l'autre en aura huit. Donc, raisonnable ou pas, cette proposition indigne la plupart des gens – qui s'offusquent résolument quand on leur offre un seul dollar.

Cette réaction est presque systématique lorsque des gens jouent à ce jeu que les économistes comportementaux appellent le « jeu de l'ultimatum » : l'un des partenaires fait des offres que l'autre ne peut qu'accepter ou rejeter. Si toutes les offres sont rejetées, les deux joueurs repartent les mains vides.

Une offre insuffisante peut déclencher une véritable fureur chez celui qui se sent arnaqué[21]. Longtemps utilisé pour les simulations de prises de décisions économiques, le jeu de l'ultimatum a été intégré aux neurosciences grâce aux travaux de Jonathan Cohen, directeur du Centre pour l'étude du cerveau, de l'esprit et du comportement de l'université de Princeton. Son équipe scanne le cerveau de volontaires pendant qu'ils jouent à ce jeu.

Cohen fut un pionnier de la « neuroéconomie », l'analyse des forces neurales cachées qui commandent les prises de décisions tant rationnelles qu'irrationnelles de notre vie économique – domaine où la route haute et la route basse jouent un rôle important. Ses recherches portent essentiellement sur les aires cérébrales qui s'activent pendant les situations interpersonnelles ayant des implications immédiates pour la compréhension des forces irrationnelles régissant les marchés économiques.

« Si le premier n'offre qu'un dollar, dit Cohen, l'autre peut très bien l'envoyer au diable. Mais selon la théorie économique standard, c'est irrationnel, parce qu'un dollar vaut mieux que rien. Ce résultat a le don de rendre fous les économistes, parce que, selon eux, les gens devraient toujours s'efforcer de maximiser leur gain. Or, ils vont parfois jusqu'à sacrifier un mois de salaire dans le seul but de se venger d'avoir été floués. »

Lorsque le jeu de l'ultimatum se joue en un seul coup, les offres trop minimes provoquent souvent la colère. Mais si les joueurs ont droit à plusieurs relances, ils finissent plus souvent par conclure un accord satisfaisant.

Le jeu de l'ultimatum ne dresse pas seulement un individu contre un autre ; il crée dans le système cognitif et émotionnel de chacun des joueurs une lutte interne à la jonction entre route haute et route basse. La route haute dépend beaucoup du cortex préfrontal, essentiel pour la pensée rationnelle. L'aire orbito-frontale, comme nous l'avons vu, se trouve à la base de l'aire préfrontale et contrôle sa frontière avec les centres impulsifs de la voie basse, notamment l'amygdale, au centre et à la base du cerveau.

En observant quels circuits neuraux fonctionnent pendant cette transaction micro-économique, Cohen a pu séparer l'influence du cortex préfrontal rationnel et l'impulsivité de la route basse – dans ce cas précis, ce qui pousse à envoyer l'autre au diable, c'est l'insula, formation qui réagit pendant certaines émotions aussi violemment que l'amygdale. Plus la réactivité de la route basse sera forte, démontrent les scanners faits par Cohen, moins les réactions du joueur seront rationnelles d'un point de vue économique. Mais plus l'aire préfrontale sera active, plus l'issue du jeu sera équilibrée[22].

Dans un essai intitulé « The Vulcanization of the Brain » (*La Vulcanisation du cerveau*) (en référence au M. Spock de *Star Trek*, originaire de la planète Vulcain), Cohen met l'accent sur l'interaction entre la gestion neurale abstraite de la route haute, où l'information est soigneusement soupesée et considérée de façon délibératoire, et les opérations de la route basse, où les émotions et les prédispositions à agir imprudemment sont puissantes. Et c'est la force de l'aire préfrontale, affirme-t-il, qui va déterminer l'issue de l'affrontement entre les deux routes.

Au cours de l'évolution, c'est par la taille de son cortex préfrontal que l'espèce humaine s'est distinguée des autres espèces de primates. Contrairement aux autres aires cérébrales, qui sont spécialisées dans des tâches particulières, le cortex préfrontal, centre de décision, a besoin d'un peu de temps pour faire son travail. Mais il est aussi extraordinairement flexible, capable de s'occuper d'un plus vaste échantillon de tâches que n'importe quelle autre structure neurale.

« Le cortex préfrontal, m'a dit Cohen, a tellement transformé le monde des hommes que rien n'est plus pareil, physiquement, économiquement ou socialement. »

Le génie humain a beau produire une variété étourdissante de réalités sans cesse changeantes – brûleurs à gaz et guerres du pétrole, agriculture industrielle et calories en surnombre, courriel et vol d'identité –, notre circuiterie préfrontale est suffisamment inventive pour nous aider à naviguer parmi tous les dangers qu'elle a contribué à créer. Parmi ces périls et ces tentations, beaucoup naissent des désirs les plus primaires de la route basse confrontée à l'explosion de possibilités générées par la route haute.

Comme le dit Cohen : « Nous avons un accès bien plus facile à tout ce qui nous tente, le sucre et la graisse par exemple, mais nous devons équilibrer intérêt à court et intérêt à long terme. »

Cet équilibre se réalise via le cortex préfrontal qui a le pouvoir de dire non à nos impulsions – retenir la main qui se tend vers le plat pour se resservir de mousse au chocolat ou ravaler la riposte cinglante prête à jaillir en réponse à une légère critique[23]. Dans ces moments-là, la route haute domine la basse.

Non aux impulsions

Un habitant de Liverpool, en Angleterre, jouait la même série de chiffres à la Loterie nationale semaine après semaine : 14, 17, 22, 24, 42 et 47.

Un jour, en regardant la télévision, il voit ces chiffres sortir l'un après l'autre et gagner la somme de deux millions de livres sterling.

Mais cette semaine-là, pour une fois, il avait oublié de renouveler son billet, qui était périmé depuis quelques jours.

Fou de déception, il s'est tué.

Le cas de cet homme était cité dans un article scientifique sur l'épreuve du regret consécutif à une décision malheureuse[24]. Ce type de sentiment s'éveille dans l'aire orbito-frontale, suscite des accès de remords et pousse sans doute à se faire le genre de reproche qui a tellement déstabilisé le pauvre Anglais. Mais les personnes souffrant de lésions dans les principaux circuits de l'aire orbito-frontale n'éprouvent pas de regrets ; même après avoir fait un choix déplorable, ils restent indifférents à toutes les opportunités manquées.

L'aire orbito-frontale exerce une modulation « directive » sur l'amygdale, source des élans et impulsions irraisonnés[25]. Comme les petits enfants, les patients souffrant de lésions dans ces circuits inhibiteurs deviennent incapables de retenir leurs impulsions émotionnelles, de s'empêcher, par exemple, d'imiter l'expression renfrognée d'un visage. Privée de son dispositif de sécurité, leur amygdale peut donner libre cours à son exubérance.

Ces patients ont aussi des conduites sociales que n'importe qui trouverait déplacées. Ils peuvent par exemple sauter au cou d'un parfait inconnu pour lui dire bonjour et l'embrasser, ou tenir des propos scatologiques qui raviraient un gamin de trois ans. Ils font allègrement des confidences embarrassantes devant n'importe qui, sans la moindre conscience de se montrer inconvenants[26]. Même s'ils sont capables d'expliquer rationnellement les normes sociales régissant la propriété, ils les oublient à l'instant où ils les enfreignent. Lorsque l'aire orbito-frontale est lésée, la route haute ne peut apparemment plus guider la basse[27].

Le COF manifeste le même dysfonctionnement chez les anciens combattants qui, en voyant une scène de bataille à la télévision ou en entendant pétarader un camion, sont submergés par les souvenirs traumatiques de leur propre guerre. Le coupable : une amygdale hyperactive qui réagit de travers et envoie des messages de panique à propos de signaux correspondant vaguement au trauma originel. Normalement le COF évalue ces sentiments de peur primaires et conclut qu'il s'agit seulement d'images télévisuelles ou du bruit d'un camion et non d'une fusillade bien réelle.

Tant qu'elle est tenue en respect par les systèmes de la route haute, l'amygdale ne peut pas faire la loi. Le COF contient l'assemblage de neurones capable de dire non aux impulsions du système limbique. Quand les circuits de la route basse envoient une impulsion émotionnelle primitive (« j'ai envie de hurler » ou « elle me porte tellement sur les nerfs que je vais ficher le camp »), le COF l'évalue en fonction d'une meilleure compréhension des circonstances (« je suis dans une bibliothèque » ou « c'est seulement notre premier rendez-vous ») et module l'impulsion en conséquence, agissant comme un frein émotionnel.

Lorsque ces freins manquent, notre comportement devient inapproprié. Voyez par exemple ce qui s'est passé lorsque des expérimentateurs ont créé des couples « virtuels » en faisant dialoguer par Internet des étudiants qui ne se connaissaient pas[28]. Environ une sur cinq de ces conversations a rapidement pris un tour ouvertement sexuel, avec termes explicites, évocation graphique d'actes sexuels et invitations directes à s'y livrer.

Mais en lisant ces échanges par la suite, le responsable de l'étude a été ébahi. En effet, quand il avait fait entrer et sortir les étudiants des petites pièces où se trouvaient les ordinateurs, il avait vu des jeunes gens calmes, modestes et très polis – conduite sans commune mesure avec la licence débridée de leurs écrits.

Aucun, probablement, n'aurait osé s'engager dans des échanges aussi ouvertement sexuels si les volontaires avaient été mis face à face avec un interlocuteur inconnu. Car, pendant les interactions directes, une boucle s'établit, nous recevons un flux ininterrompu de feedback, provenant essentiellement des expressions de l'autre, du ton de sa voix, qui nous dit en permanence si nous sommes sur la bonne voie ou pas.

Quelque chose de très semblable aux conversations sexuelles de ces étudiants pendant une expérience s'est produit sur le Net dès le début, avec les sites où des adultes se livrent à des commentaires outranciers sur la sexualité[29]. Normalement, la route haute nous maintient dans des limites, mais l'Internet ne fournit pas le feedback qui nous aide à rester sur la bonne voie dans nos rapports sociaux.

Réflexion faite...

« Comme c'est triste. Cette pauvre femme toute seule devant l'église, et qui sanglote. On doit dire une messe funèbre à l'intérieur. Elle pleure quelqu'un qu'elle aimait beaucoup...

Réflexion faite, il ne s'agit pas de funérailles. Il y a une limousine blanche décorée de fleurs devant l'église – c'est un mariage ! Comme c'est charmant... »

Telles étaient les pensées d'une femme en regardant la photo d'une femme en pleurs devant une église. À première vue, elle a cru à une scène funèbre, et la tristesse l'a gagnée, des larmes de sympathie lui sont montées aux yeux.

Mais l'impact de la photo a complètement changé quand, en regardant mieux, elle a découvert que la femme assistait à un mariage. Sa tristesse s'est muée en attendrissement. En modifiant nos perceptions, nous pouvons transformer nos émotions.

Ce petit fait de la vie quotidienne a été traduit en éléments de mécanique cérébrale grâce à une étude due à Kevin Ochsner[30]. Ce trentenaire compte déjà parmi les principales figures de sa toute jeune discipline. Lorsque je lui ai rendu visite dans son bureau bien rangé, oasis d'ordre dans Schermerhorn Hall, la cage à lapins qui abrite le département de psychologie de l'université de Columbia, il m'a expliqué comment il procède.

Dans le centre de recherches de Columbia, un volontaire s'allonge sur une civière que l'on glisse à l'intérieur du long tunnel de la machine à IRMf. Il porte sur la tête un appareil qui ressemble à une cage à oiseaux et détecte les ondes radio émises par les atomes du cerveau. La vague image d'une figure humaine apparaît sur un miroir judicieusement placé à un angle de 45 degrés sur la cage, projetée depuis l'extrémité de la civière où les pieds du volontaire dépassent de l'énorme machine[31].

C'est une situation fort peu naturelle mais qui permet d'obtenir des cartes très précises des réactions du cerveau à des stimuli spécifiques, l'image d'un visage exprimant une terreur abjecte ou, transmis par le casque, l'enregistrement du rire d'un bébé. L'imagerie obtenue par cette méthode a permis aux spécialistes des neurosciences de déterminer avec une précision sans précédent les zones cérébrales dont les activités s'entrelacent au cours d'une grande variété de rencontres interpersonnelles.

Les femmes participant à l'étude d'Ochsner regardaient des photos et se laissaient imprégner par les premiers sentiments qu'elles leur évoquaient. Ensuite on leur demandait de réfléchir à nouveau sur ce qu'elles voyaient et de reconstruire la scène de manière à en être moins affectées.

C'est ainsi qu'une messe funèbre se transformait en cérémonie de mariage. Les mécanismes neuraux de la femme freinaient les centres émotionnels qui lui avaient fait ressentir de la tristesse. Plus spécifiquement, la séquence neurale se déroulait ainsi : dans un premier temps, l'amygdale droite, point de déclenchement des émotions pénibles, procédait à une analyse ultra-rapide de ce qui figurait sur la photo – des funérailles – et activait le circuit de la tristesse.

Cette réponse émotionnelle est si rapide que les centres corticaux n'ont pas encore terminé l'examen de la photo. Pendant que l'amygdale fait son travail, les systèmes reliant les centres cognitifs et émotionnels vérifient et affinent la réaction, ajoutant son parfum émotionnel à la chose perçue (« comme c'est triste – elle pleure la mort d'un être cher »).

La réinterprétation volontaire de la photo (« c'est un mariage, pas des funérailles ») remplace la première idée par une autre, et au flux de sentiments négatifs s'en mêle un autre, plus joyeux, provoquant une cascade de mécanismes qui font taire l'amygdale et les circuits associés. Plus le cortex cingulaire antérieur est impliqué, suggèrent les travaux d'Ochsner, plus la seconde interprétation réussit à porter l'état émotionnel vers l'optimisme. En outre, plus l'activité dans certaines aires préfrontales est grande, plus l'amygdale est réduite au silence pendant le réexamen[32]. Lorsque la route haute prend la parole, elle couvre le discours de la route basse.

Quand nous nous intéressons volontairement à une situation dérangeante, la route haute peut utiliser plusieurs circuits préfrontaux pour museler l'amygdale. C'est la stratégie mentale que nous choisissons qui détermine lesquels de ces circuits seront activés. L'un des circuits préfrontaux s'émeut devant la détresse d'autrui – la souffrance d'un malade gravement atteint, par exemple – mais de façon objective, cliniquement détachée, comme si nous n'étions pas personnellement concernés (stratégie typique des membres des professions de santé).

C'est un autre circuit qui réagit quand nous réexaminons la situation du malade, en espérant qu'il ira mieux, par exemple, en nous disant qu'il ne risque pas de mourir, qu'il a une solide constitution et va probablement guérir[33]. En modifiant la signification de ce que nous percevons, nous altérons aussi son impact émotionnel. Comme l'a dit Marc Aurèle il y a presque deux mille ans, la souffrance « n'est pas due à la chose elle-même, mais à l'appréciation que nous en avons, et cela, nous avons le pouvoir de le modifier à tout moment ».

Ces données émergentes sur la réappréciation permettent de corriger l'impression largement répandue, et fausse, qui voudrait que nous n'ayons pratiquement aucune influence sur notre vie mentale puisque l'essentiel de nos pensées, sensations et actions se produit automatiquement, « en un clin d'œil »[34].

« L'idée que nous fonctionnons "en automatique" est une idée déprimante, observe Ochsner. La réappréciation modifie nos réponses émotionnelles. En la pratiquant délibérément, nous prenons un pouvoir conscient sur nos émotions. »

Le simple fait de nommer, pour nous-mêmes, ce que nous ressentons calme l'amygdale[35]. La capacité de réappréciation a toutes sortes d'implications pour nos relations. D'une part, elle affirme que nous pouvons reconsidérer des réactions négatives violentes vis-à-vis d'autrui, mieux apprécier la situation et remplacer une attitude mal adaptée par une autre, plus favorable à notre intérêt – et à celui de l'autre.

D'autre part, le choix de la route haute signifie que nous sommes libres de réagir comme nous voulons – même à la contagion[36]. Au lieu, par exemple, de nous laisser envahir par la peur hystérique d'autrui, nous pouvons garder notre sang-froid et le secourir. Et devant quelqu'un qui tremble d'excitation, rien ne nous empêche de refuser la contagion et de conserver l'attitude intérieure que nous préférons.

Le spectacle de la vie nous propose en permanence d'innombrables variations. Lors de nos réactions, la route basse nous offre une première attitude, mais la route haute peut décider d'une autre.

Restructurer la route basse

David Guy avait seize ans quand il eut le trac pour la première fois. C'était pendant un cours d'anglais, et son professeur lui avait demandé de lire sa rédaction à haute voix.

Cette seule idée avait fait surgir dans son esprit l'image ricanante de ses camarades de classe. David, qui avait déjà décidé de devenir écrivain, expérimentait de nouvelles techniques, mais personne dans sa classe ne s'intéressait à l'écriture. L'attitude de ses camarades était celle d'adolescents méprisants, sarcastiques et sans merci.

Le sachant, David voulait à tout prix éviter leurs critiques et leurs moqueries. Il se trouva donc incapable d'articuler un mot. Paralysé par le trac, il avait le visage écarlate, les paumes des mains moites, et son cœur battait si vite qu'il en perdait le souffle. Plus il essayait de lire, plus sa panique augmentait.

Et le trac ne le quitta pas. Pressenti pour devenir président de sa classe pendant sa dernière année de lycée, il refusa cet honneur qui l'aurait obligé à faire un discours. Et lorsqu'il publia son premier roman, vers l'âge de trente ans, il s'arrangea pour éviter de parler en public, déclinant toutes les invitations à lire des passages de son livre[37].

Cette crainte de s'exprimer en public est partagée par un très grand nombre de personnes. Des enquêtes prouvent que c'est la plus commune de toutes les phobies et qu'elle touche un Américain sur cinq. Mais ce n'est qu'une des « phobies sociales » décrites par les manuels de psychologie comme des formes d'angoisse ressenties par rapport à nos semblables – et qui vont de la peur des rencontres à l'incapacité de manger en public ou d'utiliser des toilettes communes.

La première crise se produit souvent, comme pour David Guy, à l'adolescence. Ensuite, et souvent pendant toute leur vie, les gens font des efforts considérables pour éviter les situations redoutées dont la seule idée leur provoque des bouffées d'angoisse.

Sur le plan biologique, le trac peut avoir des effets très puissants. Il suffit d'imaginer le mépris d'un auditoire pour que l'amygdale s'active, provoquant la libération immédiate d'un flot d'hormones de stress.

Les peurs acquises s'inscrivent en partie dans des circuits reliés à l'amygdale, partie du cerveau que Joseph LeDoux a surnommée le « central de la peur[38] ». LeDoux connaît fort bien cet amas de neurones qu'il étudie depuis des dizaines d'années au Centre pour les sciences neurales de l'université de New York. Les cellules de l'amygdale où sont enregistrées les informations sensorielles et les aires adjacentes qui acquièrent la peur, a découvert LeDoux, s'activent en fait selon des schémas différents dès qu'une peur nouvelle est apprise[39].

Nos souvenirs sont en partie des reconstructions. Lorsque nous évoquons un souvenir, le cerveau le réactualise un peu, adaptant le passé à nos préoccupations et connaissances présentes. Au niveau cellulaire, explique LeDoux, tout souvenir évoqué va être « reconsolidé », c'est-à-dire légèrement altéré chimiquement par une nouvelle synthèse de protéines qui aidera à le stocker une fois réactualisé[40].

Donc, chaque fois que nous ramenons un souvenir à notre conscience, nous réajustons sa nature chimique : à la prochaine évocation, il se présentera tel que nous l'avons modifié la dernière fois. Et toute nouvelle consolidation dépend de ce que nous apprenons en évoquant ce souvenir. S'il ne provoque en nous qu'un accès de la même peur, notre peur s'approfondit.

Mais la route haute peut faire entendre raison à la basse. Si, au moment où le souvenir fait surgir la peur, nous nous disons quelque chose qui lui ôte de l'intensité, le souvenir sera réencodé avec moins de pouvoir sur nous. Et progressivement nous pourrons l'évoquer sans ressentir l'accès de panique qui lui était associé. Les cellules de notre amygdale auront alors reprogrammé le souvenir sans son conditionnement original, affirme LeDoux[41]. L'un des objectifs d'une thérapie pourrait donc être une altération progressive des neurones liés à la peur acquise[42].

De fait, les thérapeutes mettent parfois la personne en contact avec ce qui provoque sa peur. Les séances commencent par une phase de relaxation, souvent quelques minutes de respiration abdominale. Puis la personne affronte la situation qui l'effraie selon une progression prudente qui culmine avec la version la plus terrible pour elle.

Une femme agent de police chargée de la circulation à New York raconte qu'elle a été prise d'une rage folle en entendant un automobiliste la traiter de « pute de bas étage ». Pendant sa thérapie, on lui a donc répété cette formule, d'abord calmement, puis avec une intensité émotionnelle croissante, et enfin accompagnée d'un geste obscène. Le but a été atteint le jour où elle a pu entendre cette insulte proférée avec violence sans perdre son calme – et où, sans doute, elle a été capable de rédiger un procès-verbal jusqu'au bout malgré les injures[43].

Les thérapeutes vont parfois très loin pour reconstituer, dans le cadre sécurisant de la thérapie, la scène génératrice d'angoisse sociale. L'un d'eux, connu pour son expertise en matière de phobies, organise avec ses groupes de thérapie une audience de procès pour traiter ses patients incapables de prendre la parole en public[44]. Le patient se prépare par la relaxation et la répétition d'idées capables de contrecarrer ses pensées angoissantes. Pendant ce temps-là, le thérapeute demande au groupe de se comporter de façon à déstabiliser le patient, par des remarques narquoises, en exprimant leur ennui ou leur désapprobation.

L'intensité de l'expérience doit, bien sûr, être proportionnée à ce que peut endurer la personne. Une femme, au moment d'affronter cette épreuve, s'excusa, se rendit aux toilettes où elle s'enferma à clé, refusant de sortir. Le thérapeute finit tout de même par la convaincre de poursuivre son traitement.

D'après LeDoux, il suffit parfois d'évoquer l'événement pénible devant une personne qui en propose une vision différente pour se libérer progressivement d'un souvenir en le réencodant. Cela explique peut-être pourquoi le patient éprouve un certain soulagement à ressasser ses difficultés devant son thérapeute : les mots eux-mêmes peuvent altérer la manière dont le cerveau enregistre nos maux.

Pour LeDoux, « c'est un peu comme ce qui se passe naturellement quand, à force de ruminer ses soucis, on les situe dans une perspective nouvelle ». La route haute a servi à restructurer la route basse[45].

Comme vous le dira n'importe quel spécialiste des neurosciences, le terme « cerveau social » ne sert pas à désigner une particularité phrénologique ni un nodule cérébral particulier, il se réfère à l'ensemble des circuits qui sont orchestrés lors des relations interpersonnelles[46]. Si certaines structures de notre cerveau jouent un rôle très important dans la gestion des relations, aucune zone majeure ne semble être exclusivement dévolue à la vie sociale[47].

Selon certaines hypothèses, cette dispersion de la responsabilité neurale de notre vie sociale serait due au fait que la sociabilité n'a acquis une importance vitale qu'avec l'arrivée des primates, vers la fin de la structuration du cerveau par la nature. Pour gérer cette nouvelle forme d'organisation, il semble que la nature ait tiré parti des structures cérébrales disponibles à l'époque en fabriquant à partir d'éléments préexistants un ensemble cohérent de circuits chargés de ces relations complexes.

Le cerveau fait appel à toutes les parties de son anatomie pour effectuer d'innombrables tâches. Mais étudier l'activité relativement à une fonction spécifique comme l'interaction sociale permet aux spécialistes des neurosciences de s'y retrouver un peu mieux dans la complexité affolante des cent milliards de neurones avec leurs dix mille milliards de connexions au moins – la densité de connexions la plus dense que connaisse la science. Ces neurones sont organisés en modules qui se comportent à peu près comme un mobile extrêmement complexe où l'activité d'une partie peut se répercuter à travers tout le système.

Complication supplémentaire, la nature est économe. Prenons l'exemple de la sérotonine : c'est un neurotransmetteur qui génère des sensations de bien-être dans le cerveau. (Les antidépresseurs de type ISRS – inhibiteur sélectif de recapture de la sérotonine – servent à élever le niveau de sérotonine disponible, donc à améliorer l'humeur.) Mais cette même substance régule aussi l'intestin. Environ 95 % de la sérotonine présente dans l'organisme se trouve dans le système digestif où sept récepteurs de la sérotonine gèrent des activités allant du déclenchement des enzymes de la digestion à la circulation des déchets dans les intestins[48].

De même qu'une molécule unique peut réguler à la fois la digestion et le bien-être, pratiquement tous les systèmes neuraux qui se combinent dans le cerveau social gèrent différentes activités. Mais lorsqu'ils fonctionnent ensemble, pendant une interaction en face à face par exemple, les réseaux dispersés du cerveau social créent un conduit neural commun.

Quelques aires majeures des circuits neuraux du cerveau social

C'est essentiellement grâce à l'imagerie que la carte du cerveau social a été dressée. Mais en cas de nécessité, l'imagerie cérébrale se concentre, comme le font les touristes de passage à Paris pour quelques jours, sur des centres d'intérêt immédiats au lieu de tout visiter. Cela implique le sacrifice de certains

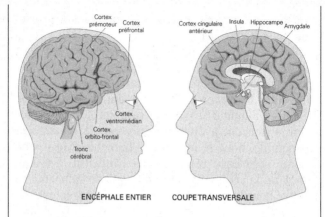

Cortex prémoteur — Cortex préfrontal

Cortex cingulaire antérieur — Insula — Hippocampe — Amygdale

Cortex ventromédian

Cortex orbito-frontal

Tronc cérébral

ENCÉPHALE ENTIER   COUPE TRANSVERSALE

détails. Quand, par exemple, les images par résonance magnétique signalent une autoroute sociale
connectant le cortex orbito-frontal à l'amygdale,
elles laissent dans l'ombre les quelque quatorze
noyaux distincts qui composent l'amygdale et rem-
plissent chacun des fonctions différentes. Il reste
encore beaucoup de choses à découvrir dans cette
nouvelle science.

6

Qu'est-ce que l'intelligence relationnelle ?

Trois garçons de douze ans se dirigent vers le terrain de foot de leur école. Deux d'entre eux, l'allure sportive, marchent derrière le troisième, plutôt grassouillet, en se moquant de lui.

« Alors, tu vas *essayer* de jouer au foot ? » ironise l'un des deux sur le ton du plus grand mépris.

C'est une situation qui, selon le code social des garçons de cet âge, pourrait facilement dégénérer en bagarre.

L'interpellé ferme les yeux un moment et prend une profonde inspiration, comme s'il s'armait de courage pour la confrontation.

Puis, se tournant vers les autres, il répond d'une voix calme et neutre : « Ouais, je vais essayer – mais ce n'est pas mon truc. » Après un court silence, il ajoute : « Moi, mon truc c'est le dessin… montre-moi n'importe quoi, je te le dessine super bien… »

Puis, désignant ses adversaires, il poursuit : « Vous, par contre, vous êtes des *bêtes* au football, sans blague !

J'aimerais bien jouer comme vous un jour, mais j'y arrive pas. J'espère seulement faire un peu de progrès si je continue à m'entraîner. »

Le premier garçon, complètement désarmé, répond d'une voix rassurante : « Tu n'es pas *si nul que ça*, tu sais. Je pourrai peut-être te montrer deux-trois trucs qui t'aideront. »

Ce bref échange est une démonstration magistrale de l'intelligence relationnelle en action[1]. Ce qui risquait de se terminer en bagarre peut maintenant se développer en amitié. Le dessinateur grassouillet s'en est très bien tiré – pas seulement des remous turbulents de la fin du primaire mais aussi d'une lutte beaucoup plus subtile, une compétition entre son cerveau et celui de l'autre garçon.

En gardant son calme, le jeune artiste a refusé de se laisser entraîner à la colère et attiré son adversaire sur le terrain de la conciliation. C'est une superbe démonstration de jiu-jitsu mental où l'hostilité des deux attaquants a été transformée en une attitude positive – un trait de génie relationnel.

« L'intelligence relationnelle se manifeste abondamment au jardin d'enfants, sur les terrains de jeu, sur les chantiers, dans les usines et les services des ventes, mais dans les conditions formelles des laboratoires de recherche, elle se dérobe. » Ainsi parlait Edward Thorndike, le psychologue de l'université de Columbia qui proposa ce concept, dans un article publié dans *Harper's Monthly Magazine* en 1920[2]. Il en soulignait également l'importance vitale pour la réussite dans certains domaines, notamment dans le rôle de chef. « Le meilleur ouvrier d'une usine, écrivait-il, peut échouer comme contremaître, s'il manque d'intelligence relationnelle[3]. »

Mais vers la fin des années 1950, David Wechsler, psychologue influent à qui nous devons l'un des principaux tests du QI, récusait le concept, ne voyant dans l'intelligence relationnelle qu'une « intelligence générale appliquée à des situations sociales[4] ».

Aujourd'hui, un demi-siècle plus tard, l'intelligence relationnelle peut être repensée puisque les neurosciences cartographient les aires du cerveau qui régulent les dynamiques interpersonnelles.

Pour mieux comprendre l'intelligence relationnelle, il faut aussi y inclure les aptitudes « non cognitives » – le talent qui permet par exemple à une infirmière de calmer les pleurs d'un bambin d'un geste rassurant, sans avoir à s'interroger un seul instant sur ce qu'elle doit faire.

Il n'est pas toujours facile de démêler la nature sociale ou émotionnelle des aptitudes humaines. Les psychologues en débattent encore. Et ce n'est pas étonnant puisque le territoire du cerveau social recouvre partiellement celui des centres émotionnels[5]. « Toutes les émotions sont sociales, affirme Richard Davidson, directeur du laboratoire de neurosciences affectives à l'université du Wisconsin. On ne peut pas séparer la cause d'une émotion du monde des relations – ce sont nos interactions sociales qui déterminent nos émotions. »

Mon propre modèle d'intelligence émotionnelle englobait l'intelligence relationnelle sans lui donner d'importance particulière, comme le font d'autres théoriciens[6]. Mais je suis arrivé à considérer que cet amalgame limitait toute réflexion nouvelle sur les aptitudes relationnelles humaines en ne tenant pas compte de ce qui transpire pendant nos interactions[7]. Une telle myopie laisse le « social » en dehors de l'intelligence.

Les ingrédients de l'intelligence relationnelle que je propose ici peuvent être divisés en deux grandes catégories : la sensibilité sociale, ce que nous percevons des autres, et la compétence sociale, la façon dont nous utilisons cette sensibilité.

Sensibilité et compétence sociales dépendent à la fois des capacités fondamentales, celles de la route basse, et des articulations plus complexes fournies par la route haute. La synchronie et l'empathie primaire, par exemple, sont des capacités typiques de la route basse, tandis que la finesse empathique et l'influence ressortissent aux deux routes. Et toutes ces capacités, des plus simples aux plus complexes, ont fait l'objet d'un grand nombre d'expériences et de mesures.

L'empathie primaire

L'homme s'était présenté à l'ambassade pour demander un visa. Pendant la conversation, le fonctionnaire remarqua une chose étrange : au moment où il lui demandait pourquoi il voulait un visa, une fugitive expression de dégoût était passée sur le visage de l'homme.

Alerté, le fonctionnaire s'excusa, passa dans une autre pièce et consulta la banque de données d'Interpol : le nom de l'homme était celui d'un fugitif recherché par la police de plusieurs pays.

Le fait que ce fonctionnaire ait détecté une expression aussi fugitive prouve qu'il avait un don, celui de l'empathie primaire. Capacité liée à la route basse, cette forme d'empathie se produit – ou pas – de façon rapide et auto-

La sensibilité sociale

La sensibilité sociale désigne un processus allant de la perception immédiate de l'état intérieur d'autrui à la compréhension de ses sentiments et pensées et à l'intuition de situations sociales complexes. Elle comprend :

– l'empathie primaire : identification à l'autre, détection des signaux émotionnels non verbaux ;

– l'écoute : attention et réceptivité, mise en phase avec l'autre ;

– la finesse empathique : compréhension des pensées, sentiments et intentions d'autrui ;

– la cognition sociale : compréhension du fonctionnement du monde social.

La compétence sociale

Le simple fait de ressentir ce que ressent une autre personne, de savoir ce qu'elle pense ou de deviner ses intentions ne garantit pas qu'une interaction sera féconde. La compétence sociale se fonde sur la sensibilité sociale pour rendre l'interaction aisée et efficace. Le processus de la compétence sociale inclut :

– la synchronie : elle favorise, au niveau non verbal, une interaction aisée ;

– la présentation de soi : elle doit être faite efficacement ;

– l'influence : elle permet de peser sur l'issue de l'interaction ;

– la sollicitude : elle consiste à tenir compte des besoins des autres et à agir en conséquence.

matique. Les spécialistes des neurosciences estiment que cette empathie intuitive est en grande partie activée par des neurones miroirs[8].

Nous pouvons nous taire, mais nous ne pouvons pas cesser d'envoyer des signaux (ton de la voix, mimiques faciales) concernant ce que nous ressentons. Nos émotions, même réprimées, ont une manière bien à elles de se manifester. C'est pourquoi, dans le domaine des émotions, nous sommes incapables de *ne pas* communiquer.

Pour détecter l'empathie primaire, il faudrait un test qui évalue la vitesse de lecture spontanée de la route basse des indices non verbaux ; un test qui fasse réagir à la description d'une autre personne.

J'ai découvert un de ces tests pendant que je terminais ma thèse de troisième cycle. Deux étudiants, à l'autre bout de la salle où je rédigeais laborieusement mon travail, paraissaient s'amuser follement. C'étaient Judith Hall, aujourd'hui professeur à l'université du Nord-Est, et Dane Archer, qui enseigne à l'université de Californie à Santa Barbara. À l'époque ils étudiaient la psychologie sociale dans la classe de Robert Rosenthal. Et ils réalisaient une série de films vidéo où Hall tenait la vedette et qui sont aujourd'hui les tests de mesure de la sensibilité interpersonnelle les plus largement utilisés.

Archer filmait et Hall recréait des situations – rapporter un objet défectueux dans un magasin ou parler de la mort d'un ami. Ce test, intitulé « Profil de sensibilité non verbale », demande aux gens de deviner ce qui se passe au niveau émotionnel dans une scène de quelques secondes qu'on leur montre et où ils ne voient, par exemple, que le visage – ou le corps – de Hall, ou n'entendent que sa voix[9].

Les personnes qui réussissent bien ce test sont souvent considérées par leurs collègues et leurs supérieurs comme particulièrement sensibles aux situations interpersonnelles. S'ils sont cliniciens ou professeurs, ils obtiennent de meilleurs résultats dans leur travail. Médecins, leurs patients sont plus satisfaits de leurs soins ; professeurs, ils semblent plus efficaces. Et derrière un guichet, ils sont plus appréciés que d'autres.

Les femmes ont tendance à manifester plus d'empathie que les hommes, avec une moyenne de réussite au test de 3 % supérieure. Et quelle que soit la capacité d'empathie de départ, elle s'améliore avec le temps, s'affine grâce aux circonstances de la vie. Les mères de très jeunes enfants, par exemple, décodent plus facilement les signaux non verbaux que les femmes du même âge sans enfant. Mais presque tout le monde fait des progrès entre treize et vingt-cinq ans.

Un autre test d'évaluation de l'empathie primaire, qui consiste à deviner l'état d'esprit manifesté dans un regard, a été inventé par Simon Baron-Cohen, expert dans le domaine de l'autisme, et son groupe de recherche à l'université de Cambridge[10]. (Trois des trente-six photos figurant dans le test sont reproduites ci-dessous.)

Plus les résultats obtenus à ce test sont bons, plus la personne est douée pour l'empathie – et pour toute activité qui en requiert, de la diplomatie et la police aux professions médicales ou psychologiques. Moins les résultats obtenus sont bons, plus la personne risque d'être autiste.

L'écoute

Ce que j'appelle l'écoute est une attention qui va au-delà d'une empathie momentanée, une présence soutenue qui facilite les rapports. On est là pour l'autre, on est complètement à son écoute. On essaie de le comprendre plus que de le convaincre.

Selon vous, lequel des quatre mots inscrits autour de chaque image décrit le plus justement ce qu'expriment les yeux ?

reconnaissance

séduction

hostilité

déception

honte

confiance

plaisanterie

abattement

sérieux

honte

perplexité

alarme

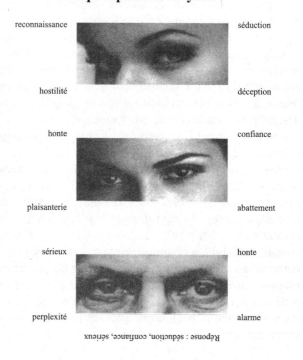

Réponse : séduction, confiance, sérieux

148

Il semble que cette capacité d'écoute soit une aptitude naturelle. Néanmoins, comme toutes les dimensions de l'intelligence relationnelle, elle peut être améliorée[11]. Il suffit parfois de faire un effort d'attention supplémentaire.

La façon de parler d'une personne donne souvent des indices sur sa capacité d'écoute. Lorsqu'elle est vraiment connectée, ce qu'elle dit est en correspondance avec ce que sent, dit et fait l'autre. À l'inverse, une mauvaise connexion transforme la communication en un échange de projectiles : les messages qu'elle envoie ne s'adaptent pas à l'état de l'autre, ils se contentent de refléter le sien. L'écoute change tout.

Quand je monopolise la conversation en vous parlant, je satisfais mes besoins sans tenir compte des vôtres. Je monologue. Pour être vraiment à votre écoute, je dois deviner ce que vous sentez, vous laisser parler et permettre à la conversation de suivre un cours que nous déterminons tous les deux. Lorsque l'écoute est réciproque, le dialogue est réciproque, chacun adaptant ce qu'il dit à ce que répond et ressent l'autre.

Cette forme de présence et d'ouverture peut, curieusement, être observée chez les meilleurs vendeurs et directeurs commerciaux. Ces bons professionnels n'approchent pas le client avec la détermination de conclure une vente ; ils se voient plutôt comme des consultants dont la tâche est d'abord d'entendre et de comprendre les besoins du client pour, après seulement, proposer une marchandise correspondant à ces besoins. S'ils n'ont pas ce qu'il y a de mieux, ils le disent – certains vont même jusqu'à prendre le parti du client en critiquant leur entreprise. Ils préfèrent préserver une relation où l'on apprécie leurs conseils plutôt que de torpiller leur capital de confiance pour réaliser une vente[12].

Des études ont montré que la capacité d'écoute caractérisait les meilleurs chefs d'entreprise, professeurs et dirigeants[13]. Et dans les professions d'assistance comme la médecine et l'aide sociale, cette qualité compte, selon les employeurs, parmi les trois aptitudes les plus déterminantes[14]. Les personnes dotées d'une bonne capacité d'écoute ne prennent pas seulement le temps d'entendre les autres et de partager leurs sentiments, elles posent des questions pour mieux comprendre leur situation d'ensemble – et pas uniquement le problème ou le diagnostic du moment.

Cette présence à l'autre, tellement menacée à notre époque dominée par la dispersion, s'estompe dès que notre attention se relâche. Égocentrisme et préoccupations limitent notre concentration, donc notre capacité à ressentir les émotions et les besoins d'autrui, et encore plus à y répondre avec empathie. Nous ne sommes plus en phase avec lui, et la relation en souffre.

Une écoute attentive n'exige pourtant pas énormément d'efforts. « Cinq minutes de conversation suffisent pour installer une relation humaine significative, souligne un article publié dans *Harvard Business Review*. Il faut simplement interrompre ce que l'on est en train de faire, poser le livre qu'on lisait, fermer son ordinateur portable, renoncer à sa rêverie et se concentrer sur la personne qu'on a en face de soi[15]. »

Une bonne écoute maximalise la synchronie physiologique, l'alignement des émotions[16]. Prêter volontairement toute son attention à quelqu'un peut être la meilleure façon de faciliter l'émergence d'une vraie relation. Une écoute attentive oriente nos circuits neuraux vers la connectivité, nous mettant sur la même longueur d'onde. Cela optimise la possibilité que les autres ingrédients indispensables à la relation – synchronie et sentiments positifs – s'épanouissent.

La finesse empathique

La finesse empathique serait, selon certains, *la* capacité essentielle à l'intelligence relationnelle. Comme l'affirme William Ickes, psychologue de l'université du Texas, l'un des pionniers de cette branche de recherche, cette qualité distingue « les conseillers les plus adroits, les fonctionnaires les plus diplomates, les négociateurs les plus efficaces, les hommes politiques les plus appréciés, les VRP les plus productifs, les professeurs les plus estimés et les thérapeutes les plus intuitifs[17] ».

La finesse empathique enrichit l'empathie primaire d'une compréhension explicite des sentiments et pensées d'autrui. Elle nécessite l'activité du néocortex, notamment l'aire préfrontale – et coordonne donc les circuits de la route haute avec ceux de la route basse[18].

Pour la mesurer, on se sert de tests comparables aux séquences « caméra cachée » de la télévision. Deux personnes qui se sont portées volontaires pour une expérience sont introduites dans une salle d'attente et s'assoient sur le même canapé. Un assistant leur demande d'attendre car il doit remettre la main sur un document égaré.

Pour passer le temps, les deux volontaires bavardent. Au bout de six minutes environ, l'assistant revient, et ils pensent que l'expérience va commencer. Mais elle est déjà en cours : pendant qu'ils croyaient patienter, ils étaient secrètement filmés par une caméra vidéo dissimulée dans un placard.

Les deux volontaires sont ensuite placés dans des pièces séparées où ils visionnent les six minutes de film. Puis ils mettent par écrit ce qu'ils ont ressenti ou pensé à certains moments clés de l'enregistrement, et ce qu'ils croient que l'autre personne a ressenti ou pensé au même moment. Cette forme de recherche « sournoise » a été utilisée dans tous les départements de psychologie des États-Unis et du monde pour étudier la finesse empathique[19].

L'une des participantes à ce test a par exemple avoué qu'elle s'était sentie stupide parce qu'elle n'arrivait pas à se souvenir du nom de ses professeurs ; son partenaire avait très justement deviné qu'elle « était sans doute embarrassée » par ce trou de mémoire. À l'inverse, pendant qu'une femme racontait les grandes lignes d'une pièce de théâtre, son partenaire avait eu l'impression qu'elle « se demandait [s'il allait lui] demander un rendez-vous ».

Il semble que la finesse empathique soit aussi un bon indicateur de la réussite d'un couple, surtout dans les premières années de mariage. Ceux qui, pendant un an ou deux, réussissent le mieux à décrypter les sentiments et pensées de l'autre se disent plus satisfaits de leur mariage, et celui-ci a des chances de durer plus longtemps[20]. Lorsque la finesse empathique manque, l'un des partenaires réalisant par exemple qu'il n'a aucune idée de ce qui préoccupe ou fait souffrir l'autre, c'est mauvais signe[21].

Comme l'a révélé la découverte des neurones miroirs, notre cerveau nous met en contact avec ce qu'une autre personne a l'intention de faire, mais à un niveau subliminal seulement. Prendre conscience de ces intentions renforce l'empathie et nous permet de prévoir plus justement ce que va faire cette personne. Dans certains cas, cette compréhension peut nous sauver la vie : quand nous sommes face à un agresseur par exemple – ou à une foule en colère comme dans l'histoire des soldats approchant d'une mosquée que j'ai racontée au début de ce livre.

La cognition sociale

La cognition sociale, quatrième aspect de la sensibilité interpersonnelle, est la connaissance de la façon dont fonctionne le monde social[22]. Ceux qui la possèdent savent ce qu'on attend d'eux dans n'importe quelle situation, fût-ce les manières de table à respecter dans un restaurant cinq étoiles. Et ils sont doués pour la sémiotique, le décodage des signaux sociaux qui révèlent par exemple quelle personne détient le pouvoir dans un groupe.

Cette qualité sociale s'observe aussi bien chez les personnes capables de déceler les courants politiques dans une organisation que chez la gamine de cinq ans qui sait faire la liste de tous les copains de chacun des enfants de sa classe. Les leçons de politique sociale apprises à l'école et dans les cours de récréation – comment se faire des amis et former des alliances – se retrouvent dans les règles non dites que nous suivons pour former une équipe de travail efficace ou mettre en jeu une politique au sein de l'entreprise.

La cognition sociale peut se manifester dans l'aptitude à résoudre certains problèmes, où asseoir deux rivaux à la même table pour un dîner par exemple, ou comment se faire ne nouveaux amis dans une ville inconnue. Les meilleures solutions apparaissent plus facilement à ceux qui savent récolter des informations et réfléchir clairement aux différentes options. L'inaptitude chronique à résoudre les problèmes sociaux ne menace pas seulement les relations, elle constitue un facteur aggravant dans des maladies psychologiques telles que la dépression et la schizophrénie[23].

La cognition sociale nous aide à naviguer parmi les courants subtils et changeants du monde interpersonnel et à donner du sens aux événements sociaux. Elle nous aide à comprendre pourquoi une remarque faite par une personne sur le ton de l'humour peut être ressentie par une autre comme une critique insultante. Sans cette capacité, nous pourrions nous méprendre sur l'embarras de quelqu'un ou ne pas prévoir sa réaction négative à un commentaire pourtant désinvolte. Et la compréhension des normes implicites régissant les interactions est essentielle lorsque nous communiquons avec quelqu'un d'une autre culture dont les normes peuvent différer des nôtres.

La capacité de démêler les lignes de force des interactions est depuis plusieurs décennies considérée comme une dimension fondamentale de l'intelligence relationnelle. Certains théoriciens ont même prétendu que la cognition sociale, au sens de l'intelligence générale appliquée au monde social, est la seule composante réelle de l'intelligence relationnelle. Mais cette idée ne tient compte que de ce que nous *savons* du monde interpersonnel et laisse de côté ce que nous *faisons* pendant nos interactions. Les tests effectués à partir de cette théorie n'ont donc porté que sur la connaissance des situations sociales et non sur la façon dont les gens se comportent dans ces situations – erreur manifeste[24]. L'individu brillant dans le domaine de la cognition mais dénué de compétences sociales se comportera toujours de façon maladroite en société.

Les aptitudes relevant de la sensibilité sociale interagissent : la finesse empathique s'élabore à partir de l'écoute et de l'empathie primaire ; la cognition sociale s'enrichit des trois précédentes. Et la sensibilité interpersonnelle sous toutes ses formes sert de fondation à la compétence sociale, deuxième composante de l'intelligence relationnelle[25].

La synchronie

La synchronie nous entraîne dans une gracieuse danse non verbale avec une autre personne. Fondement de l'aisance sociale, elle est la base sur laquelle reposent ses autres aspects. Son absence sabote la compétence sociale en créant un déphasage dans les interactions.

L'aptitude neurale à la synchronie réside dans les systèmes de la route basse tels que les oscillateurs et les neurones miroirs. Pour se synchroniser, deux personnes doivent lire instantanément les indices non verbaux et adapter leurs réactions en conséquence – sans avoir à y penser. Parmi les signes à détecter se trouvent tous les ingrédients des interactions bien orchestrées, depuis les sourires et acquiescements effectués au bon moment, jusqu'à l'orientation du corps par rapport à celui de l'autre[26]. Lorsque la synchronisation ne se fait pas, les personnes donnent des signes d'impatience, s'immobilisent ou oublient simplement de jouer leur rôle dans le duo non verbal.

Une synchronie ratée met l'interlocuteur mal à l'aise – et sabote toute possibilité de créer un vrai rapport. On appelle « dyssémie » l'incapacité à lire les messages non verbaux et à en tenir compte pour fluidifier les interactions[27]. Les manifestations visibles de ce handicap social subtil sont par trop évidentes : les personnes qui en souffrent sont « déconnectées » ; elle restent insensibles à des signes indiquant, par exemple, qu'une conversation est terminée. Elles dérangent leurs interlocuteurs par leur façon de ne tenir aucun compte des signes qui règlent l'alternance des interventions.

La dyssémie a surtout été étudiée chez les enfants car elle atteint un grand nombre d'entre eux qui, en classe, finissent par être rejetés[28]. L'enfant dyssémique va par exemple se tenir trop près de la personne qui lui parle, ne pas la regarder, exprimer des émotions sans rapport avec ce qu'il ressent, manquer de tact et se montrer insensible aux sentiments d'autrui. Si tous ces comportements peuvent simplement apparaître comme des signes d'immaturité, la plupart des enfants du même âge ne connaissent pas ces difficultés[29].

Chez les adultes, la dyssémie se manifeste par des comportements tout aussi désynchronisés[30]. Les lacunes qui affectent les enfants dyssémiques produisent dans le monde adulte des troubles relationnels tels que l'incapacité à tenir compte des indices non verbaux ou la difficulté à nouer des relations. En outre, la dyssémie peut avoir une influence négative sur les comportements sociaux que l'on attend d'une personne engagée pour un travail. Les dyssémiques adultes se retrouvent souvent isolés socialement.

Ces déficits sociaux ne sont généralement pas causés par des problèmes neurologiques comme le syndrome d'Asperger ou l'autisme (dont je parlerai au chapitre 9). Sur l'ensemble des personnes atteintes de dyssémie, on estime que 85 % n'ont pas appris à lire les signaux non verbaux et à y répondre, soit parce qu'elles n'avaient pas assez d'interactions avec leurs pairs, soit parce que leur famille ne manifestait pas le bon panel d'émotions ou obéissait à des normes sociales excentriques ; environ 10 % ont subi un traumatisme émotionnel qui a court-circuité l'apprentissage nécessaire ; seuls 5 % souffri-raient d'une maladie neurologique diagnosticable[31].

La dyssémie étant provoquée par une absence d'apprentissage, des programmes de rattrapage ont été mis en place, tant pour les adultes que pour les enfants[32]. Les moniteurs commencent par attirer l'attention de la personne sur les éléments non verbaux des échanges qui leur échappent généralement, notamment les gestes et postures, les contacts physiques et visuels, le ton de la voix, le rythme des phrases. Une fois que la personne s'est habituée à mieux utiliser ces ingrédients, elle les met en pratique jusqu'à être capable, par exemple, de maintenir le contact visuel en parlant avec quelqu'un sans faire d'effort particulier.

La synchronisation provoque naturellement la réso-nance émotionnelle[33]. Mais les systèmes neuraux qui créent la synchronie agissent à notre insu, et le fait de vouloir les contrôler peut entraver leur fonctionnement normal. C'est pourquoi les personnes suivant un pro-gramme de rattrapage doivent « sur-apprendre » en s'entraînant jusqu'au moment où leurs réactions nouvelles, plus harmonieuses, deviennent spontanées.

La présentation de soi

Les acteurs professionnels ont un talent particulier pour se présenter, c'est-à-dire donner une image d'eux-mêmes qui provoque l'impression désirée. En 1980, en pleine campagne pour la désignation du candidat républicain à la présidence, Ronald Reagan participait à un débat télévisé lorsque le modérateur chargé de surveiller le temps de parole des participants coupa le micro de Reagan avant qu'il ait terminé de développer son argumentation. Reagan jaillit de son siège, s'empara d'un autre micro et déclara d'une voix courroucée : « J'ai payé pour cette émission. Je paie pour ce micro. »

La foule acclama cette brutale affirmation de soi – surtout de la part d'un homme connu pour sa gentillesse – et ce coup d'éclat fut ensuite considéré comme un tournant dans sa campagne. Plus tard, l'un de ses conseillers avoua que cette réaction apparemment spontanée avait été planifiée, pour une éventualité comme celle-là[34].

Le charisme est une forme de présentation de soi. Le charisme des meilleurs orateurs, professeurs et dirigeants leur permet de faire jaillir en nous les émotions qui émanent de leur personne, de nous entraîner dans leur monde émotionnel. Cette contagion se manifeste notamment lorsqu'un personnage charismatique réussit à mettre une foule en transe[35]. Le charisme suppose un talent expressif capable, par son rythme et sa flamme, d'établir la synchronie[36].

Il apparaît sous sa forme la plus achevée chez l'orateur qui joue de son auditoire comme d'un instrument de musique, en ajoutant à ses arguments conceptuels la dose exacte d'émotion qui leur donnera le maximum d'impact. Les fantaisistes s'appuient sur le rythme et le tempo – modulant l'amplitude de leur voix à la bonne cadence – pour entraîner leur public. Ils deviennent des émetteurs d'émotions dont leur public est le récepteur. Mais pour créer cette contagion, il faut beaucoup de savoir-faire.

Sandra, une lycéenne, était très appréciée par ses camarades pour sa vitalité et son énergie. Remarquablement ouverte, elle parlait de ses sentiments et se faisait facilement des amis. Mais son professeur la percevait autrement. Pendant les cours, elle se faisait remarquer par ses réactions : elle manifestait son plaisir ou sa désapprobation par de petits cris, soulignant en permanence les points abordés par un commentaire approbateur ou désapprobateur. Et elle était parfois tellement débordée par ses émotions qu'elle devait quitter la classe.

Selon son professeur, Sandra souffrait d'une expressivité exubérante et manquait de contrôle sur elle-même. L'énergie vitale qui la servait dans un grand nombre de situations sociales la desservait dès qu'un minimum de retenue était nécessaire.

La capacité à contrôler et masquer l'expression de ses émotions est parfois considérée comme essentielle à une bonne présentation de soi. Ceux qui la possèdent peuvent avoir confiance en eux dans n'importe quelle situation sociale. Toujours pondérés, ils sont à l'aise dans les circonstances qui requièrent des réactions nuancées, de la vente à la diplomatie et à la politique.

Les femmes sont largement plus expressives que les hommes, mais les circonstances les obligent parfois à contrebalancer leur expressivité par la retenue qu'impose la présentation de soi. Dans la mesure où les normes sociales dévaluent l'émotivité, dans la plupart des lieux de travail notamment, les femmes doivent se contrôler pour pouvoir s'adapter. Notre société a sécrété des normes subtiles quant aux émotions que peuvent exprimer les hommes et les femmes. Dans la vie privée, on considère que les femmes sont autorisées à manifester la peur et la tristesse, les hommes la colère – norme qui approuve tacitement les pleurs des femmes, mais réprouve ceux des hommes[37].

Mais dans le monde professionnel, le tabou des larmes s'étend également aux femmes. Et pour les femmes en position de pouvoir, la prohibition de la colère s'abolit. Car tout dirigeant est supposé exprimer son mécontentement lorsqu'un but collectif n'a pas été atteint – les femmes « alpha » au même titre que les hommes. Que la colère soit ou non la réponse la plus efficace dans une situation donnée, elle n'apparaît pas comme *socialement* déplacée quand elle est exprimée par « le patron ».

Certaines personnes sont entièrement dans la présentation d'elles-mêmes, sans aucune substance pour étoffer leur image. Les diverses formes de l'intelligence relationnelle ne peuvent remplacer les autres capacités requises pour remplir une fonction. Comme le disait un homme d'affaires à un autre, dans un restaurant de Manhattan : « Il sait se faire aimer. Mais il n'y a pas plus nul que lui – il est totalement dénué de qualités techniques. »

L'influence

La Cadillac était garée en double file dans une rue étroite d'un quartier chic de Manhattan, empêchant les autres voitures de quitter leur place le long du trottoir. Un agent du stationnement était en train de remplir une contravention.

Soudain une voix courroucée et anxieuse s'écrie : « Hé ! Vous, là ! Qu'est-ce que vous faites ? » Un homme d'une quarantaine d'années, bien habillé, sort d'une laverie automatique avec son linge propre.

« Je ne fais que mon travail. Vous êtes garé en double file, répond l'officier municipal d'un ton très calme.

— Vous ne pouvez pas me faire ça à moi ! Je connais le maire ! Je vais vous faire virer ! hurle le propriétaire de la Cadillac hors de lui.

— Allez, prenez votre contravention et dégagez tranquillement avant que j'appelle une dépanneuse », répond le fonctionnaire sans élever la voix.

L'homme lui arrache le papier imprimé, monte dans sa voiture et démarre, sans cesser de grommeler.

Les meilleurs policiers savent jouer de leur influence : ils déterminent l'issue d'une interaction de façon constructive, grâce à leur tact et à leur maîtrise d'eux-mêmes. Pour faire respecter l'ordre, ils recourent le moins possible à la force, bien que leur attitude soit en elle-même une démonstration de force. Ils abordent les gens instables avec une calme assurance et une retenue toute professionnelle.

Résultat, ils obtiennent plus facilement que les gens respectent la loi. Parmi les agents de la circulation new-yorkais, par exemple, ceux qui adoptent l'attitude la moins violente ont, avec des automobilistes furieux, peu d'échanges qui dégénèrent en bagarres. Ils notent simplement les réactions de leur corps à l'agressivité d'un automobiliste – signe d'une inversion de la relation de pouvoir – et affirment calmement mais fermement leur autorité, selon les règles de leur profession. L'alternative – se laisser dominer par leurs réactions viscérales – entraînerait des catastrophes[38].

La force, maniée avec sagesse, peut être une tactique efficace pour résoudre – ou, mieux, éviter – les conflits. Mais l'utilisation adroite d'une menace implicite d'agression physique ne tient pas à l'application de la force elle-même, elle dépend des mécanismes neuraux qui déterminent la réaction la plus adaptée aux circonstances. Elle combine contrôle de soi (modération des impulsions agressives), empathie (connaissance de l'autre permettant d'évaluer la force à mettre en œuvre) et cognition sociale (respect des normes opératoires liées à la situation). Ceux qui apprennent aux autres l'art de manier la force, qu'ils soient civils ou militaires, effectuent sans le savoir la tâche qui consiste à « éduquer » les circuits neuraux concernés. Plus un individu devient habile dans le maniement de la violence, plus une inhibition de ses pulsions agressives devient nécessaire.

Dans nos contact sociaux quotidiens, nous utilisons à peu près les mêmes circuits pour tempérer notre agressivité, mais pour un résultat plus subtil. Affirmer une influence constructive implique de s'exprimer de manière à obtenir le résultat social désiré, mettre son interlocuteur à l'aise par exemple. Les personnes qui y parviennent donnent l'impression d'être sûres d'elles, aimables, et sont généralement appréciées[39].

Pour déployer au mieux leur influence, elles laissent leur sensibilité sociale guider leurs actes, reconnaissant par exemple les situations où l'absence de réaction sera bénéfique à la relation[40]. Il peut en effet être contre-productif de signaler sa finesse empathique en disant : « Je ne te fais plus d'effet » ou « Tu ne m'aimes plus ! ». En pareil cas, il est plus prudent d'absorber l'information et d'agir en conséquence, sans commentaire.

Choisir la bonne dose d'expressivité dépend, entre autres choses, de la cognition sociale, la connaissance des normes appropriées à tel ou tel contexte (autre exemple de la manière dont les différentes aptitudes de l'intelligence relationnelle fonctionnent en synergie). Les intonations étouffées appréciées à Beijing paraîtront trop discrètes à Guadalajara[41]. Le tact équilibre l'expressivité. La discrétion nous permet de nous adapter où que nous soyons, en laissant derrière nous le moins possible de remous émotionnels fâcheux.

La sollicitude

Revenons à ces séminaristes changeant de bâtiment pour aller prononcer un sermon sur la parabole du bon Samaritain. Chacun d'eux vivait un moment crucial quand il entendait les gémissements de l'homme posté sur son chemin. Même ceux qui passaient sans s'arrêter ressentaient probablement une certaine empathie pour lui. Mais l'empathie ne sert à rien si elle n'est pas suivie d'action[42]. Ceux qui s'arrêtaient pour aider l'homme manifestaient un autre aspect de l'intelligence relation-nelle, la sollicitude.

Comme nous l'avons vu au chapitre 4, le fait de ressentir la souffrance d'autrui peut, grâce au câblage de notre cerveau, nous inciter à agir. Quand, par exemple, on montre à des femmes une séquence vidéo d'un bébé en pleurs, celles qui « captent » le plus vivement la tristesse de l'enfant froncent les sourcils avec force, ce qui est un signe d'empathie. Et non seulement ces femmes reproduisent l'expression du bébé, mais elles ressentent plus que les autres le désir de le prendre dans leurs bras[43].

Plus nous sommes en empathie avec un être en difficulté et plus notre sollicitude est grande, plus nous éprouvons le besoin de lui venir en aide – ce lien s'observe chaque fois que des gens sont émus au point de porter remède à la souffrance humaine. Une étude faite aux Pays-Bas a montré que le degré de sollicitude sociale était un bon indicateur de la générosité dans les dons faits aux nécessiteux[44].

Dans le monde du travail, la sollicitude prend la forme d'un élan qui nous pousse à prendre la responsabilité de faire ce qui doit être fait. Elle nous incite à prendre le temps et à faire l'effort d'aider un collègue, à comprendre la nécessité de la coopération pour atteindre des objectifs plus larges que notre intérêt propre.

Les personnes les plus physiologiquement bouleversées par la détresse d'autrui – c'est-à-dire les plus sensibles à la contagion dans ce domaine – sont aussi celles qui ont le plus tendance à aider. À l'inverse, celles chez qui l'empathie ne provoque pas la sollicitude négligent facilement la détresse d'autrui. Une étude longitudinale a montré que les enfants de cinq à sept ans les moins émus par la détresse de leur mère avaient une plus grande tendance à devenir des adultes « antisociaux »[45]. Les chercheurs en ont conclu qu'« encourager les jeunes enfants à porter attention aux besoins des autres, à éprouver de la sollicitude » pouvait être une stratégie efficace pour la prévention de troubles ultérieurs du comportement.

Mais la sollicitude ne suffit pas toujours ; elle doit s'accompagner d'efficacité dans l'action. Bien souvent les responsables d'organisations humanitaires s'en sortent mal parce qu'ils ne sont pas d'assez bons gestionnaires. La sollicitude acquiert toute son efficacité lorsqu'elle fait appel aux capacités de la route haute. Bill et Melinda Gates offrent un exemple de cette forme supérieure de sollicitude : ils ont appliqué les meilleures méthodes du monde des affaires à la gestion des dramatiques problèmes de santé des pauvres. Et ils prennent aussi le temps de rencontrer les gens qu'ils aident – les mères d'enfants victimes de la malaria au Mozambique, les malades du sida en Inde –, entretenant ainsi leur empathie.

La sollicitude est à la base de toutes les professions d'assistance telles que la médecine et le travail social. En un sens, ces professions sont même l'incarnation publique de la sollicitude pour les malheureux, malades ou pauvres. Ceux qui travaillent dans ces professions réussissent quand cette capacité s'épanouit en eux, mais échouent quand elle s'estompe.

La sollicitude reflète l'aptitude à la compassion. Si les manipulateurs possèdent certaines des qualités liées à l'intelligence relationnelle, ils n'ont pas celle-là. L'absence de sollicitude devrait même être plus fortement associée à diverses formes d'asocialité, telles que l'indifférence aux besoins ou souffrances d'autrui et le manque d'élan secourable.

Éduquer la route basse

Après cet examen du champ de l'intelligence relationnelle, une question se pose : est-il possible d'améliorer les capacités humaines essentielles qui la constituent ? En ce qui concerne la route basse, le défi peut sembler irréalisable. Mais Paul Ekman, grand spécialiste de la lecture des émotions d'après les mimiques faciales (dont nous avons parlé au chapitre 3), a inventé une méthode permettant d'améliorer l'empathie primaire.

La méthode d'Ekman est centrée sur les microexpressions qui passent sur le visage à la vitesse de l'éclair, moins d'un tiers de seconde. Du fait de leur caractère spontané, inconscient, ces signaux émotionnels sont des indices de ce que ressent effectivement la personne dans l'instant – quelle que soit l'impression qu'elle s'efforce de donner d'elle-même.

Si une seule de ces micro-expressions ne suffit pas à indiquer que la personne ment, les tentatives délibérées de tromper l'autre s'accompagnent généralement de ce genre d'indications. Plus on apprend à les repérer, plus on sera capable de détecter les tentatives de dissimulation de la vérité émotionnelle. L'employé d'ambassade qui a capté l'expression de dégoût sur le visage de l'homme venu demander un visa était en réalité un interviewer professionnel formé à la méthode d'Ekman.

Il est particulièrement important pour les diplomates, les juges et les policiers de savoir repérer ces microexpressions révélatrices. Mais les amants, les hommes et femmes d'affaires, les enseignants – et pratiquement tout le monde – peuvent bénéficier d'un tel savoir-faire.

Les expressions émotionnelles sont liées à la route basse dont les circuits se caractérisent par leur automatisme et leur rapidité. Et c'est en se servant de la route basse que l'on peut agir sur celle-ci. Mais cela nécessite d'affiner notre capacité d'empathie primaire.

Ekman a réalisé un CD intitulé *MicroExpressions Training Tool* qui, selon lui, peut transformer n'importe qui en détective qualifié des microexpressions. À ce jour, plusieurs dizaines de milliers de personnes se sont formées à cette méthode qui s'apprend en moins d'une heure[46].

Je m'y suis initié ce matin même.

La première partie du programme présente une série de visages figés dans une attitude neutre. Puis, en un éclair, chacun exprime l'une de ces sept expressions : tristesse, colère, peur, surprise, dégoût, mépris ou bonheur.

Il faut ensuite deviner la nature de l'expression entrevue. Pour ma part, j'avais simplement l'impression d'avoir assisté à un brouillage de l'image. Sourires ou froncements de sourcils ne duraient en effet qu'un quinzième de seconde, vitesse qui correspond à celle de la route basse et laisse la voie haute interdite.

Dans la deuxième partie, trois séries d'exercices permettent de vérifier ses intuitions : soixante images où les expressions passent sur les visages plus rapidement encore, jusqu'à un trentième de seconde, sont suivies par des images fixes représentant chaque expression. Cela m'a permis de mieux m'imprégner des nuances qui distinguent la tristesse de la surprise, le dégoût de la colère. Et j'ai aussi pu voir quand mon intuition était juste puisque la bonne réponse m'était fournie, ce qui n'arrive pratiquement jamais dans la vie réelle. Ce système permet aux circuits neuraux d'améliorer leurs performances.

Pendant l'exercice, il m'arrivait de réussir à m'expliquer le pourquoi de ma réponse : cet éclat de la dentition indique un sourire, le petit mouvement de la bouche signale le mépris, les yeux agrandis la peur. Mais bien souvent mon esprit logique était surpris, confondu, par la justesse de mon intuition lorsque ma réponse, bien que hâtive, était la bonne.

Par contre, quand j'essayais de justifier pourquoi ce que je venais de voir révélait telle ou telle émotion – « ce sourcil relevé indique sûrement la surprise » –, je me trompais presque toujours. Faire confiance à mon instinct me réussissait bien mieux. Comme nous l'apprennent les sciences cognitives, nous en savons plus que nous ne le croyons. Pour le dire autrement, la route basse se débrouille beaucoup mieux quand la route haute ne s'en mêle pas.

Au bout de vingt ou trente minutes de pratique, j'ai fait le test de contrôle et obtenu 86 % de bonnes réponses, contre 50 % au pré-test. Ekman a constaté que, comme moi, la moyenne des gens a de 40 à 50 % de bonnes réponses lors du premier essai. Mais après vingt minutes d'entraînement, presque tout le monde a 80 ou 90 % de réponses correctes.

« La route basse est éminemment perfectible. Pourquoi ne l'avons-nous jamais entraînée ? Parce que nous n'avions pas le bon retour d'information », dit Ekman. Plus les gens s'entraînent, plus ils progressent. « Pour exceller à cet exercice, poursuit-il, il suffit de le pratiquer. »

Les personnes ainsi formées s'avèrent plus capables de détecter les microexpressions dans la vie réelle, la tristesse abjecte qui passa sur le visage de l'espion britannique Kim Philby par exemple.

Il est donc compréhensible que policiers, négociateurs commerciaux et autres personnes ayant intérêt à détecter les simulateurs se soient précipités en foule à la formation proposée par Ekman. Cet enthousiasme prouve en tout cas que les circuits neuraux de la route basse ont « envie » d'apprendre. Il faut simplement leur parler dans un langage qu'ils comprennent – et qui se passe de mots.

En termes d'intelligence relationnelle, le programme d'Ekman permet d'éduquer des capacités de la route basse telles que l'empathie primaire et le décodage de signaux non verbaux. Les psychologues d'autrefois considéraient des réactions aussi rapides, automatiques et spontanées comme échappant totalement à tout apprentissage, mais Ekman a démontré le contraire. Son système contourne la route haute pour s'adresser directement à la basse.

L'intelligence relationnelle reconsidérée

Dans les premières années du XXe siècle, un neurologue a fait une découverte grâce à une patiente amnésique. Cette femme était si gravement atteinte que son médecin devait se re-présenter à elle à chacune de leurs rencontres, c'est-à-dire pratiquement tous les jours.

Un jour, ce médecin dissimula une punaise au creux de sa main. Comme d'habitude, il se présenta à sa patiente et lui serra la main. Celle-ci fut piquée par la punaise. Le médecin la quitta ensuite pour revenir en lui demandant s'ils s'étaient déjà rencontrés.

Elle dit que non, mais quand il se présenta et lui tendit la main, elle retira vivement la sienne.

Joseph LeDoux (dont nous avons parlé au chapitre 5) raconte cette anecdote à l'appui de sa thèse sur la route haute et la route basse[47]. L'amnésie de cette femme était causée par des lésions du lobe temporal, qui fait partie de la route haute. Son amygdale, nœud central de la route basse, était intacte. Donc, incapable de se souvenir du moindre événement, elle avait gardé la crainte de la piqûre imprimée dans le circuit de l'amygdale. Sans reconnaître le docteur, elle se méfiait de lui.

On peut repenser l'intelligence relationnelle à la lumière des neurosciences. Dans l'architecture sociale du cerveau, route haute et route basse s'entremêlent. Lorsque le cerveau est intact, ces deux systèmes fonctionnent en parallèle et servent de gouvernails pour naviguer au sein du monde social.

La conception traditionnelle de l'intelligence relationnelle a trop souvent insisté sur les aptitudes de la route haute telles que le savoir social ou la capacité de détecter les règles, protocoles et normes qui régissent le comportement approprié dans toute situation interpersonnelle[48]. L'école de la « cognition sociale » réduit la sociabilité à une forme d'intelligence générale appliquée aux interactions[49]. Bien que cette approche cognitive ait été très utile en linguistique et dans le domaine de l'intelligence artificielle, elle s'avère insuffisante en ce qui concerne les relations humaines.

Insister sur la cognition, c'est négliger des capacités non cognitives aussi essentielles que l'empathie primaire et la synchronie et ne pas tenir compte d'aptitudes comme la sollicitude. Une perspective purement cognitive ignore le ciment social qui, en reliant les cerveaux entre eux, pose les fondations nécessaires à toute interaction[50]. Pour être complet, le spectre des capacités de l'intelligence relationnelle doit englober la route basse et la route haute. Actuellement, les chercheurs omettent trop de qualités inhérentes à la route basse, excluant ainsi des talents sociaux qui ont joué un rôle crucial dans la conservation de l'espèce.

Dans les années 1920, lorsque Thorndike proposa de mesurer l'intelligence relationnelle, on ne savait presque rien des bases neurales du QI et encore moins des aptitudes interpersonnelles. Aujourd'hui, les neurosciences sociales invitent les théoriciens de l'intelligence à trouver une définition de nos capacités sociales qui englobe les aptitudes de la route basse – celles, notamment, qui concernent la synchronisation, l'écoute attentive et la sollicitude.

Ces éléments fondamentaux des relations réussies doivent être inclus dans toute description de l'intelligence relationnelle. Sans eux, le concept reste froid et sec puisqu'il valorise l'intellect calculateur et oublie les vertus d'un cœur tendre.

Sur ce point, je partage l'avis de feu le psychologue Lawrence Kohlberg qui affirmait que tenter d'éliminer de l'intelligence relationnelle les valeurs humaines constituait un appauvrissement du concept[51]. Ce type d'intelligence se réduit ensuite au pragmatisme de l'influence et du contrôle. Dans notre époque d'anonymat et d'isolement, il nous faut rester vigilants pour éviter que se répande une position aussi impersonnelle.

DEUXIÈME PARTIE

Les liens brisés

7

Le Je et le Tu

Une femme dont la sœur venait de mourir reçut un appel d'un ami qui avait lui aussi perdu sa sœur quelques années plus tôt. L'ami exprima ses condoléances, et, touchée par ses paroles de sympathie, la femme lui raconta, avec des détails poignants, la longue maladie qui avait emporté sa sœur et le désarroi dans lequel sa mort l'avait plongée.

Mais pendant qu'elle parlait, elle entendit cliqueter les touches d'un ordinateur à l'autre bout du fil. Et elle comprit que son ami répondait à son courrier pendant qu'il l'écoutait exprimer sa peine. Ses commentaires se faisaient d'ailleurs de plus en plus espacés, formels et vagues.

Après avoir raccroché, elle était tellement abattue qu'elle aurait préféré que son ami n'ait pas appelé. Elle venait de vivre le type d'interaction que Martin Buber appelle « Je-Cela ».

Dans les interactions Je-Cela, écrit le philosophe israélien, l'une des personnes n'est pas en phase avec la réalité subjective de l'autre. Cette absence de connexion n'échappe généralement pas à la personne qui en fait les frais. L'ami de cette femme s'était peut-être senti obligé de lui téléphoner pour lui exprimer sa sympathie, mais son absence d'empathie rendait ce geste vide de sens.

Buber a inventé le terme « Je-Cela » pour qualifier le registre des relations, allant du simple détachement à l'exploitation qualifiée, où l'autre est aliéné puisqu'il est traité en objet plutôt qu'en personne.

Les psychologues utilisent le terme « agentique » pour désigner cette approche froide des autres, considérés comme des instruments utilisés à des fins personnelles. Je suis agentique quand je ne m'intéresse qu'à ce que vous pouvez m'apporter, en me moquant de vos sentiments[1].

Cette attitude égocentrique est le contraire de la « communion », état d'empathie mutuelle où vos sentiments font plus que compter pour moi – ils me transforment. Tant que dure cet état, nous restons synchrones, reliés par une boucle de rétroaction mutuelle. C'est l'opposé de la déconnexion agentique.

Lorsque notre attention est retenue par des occupations annexes, le peu qu'il en reste pour notre interlocuteur nous contraint à agir en automatique, avec le minimum de concentration nécessaire pour entretenir la conversation.

Faire plusieurs choses à la fois revient à bâcler tout entretien dépassant la simple routine, notamment quand on s'avance en terrain émotionnel. L'homme qui présentait ses condoléances en répondant à son courrier avait probablement d'excellentes intentions, laissons-lui le bénéfice du doute. Mais accomplir plusieurs tâches en même temps – cette maladie contagieuse du monde moderne – tout en poursuivant une conversation, c'est tomber dans le travers du Je-Cela.

Je-Tu

Au restaurant, j'ai entendu raconter cette histoire à la table voisine : « Mon frère n'a vraiment pas de chance avec les femmes. Son premier mariage a été une catastrophe. Il a trente-neuf ans et il n'y arrive toujours pas. Professionnellement, il est génial mais socialement, il est nul.

Récemment, il a essayé le *speed dating*. Des femmes célibataires sont assises à des tables, et les hommes circulent entre elles, s'arrêtant cinq minutes devant chacune pour discuter. Au bout des cinq minutes, une cloche sonne et les couples décident de se revoir ou pas. Ceux qui en ont envie échangent leurs adresses électroniques pour pouvoir se fixer un autre rendez-vous.

Mais mon frère se saborde lui-même, et je devine comment : dès qu'il est assis, il se met à parler de lui, et il n'arrête plus. Je suis sûr qu'il ne pose pas une seule question à la femme qui est en face de lui. Et jamais une seule n'a demandé à le revoir. »

Pour la même raison, la cantatrice Allison Charney avait mis au point le « test du premier rendez-vous » quand elle était célibataire : elle voulait savoir au bout de combien de temps l'homme lui poserait une question comportant le mot « vous » ou « tu ». Lorsqu'elle rencontra Adam Epstein, l'homme qu'elle devait épouser un an plus tard, elle n'eut même pas le temps d'enclencher le chronomètre – il remporta le test haut la main[2].

Une telle « épreuve » permet d'évaluer la capacité d'une personne à se mettre en phase avec une autre, à vouloir pénétrer et comprendre sa réalité intérieure. Les psychologues utilisent le terme assez rébarbatif d'« intersubjectivité » pour qualifier cette mise en communication des mondes intérieurs de deux individus[3]. La formule « Je-Tu » est une façon plus poétique de désigner la même connexion empathique.

Comme l'écrit Buber dans son livre sur la philosophie des relations publié en 1937, le Je-Tu est un lien spécial, une proximité sensible qui unit souvent (mais pas toujours) maris et femmes, membres d'une même famille et amis proches[4].

Pour Buber, philosophe et mystique, le Tu possède une dimension transcendantale. La relation de l'homme avec le divin est la seule relation Je-Tu qui peut se poursuivre indéfiniment, un idéal ultime pour notre humanité imparfaite. Mais dans la vie quotidienne, le Je-Tu s'exprime dans le respect et la politesse, l'affection et l'admiration, toutes les formes de manifestation de l'amour que nous portons aux autres.

L'indifférence émotionnelle et la distance qui caractérisent la relation Je-Cela en font l'exact opposé du lien relationnel Je-Tu. Lorsque nous sommes sur le mode Je-Cela, nous traitons autrui comme un moyen pour atteindre une fin. À l'inverse, dans le mode Je-Tu, la relation est vécue comme une fin en soi. Pour le Cela, la voie haute avec sa capacité rationnelle et cognitive suffit. Mais le Tu, qui implique une mise en phase, engage la voie basse.

La frontière entre Cela et Tu est poreuse, fluide. Il arrive qu'un Tu devienne Cela ; et chaque Cela possède le potentiel nécessaire pour être un Tu. Lorsqu'on s'attend à être traité en Tu, il est très douloureux de sentir qu'on n'est que Cela pour l'autre, comme cette femme en deuil recevant un coup de téléphone de pure forme.

L'empathie ouvre la voie aux relations Je-Tu. Les deux personnes ne réagissent pas seulement en surface mais du plus profond d'elles-mêmes ; comme le dit Buber, le Je-Tu « ne peut s'exprimer qu'à travers l'ensemble de l'être ». L'une des caractéristiques de ce mode de relation est la « sensation d'être senti » par celui qui s'y engage avec nous. On a l'impression que l'autre sent ce que nous ressentons et nous connaît[5].

Comme l'a dit l'un des premiers psychanalystes, client et thérapeute « oscillent au même rythme » lorsque leur connexion émotionnelle s'intensifie ; et ce mouvement se produit également au plan physiologique, nous l'avons vu au chapitre 2. L'empathie thérapeutique existe, selon l'humaniste Carl Rogers, lorsque le thérapeute est tellement en phase avec son client que celui-ci se sent compris – reconnu comme un Tu.

Se sentir senti

Au début de son premier séjour aux États-Unis, le psychiatre japonais Takeo Doi vécut une expérience étrange. Il rendait visite à une personne rencontrée la

veille, et son hôte lui demanda s'il avait faim, ajoutant :
« Nous avons de la glace si vous le désirez. »

De fait, Doi avait faim. Mais la question posée de but en blanc par une personne qu'il connaissait à peine l'avait déstabilisé. Au Japon, cela n'aurait pas pu arriver.

Selon les normes de la culture japonaise, Doi ne pouvait pas admettre qu'il avait faim. Il déclina donc l'offre de son hôte.

Mais en même temps, il avait vaguement l'espoir que la proposition lui serait renouvelée. Il fut donc déçu d'entendre son hôte dire : « Très bien » et en rester là.

Au Japon, précise Doi, la personne qui le recevait aurait simplement senti sa faim et lui aurait servi quelque chose à manger sans lui poser de question.

Cette attention aux besoins et sentiments d'autrui, le fait de les sentir et d'y répondre spontanément, témoigne de la valeur accordée au mode Je-Tu dans la culture japonaise (et plus généralement dans toute culture est-asiatique). Le mot japonais *amae* désigne cette sensibilité, cette empathie immédiatement ressentie, et les actes qu'elle détermine, sans attirer l'attention sur elle.

L'*amae* procure la sensation d'être senti, compris. Takeo Doi voit dans la tendre connexion qui unit mère et enfant – et permet à la mère de comprendre intuitivement les désirs de l'enfant – le prototype de cette relation sensible. Au Japon, l'*amae* s'étend à tout lien social intime, créant dans la vie quotidienne une atmosphère de cohésion[6].

Il n'existe malheureusement pas de mot équivalent dans notre langue. *Amae* contient l'idée que nous sommes plus facilement en phase avec les personnes que nous connaissons et aimons – famille proche et éloignée, partenaires amoureux, vieux amis. Plus la proximité est grande, plus fort est l'*amae*.

Ce concept sous-entend la création mutuelle de sentiments et de pensées parallèles entre personnes bien accordées, connivence qui pourrait se traduire ainsi : « Si je ressens cela, tu dois le ressentir aussi – je n'ai donc pas besoin de te dire ce que je veux, sens ou désire. Tu devrais être suffisamment en phase avec moi pour le sentir et agir en conséquence sans qu'il soit nécessaire de parler. »

L'existence de l'*amae* se justifie non seulement au niveau émotionnel, mais aussi au niveau cognitif. Plus la relation est forte, plus on est ouvert et attentif à l'autre. Plus on a de passé en commun, plus on sent facilement ce que ressent l'autre et plus on va envisager ce qui peut se produire, et y réagir, de façon similaire.

Si, dans les cercles philosophiques, Martin Buber est aujourd'hui démodé, le Français Emmanuel Lévinas lui a succédé en tant que commentateur des relations humaines[7]. Pour Lévinas, le Je-Cela, la plus superficielle des relations, implique la pensée *de* l'autre et non une entente *avec* lui. Cela, souligne-t-il, décrit le Tu à la troisième personne, le réduit à une simple idée, le tient à distance de toute connexion intime.

Les philosophes considèrent les conceptions implicites du monde qui guident nos pensées et nos actes comme des points d'attache invisibles dans la réalité sociale telle que nous l'élaborons. Cette connaissance peut être tacitement partagée au sein d'une culture, d'une famille, ou dans toute rencontre d'esprit à esprit.

Comme le note Lévinas, cette sensibilité commune est « ce qui émerge de l'interaction de deux êtres » ; notre conception personnelle, subjective, du monde est ancrée dans nos relations interpersonnelles.

Tout ce qui établit des points communs entre individus, a dit Freud, fait naître un « sentiment de sympathie » – familier à quiconque a su établir la communication avec un partenaire potentiel séduisant, fait une proposition commerciale à un inconnu ou simplement bavardé avec un voisin pendant un long trajet aérien. Mais sous cette entente superficielle, Freud voyait qu'il pouvait se former une complète identification à l'autre, l'impression de ne faire qu'un avec lui.

Au niveau neural, cette sympathie réciproque suppose la mise en résonance des schémas émotionnels et des paysages mentaux. Plus ces paysages se recoupent, plus l'identification se produit, et plus se crée une réalité commune. À mesure que croît notre identification avec l'autre, une forme de fusion des catégories mentales se produit, et nous finissons par penser aux êtres les plus importants pour nous comme nous pensons à nous-mêmes, ou presque. Maris et femmes, par exemple, trouvent généralement plus facile d'énumérer leurs ressemblances que leurs différences – mais seulement s'ils sont heureux ensemble ; pour ceux qui ne le sont pas, les différences sont plus évidentes.

La similarité des paysages mentaux apparaît aussi, ironiquement, dans certains de nos préjugés : nous avons tendance à appliquer à ceux que nous valorisons les mêmes idées erronées, souvent optimistes, toujours intéressées, que nous entretenons à notre sujet – l'« illusion d'invulnérabilité », par exemple, qui nous fait croire que les malheurs vont plutôt frapper les autres que nous-mêmes et ceux que nous aimons[8]. Nous sommes pratiquement tous persuadés d'être plus ou moins à l'abri des coups du sort tels que cancers ou accidents de voiture.

La sensation de ne faire qu'un avec l'autre – la fusion des identités – augmente chaque fois que nous adoptons le point de vue d'autrui et se renforce d'autant plus que nous partageons ses opinions[9]. Le moment où l'empathie devient mutuelle a des résonances particulièrement riches. Les esprits de deux êtres fonctionnant en boucle s'accordent si bien que la phrase commencée par l'un peut être terminée par l'autre, signe d'une relation vibrante, que les spécialistes du couple appellent « validation de haute intensité[10] ».

Le Je-Tu est une relation d'union dans laquelle une personne est perçue comme distincte de toutes les autres et connue dans toutes ses qualités particulières. Ce contact profond, aussi bref soit-il, fait partie des souvenirs les plus vifs que nous gardons de nos relations intimes. Buber faisait référence à ce type d'engagement réciproque total quand il écrivit : « Il n'est de vie réelle que dans la rencontre[11]. »

À moins d'être un saint, on ne peut pas traiter tout le monde comme un Tu. Dans la vie ordinaire, on alterne inévitablement entre les deux modes. Comme l'a dit Buber, le moi est en quelque sorte divisé en deux « provinces soigneusement circonscrites » – celle du Cela et celle du Tu. Le Tu concerne nos moments de connexion, mais les détails de la vie sont gérés sur le mode du Cela, de la communication utilitaire centrée sur la réalisation d'objectifs.

De l'utilité du Cela

Chroniqueur au *New York Times*, Nicholas Kristof est un journaliste renommé qui a remporté le prix Pulitzer pour ses reportages. Jamais aucune guerre, famine ou autre catastrophe majeure de ces dernières décennies ne lui avait fait perdre son objectivité.

Mais un jour, au Cambodge, il a renoncé à sa neutralité professionnelle. Il était sur place pour enquêter sur le scandaleux trafic de ces milliers d'enfants vendus dans le monde entier comme esclaves sexuels[12].

L'instant décisif se produisit lorsqu'un maquereau cambodgien lui proposa une adolescente, minuscule et tremblante, nommée Srey Neth. Il fit alors, comme il le dit lui-même, « quelque chose de terriblement contraire à l'éthique journalistique » : il acheta Srey pour cent cinquante dollars.

Puis il la ramena, avec une autre fillette, dans leur village natal, et les aida toutes les deux à prendre un nouveau départ. Un an plus tard, Srey terminait sa formation d'esthéticienne dans une école de Phnom Penh et envisageait de créer son propre salon – l'autre jeune fille, malheureusement, s'était à nouveau laissé tenter par l'argent facile. En racontant leur histoire dans sa chronique, Kristof avait ému un grand nombre de lecteurs et des dons furent envoyés à l'œuvre de charité qui aidait Srey et d'autres enfants comme elle à retrouver une vie normale.

L'objectivité est un des principes fondamentaux de l'éthique journalistique. Idéalement, les professionnels de l'information conservent leur neutralité et rendent compte des événements tels qu'ils se produisent, sans interférer avec eux d'aucune manière. Kristof est sorti de ce rôle bien défini en renonçant à sa neutralité pour entrer dans le vif de son reportage.

La déontologie des journalistes, de même que celle des médecins et des policiers, codifie le type de relation Je-Cela. Un chirurgien ne doit pas opérer une personne avec laquelle il a une relation affective, de peur que ses sentiments n'interfèrent avec la maîtrise de son art ; un officier de police ne devrait jamais, en théorie, laisser un lien personnel affecter son impartialité.

La « distance professionnelle » a pour fonction de protéger les deux parties de l'influence fluctuante, imprévisible, des émotions dans l'exécution d'une tâche. Maintenir cette distance, c'est voir l'autre dans son rôle – patient, malfaiteur – sans tenter d'approcher la personne qui occupe ce rôle. Si la voie basse nous connecte instantanément à la détresse d'autrui, les systèmes préfrontaux sont là pour nous permettre de penser clairement[13]. C'est cet équilibre entre émotion et raison qui rend l'empathie effective.

Le mode Cela a des avantages incontestables dans la vie quotidienne, ne serait-ce que pour l'accomplissement de certaines tâches. Des règles sociales implicites nous aident à décider avec qui nous n'avons pas besoin de nous synchroniser. Nous sommes chaque jour confrontés à des gens définis par leur rôle – serveurs, vendeuses – que nous traitons comme des Cela unidimensionnels, sans nous intéresser au « reste », c'est-à-dire leur identité humaine.

Le philosophe Jean-Paul Sartre voyait ce caractère unidimensionnel comme le symptôme d'une aliénation supplémentaire due à la vie moderne. Pour lui, les rôles sociaux étaient des sortes de « cérémonies », des façons soigneusement codifiées d'agir, de traiter les autres comme des Cela – et d'être pareillement traité en retour : « Il y a la danse de l'épicier, du tailleur, du commissaire-priseur, par quoi ils s'efforcent de persuader leur clientèle qu'ils ne sont rien autre qu'un épicier, qu'un commissaire-priseur, qu'un tailleur[14]. »

Mais cette mascarade du Je-Cela permet aux deux parties d'échapper à une suite interminable de rencontres Je-Tu, ce dont Sartre ne parle pas. L'attitude réservée de la serveuse la protège des intrusions dans sa vie privée et crée en même temps une sphère d'intimité autour des clients qu'elle sert. Rester dans son rôle lui permet de travailler efficacement, tout en gardant la liberté de tourner son attention vers ses propres projets et envies – même s'il s'agit seulement de rêves et de fantasmes. Son rôle constitue pour la serveuse une bulle d'intimité où elle est seule, même en public.

Bavarder avec les clients ne menace pas cette bulle, tant qu'il s'agit de propos sans importance. Et quand on est dans le rôle du Cela, on peut toujours s'adresser à autrui sur le mode du Tu, c'est-à-dire reprendre momentanément sa personnalité. Mais le rôle fait généralement office d'écran en dissimulant partiellement la personne qui l'occupe : à première vue, du moins, on voit le Cela, non un individu.

Lorsque nous sommes avec une personne de connaissance, nous entamons une danse non verbale d'attention réciproque faite de sourires, de postures et mouvements coordonnés, etc. Mais avec les personnes rencontrées dans un cadre professionnel, nous nous focalisons généralement sur un besoin ou un résultat à obtenir. Des études ont montré que lors d'interactions avec des personnes occupant un rôle d'assistance – médecin, infirmière, conseiller, psychothérapeute –, l'éventail des comportements était beaucoup plus restreint que lors de rencontres informelles[15].

Pour les professionnels de l'assistance, cette situation représente une difficulté. Car l'efficacité du rapport professionnel dépend en partie de la qualité du contact. En psychothérapie, il faut que le courant passe entre le thérapeute et son client pour qu'une alliance thérapeutique puisse se former. En médecine, une bonne relation aide le patient à faire confiance au médecin et à suivre ses recommandations.

Les professionnels de l'assistance doivent donc faire en sorte que les ingrédients du rapport interpersonnel soient présents quand ils s'occupent de quelqu'un. Leur détachement doit s'accompagner de suffisamment d'empathie pour permettre au sentiment du Je-Tu de s'épanouir un minimum.

La douleur du rejet

Pour Mary Duffy, le moment de vérité – où elle comprit qu'elle avait cessé d'être une personne souffrant d'un cancer du sein pour devenir « le carcinome de la chambre B-2 » – se produisit le lendemain de son opération.

Elle était encore à moitié endormie lorsque, sans prévenir, une troupe de gens en blouse blanche prit position autour de son lit, un médecin qu'elle ne connaissait pas et ses étudiants. Le médecin, sans dire un mot, souleva la couverture de Mary et lui enleva sa chemise de nuit comme si elle n'était qu'un mannequin.

Trop faible pour protester, Mary réussit à lancer un « Bonjour docteur ! » sarcastique. Celui-ci ne réagit pas.

Il était trop occupé à faire un cours sur le carcinome à ses élèves groupés autour de Mary, les yeux fixés sur sa nudité, complètement indifférents à sa personne.

Finalement, le médecin daigna s'adresser directement à elle, pour lui demander d'un air distrait : « Avez-vous eu des gaz ? »

Et lorsque, voulant réintroduire un peu d'humanité dans leur échange, elle répliqua : « Non, je n'ose jamais avant le troisième rendez-vous », le médecin prit un air offensé, comme si elle l'avait trahi[16].

Ce que désirait Mary, à ce moment-là, c'était que le médecin lui restitue son statut de personne, qu'il se comporte de manière à lui rendre un minimum de dignité. Elle avait besoin d'une relation Je-Tu. Elle n'a obtenu qu'une douche glaciale de Cela.

Comme cette femme, nous sommes toujours troublés quand la personne avec laquelle nous espérons former une boucle, pour une raison ou une autre, ne met pas en place sa moitié du circuit. Résultat, nous nous sentons abandonnés, tel l'enfant à qui sa mère refuse son attention.

La douleur que nous ressentons alors a une base neurale. Notre cerveau enregistre les rejets sociaux dans l'aire qui s'active lorsque nous souffrons physiquement : le cortex cingulaire antérieur (ou CCA). C'est grâce à lui que nous éprouvons le désagrément de la douleur physique[17].

Matthew Lieberman et Naomi Eisenberger, qui ont effectué leurs recherches à l'UCLA, pensent que le CCA fonctionne comme un système d'alarme pour détecter le danger du rejet et inciter les autres parties du cerveau à réagir en conséquence[18]. Le CCA ferait donc partie d'un « système d'attachement social » qui recouvrirait les circuits chargés d'alerter le cerveau à propos des maux physiques.

Le rejet renvoie à une menace primaire que le cerveau semble chargé d'amplifier. Lieberman et Eisenberger nous rappellent que pendant la préhistoire, la survie de l'homme dépendait de son appartenance à un groupe ; l'exclusion équivalait souvent à une sentence de mort, comme c'est toujours le cas pour les mammifères nouveau-nés. Le centre de la douleur, suggèrent les deux chercheurs, aurait développé cette sensibilité à l'exclusion sociale pour signaler le danger d'un éventuel bannissement – et probablement pour nous inciter à réparer les relations altérées.

Cette idée expliquerait le choix des métaphores utilisées pour exprimer la souffrance du rejet : « déchirement », « blessure », « cœur brisé » suggèrent la nature physique de la douleur émotionnelle. Et il semble que l'équation entre douleur physique et émotionnelle soit tacitement reconnue dans un grand nombre de langues, puisque les mots décrivant la souffrance sociale sont tous empruntés au lexique des maux physiques.

D'ailleurs, un bébé singe dont le CCA est endommagé ne pleure pas quand il est séparé de sa mère, absence de réaction qui mettrait sa vie en danger dans la nature. De la même façon, une mère singe ayant des lésions du CCA ne répond plus aux cris de détresse de son petit en le prenant dans ses bras pour le protéger. Chez les humains, lorsqu'une mère entend pleurer son bébé, son CCA s'active jusqu'à ce qu'elle réagisse.

Notre besoin ancestral de maintenir la connexion explique peut-être pourquoi le rire et les larmes ont leur siège dans des régions voisines du tronc cérébral, la partie la plus ancienne du cerveau[19]. Rire et pleurer sont des manifestations spontanées qui se produisent dans les moments de connexion les plus primaires, naissances et décès, mariages et réunions de famille exceptionnelles. La tristesse des séparations et la joie des retrouvailles témoignent de l'importance essentielle des connexions humaines.

Lorsque notre besoin de proximité reste insatisfait, il peut en résulter des désordres émotionnels. Les psychologues ont inventé le terme de « dépression sociale » pour décrire l'état produit par la détérioration du lien social. Le rejet social, ou la peur d'être rejeté, est l'une des principales causes d'angoisse. Et le sentiment d'appartenance sociale dépend moins de la fréquence des contacts ou du nombre des relations que du sentiment d'être accepté, même par un petit nombre de personnes importantes[20].

Comment s'étonner que nous soyons câblés pour ressentir la menace de l'abandon, de la séparation ou du rejet, puisque l'isolement mettait autrefois notre vie en danger ? Aujourd'hui le risque n'est plus que symbolique, mais la déconvenue d'être traité en Cela alors que nous espérions l'être en Tu n'en est pas moins douloureuse.

Empathie ou projection ?

Un psychanalyste qui raconte sa première entrevue avec un patient évoque une sensation de malaise, ajoutant : « J'y ai reconnu l'une des nombreuses versions de l'angoisse à laquelle je suis sujet. »

Il se demande à quoi attribuer cette nervosité qui ne le quitte pas. En écoutant son patient, il observe son apparence et repère le détail qui provoque son malaise : un pli de pantalon parfaitement repassé, impeccable.

Le patient, raconte-t-il avec ironie, « ressemble à la première page d'un catalogue de mode pour hommes, et moi je suis dans la dernière partie, là où sont proposées les tailles inhabituelles et les vêtements de fin de série ». Cette situation lui est tellement pénible qu'il reste plié en avant dans son fauteuil, les yeux plantés dans ceux de son patient, pour tirer sur les jambes de son pantalon complètement froissées.

Plus tard, le patient devait évoquer le souvenir terrible de l'expression sévère et de la désapprobation muette de sa mère. Cette image rappela au psychanalyste les nombreuses fois où sa propre mère l'avait exhorté à porter des pantalons bien repassés.

Il raconte cette anecdote pour illustrer le rôle crucial que joue l'empathie dans la cure analytique – ces moments, dit-il, où le thérapeute se trouve sur la même longueur d'onde que son patient et perçoit les émotions qui l'animent[21]. Malheureusement, une partie de ce que ressent l'analyste provient de son propre bagage émotionnel et n'est qu'une projection de sa réalité intérieure sur celle du patient. La projection ne tient aucun compte de la réalité intérieure d'autrui ; projeter, c'est supposer que l'autre ressent et pense exactement comme nous.

Cette tendance a été soulignée dès le XVIIIe siècle par le philosophe David Hume qui avait observé dans la nature humaine une « propension remarquable » à attribuer aux autres « les émotions que nous éprouvons nous-mêmes et de trouver partout les idées qui sont les plus présentes à notre esprit[22] ». Lorsque la projection est complète, nous plaquons simplement sur l'autre notre monde intérieur, sans le moindre recadrage ni ajustement. Les personnes uniquement centrées sur elles-mêmes et sur leur réalité propre n'ont pas d'autre choix que de projeter leur sensibilité sur tous ceux qu'elles perçoivent.

Certains affirment que tout acte d'empathie suppose une forme de projection subtile – la mise en phase avec autrui réveillant en nous des sentiments et pensées que nous leur attribuons immédiatement, à tort. Le défi proposé au psychanalyste est de distinguer ses projections – en termes techniques, le contre-transfert – de l'empathie réelle. Dans la mesure où l'analyste sait faire la différence entre les émotions qui émanent de sa propre histoire et celles qui, en lui, reflètent celles de son patient, il peut savoir ce que ressent ce dernier.

Si la projection constitue l'autre en Cela, l'empathie le voit comme un Tu. L'empathie crée une boucle de feedback permettant d'ajuster nos perceptions à la réalité de l'autre. Le thérapeute qui surveille ses propres réactions peut commencer par observer en lui un sentiment qui ne provient pas de son propre corps mais de ce qu'il ressent chez le patient. La signification de ce ressenti émergera en passant alternativement d'analysé à analysant, à mesure que s'élabore la relation entre eux.

Notre sensation de bien-être dépend jusqu'à un certain point du regard des autres : nous voulons être traités en Tu. Le désir de connexion est un besoin humain primaire, une garantie de survie. De nos jours, l'écho neural de ce besoin nous rend sensibles à la différence entre Cela et Tu – et nous fait ressentir le rejet social avec la même intensité qu'une douleur physique.

Si le fait d'être traités en Cela nous affecte autant, les êtres qui considèrent les autres comme des objets nous sont particulièrement insupportables.

8

La triade sombre

Mon beau-frère, Leonard Wolf, est un homme doux et calme de tempérament, un spécialiste de Chaucer, mais aussi un expert de la littérature et du cinéma d'horreur. C'est à ce titre qu'il a voulu, il y a quelques années, écrire un livre sur un vrai tueur en série.

L'homme avait tué dix personnes, dont trois membres de sa famille, avant d'être arrêté. Et il avait procédé de la manière la plus cruellement intime qui soit : en étranglant ses victimes.

Leonard lui rendit plusieurs fois visite dans sa prison avant d'oser lui poser la question qui l'intriguait le plus : « Comment avez-vous pu faire une chose aussi horrible à des gens ? Vous n'éprouviez donc aucune pitié pour eux ? »

Et le tueur répondit le plus simplement du monde : « Oh non – j'ai dû faire taire cette partie de moi-même. Si j'avais ressenti leur détresse, je n'aurais pas pu agir. »

L'empathie est le premier facteur d'inhibition de la cruauté humaine : la neutraliser nous permet de traiter l'autre en objet, en Cela.

L'aveu terrifiant de cet étrangleur – « j'ai dû faire taire cette partie de moi-même » – témoigne de la capacité humaine à museler volontairement l'empathie, à considérer la situation d'autrui d'un œil froid, à faire preuve de cruauté.

Les êtres qui se définissent par cette indifférence appartiennent généralement à l'un des trois types que les psychologues réunissent sous le nom de « triade sombre » : les narcissiques, les machiavéliques et les psychopathes. Ils ont en commun, à des degrés divers, des traits de caractère peu sympathiques et souvent bien dissimulés : malveillance et duplicité sociales, égocentrisme et agressivité, froideur émotionnelle[1].

Il n'est pas inutile de se familiariser avec ces caractéristiques, ne serait-ce que pour apprendre à les reconnaître. À force de glorifier les motifs égoïstes, d'aduler les demi-dieux de l'avidité sans frontières et de la vanité idéalisée, la société moderne suscite peut-être malgré elle la multiplication de ces types humains.

La plupart des individus qui entrent dans ces catégories ne sont pas justifiables d'un diagnostic psychiatrique, bien que certains – surtout parmi les psychopathes – sombrent parfois dans la maladie mentale ou la délinquance. Ils vivent parmi nous, et nous les croisons dans les bureaux, les écoles et les bars, sur tous les chemins de notre vie quotidienne.

Le narcissique : rêves de gloire

Un joueur de football américain que nous nommerons André est réputé pour sa rapidité « fulgurante ». Le public adore ses actions brutales, spectaculaires, aux moments cruciaux des matchs importants. Plus la foule l'acclame, plus les projecteurs sont braqués sur lui, plus l'enjeu est important, plus André se donne.

« Quand nous risquons de perdre, a dit l'un de ses coéquipiers interrogé par un journaliste, on est contents de l'avoir dans l'équipe. »

Mais il ajoute : « André est vraiment pénible. Il arrive régulièrement en retard à l'entraînement, il se pavane comme s'il était le dieu du stade, et je ne crois pas l'avoir jamais vu faire une passe correcte à un autre joueur. »

En outre, André a l'habitude de saboter les matchs faciles, surtout pendant l'entraînement ou les rencontres sans importance. Et un jour, il a failli se bagarrer avec un coéquipier qui avait passé le ballon à un autre joueur – qui d'ailleurs avait marqué – et pas à lui, André.

André est une incarnation parfaite du narcissisme ordinaire, qui se caractérise par des rêves de gloire[2]. Les narcissiques s'ennuient dans les occupations routinières et ne s'épanouissent que dans la difficulté, le défi. Cette caractéristique leur confère un avantage adaptatif qui leur permet de réussir dans les domaines où la performance en situation de stress est valorisée, procès, guerres, etc.

Le narcissisme « sain » se développe à partir de la certitude qu'a l'enfant d'être aimé, d'être le centre de l'univers et la priorité de tous ceux qui l'entourent. Plus tard, cette attitude se transforme en une vision de soi positive qui donne à l'adulte la confiance nécessaire pour exercer ses talents – et constitue un facteur essentiel de réussite. Les personnes dénuées de cette confiance n'arrivent pas à cultiver les dons ou forces qui sont en elles.

Pour distinguer le narcissisme « sain » de sa variante « malsaine », il suffit de mesurer la capacité d'empathie de la personne : plus elle est réduite, moins son narcissisme peut être considéré comme sain.

Un grand nombre de narcissiques sont attirés par des professions difficiles où leurs qualités sont mises à profit et où les lauriers potentiels sont importants – quels que soient les risques. Comme André, ils donnent le meilleur d'eux-mêmes quand ils espèrent des bénéfices conséquents.

Dans le monde des affaires, ces narcissiques peuvent devenir de vrais despotes. Michael Maccoby, psychanalyste qui a étudié (et traité) des dirigeants narcissiques, observe que leur nombre, aux échelons supérieurs du monde des affaires, est en expansion depuis que les tensions dues à la compétition – mais aussi les bénéfices en termes de finances et de prestige – augmentent[3].

Ces dirigeants, ambitieux, sûrs d'eux, réussissent très bien dans le véritable coupe-gorge qu'est devenue la sphère commerciale. Les meilleurs d'entre eux sont des stratèges capables de voir très large et de relever des défis audacieux pour obtenir des résultats positifs. Les narcissiques productifs possèdent une confiance en eux qui n'exclut pas l'ouverture d'esprit, et ils acceptent la critique – de la part de ceux en qui ils ont confiance.

Les dirigeants dont le narcissisme est sain savent se remettre en question et se confronter à la réalité. Ils ont un sens aigu de la perspective et restent joueurs, même dans la poursuite de leurs objectifs. Ils acceptent d'intégrer de nouvelles informations, ce qui leur permet de prendre des décisions plus justes, et de ne pas se laisser aveugler par les événements.

Mais les narcissiques malsains veulent être admirés plutôt qu'aimés. Souvent innovants dans les affaires, ils sont ambitieux et décidés à réussir – non pour atteindre l'idéal qu'ils se sont fixé mais pour bénéficier des avantages et de la gloire que confère le succès. Indifférents aux conséquences que leurs actes peuvent avoir pour les autres, ils poursuivent agressivement leurs objectifs. Dans les moments de grandes turbulences, dit Maccoby, ces dirigeants peuvent plaire, ne serait-ce que parce qu'ils ont l'audace de mettre en œuvre des changements radicaux.

Mais ils pratiquent une empathie sélective et ne s'intéressent qu'aux êtres qui entrent dans leurs projets de gloire. Ils peuvent fermer ou vendre une entreprise, licencier des multitudes d'employés, sans se soucier le moins du monde de ceux qui vont pâtir de leurs décisions. Dénués d'empathie, ils n'éprouvent jamais de regrets et se moquent des sentiments ou des besoins de leurs employés.

Ce type de narcissisme cache souvent un manque d'estime de soi ; il en résulte une instabilité intérieure, une vulnérabilité qui, sous des dehors très volontaires, se traduit par la fermeture à toute critique. Les chefs narcissiques restent même sourds à des avis constructifs qu'ils perçoivent comme des attaques personnelles. Cette hypersensibilité à la critique sous toutes ses formes veut dire aussi que ces dirigeants ne sont pas avides d'informations ; ils ne retiennent que celles qui confirment leur point de vue et rejettent également les faits qui pourraient les contredire. Incapables d'écouter, ils adorent prêcher et endoctriner.

Si certains dirigeants au narcissisme malsain obtiennent des résultats spectaculaires, d'autres provoquent des catastrophes. Accrochés à des rêves irréalistes, dénués de scrupules et sourds aux conseils de prudence, ils entraînent leur entreprise sur la mauvaise voie. Étant donné le nombre de narcissiques qui dirigent actuellement des entreprises, pense Maccoby, il faudrait trouver les moyens de les obliger à écouter les autres et à tenir compte de leur avis. Faute de quoi, ils resteront isolés derrière un mur de collaborateurs obséquieux qui les soutiendront en toute circonstance.

Maccoby raconte qu'un P-DG narcissique était venu le consulter parce qu'il se mettait très facilement en colère contre ses collaborateurs. Il prenait toute suggestion pour un affront et s'en prenait à celui ou celle qui l'avait faite. Grâce à l'analyse, l'homme trouva l'origine de sa rage dans le sentiment qu'il avait eu, enfant, de ne pas être apprécié par son père : quoi qu'il fasse, son père restait distant, indifférent. Il comprit qu'en exigeant de ses employés une approbation sans faille et perpétuellement réitérée, il cherchait une compensation émotionnelle à ce manque. Et chaque fois qu'elle lui était refusée, il se mettait en rage.

Cette prise de conscience permit à l'homme de changer, d'aller même jusqu'à rire de son besoin d'approbation. Un jour, il annonça à ses plus proches collaborateurs qu'il était en analyse et leur demanda ce qu'ils en pensaient. Après un long silence, l'un d'eux se risqua à lui dire qu'il paraissait moins colérique et que, quelle qu'en soit la cause, il ferait bien de continuer.

La face sombre de la loyauté

« Mes élèves, raconte un professeur qui enseigne dans une école de commerce, voient la vie de l'entreprise comme une "foire aux vanités" où celui qui veut de l'avancement peut l'obtenir en flattant l'ego de ses supérieurs. »

Flatter, aduler, courtiser, pensent ces jeunes gens, peut leur gagner des promotions. Et si cela les contraint à dissimuler, minimiser ou déformer des informations importantes, tant pis. Avec de l'habileté et un peu de chance, ils arriveront peut-être à faire retomber les conséquences de leurs actes sur quelqu'un d'autre[4].

C'est ce cynisme qui constitue le plus sérieux danger du narcissisme malsain pour la vie professionnelle. Toute une entreprise peut être narcissique. Quand une masse critique d'employés partage des conceptions narcissiques, celles-ci se généralisent et deviennent la manière de procéder habituelle de l'ensemble.

Ce narcissisme structurel présente des dangers évidents. La folie des grandeurs, que ce soit celle du patron ou l'image collective que se donne l'entreprise, devient la norme. Toute forme de saine contestation disparaît. Et une entreprise qui se prive de l'accès à la vérité perd sa capacité à réagir souplement en cas de difficultés.

Certes, toute entreprise souhaite que ses employés soient fiers d'y travailler et aient l'impression qu'elle remplit une mission importante – un minimum de narcissisme collectif est positif. Le problème se pose quand cette fierté se fonde sur un désir de gloire plutôt que sur une réussite réelle.

La difficulté s'accroît lorsque les dirigeants narcissiques ne veulent entendre que des messages qui les confirment dans leur impression de grandeur. Et quand ils s'emportent contre les porteurs de mauvaises nouvelles, leurs subordonnés finissent naturellement par ne plus tenir compte des données contredisant la volonté du patron. Cette manière de filtrer la réalité n'est pas nécessairement motivée par le cynisme. Les employés flattés d'appartenir à l'entreprise modifieront volontairement la vérité si cela entretient le doux sentiment d'auto-adulation du groupe.

La vraie victime de ce narcissisme de groupe n'est pas la vérité mais l'authenticité de la relation entre collègues. Chacun contribue tacitement au maintien de l'illusion commune. Le refoulement et la paranoïa s'installent et prospèrent. Le travail n'est plus qu'une comédie.

Dans une scène prémonitoire du film *Silkwood*, tourné en 1983, l'héroïne qui se bat contre la corruption des entreprises observe un patron occupé à retoucher les photos de soudures sur des crayons combustibles destinés à des réacteurs nucléaires. Il est en train de donner à un travail bâclé et potentiellement dangereux l'apparence de la perfection.

Et il le fait, apparemment, sans le moindre état d'âme. Il est simplement inquiet à l'idée qu'un retard dans la livraison serait mauvais pour les affaires et mettrait son usine en danger. Il se considère comme un bon serviteur de l'entreprise.

Dans les années qui ont suivi la sortie de *Silkwood*, nous avons assisté à une série d'effondrements comparables à ce qui aurait pu se produire dans ce film – pas la fusion de réacteurs, non, mais des Tchernobyl de très grosses entreprises. Ce qu'elles avaient en commun, outre la pratique du mensonge éhonté et de la fraude fiscale, c'était un narcissisme collectif.

Les entreprises narcissiques encouragent implicitement ce genre de duplicité, même si elles réclament ostensiblement honnêteté et données fiables. Les illusions collectives fleurissent en proportion directe de la dissimulation de la vérité. Lorsque le narcissisme se répand dans une entreprise, les employés qui osent y résister – en fournissant par exemple une information cruciale – menacent tous ceux qui fonctionnent à l'ivresse narcissique d'une redescente douloureuse vers l'échec ou la honte. Chez l'individu narcissique, la réaction immédiate à une telle menace est la fureur. Dans une entreprise narcissique, ceux qui osent mettre en péril l'orgueil du groupe sont généralement rétrogradés, réprimandés ou mis à la porte.

L'entreprise narcissique finit par sécréter sa propre morale, une morale où ses objectifs, ses moyens d'y parvenir et sa vertu, telles des paroles d'Évangile, ne doivent jamais être remis en question. Elle devient un monde où faire ce qu'on veut, obtenir ce qu'on désire ne pose aucun problème. Cette perpétuelle autosatisfaction permet de masquer le divorce de l'entreprise d'avec la réalité. Les règles ne s'appliquent plus à elle, mais seulement aux autres.

La devise du narcissique :
« Les autres sont là pour m'adorer »

Elle avait promis de lui lire les passages érotiques d'un roman, et maintenant il était furieux.

Au début, tout allait bien. Elle lisait d'une voix grave et sensuelle une scène coquine entre deux amants. Il sentait monter son excitation.

Mais plus la scène devenait chaude, plus elle se troublait. Soit elle bégayait, hésitait, soit elle avalait les phrases à toute vitesse. Elle était visiblement nerveuse.

Finalement, elle dut avouer que c'était trop pour elle et que, la suite étant vraiment pornographique, elle préférait arrêter.

Pour envenimer les choses, elle lui dit que « quelque chose » en lui la mettait mal à l'aise et qu'avec d'autres hommes elle avait réussi à continuer, à lire tout le passage.

Cette scène fut rejouée cent vingt fois, avec des hommes différents, pour les besoins d'une expérience, dans une université qui n'est pas nommée[5]. La jeune femme qui lisait faisait partie de l'équipe de recherche dont le but était de déterminer ce qui incite certains hommes à contraindre sexuellement une femme. Le scénario était délibérément conçu pour faire naître chez les hommes le désir, puis la frustration et le rejet.

À la fin de l'expérience, l'homme avait la possibilité de punir la femme. On lui demandait en effet d'évaluer sa performance, de décider si elle serait rétribuée, de fixer le montant de son salaire et de dire si elle devait ou non être réengagée.

La plupart des hommes pardonnaient à la femme, surtout quand on leur disait qu'elle avait besoin d'argent pour financer ses études. Mais, fidèles à leur profil, les narcissiques étaient outrés par cette humiliation et sévères dans leurs châtiments. Ils avaient l'impression qu'on les avait privés d'une chose à laquelle ils avaient droit et réagissaient en conséquence. Et un autre test, sur la coercition sexuelle, a démontré que plus les hommes étaient narcissiques, plus ils approuvaient les tactiques coercitives. Si cette scène s'était réellement passée, ont conclu les chercheurs, si après quelques préliminaires la femme avait voulu arrêter, ces hommes-là étaient plus susceptibles que d'autres de la contraindre sexuellement malgré ses protestations.

Même les narcissiques « malsains » peuvent se montrer charmants. Le Narcisse de la mythologie qui a donné son nom à ce complexe était si fasciné par sa propre beauté qu'il tomba amoureux de son image reflétée dans un lac. La nymphe Écho, qui s'éprit de lui, fut incapable de le détourner de son auto-adoration et mourut de chagrin.

Comme le suggère ce mythe, beaucoup de narcissiques séduisent car leur confiance en eux leur confère une aura charismatique. Et les mauvais narcissiques sont aussi entichés d'eux-mêmes qu'ils sont prompts à dénigrer les autres. Ils trouvent donc le bonheur auprès de partenaires qui les encensent en permanence[6]. Leur devise pourrait être : « Les autres sont sur terre pour m'adorer. »

Dans la triade sombre, les narcissiques sont les seuls à affirmer ouvertement autant de vanité et de gloriole – accompagnées d'une bonne dose d'aveuglement[7]. Ils tournent toujours les événements à leur avantage, acceptant les compliments quand ils réussissent mais refusant les reproches quand ils échouent. Ils estiment que la gloire leur est due et n'hésitent pas à revendiquer à leur profit les résultats obtenus par d'autres (sans le moindre scrupule, comme tout ce qu'ils font).

Selon un test standard, le narcissique est un être qui possède un sens exagéré de sa propre importance, entretient des rêves de gloire, réagit à la critique par la colère ou une honte excessive, estime que tout lui est dû et manque d'empathie[8]. Cette déficience veut dire que les narcissiques n'ont aucune conscience de l'égocentrisme abrasif que les autres perçoivent très clairement en eux.

Autant ils peuvent être charmants, autant ils peuvent se montrer désagréables. Refusant toute intimité émotionnelle, ils sont ultra-compétitifs, cyniques, ils ne font confiance à personne et sont tout prêts à exploiter les gens qui les entourent – n'hésitant pas à humilier autrui pour se mettre en valeur. Ce qui ne les empêche pas de se croire infiniment aimables[9].

Cette inflation de l'ego se produit plus souvent dans les cultures qui encouragent la réussite individuelle que dans celles qui favorisent les succès collectifs. Les cultures communautaires, nombreuses en Asie du Sud-Est et en Europe du Nord, donnent beaucoup d'importance à la cohésion du groupe et au partage du travail et des succès obtenus, minimisant chez l'individu l'espoir d'être traité comme un être à part. Mais les cultures individualistes, comme celle des États-Unis et de l'Australie, favorisent la volonté de réussite et de gloire personnelle. C'est pourquoi les lycéens américains se considèrent comme « meilleurs » que les deux tiers de leurs camarades, alors que les lycéens japonais s'estiment dans la moyenne[10].

Les machiavéliques : la fin justifie les moyens

L'un des directeurs de département d'une grosse entreprise industrielle européenne avait une réputation contradictoire : ses collaborateurs en avaient peur et le détestaient, alors que son patron le trouvait absolument charmant. Très à l'aise en société, l'homme faisait des efforts considérables pour impressionner non seulement son patron mais aussi les clients extérieurs. Mais dans son rôle de directeur, c'était un vrai tyran. Il s'emportait contre les gens dont le travail ne lui convenait pas et n'avait jamais un mot pour féliciter ceux qui obtenaient d'excellents résultats.

Une consultante engagée par la compagnie pour évaluer ses directeurs ne tarda pas à constater la démoralisation qui régnait dans le département dirigé par cet autocrate. Quelques entretiens avec ses collaborateurs suffirent à la convaincre qu'il était égocentrique, uniquement préoccupé de lui-même et non de l'entreprise ni même des personnes dont le travail lui permettait de pavoiser devant son patron.

La consultante proposa son remplacement, et le PDG, déçu, lui demanda sa démission. Mais l'homme retrouva immédiatement un emploi équivalent, car il avait fait très bonne impression sur son nouveau patron.

Ce directeur, nous le reconnaissons tous, pour l'avoir vu dans d'innombrables films, romans, feuilletons télévisés. C'est le mufle parfait, le type sans cœur mais habile, qui exploite impitoyablement les autres, une figure récurrente dans la culture populaire.

Ce personnage était déjà présent sous les traits du démon Ravana dans le *Ramayana*, très ancien récit épique de l'Inde, et on le trouve aujourd'hui revêtu du costume de l'empereur de *La Guerre des étoiles*. Il réapparaît sans cesse dans les films, soit comme un savant fou manipulant les lois du monde, soit comme un chef de gang charmant mais impitoyable. Instinctivement, nous détestons son habileté, son absence de scrupules, ses ruses mises au service du mal. C'est le type machiavélique, le méchant que l'on aime haïr.

Lorsque, au XVIe siècle, Nicolas Machiavel écrivit *Le Prince*, véritable manuel de l'art de gouverner par la ruse et la manipulation, il partait du principe que le candidat à la prise du pouvoir n'avait à cœur que ses propres intérêts et nulle considération pour le peuple qu'il gouvernait ni pour ceux qu'il écrasait sur son chemin[11]. Pour le machiavélique, la fin justifie les moyens, quelles que soient les souffrances humaines qu'ils provoquent. Cette éthique a prévalu chez les admirateurs de Machiavel qui, pendant des siècles, ont intrigué dans les cours royales (et elle reste évidemment prégnante dans certaines sphères politiques et commerciales de notre monde contemporain).

Machiavel supposait que la nature humaine était exclusivement guidée par la recherche de son intérêt ; l'altruisme n'entrait pas dans son cadre de référence. De fait, un homme politique machiavélique peut très bien ne jamais considérer ses fins comme égoïstes ou mauvaises ; il les présente sous un jour rationnel auquel il finit par croire lui-même. Tout dirigeant totalitaire justifie par exemple sa tyrannie par la nécessité de protéger l'État contre un ennemi menaçant, quitte à inventer cet ennemi.

Le terme « machiavélique » est utilisé par les psychologues pour désigner les personnes dont la vision du monde reflète cette attitude cynique, cette mauvaise foi intéressée. Le premier test de détection du machiavélisme était fondé sur des affirmations empruntées au *Prince*, parmi lesquelles « La différence essentielle entre la plupart des criminels et les gens ordinaires, c'est que les criminels sont assez stupides pour se faire prendre » et « La plupart des gens oublient plus facilement la mort de leurs parents que la perte de leurs biens ».

Le descriptif psychologique de cette tendance ne contient aucun jugement moral, et les dons que possèdent les machiavéliques – charme désinvolte, ruse et confiance en soi notamment – peuvent être des qualités souhaitables dans des contextes allant de la vente à la politique. Mais l'esprit calculateur et l'arrogance des machiavéliques se traduisent souvent par des comportements propres à saper la confiance et la coopération.

Si leur sang-froid peut être admirable dans leurs interactions sociales, ils n'ont qu'un intérêt limité pour les connexions émotionnelles. De même que les narcissiques, les machiavéliques ont une conception strictement utilitaire des autres, qu'ils manipulent selon leur intérêt. Exemple : cet homme qui disait à un conseiller avoir « viré » sa compagne ; pour lui, et dans tous les domaines de sa vie, les gens n'étaient que des Cela, des éléments interchangeables et de valeur égale.

Les machiavéliques ont beaucoup de points communs avec les deux autres branches de la triade, notamment leur caractère difficile et leur égoïsme. Mais les machiavéliques ont une vision beaucoup plus réaliste d'eux-mêmes que les narcissiques et les psychopathes. Ils n'essaient jamais de se vanter ni d'impressionner les autres, préférant voir lucidement les choses pour mieux en tirer profit[12].

Selon certains spécialistes de l'évolution, l'intelligence humaine serait d'abord apparue sous la forme de l'astuce, pour servir des intérêts individuels. Dans les premiers temps de l'humanité, si l'on en croit leur théorie, réussir aurait consisté à déployer assez de fourberie pour obtenir la part du lion sans se faire bannir du groupe.

Aujourd'hui, les individus de type machiavélique peuvent très bien, à l'exemple de ce directeur opportuniste et tyrannique, obtenir certains succès. Mais à long terme, ils courent le risque d'être coulés, professionnellement, par leur incapacité relationnelle et la mauvaise réputation qu'elle leur attire. Le parcours d'un machiavélique sera nécessairement jonché d'ex-amis, d'ex-partenaires sexuels, d'ex-associés furieux, blessés et bien décidés à se venger. Néanmoins, une société extrêmement mobile peut offrir à ces personnes une niche écologique accueillante et assez distante de la précédente pour que leurs méfaits ne puissent pas les rattraper.

Les machiavéliques pratiquent généralement une forme d'empathie très ciblée : lorsque quelqu'un peut leur servir, ils savent se concentrer sur ses émotions. Mais dans l'ensemble, ils ont un sens de l'empathie assez faible[13]. Leur froideur semble résulter d'une difficulté fondamentale à traiter les émotions, les leurs et celles des autres. Ils voient le monde d'une façon rationnelle, probabiliste, qui n'est pas seulement dénuée d'émotion mais aussi du sens moral lié à la sollicitude humaine. Voilà pourquoi ils commettent si facilement des délits.

Manquant d'empathie, ils n'éprouvent pas non plus de sympathie pour autrui. Cette partie d'eux-mêmes est déconnectée, comme chez le tueur en série. Et ils semblent éprouver la même confusion en ce qui concerne leurs propres sentiments ; dans un moment de malaise, ils peuvent très bien ne plus savoir si, comme le dit un expert, ils sont « tristes, fatigués, affamés ou malades[14] ». Mais si leur monde émotionnel est sec, celui de leurs pulsions primaires ne l'est pas. Leurs besoins, en termes de sexe, d'argent et de pouvoir, sont puissants, et le problème consiste pour eux à satisfaire ces pulsions avec une panoplie de moyens relationnels très réduite.

Leur capacité sélective à lire les émotions et les pensées d'autrui n'en est pas moins aiguë et c'est elle qui leur permet de faire leur chemin dans le monde. Ils étudient avec intelligence un univers interpersonnel dont ils ne pénètrent que la surface ; leur cognition sociale très fine les rend sensibles aux nuances et leur permet de deviner comment les gens vont réagir dans telle ou telle situation. Ces talents expliquent leur habileté sociale légendaire.

Comme nous l'avons vu, certaines définitions courantes de l'intelligence relationnelle – qui serait uniquement fondée sur ce type de savoir-faire – favoriseraient les machiavéliques. Mais s'ils ont la tête bien faite, ils ont le cœur obtus. Certains voient dans cette combinaison de force et de faiblesse un handicap que les machiavéliques compensent à force de ruse intéressée[15]. Ils seraient manipulateurs, selon cette théorie, pour contrebalancer leur insensibilité émotionnelle – forme d'adaptation fâcheuse qui empoisonne leurs relations.

Le psychopathe : l'autre est un objet

Pendant une séance de psychothérapie de groupe, dans un hôpital, la conversation tombe sur la cafétéria. Les uns disent qu'on y mange de bons desserts ; d'autres que la nourriture les fait grossir ; d'autres encore espèrent que le menu va se renouveler.

Mais les pensées de Peter prennent une tout autre direction. Il se demande combien d'argent contient le tiroir-caisse, combien de membres du personnel pourraient se trouver entre lui et la sortie, et jusqu'où il devrait aller pour trouver une fille et prendre un peu de bon temps[16].

Peter est à l'hôpital par décision de justice parce qu'il n'a pas respecté les termes de sa libération conditionnelle. Depuis son adolescence, Peter a abusé des drogues et de l'alcool ; il s'est souvent montré agressif en paroles et en actes. Il était en prison pour avoir harcelé des personnes par téléphone ; avant cela il a été condamné pour destruction de biens, et coups et blessures volontaires. Il admet avoir souvent volé des membres de sa famille et des amis.

Selon les médecins, Peter est un psychopathe, il souffre de « troubles de la personnalité qui le rendent asocial ». Le terme de « sociopathe » a aussi été utilisé pour décrire cette maladie mentale. Quel que soit le nom qu'on lui donne, c'est une pathologie qui se caractérise par l'escroquerie et le mépris des autres. L'irresponsabilité permanente du psychopathe n'entraîne chez lui aucun remords – seulement de l'indifférence pour les souffrances émotionnelles d'autrui.

Peter est, par exemple, parfaitement étranger à l'idée que les autres puissent être blessés par ses actes. Pendant les conférences réunissant sa famille, il se montre surpris quand sa mère évoque l'angoisse qu'il a causée chez les siens, il se met tout de suite sur la défensive et se pose en « victime ». Il n'est absolument pas conscient d'avoir utilisé sa famille et ses amis pour servir ses intérêts personnels, ni de leur avoir fait du mal.

Pour les psychopathes, l'autre est toujours un Cela, une cible à utiliser, duper, abandonner. Rien de bien nouveau. Certains prétendent même que la triade sombre n'est composée que de points sur un continuum qui va du narcissisme sain à la psychopathie. De fait, les machiavéliques et les psychopathes se ressemblent beaucoup, et les premiers seraient, selon cette hypothèse, la version préclinique (ou précarcérale) des seconds[17]. Le principal test de détection de la psychopathie contient des phrases telles que « Je recherche toujours mon propre intérêt avant de me préoccuper de celui d'autrui », qui permettent d'évaluer l'« égocentrisme machiavélique[18] ».

Mais les psychopathes, contrairement aux machiavéliques et aux narcissiques, ne ressentent pratiquement jamais d'anxiété. Ils semblent ignorer la peur ; dans les tests d'évaluation, ils ne sont pas d'accord avec des affirmations telles que « J'aurais très peur de sauter en parachute ». Ils ne connaissent pas non plus le stress et conservent leur calme dans des situations où d'autres seraient pris de panique. L'absence d'appréhension chez les psychopathes a été maintes fois constatée lors d'expériences où les sujets attendent de recevoir des chocs électriques[19]. Généralement, la seule perspective de ces chocs provoque une abondante transpiration et l'accélération du rythme cardiaque, indices de l'anxiété. Mais chez les psychopathes, on ne constate rien de tel[20].

Ce calme impavide, qui rend les psychopathes potentiellement plus dangereux que les machiavéliques ou les narcissiques, les immunise aussi contre la peur de la punition. Indifférents aux conséquences de leurs actes, ils sont donc des candidats tout désignés pour la prison[21].

Quant à l'empathie, ils en sont dépourvus ; ils ont beaucoup de mal à reconnaître une expression de peur ou de tristesse sur un visage ou dans une voix. L'étude, par l'imagerie cérébrale, d'un groupe de criminels incarcérés a permis de supposer une déficience dans les circuits aboutissant à l'amygdale, module cérébral essentiel pour la lecture de ce type d'émotions, ainsi que des déficits dans l'aire préfrontale qui inhibe les pulsions[22].

Le bouclage permet généralement de ressentir en soi la détresse exprimée par autrui, mais cette résonance ne se fait pas chez les psychopathes, car leur câblage neural émousse la perception des émotions liées à la souffrance[23]. La cruauté des psychopathes serait donc une vraie in-sensibilité due à l'absence du radar capable de détecter la douleur humaine[24].

De même que les machiavéliques, les psychopathes peuvent maîtriser la cognition sociale, apprendre à détecter ce qui se passe dans l'esprit des autres, deviner leurs pensées et émotions, de manière à pouvoir ensuite « appuyer sur les bons boutons ». Ils peuvent être d'un contact agréable car, dès qu'ils sentent les autres fâchés contre eux, ils ont assez de charme pour retourner la situation. Certains vont même jusqu'à s'aider de lectures pour perfectionner leur art de la manipulation.

On utilise parfois le terme de « psychopathes arrivés » pour désigner des individus qui ont été impliqués dans des vols, trafics de drogue, crimes violents et autres malversations sans jamais avoir été ni arrêtés ni condamnés. Leurs actes criminels, leur charme désinvolte et superficiel, la tendance pathologique au mensonge et l'impulsivité qui les caractérisent leur valent le statut de psychopathes. Et ils sont « arrivés » parce que, tout en étant psychopathes, ils ne sont pas complètement dépourvus d'appréhension quant aux conséquences de leurs actes. Ce surcroît d'anxiété les incite à la prudence et leur évite de finir en prison[25].

Dès l'enfance, les psychopathes font souvent preuve d'une grande froideur. La gentillesse, le souci de l'autre paraissent complètement absents de leur panoplie émotionnelle. Les enfants sont généralement émus par la colère, la peur ou la tristesse d'un autre enfant et s'efforcent de le consoler. Mais les psychopathes en herbe, insensibles à la détresse d'autrui, ne mettent aucun frein à leur méchanceté ni à leur cruauté. Torturer les animaux constitue chez l'enfant l'un des signes précurseurs de la psychopathie de l'adulte. Mais il y en a d'autres : se comporter en tyran, chercher sans arrêt la bagarre, s'imposer sexuellement à l'autre, déclencher des incendies ou porter atteinte aux biens et aux personnes.

Quand on considère l'autre comme un objet, il est plus facile de lui faire subir toutes sortes de mauvais traitements. Ce manque d'humanité culmine chez les psychopathes criminels et les bourreaux ordinaires qui s'en prennent aux enfants, notamment. Leur sang-froid témoigne de leur incapacité maladive à ressentir la souffrance de leurs victimes. Un violeur récidiviste a par exemple dit à propos de la terreur qu'il infligeait aux femmes : « Je ne l'ai jamais vraiment comprise. Il m'est arrivé d'avoir peur, moi aussi, et ce n'était pas désagréable[26]. »

Scrupules moraux

C'étaient les dernières minutes d'un match serré comptant pour la qualification de deux équipes universitaires de basket-ball. Dans la fièvre du moment, John Chaney, l'entraîneur de l'université de Temple, eut recours aux grands moyens.

Il envoya sur le terrain un géant de deux mètres et cent vingt-cinq kilos avec pour mission de porter des coups bas à l'équipe adverse. Résultat, l'un des joueurs fut envoyé à l'hôpital avec un bras cassé et dut rester sur la touche pendant le reste de la saison.

Alors, Chaney eut une réaction singulière : il s'exclut lui-même de son poste d'entraîneur.

Il téléphona ensuite au joueur blessé et à ses parents pour s'excuser et proposa de régler lui-même les frais d'hospitalisation[27]. Comme il le dit à un journaliste :

« Je suis terriblement contrit », et à un autre : « Je suis rongé par le remords. »

L'absence de remords distingue la triade sombre des personnes qui commettent des actes répréhensibles. Le remords et la honte – ainsi que l'embarras, la culpabilité et l'amour-propre – sont des émotions « sociales » ou « morales ». Les membres de la triade ne les ressentent qu'à un très faible degré ou pas du tout.

Les émotions sociales présupposent un degré d'empathie suffisant pour sentir comment un acte peut affecter les autres. Elles jouent le rôle de police intérieure en s'assurant que nos actes et nos paroles ne perturbent pas l'harmonie d'une situation interpersonnelle donnée. L'amour-propre est aussi une émotion sociale puisqu'il nous incite à nous comporter de manière à recueillir l'approbation des autres, alors que la honte et la culpabilité nous modèrent en punissant tout écart de conduite.

L'embarras, la gêne sont suscités par le non-respect d'une convention sociale, un manque de tact ou de retenue, une parole ou un acte malheureux. Exemple : la mortification de cet homme qui, après avoir vivement critiqué le jeu d'une actrice, s'est rendu compte que son interlocuteur était le mari de cette actrice.

Les émotions sociales peuvent aussi servir à réparer de telles erreurs. Quand une personne manifeste son embarras, en rougissant par exemple, les autres se rendent compte qu'elle regrette sa maladresse ; ils peuvent interpréter sa gêne comme un désir de réparation. Une étude a montré que quand quelqu'un prenait un air contrit après avoir bousculé un étalage dans un supermarché, les personnes présentes étaient plus enclines à lui pardonner que quand le coupable manifestait son indifférence[28].

Les bases cérébrales des émotions sociales ont été étudiées chez des malades neurologiques particulièrement sujets aux gaffes, faux pas et autres violations des codes interpersonnels[29]. Ces malades, atteints de lésions de l'aire orbito-frontale, sont connus pour accumuler les maladresses sociales. Selon certains neurologues, ils ne seraient plus capables de détecter la désapprobation ou le mépris chez les autres et ignoreraient donc leurs réactions. Selon d'autres spécialistes, ces lapsus sociaux seraient dus à l'absence des signaux émotionnels internes permettant une bonne tenue du comportement.

Colère, peur et joie, émotions essentielles, sont inscrites dans le cerveau dès la naissance ou juste après, mais les émotions sociales ne peuvent exister sans la conscience de soi qui émerge chez l'enfant vers l'âge de deux ans, avec la maturation de l'aire orbito-frontale. Vers quatorze mois, les bébés commencent à se reconnaître dans un miroir. Cette constitution de soi en tant qu'entité unique s'accompagne de l'appréhension des autres comme séparés – et de l'aptitude à se sentir mortifié par leurs réactions.

Avant l'âge de deux ans, un petit enfant reste parfaitement indifférent au jugement d'autrui et n'éprouve aucune gêne à salir ses couches, par exemple. Mais à partir du moment où il s'identifie comme individu, quelqu'un que les autres peuvent remarquer, il commence à éprouver de l'embarras – sa première émotion sociale. Cela implique qu'il soit conscient non seulement de ce que les autres pensent de lui mais aussi de ce qu'il devrait ressentir en retour. Cette conscience sociale accrue signale une empathie naissante qui s'accompagne de capacités émergentes de comparaison, de catégorisation et de compréhension des subtilités sociales.

Un autre type d'émotion sociale nous pousse à réprimander le comportement d'autrui, même si cela comporte des risques. La « colère altruiste » consiste à punir une transgression des règles sociales dont nous ne sommes pas nécessairement les victimes. Il semble que cette vertueuse indignation active dans notre cerveau un centre de la gratification, si bien qu'en faisant respecter les lois (« Comment ose-t-elle passer devant tout le monde ! ») nous éprouvons un sentiment de satisfaction[30].

Les émotions sociales fonctionnent comme une boussole morale. Nous éprouvons de la honte, par exemple, lorsque les autres sont au courant d'un méfait que nous avons commis. La culpabilité, à l'inverse, est un sentiment intime, née du remords d'avoir mal fait. La culpabilité peut inciter à réparer ses fautes, alors que la honte suscite plus souvent une attitude défensive. La honte anticipe le rejet social, la culpabilité peut conduire à l'expiation, à la réparation. Honte et culpabilité fonctionnent généralement ensemble pour nous maintenir dans le droit chemin.

Mais dans la triade sombre, ces émotions perdent leur pouvoir moral. Les narcissiques sont guidés par l'orgueil et redoutent la honte, mais ils ne se sentent pas coupables de leur égocentrisme. Les machiavéliques non plus ne connaissent pas la culpabilité. La culpabilité implique une empathie que les machiavéliques ignorent. Et la honte ne les atteint qu'à un faible degré.

Chez les psychopathes, l'atrophie morale provient de lacunes émotionnelles légèrement différentes. Pour qui n'éprouve ni culpabilité ni anxiété, les sanctions éventuelles perdent tout pouvoir dissuasif – situation dangereusement explosive étant donné l'absence d'empathie des psychopathes pour la souffrance d'autrui. En outre, les psychopathes ignorent le remords et la honte.

Ils peuvent aussi maîtriser parfaitement la cognition sociale, compréhension purement intellectuelle des réactions individuelles et des dynamiques sociales qui peut les aider à piéger leurs victimes. Un bon test d'intelligence relationnelle devrait permettre d'identifier et d'exclure les personnes appartenant à la triade sombre. Il faudrait donc y inclure des critères d'évaluation qui ne permettent pas à un machiavélique bien entraîné de réussir – des critères concernant la sollicitude, notamment, cette mise en acte de l'empathie.

9

La cécité psychique

Richard Borcherds supporte très mal de recevoir des amis chez lui. Dès que les conversations s'animent, il est désorienté par les allers et retours entre interlocuteurs, les échanges de regards et de sourires, la subtilité des allusions et des sous-entendus, il se retrouve noyé dans un océan de mots – tout va beaucoup trop vite.

Plus tard, si quelqu'un prend la peine de lui expliquer la chute d'une blague, pourquoi tel invité est parti vexé, pourquoi tel autre a rougi de confusion, il peut le comprendre. Mais sur le moment, toute cette cacophonie sociale lui passe au-dessus de la tête. Lorsqu'il y a des invités, il préfère donc lire un livre ou se retirer dans son bureau.

Et pourtant, Richard Borcherds est un génie. Il a reçu la médaille Fields, l'équivalent du prix Nobel pour les mathématiciens. Ses collègues de l'université de Cambridge lui vouent une admiration sans bornes, et peu d'entre eux sont capables de comprendre en détail ses théories, particulièrement originales. Malgré son handicap social, Borcherds a réussi.

Lors d'une interview, il a dit un jour qu'il se croyait atteint du syndrome d'Asperger – forme d'autisme dite « de haut niveau » – et Simon Baron-Cohen, chef du centre de recherche sur l'autisme de l'université de Cambridge, l'a contacté. Après avoir entendu Baron-Cohen lui décrire par le menu toutes les caractéristiques du syndrome, Borcherds a simplement affirmé : « C'est moi. » Le génial mathématicien s'était offert comme cobaye pour la recherche sur Asperger[1].

Pour Borcherds, la communication est purement fonctionnelle. Elle consiste à obtenir de quelqu'un ce dont il a besoin, sans parler d'autre chose – ni lui demander comment il va ni lui faire part de ses émotions. Borcherds déteste le téléphone ; bien qu'il puisse expliquer son fonctionnement, son aspect social le désoriente. Il limite ses courriels aux informations strictement nécessaires à son travail. Quand il va d'un endroit à un autre, c'est toujours en courant, même si quelqu'un l'accompagne. Il se rend bien compte que les gens le trouvent parfois bizarre, mais ses habitudes sociales n'ont à ses yeux rien d'anormal.

Tous ces comportements le désignent comme un cas typique du syndrome d'Asperger. Et les tests que lui a fait passer Baron-Cohen l'ont démontré : aussi génial qu'il soit, Borcherds est incapable de déchiffrer ce qu'exprime un regard, il éprouve peu d'empathie et se livre très peu en amitié. Mais il obtient des résultats brillants aux tests sur la causalité physique et sur la systématisation d'informations complexes.

Ce profil – faible empathie, excellente systématisation – est le modèle neural qui sous-tend le syndrome d'Asperger, d'après les recherches faites par Baron-Cohen et bien d'autres depuis plusieurs années. Borcherds est incapable de percevoir ce qui se passe dans l'esprit d'autrui.

Le vilain singe

Un dessin humoristique représente un petit garçon et son père dans une pièce ; une créature extraterrestre absolument horrible descend l'escalier, hors de la vue du père mais sous le regard du fils. La légende dit : « Je donne ma langue au chat, Robert. Qu'est-ce qui a deux cornes, un seul œil et qui fait très peur ? »

Pour comprendre la blague, il faut être capable d'inférer ce qui n'est pas dit. Au préalable, il faut aussi connaître la structure d'une devinette pour deviner que le garçon a demandé à son père : « Qu'est-ce qui a deux cornes, un seul œil et qui fait très peur ? »

Ensuite, il faut être capable de lire dans la pensée des deux personnages pour comprendre ce que sait le fils et l'opposer à ce que le père n'a pas encore vu, et donc anticiper le choc qu'il va ressentir. D'après Freud, toutes les blagues juxtaposeraient deux images différentes de la réalité. Dans celle-ci, l'une des images est celle de l'extraterrestre, l'autre la supposition du père que son fils lui pose simplement une devinette.

Cette capacité d'appréhender ce qui semble se passer dans l'esprit d'autrui est l'une des plus précieuses spécificités humaines. Les spécialistes des neurosciences l'appellent *mindsight* [capacité visuelle de l'esprit, mais aussi vision par l'esprit dans un autre esprit, que l'on traduira simplement ici par « perspicacité ». *N.d.T.*].

La « perspicacité » consiste à sonder instantanément l'esprit d'une personne pour percevoir ses sentiments et en déduire ses pensées – c'est l'outil essentiel de la finesse empathique. Si l'on ne peut pas réellement lire dans la pensée d'autrui, on peut rassembler assez d'indices dans ses expressions, sa voix, ses yeux – lire entre les lignes de ce qu'il dit ou fait – pour en tirer des déductions remarquablement exactes.

Que cette simple capacité nous manque, et nous sommes incompétents dans les domaines de l'amour, de la tendresse, de la coopération – mais aussi la compétition et la négociation – et maladroits même dans la plus simple des rencontres sociales. Sans perspicacité, nos relations seraient creuses ; nous traiterions les autres en objets dénués de sentiments ou de pensées propres. Telle est la situation des Asperger et des autistes, qui souffrent de « cécité psychique ».

La perspicacité se développe au cours des premières années de la vie. Chaque étape du développement de l'empathie rapproche l'enfant de la compréhension des contenus psychiques d'autrui. La perspicacité naît progressivement à mesure que l'enfant grandit, la première étape étant la reconnaissance de soi, prélude indispensable à une conscience sociale plus sophistiquée (« Je sais que nous savons qu'ils savent »). Des tests ont été mis au point pour tracer la courbe d'évolution de la perspicacité chez les enfants[2] :

• Lorsque l'enfant a dix-huit mois, faites-lui une grosse marque sur le front et placez-le devant un miroir. Avant dix-huit mois, les bébés vont généralement toucher la marque sur leur image, dans le miroir

– ils n'ont pas encore appris à se reconnaître ; après, ils toucheront leur front. La conscience sociale n'existe qu'à partir du moment où l'être a conscience de lui-même et se distingue des autres.

• Lorsque l'enfant a dix-huit mois, proposez-lui deux friandises différentes, des biscuits et des quartiers de pomme, par exemple. Voyez laquelle il préfère. Puis goûtez à votre tour les deux friandises en manifestant du dégoût pour celle que l'enfant a préférée et du goût pour l'autre. Ensuite, placez la main de l'enfant entre les deux friandises et demandez-lui : « Tu m'en donnes une ? » Avant dix-huit mois, les enfants offrent généralement celle qu'*ils* préfèrent ; plus tard, ils vous donnent celle que *vous* préférez. Ils ont compris que leurs goûts pouvaient différer de ceux des autres, et vice versa.

• Lorsque l'enfant a trois ou quatre ans, cachez une friandise dans la pièce sous les yeux de l'enfant et d'un autre, plus grand. Demandez à ce dernier de quitter la pièce. Assurez-vous que le jeune enfant vous voie changer la friandise de cachette. Demandez-lui où l'autre cherchera quand il rentrera dans la pièce. Les enfants de quatre ans vous diront généralement qu'il cherchera dans la première cachette ; ceux de trois ans se prononceront pour la nouvelle cachette. À quatre ans, l'enfant comprend que l'autre peut voir les choses autrement que lui ; à trois ans, il ne l'a pas encore compris.

• La dernière expérience concerne les trois-quatre ans et une marionnette nommée Vilain Singe. Vous montrez successivement à l'enfant des groupes de deux images ; à chaque groupe Vilain Singe demande à l'enfant quelle image il préfère, et la prend pour lui (d'où son nom de Vilain Singe), laissant à l'enfant celle qu'il aime le moins. Mais vers l'âge de quatre ans, les enfants voient clair dans le jeu de Vilain Singe et apprennent rapidement à désigner l'image qu'ils aiment le moins pour avoir celle qu'ils préfèrent. Plus jeunes, ils ne comprennent pas les intentions de la marionnette et continuent innocemment à dire la vérité, sans jamais obtenir les images qu'ils voudraient[3].

Pour lire dans l'esprit d'autrui il faut posséder ces capacités essentielles : distinguer entre soi et les autres ; comprendre que deux personnes peuvent percevoir les choses, et penser, différemment ; savoir que les actes d'autrui peuvent aller contre ses intérêts propres.

À mesure qu'ils grandissent, les enfants acquièrent ces capacités sociales, et – vers leur quatrième année – leur degré d'empathie se rapproche de celui des adultes. Cette maturité marque la fin d'une certaine innocence : ils font désormais la différence entre ce qu'ils imaginent et les faits réels. À quatre ans, donc, ils possèdent les bases empathiques qui vont les guider toute leur vie – en s'enrichissant d'une plus grande complexité psychologique et cognitive[4].

Cette maturation intellectuelle leur permet de mieux se piloter dans le monde qui est le leur, qu'il s'agisse de négocier avec leurs frères et sœurs ou de se faire une place parmi leurs camarades de jeu. Ces deux petits mondes sont en fait des écoles de vie. Les mêmes leçons leur seront proposées dans des versions plus raffinées à mesure que s'étendront leurs capacités cognitives, leur réseau social et leur gamme de contacts.

La perspicacité est préalable à toute possibilité de blaguer ou de comprendre une blague. Pour taquiner, jouer des tours, mentir, être méchant, il faut maîtriser cette perception du monde intérieur d'autrui. Son absence met les enfants autistes à part.

Il est possible que les neurones miroirs jouent un rôle essentiel dans la perspicacité. Même chez les enfants « normaux », la capacité d'imaginer ce que pense l'autre et l'empathie sont liées à l'activité des neurones miroirs. Et une étude IRMf de jeunes adolescents a montré que, comparés à des enfants normaux, les autistes présentaient une déficience de l'activité des neurones miroirs du cortex préfrontal pendant qu'ils lisaient et imitaient des mimiques faciales[5].

La perspicacité peut aussi être dévoyée, même chez des adultes normaux ; exemple, ce que les étudiantes de l'université d'Amherst appellent l'« examen des plateaux ». Lorsque les jeunes femmes font la queue pour entrer dans la salle à manger, leurs yeux examinent leurs congénères, non pour voir comment elles sont habillées ou avec qui elles déjeunent, mais pour étudier ce qu'elles ont sur leur plateau. Cela les aide à s'abstenir de la nourriture qu'elles auraient peut-être choisie mais sentent qu'elles doivent se refuser.

Catherine Sanderson, la psychologue qui a découvert l'examen des plateaux, a identifié les distorsions de la perspicacité sur lequel il repose : chaque étudiante voyait les autres beaucoup plus minces, sportives et obsédées par leur apparence physique qu'elle ne l'était elle-même – différences qui n'existaient pas objectivement.

Ces suppositions erronées poussaient les étudiantes concernées à suivre un régime, et un tiers d'entre elles à se faire vomir ou à se purger – habitude qui peut s'installer et devenir dangereuse pour la santé[6]. Plus les jeunes femmes se trompaient dans leurs suppositions concernant les autres, plus elle s'imposaient un régime sévère.

Leurs erreurs de jugement provenaient en partie du choix de leurs critères : les jeunes femmes ont tendance à choisir pour modèle les plus jolies ou les plus minces d'entre elles, donc à se comparer à un idéal plutôt qu'à la moyenne – confondant l'extrême et la norme.

Les jeunes hommes ne sont pas à l'abri de ce genre d'erreur, mais ils la commettent dans un autre domaine, celui de la boisson. Quand ils ont tendance à boire un peu trop, ils se jugent d'après ceux qui boivent encore plus. Cela les incite à penser qu'ils doivent abuser de la boisson pour être dans le coup.

Par contraste, les gens dont la perspicacité s'exerce avec plus de finesse évitent de confondre l'extrême avec la norme. Ils commencent par évaluer la ressemblance existant entre eux et l'autre. Si elle est évidente, ils supposent simplement que cette personne ressent et pense comme eux. Une vie sociale sans heurts dépend d'une succession continuelle de ces jugements instantanés, de la lecture permanente d'esprits différents. Nous sommes tous un peu « télépathes ».

Le cerveau masculin

L'autisme de Temple Grandin a été détecté dès l'enfance. Comme elle le raconte dans *L'Interprète des animaux*[7], ses camarades de classe l'appelaient

« magnétophone » parce qu'elle répétait inlassablement les mêmes phrases dans toutes les conversations – et peu de sujets l'intéressaient.

L'un de ses préférés était le Rotor : elle s'approchait d'un enfant et déclarait : « Je suis allée au parc d'attractions de Nantasket et j'ai fait un tour dans le Rotor. J'ai adoré me sentir plaquée contre la paroi. » Puis elle demandait : « Et toi, ça t'a plu ? »

Dès que l'enfant avait répondu, elle répétait sa phrase mot pour mot, une fois, deux fois, trois fois, comme en boucle.

À l'adolescence elle sentit déferler sur elle « une immense vague d'angoisse qui ne refluait jamais », autre symptôme de l'autisme. C'est alors que son exceptionnelle finesse de perception des animaux – qu'elle relie à l'hypersensibilité des autistes – lui fut d'un grand secours.

Un jour où elle séjournait chez sa tante dans l'Arizona, elle vit, dans un ranch voisin, mettre des bovins dans une trappe de contention, appareil constitué de barres métalliques en forme de V qui se referment progressivement autour de l'animal qui s'y est engagé. Un système à air comprimé bloque ensuite le V, enserrant le corps de la bête et le maintenant en place pendant que le vétérinaire fait son travail.

Au lieu de manifester de la peur, les vaches ainsi immobilisées se calmaient. Temple se dit que c'était sans doute aussi rassurant que d'être serré dans des langes quand on est un bébé. Et elle comprit qu'un système comme celui-là l'aiderait, elle aussi.

Avec l'aide d'un de ses professeurs, elle a donc construit une trappe de contention en bois, équipée d'un compresseur d'air, à la taille d'un être humain à quatre pattes. Et ça a marché. Aujourd'hui encore, quand elle ressent le besoin de se calmer, elle utilise sa « machine à serrer ».

Temple Grandin est exceptionnelle à plus d'un titre, le moindre n'étant pas son autisme. Les garçons ont en effet quatre fois plus de risques que les filles d'être autistes et dix fois plus d'avoir le syndrome d'Asperger. Simon Baron-Cohen est allé jusqu'à dire que le profil neural des personnes souffrant de ces pathologies représente la forme extrême du cerveau « masculin ».

Selon lui, le cerveau masculin dans sa forme extrême est totalement démuni de perspicacité, et ses circuits liés à l'empathie sont bloqués. Mais cette déficience s'accompagne de forces intellectuelles telles que la capacité de concentration ahurissante qui permet aux savants de résoudre des problèmes de mathématiques à une vitesse comparable à celle des ordinateurs. La cécité psychique n'empêche pas ces cerveaux hypermasculins d'être extrêmement doués pour la compréhension de systèmes comme le marché des changes, l'informatique et la physique quantique.

Le cerveau « hyperféminin », à l'inverse, excelle dans la compréhension d'autrui et l'empathie. Il permet de réussir dans les métiers de l'éducation et du conseil ; il met les psychothérapeutes merveilleusement en phase avec le monde intérieur de leurs patients. Les personnes qui possèdent ce genre de cerveau ont par contre beaucoup de mal à systématiser, qu'il s'agisse de déterminer la route à prendre quand elles conduisent ou d'étudier la physique théorique.

Baron-Cohen a inventé un test pour déterminer la facilité avec laquelle les gens perçoivent ce que ressent autrui. Ce test s'appelle « quotient d'empathie » ou QE, et les femmes le réussissent en général mieux que les hommes. Elles obtiennent également de meilleurs résultats aux épreuves de cognition sociale – comprendre par exemple ce qui serait un faux pas dans une situation sociale donnée – et de finesse empathique – ou intuition des sentiments ou pensées d'autrui[8]. Enfin, les femmes surpassent généralement les hommes au test de Baron-Cohen d'interprétation des regards (voir chapitre 6).

Mais dès qu'il s'agit de systématisation, les hommes prennent l'avantage. Comme le note Baron-Cohen, les hommes réussissent, en moyenne, mieux que les femmes aux tests impliquant un don pour la mécanique ; la compréhension de systèmes compliqués ; la détection de formes cachées dans un dessin complexe ; et la recherche visuelle en général. À ces mêmes tests, les autistes surpassent la plupart des hommes, de même qu'ils sont surpassés par tous les autres groupes aux tests d'empathie.

Parler de cerveau « masculin » ou « féminin » nous entraîne en terrain dangereux, socialement et politiquement. Au moment où j'écris, le président de l'université Harvard a fait scandale en laissant entendre que les femmes seraient par nature inaptes à réussir dans les sciences dures. Mais Baron-Cohen serait furieux si l'on se servait de sa théorie pour décourager les femmes de devenir ingénieurs – ou les hommes psychothérapeutes[9]. Dans leur grande majorité, affirme-t-il, les cerveaux des hommes et des femmes possèdent les mêmes capacités d'empathie et de systématisation. Il y a même des femmes particulièrement brillantes dans le domaine de la systématisation et des hommes merveilleusement empathiques.

Temple Grandin a peut-être ce que Baron-Cohen appelle un cerveau masculin. D'une part, elle a publié plus de trois cents articles savants sur les animaux ; d'autre part, devenue experte du comportement animal, elle a mis au point toutes les structures utilisées dans la moitié des établissements de la filière viande aux États-Unis. Ces systèmes, fondés sur son exceptionnelle empathie avec les animaux, assurent aux milliers de vaches qui y sont soumises chaque jour un traitement plus humain. Son expertise a permis à Grandin d'opérer une profonde réforme dans la qualité de vie des animaux de boucherie du monde entier.

L'idéal, selon Baron-Cohen, est d'avoir un cerveau « équilibré », aussi capable d'empathie que de systématisation. Les deux types extrêmes ont toutefois leurs points forts. Si l'hypermasculin peut parfois présenter des symptômes d'autisme plus ou moins sévère, il peut aussi exceller dans beaucoup de domaines, comme le prouve le cas du professeur Borcherds. Mais les autistes perçoivent le monde social comme tellement étranger qu'ils doivent apprendre par cœur les rudiments les plus simples des interactions entre humains.

Construire une représentation d'autrui

« Oh ! que vous êtes vieille ! s'exclame la jeune fille en parlant d'une vendeuse du magasin où elle vient d'entrer.

— Elle n'a peut-être pas envie de t'entendre dire ça, murmure sa mère, Layne Habib, à son oreille.

— Mais pourquoi ? interroge l'adolescente qui ajoute doctement : Au Japon, on honore les gens âgés. »

Cet échange est un exemple du dialogue qu'Habib entretient en permanence avec sa fille pour l'initier aux règles sociales implicites qui facilitent les interactions[10]. Comme Richard Borcherds, la jeune fille souffre en effet du syndrome d'Asperger et ne saisit pas facilement ces subtilités.

Mais sa franchise brutale ne va pas sans une lucidité assez plaisante. Lorsque sa mère lui dit qu'elle devait attendre une pause dans la conversation avant d'y mettre fin – au lieu d'annoncer tout à trac : « J'ai envie de partir » et de tourner les talons – la jeune fille prit le temps de réfléchir.

Puis elle dit : « Ah, je vois ! Il faut faire semblant d'écouter. Personne ne peut s'intéresser à tout ce que dit quelqu'un. Il faut simplement attendre la pause pour pouvoir s'en aller. »

Une honnêteté aussi désarmante met souvent cette jeune personne en situation délicate. « Je dois lui enseigner les stratégies sociales indispensables, me dit Habib. Elle doit connaître les petits mensonges qui évitent de blesser les gens. »

Habib, qui a fait de cet enseignement son métier, dit que le fait de posséder ces rudiments aide ses élèves à « se sociabiliser au lieu de rester isolés dans leur coin ». Si les membres de la triade sombre étudient parfois les codes sociaux pour mieux manipuler leurs victimes, les autistes les étudient uniquement pour mieux vivre.

Dans les groupes de Layne Habib, les jeunes autistes apprennent à reconnaître le bon moment pour intervenir dans une conversation. Au lieu d'attaquer directement en parlant de ce qui les intéresse, ils s'entraînent à écouter pour comprendre de quoi il est question avant de donner leur opinion.

Mais cette difficulté à naviguer dans l'univers interpersonnel signale un handicap encore plus grave chez les autistes. Considérez cette anecdote :

Marie redoutait de se rendre chez les parents de son mari parce qu'elle les trouvait ennuyeux. Pendant leurs visites, tout le monde gardait un silence gêné, et ce jour-là ne fut pas différent des autres.

En rentrant chez eux, le mari demanda à sa femme ce qu'elle pensait de cette visite. Marie répondit : « Oh, c'était merveilleux ! Je n'ai même pas réussi à placer un mot[11]. »

Pourquoi réagit-elle ainsi ?

La réponse est évidemment que Marie use de sarcasme pour exprimer le contraire de ce qu'elle dit. Mais cette déduction apparemment facile à faire, les personnes atteintes d'autisme et d'Asperger en sont incapables. Pour « piger » une remarque sarcastique, il faut effectuer un calcul social subtil fondé sur la sensation que les mots prononcés n'expriment pas ce que veut dire la personne. Mais pour les autistes, dénués de toute perspicacité, cette lecture du sentiment réel d'autrui est impossible à faire[12].

Des scanners du cerveau d'autistes, effectués pendant qu'ils regardaient un visage, ont révélé l'inactivité d'une zone connue sous le nom d'« aire fusiforme des visages ». Cette aire enregistre non seulement les visages mais ce qui nous est le plus familier ou ce qui nous fascine. Chez l'amateur d'oiseaux, elle sera activée par l'envol d'un geai ; chez le fan de voitures, par le passage d'une BMW.

Mais chez les autistes, adultes ou enfants, cette aire reste indifférente aux visages et n'est activée que par la vue d'une chose qui les fascine, les chiffres dans un annuaire téléphonique, par exemple. L'étude des autistes a permis de dégager une loi : moins il y a d'activité dans l'aire cérébrale de reconnaissance des visages, plus la personne a des difficultés relationnelles.

Sur les quelque deux cents muscles du visage, ceux qui entourent les yeux sont particulièrement aptes à exprimer des sentiments. Les gens ordinaires centrent donc leur regard sur les yeux quand ils sont face à quelqu'un. Les autistes, eux, évitent de regarder les yeux et se privent ainsi d'informations essentielles. L'évitement du contact visuel est l'un des premiers signes indiquant qu'un bébé va devenir autiste en grandissant.

Indifférents aux interactions humaines, les autistes regardent peu les autres et n'apprennent donc pas à lire leurs émotions et leurs pensées. Les enfants aveugles, à l'inverse, compensent leur incapacité à voir les visages par une sensibilité accrue aux inflexions des voix – rendue possible par le fait que leur cortex auditif se substitue au cortex visuel inutilisé (ce qui fait de magnifiques musiciens comme Ray Charles)[13]. Il en résulte une lecture des sentiments exprimés par la voix qui permet au jeune aveugle de se socialiser normalement, alors que l'autiste restera sourd aux émotions.

Il semble que si les autistes évitent le contact oculaire, c'est qu'il est pour eux facteur d'anxiété – quand ils regardent des yeux, leur amygdale réagit violemment, indiquant une peur intense[14]. L'enfant autiste préfère donc regarder la bouche des autres, qui donne bien moins d'indications sur leur état intérieur ; il ne bénéficie donc pas de ce que lui apporterait la synchronie d'un face-à-face et n'apprend pas à lire dans l'esprit d'autrui.

Ce déficit dans la lecture des émotions, s'est dit Baron-Cohen, pourrait permettre de découvrir les circuits sous-jacents qui fonctionnent bien chez les gens ordinaires mais mal chez les autistes. Son équipe de chercheurs a donc comparé les réactions de personnes ordinaires et d'autistes, allongés dans l'appareil de lecture IRMf, à qui l'on projetait des photos de regards comme ceux qui sont reproduits au chapitre 6. Les sujets appuyaient sur un bouton pour indiquer leur choix, sur deux proposés, concernant le sentiment exprimé par ces yeux – « bienveillant » ou « malveillant », par exemple.

Les autistes, comme prévu, se trompaient très souvent. Mais cette expérience a révélé quelles parties du cerveau étaient concernées par ce petit exercice de perspicacité. En dehors du cortex orbito-frontal, il y avait le cortex temporal supérieur et l'amygdale – aires qui, avec quelques autres, sont mises en évidence dans de nombreuses études similaires.

Paradoxalement, l'observation de cerveaux manquant de perspicacité permet de cartographier le cerveau social. Comparer les différences d'activité entre le cerveau normal et le cerveau autistique, affirme Baron-Cohen, révèle quels circuits sous-tendent une bonne partie de l'intelligence relationnelle[15].

Comme nous allons le voir, ces capacités neurales comptent énormément, non seulement pour la richesse de notre vie interpersonnelle, mais pour le bien-être de nos enfants, pour notre capacité d'amour et même pour notre santé.

TROISIÈME PARTIE

Cultiver sa nature

10

Les gènes ne font pas le destin

Prenez un bébé de quatre mois, asseyez-le et montrez-lui un jouet qu'il n'a jamais vu. Vingt secondes plus tard, montrez-lui-en un autre, vingt secondes plus tard, un autre, et encore un autre.

Certains bébés adorent cette succession de nouveautés. D'autres la détestent et pleurent si fort qu'ils en tremblent.

Ces enfants-là ont un point commun que Jerome Kagan, psychologue à Harvard, étudie depuis plusieurs dizaines d'années. Dès leur plus jeune âge, ils se méfient des personnes et des lieux qu'ils ne connaissent pas. Ils sont, selon le terme employé par Kagan, « inhibés ». À l'école, leur inhibition se manifeste par de la timidité. Cette timidité serait due, selon l'hypothèse de Kagan, à une particularité innée de leurs neurotransmetteurs, qui rend leur amygdale plus excitable. Ces enfants seraient donc surexcités par tout élément nouveau et surprenant.

Kagan est l'un des psychologues du comportement les plus éminents depuis Jean Piaget – qui étudia en son temps l'évolution des capacités cognitives de ses propres enfants. Kagan jouit d'une excellente réputation en tant que chercheur et penseur, et il écrit avec un rare talent d'humaniste. Ses livres, notamment *Galen's Prophecy,* témoignent d'une aisance égale dans les domaines de la philosophie et de la science.

Lorsque, à la fin des années 1970, Kagan affirma pour la première fois qu'un trait de comportement comme l'inhibition avait des causes biologiques probablement génétiques, bien des parents poussèrent un soupir de soulagement.

À l'époque la tendance générale était en effet d'attribuer pratiquement tous les problèmes d'un enfant à son éducation. Une fillette timide avait été effrayée par des parents dominateurs ; un garçon brutal avait été humilié par ses parents et dissimulait sa honte derrière une conduite violente. Même la schizophrénie était attribuée à la répétition de « doubles messages » qui empêchaient l'enfant de plaire à ses parents.

Kagan était professeur au département de psychologie de Harvard pendant que j'y étais doctorant. L'hypothèse selon laquelle des tendances biologiques et non psychologiques entraient dans la formation du tempérament fut une révélation – et suscita pas mal de controverses dans certains cercles de Cambridge. J'entendais murmurer, dans les ascenseurs du département de psychologie, que Kagan s'était rallié aux thèses des biologistes – qui, à la même époque, grignotaient l'emprise des psychothérapeutes sur le traitement de certaines maladies, la dépression notamment, en osant prétendre qu'elles pouvaient avoir aussi des causes biologiques[1].

Aujourd'hui, les années ont passé, et ce débat paraît dépassé. Les progrès de la génétique allongent chaque jour la liste des traits de caractère et habitudes de comportement qui dépendent d'une séquence d'ADN ou d'une autre. La neuroscience, pour sa part, identifie de mieux en mieux les circuits neuraux perturbés dans telle ou telle maladie mentale et les neurotransmetteurs impliqués dans les dérèglements extrêmes du caractère chez les enfants, depuis l'hypersensibilité jusqu'à la psychopathie naissante.

Et pourtant, comme Kagan le souligne toujours avec plaisir, les choses ne sont pas aussi simples.

L'affaire des rongeurs alcooliques

Pendant ma troisième année d'école primaire, mon meilleur copain s'appelait John Crabbe. C'était un gamin maigrichon, très doué, qui portait des lunettes à monture d'écaille, comme celles de Harry Potter. J'allais souvent chez lui, d'un coup de vélo, passer de longues heures à jouer au Monopoly. L'année suivante, sa famille a déménagé, et je ne l'ai plus revu.

Mais je me suis empressé de lui téléphoner quand j'ai découvert, cinquante ans plus tard, que ce même John Crabbe était généticien du comportement à l'université médicale de l'Oregon et au centre médical des vétérans à Portland, et qu'il s'était notamment fait connaître par ses travaux sur les rongeurs alcooliques. Depuis plusieurs années il poursuit des recherches sur des souris de la souche C57BL/6J, qui ont un goût prononcé pour l'alcool. On les étudie dans l'espoir de découvrir les causes de l'alcoolisme chez l'homme et, si possible, de les guérir.

Cette souche de souris est l'une des centaines qu'utilise la médecine pour ses recherches sur la prédisposition au diabète et aux maladies cardiaques, en particulier. Toutes les souris d'une même souche consanguine ont en effet le même bagage génétique, comme les vrais jumeaux. L'un des avantages de ces souches pour les chercheurs est leur stabilité ; si différents laboratoires du monde testent chacun une souris d'une souche donnée, elles devraient toutes réagir de la même manière. Mais c'est cette stabilité même que Crabbe a mise en doute, grâce à une expérience désormais célèbre[2].

« Nous nous sommes simplement demandé jusqu'à quel point la stabilité pouvait être stable, me dit Crabbe au téléphone. Pour cela, nous avons fait des tests identiques dans trois labos différents, en nous efforçant de rendre les conditions identiques pour les souris – même marque de nourriture, Purina, même âge, mêmes conditions de transport. Les tests ont été réalisés à la même heure, le même jour, avec des appareils identiques. »

Le 20 avril 1998, donc, entre 8 h 30 et 9 heures, heure locale, toutes les souris de huit souches consanguines différentes, dont C57BL/6J, ont été testées. Première épreuve, choisir entre boire de l'eau pure et un mélange d'eau et d'alcool. Fidèles à elles-mêmes, les souris alcooliques ont été bien plus nombreuses que les autres souches à choisir le mélange.

La seconde épreuve était un test standard de l'anxiété. On place une souris au croisement de deux passerelles surélevées d'un mètre au-dessus du sol. Deux des passerelles ont des parois tandis que les deux autres n'en ont pas, ce qui peut être effrayant. Les souris anxieuses se tassent contre les parois, et les plus aventureuses s'engagent sur les passerelles ouvertes.

À la grande surprise de ceux qui croient que seuls les gènes déterminent les comportements, à l'intérieur d'une même souche, il y eut des réactions différentes d'un labo à l'autre. Par exemple, la souche BALB/cByJ se montrait très anxieuse à Portland et plutôt aventureuse à Albany.

« Si les gènes étaient tout, souligne Crabbe, il n'y aurait aucune différence. » Alors, d'où provenaient ces différences ? Certaines variables étaient incontrôlables d'un labo à l'autre : le taux d'humidité et la qualité de l'eau bue par les souris, mais surtout les personnes qui les manipulaient. Il y avait par exemple un assistant chercheur qui, allergique aux rongeurs, portait un respirateur.

« Certaines personnes manipulent les souris avec adresse et confiance, alors que d'autres sont maladroites ou trop brusques, me dit Crabbe. Je crois bien que les souris savent "lire" l'état émotionnel des gens qui les manipulent, et que cet état influence leur comportement. »

Son étude, publiée dans la prestigieuse revue *Science*, souleva des débats passionnés dans le milieu des neurosciences. Car il n'était pas évident d'admettre que des variables mineures dans la manière dont les souris étaient manipulées dans tel ou tel labo créaient des disparités dans leurs comportements – ce qui impliquait des différences dans le mode d'action de gènes identiques[3].

Cette expérience et d'autres résultats similaires, obtenus dans d'autres labos, permettent de penser que les gènes sont plus dynamiques qu'on ne le suppose généralement – et que ne l'a cru la communauté scientifique pendant plus d'un siècle. Ce qui compte, ce n'est pas uniquement le bagage génétique, mais l'*expression* des gènes.

Pour comprendre le fonctionnement des gènes, il faut faire la différence entre le fait de posséder un certain gène et le degré auquel ce gène exprime sa signature protéinique. Lors de l'expression d'un gène, une portion d'ADN produit de l'acide ribonucléique (ARN) qui, à son tour, crée une protéine qui va modifier quelque chose dans notre organisme. Sur les trente mille gènes environ que compte le corps humain, certains ne sont exprimés que pendant le développement embryonnaire et restent muets le reste du temps. D'autres ne cessent de passer de l'expression au mutisme. Certains ne s'expriment que dans le foie, d'autres dans le cerveau.

La découverte de Crabbes marque une étape dans l'« épigénétique », l'étude de la manière dont notre vécu modifie le fonctionnement de nos gènes – sans altérer d'un iota notre séquence d'ADN. C'est uniquement quand un gène commande la synthèse de l'ARN qu'il intervient dans notre organisme. L'épigénétique montre comment notre environnement, traduit dans l'entourage chimique immédiat d'une cellule donnée, programme nos gènes d'une manière qui détermine précisément leur degré d'activité.

La recherche en épigénétique a identifié un grand nombre des mécanismes biologiques qui contrôlent l'expression des gènes. L'un d'eux, qui implique la molécule de méthyle, active et désactive les gènes, accélère ou ralentit leur activité[4]. La méthylation aide aussi à déterminer où aboutissent les cent milliards de neurones du cerveau et avec quels autres neurones ils effectuent leurs dix mille connexions. La molécule de méthyle sculpte le corps, y compris le cerveau.

De telles découvertes mettent fin au débat séculaire concernant l'influence relative de la nature et de la culture. La question de savoir si ce sont nos gènes ou nos expériences qui déterminent notre personnalité ne se pose plus. Elle était fondée sur une idée erronée, celle de l'opposition entre gènes et environnement, et revenait à se demander si c'est la longueur ou la largeur d'un rectangle qui contribue le plus à sa surface[5].

La valeur biologique d'un gène donné ne tient pas uniquement à sa présence dans le génome. La nourriture que nous ingérons, par exemple, contient des centaines de substances qui régulent une foule de gènes, les activant et désactivant aussi rapidement que clignotent des guirlandes de Noël. Mal manger pendant plusieurs années peut activer une combinaison de gènes qui va provoquer l'obstruction des artères et des maladies cardiaques. À l'inverse, un morceau de brocoli fournit une dose de vitamine B6 qui incite un certain gène à produire un acide aminé qui aide à synthétiser la dopamine, neurotransmetteur qui, entre autres fonctions, stabilise l'humeur.

Les gènes sont dans l'impossibilité biologique d'opérer indépendamment de leur environnement car ils sont *structurés* de façon à être régulés par des signaux extérieurs, hormones du système endocrinien et neurotransmetteurs dans le cerveau – parmi lesquels certains sont profondément influencés par nos interactions sociales[6]. De même que notre régime alimentaire régule certains gènes, nos expériences sociales déterminent d'autres activités dans le génome.

À eux seuls donc, les gènes ne suffisent pas à créer un système nerveux fonctionnant au mieux[7]. Pour qu'un enfant ait un tempérament équilibré ou empathique, il faut non seulement lui donner les bons gènes mais aussi lui fournir l'éducation et les expériences sociales nécessaires. Comme nous le verrons, ces deux conditions doivent être remplies pour que les bons gènes se comportent au mieux de leur capacité. De ce point de vue, le rôle des parents est essentiel dans ce qu'on peut appeler l'« épigénétique sociale ».

« L'épigénétique sociale fait partie des prochains objectifs de la génomique, dit Crabbe. La difficulté technique va consister dans l'évaluation de l'impact de l'environnement sur les variations dans l'expression des gènes. C'est un nouveau coup porté à la vision naïve du déterminisme génétique selon laquelle l'expérience ne compte pas, les gènes font tout. »

Les gènes ont besoin d'expression

James Watson, qui remporta le prix Nobel pour la découverte, avec Francis Crick, de la structure en double hélice de l'ADN, admet qu'il est assez « soupe au lait ». Il explose facilement mais se calme très vite. Cette faculté de récupération, dit-il, est l'aspect le plus positif de la manière dont fonctionnent les gènes associés à l'agressivité.

Un certain gène contribue en effet à *inhiber* la colère et peut opérer de deux manières différentes. D'une part, et c'est la manière douce, il exprime de très petites quantités de l'enzyme qui contrôle l'agressivité, et la personne s'emporte facilement, reste plus longtemps en colère et sera plus portée à la violence que d'autres. Ce fonctionnement extrême entraîne souvent les gens en prison.

D'autre part, le gène exprime de grandes quantités de son enzyme, et la personne, comme Watson, s'emporte et se calme rapidement. Avec le second schéma d'expression du gène, la vie est plus agréable puisque les moments d'irritation ne durent pas. Et on peut même remporter le prix Nobel !

Si un gène n'exprime jamais les protéines capables d'infléchir le fonctionnement du corps, c'est comme s'il n'existait pas. S'il s'exprime peu, il exerce sur le corps une influence légère mais, s'il s'exprime vigoureusement, son influence sera très importante.

Le cerveau humain est structuré de manière à se modifier en réponse à l'expérience accumulée. Aussi malléable qu'une motte de beurre, enfermé dans sa cage osseuse, il est aussi fragile que complexe. Et sa fragilité vient en partie de son exquise sensibilité à son environnement.

On a longtemps supposé que les seuls événements capables de contrôler les gènes étaient de nature biochimique – liés à la qualité de la nourriture ou à l'ingestion de toxiques industriels. Aujourd'hui, la recherche épigénétique s'intéresse à la façon dont les parents traitent leurs enfants et découvre comment l'éducation façonne le cerveau.

Le cerveau de l'enfant est programmé pour se développer, mais il lui faut deux décennies pour parachever sa tâche ; c'est le dernier organe du corps humain à acquérir sa maturité. Au cours de ces vingt années, tous les personnages importants dans la vie d'un individu – parents, frères et sœurs, grands-parents, professeurs, amis – peuvent contribuer activement à la structuration de son cerveau, en créant un mélange social et émotionnel qui dynamise le développement neural. De même qu'une plante s'adapte à la richesse ou à la pauvreté du sol, le cerveau enfantin se forme en fonction de son environnement social, du climat émotionnel créé par la famille, en particulier.

Certains systèmes cérébraux sont plus réactifs à ces influences sociales que d'autres. Et chaque réseau neuronal a sa propre période de sensibilité maximale aux forces qui peuvent le façonner. Il semble que les impacts les plus profonds se produisent pendant les deux premières années de la vie, moment où le cerveau subit sa plus forte poussée de croissance – passant de son poids de naissance, 400 grammes, à 1 000 grammes, en vingt-quatre mois (avant d'atteindre 1 400 grammes en moyenne à l'âge adulte).

À partir de ce stade, les expériences critiques vécues par chacun règlent des rhéostats biologiques qui fixent le degré d'activité des gènes chargés de réguler les fonctions cérébrales et les autres systèmes biologiques. L'épigénétique sociale élargit le spectre des facteurs de régulation des gènes pour y inclure les relations interpersonnelles.

L'adoption peut être considérée comme une expérience naturelle unique permettant d'évaluer l'impact des parents adoptifs sur les gènes d'un enfant. Une étude de l'agressivité chez des enfants adoptés a comparé l'atmosphère familiale des parents biologiques et celle des parents adoptifs. Les enfants nés de parents ayant des antécédents violents mais adoptés par des familles paisibles n'étaient que 13 % à présenter des traits de caractère antisociaux en grandissant. Mais, avec les mêmes antécédents, les enfants adoptés par de « mauvais » parents – laissant libre cours à la violence familiale – devenaient eux-mêmes violents dans 45 % des cas[8].

La vie de famille altère l'activité des gènes non seulement pour l'agressivité mais pour quantité d'autres traits de caractère. Il semble que l'influence prépondérante soit la quantité d'amour – ou la négligence affective – prodiguée à l'enfant. Michael Meany, spécialiste des neurosciences à l'université McGill de Montréal, se passionne pour les implications de l'épigénétique dans les connexions humaines. Et il fait preuve d'une certaine audace scientifique en étendant au domaine humain les conclusions de ses travaux sur les souris de laboratoire.

Meaney a découvert comment, chez les souris, les parents modifient radicalement le fonctionnement chimique des gènes de leurs petits[9]. Ses recherches ont permis d'identifier une fenêtre spécifique du développement – les douze premières heures suivant la naissance des souriceaux – pendant laquelle se produit un processus crucial de méthylation. L'activité de léchage et de toilettage par la mère pendant cette période détermine effectivement la manière dont vont s'élaborer les échanges chimiques répondant au stress dans le cerveau des petits pendant toute leur vie.

Plus la souris est maternelle, plus le petit sera malin, confiant et audacieux ; moins elle l'est, plus il sera lent à apprendre et handicapé par la peur. De même, les jeunes femelles les plus maternées deviendront à leur tour des mères très maternantes.

Les souriceaux choyés par leur mère acquièrent en grandissant des connexions cérébrales plus denses, notamment dans l'hippocampe, siège de la mémoire et de l'apprentissage. Ils se montrent particulièrement performants dans un domaine essentiel chez les rongeurs : trouver son chemin dans un environnement inconnu. En outre, ils sont moins perturbés par les tensions de la vie et récupèrent plus facilement après une réaction de stress.

Les petits de mères moins maternantes, moins attentives, à l'inverse, ont des connexions neuronales moins denses et ont plus de mal à trouver leur chemin dans un labyrinthe – l'équivalent pour les rongeurs du test de QI.

Mais les plus grands retards de croissance se produisent lorsque, encore très jeunes, les souriceaux sont complètement séparés de leur mère. Ce traumatisme désactive les gènes protecteurs, entraînant une réaction en chaîne qui inonde leur cerveau de molécules toxiques déclenchées par le stress. Devenues adultes, ces souris s'effraient et sursautent facilement.

L'équivalent humain du léchage et du toilettage serait l'empathie, la sympathie et le contact physique. Si, comme le croit Meany, les résultats de ses travaux peuvent être appliqués aux humains, la façon dont nos parents nous ont traités a laissé son empreinte génétique sur l'ADN qu'ils nous ont transmis. Et la manière dont nous traitons nos enfants va également fixer les degrés d'activité de leurs gènes. Cette découverte permet de penser que des gestes d'affection peuvent avoir des conséquences profondes et durables et que les relations interpersonnelles exercent une influence sur la restructuration permanente du cerveau.

L'énigme nature-culture

Il est facile de parler d'épigénétique quand on travaille sur des souris génétiquement hybrides dans des laboratoires soigneusement contrôlés. Mais essayez donc d'en faire autant dans le chaos du monde humain.

C'est le défi que s'est proposé une équipe dirigée par David Reiss de l'université George Washington. Reiss, célèbre pour ses recherches sur les dynamiques familiales, s'est entouré de Mavis Heatherington, spécialiste des familles adoptives, et Robert Plomin, généticien du comportement.

L'étalon-or de la recherche sur l'inné et l'acquis a toujours été la comparaison entre enfants adoptés et enfants élevés par leurs parents biologiques. Cette comparaison permet aux chercheurs d'évaluer l'influence relative du milieu familial et de l'héritage biologique sur un trait de caractère, l'agressivité par exemple.

Dans les années 1980, Plomin avait surpris la communauté scientifique par les résultats de ses travaux sur les vrais jumeaux, qui montraient dans quelle proportion un trait de caractère ou un savoir-faire relevaient de la génétique et de l'éducation. Les capacités scolaires, affirmait-il, sont à 60 % dues aux gènes alors que la conscience de sa propre valeur ne l'est qu'à 30 % et le sens moral à 25 %[10]. Mais les études de Plomin et celles d'autres chercheurs utilisant la même méthode furent soumises au feu de la critique parce qu'elles portaient sur un éventail limité de familles, essentiellement celles où les jumeaux étaient élevés par leurs parents biologiques.

Le groupe de Reiss résolut donc d'introduire un grand nombre de variantes dans les familles choisies, notamment les familles adoptives, de manière à rendre l'équation beaucoup plus spécifique. Leur protocole était si rigoureux qu'il leur fallait sept cent vingt paires d'adolescents représentant tout le spectre de la proximité génétique, depuis les vrais jumeaux jusqu'à différents types de fratries mélangées[11].

Les trois chercheurs passèrent donc le pays au peigne fin pour recruter ces familles comptant seulement deux adolescents. Trouver des familles avec de vrais et de faux jumeaux ne présentait pas de difficulté. Mais des familles où les deux parents avaient divorcé d'un précédent mariage et apporté un seul adolescent à la famille recomposée, c'était déjà plus difficile. Et pour compliquer le tout, les parents devaient être mariés depuis au moins cinq ans.

Après une quête éprouvante, les familles idoines ayant été recrutées, les chercheurs passèrent plusieurs années à analyser les masses de données qu'ils avaient recueillies. Et les déceptions commencèrent. Certaines étaient dues à une découverte inattendue : chaque enfant a de sa famille une *expérience* fortement idiosyncrasique[12]. Les études portant sur des jumeaux partaient toujours du principe selon lequel au sein d'une même famille l'expérience de chacun des enfants est identique. Mais le groupe de recherche de Reiss – comme l'avait fait Crabbe avec ses souris de laboratoire – a fait voler ce principe en éclats.

Considérons le cas d'un aîné et de son cadet. Depuis sa naissance, l'aîné n'a pas eu de rival dans l'amour et l'attention de ses parents, jusqu'au jour où le second vient au monde. À l'inverse, celui-ci doit très vite développer des stratagèmes pour s'assurer sa part d'attention et d'affection parentales. Chaque enfant rivalise avec l'autre pour être le seul, c'est pourquoi chacun est traité différemment et vit différemment le milieu familial. Fin de la croyance en un environnement familial unique.

En outre, le vécu individuel de chaque enfant d'une même famille s'est avéré déterminant pour la formation de son caractère, bien plus que n'importe quelle influence génétique. Et la façon dont un enfant définit sa niche personnelle dans la famille peut varier à l'infini, ce qui ne simplifie pas les choses.

Autre difficulté, les parents ont certes un impact sur le tempérament des enfants, mais ils ne sont pas les seuls. Toutes sortes de gens y contribuent, frères, sœurs et copains, notamment.

Et pour compliquer encore l'équation, un facteur indépendant et puissant d'élaboration du destin de l'enfant a été révélé : la façon dont chacun *se pense*. L'opinion qu'une adolescente a d'elle-même dépend évidemment beaucoup de la manière dont elle a été traitée dans l'enfance et pratiquement pas de ses gènes. Mais, une fois formée, sa conscience d'elle-même modèle son comportement en dehors de la tutelle parentale, de la pression de ses pairs ou de toute donnée génétique[13].

Dernier facteur de complexité, les données génétiques d'un enfant influent sur la manière dont il est traité par son entourage. Si les parents câlinent spontanément les bébés affectueux et tendres, ils sont moins portés à le faire quand l'enfant est irritable ou indifférent. Dans le pire des cas, lorsque l'enfant est d'un naturel grincheux, agressif et difficile, les parents ont tendance à répondre sur le même mode, le soumettant à une discipline sévère, des critiques et des accès de colère. Ce type d'éducation accentue les tendances naturelles de l'enfant qui, en retour, encouragent la négativité des parents, entraînant la famille dans une spirale redoutable[14].

La tendresse des parents, la manière dont ils fixent les limites et des myriades d'autres facteurs familiaux contribuent à déterminer l'expression des gènes de l'enfant, ont conclu les chercheurs. Mais il faut également prendre en compte la présence d'un frère ou d'une sœur tyrannique, ou l'influence destructrice d'un copain.

L'ancienne distinction apparemment claire entre l'influence de la génétique et celle de la société sur la formation du caractère est donc devenue très floue. Et le groupe de Reiss, après avoir dépensé des fortunes et fourni un travail considérable, a dégagé des innombrables données analysées moins d'influences spécifiques qu'il n'a soulevé de mystères restant à éclaircir.

Cette science est encore trop jeune pour pouvoir dégager et suivre chacun des fils épigénétiques de l'écheveau complexe que constitue la vie de famille. Il ressort néanmoins de ses premiers travaux quelques données fiables, notamment le fait que l'expérience vécue a le pouvoir d'altérer les aspects génétiques du comportement.

La formation des circuits neuraux

L'hypnothérapeute Milton Erickson, aujourd'hui disparu, parlait souvent de son enfance dans une petite ville du Nevada au début du XXᵉ siècle. Les hivers étaient rudes, et l'un de ses plus grands plaisirs était de découvrir, en se réveillant, qu'il avait neigé pendant la nuit.

Le jeune Milton se dépêchait alors de se préparer afin d'être le premier à tracer une piste dans la neige fraîche jusqu'à l'école, piste qu'il faisait serpenter selon sa fantaisie.

Quels que soient les tours et les détours qu'avaient dessinés ses bottes, ils étaient suivis par un enfant, puis un autre et un autre encore. À la fin de la journée, ce chemin de moindre résistance était devenu le trajet « officiel », celui que tout le monde empruntait.

Erickson avait fait de cette histoire une métaphore de la manière dont se forgent les habitudes, mais elle peut également servir à illustrer le mode de formation des voies neurales dans le cerveau. Les premières connexions effectuées dans un circuit neural se renforcent chaque fois que la même séquence se répète, et ces voies finissent par être si solides qu'elles deviennent l'itinéraire automatique – et qu'un nouveau circuit est mis en place.

Le cerveau humain contient une telle quantité de circuits dans un espace tellement restreint qu'il s'exerce une pression continuelle pour éliminer les connexions devenues inutiles et laisser la place à d'autres, plus nécessaires. L'adage « use it or lose it » (« l'utile doit remplacer le superflu ») s'applique à ce darwinisme féroce, cette compétition pour la survie entre circuits neuraux. Il se produit donc un « élagage » des neurones comparable à celui des arbres.

Au départ, le cerveau génère beaucoup plus de matière qu'il ne lui en faut pour prendre sa forme définitive. Au cours de l'enfance et de l'adolescence, il va perdre la moitié de ses neurones, conservant ceux qui servent et éliminant les autres à mesure qu'il est modelé par l'expérience vécue – y compris les échanges interpersonnels.

Nos relations ne déterminent pas seulement quels circuits vont perdurer, elles contribuent aussi à façonner notre cerveau en influant sur les connexions faites par les nouveaux neurones. Là encore, les vieilles hypothèses des neurosciences s'écroulent. Aujourd'hui, certains professeurs apprennent encore aux étudiants en médecine qu'après la naissance, le cerveau ne peut plus fabriquer de nouvelles cellules. Or cette théorie a été parfaitement démentie[15]. Nous savons maintenant que le cerveau et la moelle épinière contiennent des cellules souches qui se transforment en neurones au rythme de mille par jour. Cette création connaît un pic pendant l'enfance mais se poursuit tout au long de la vie adulte.

Une fois formé, un nouveau neurone migre jusqu'à sa position dans le cerveau et, en un mois, se développe jusqu'à former environ mille connexions avec d'autres neurones répartis dans le cerveau. Pendant les quatre mois suivants, il raffine ses connexions ; une fois ces chemins tracés, ils se fixent : dès que le courant passe entre neurones, le câblage est établi.

Au cours de ces cinq ou six mois, l'expérience personnelle dicte au neurone avec quels autres neurones il va se connecter[16]. Plus une expérience se répète, plus l'habitude s'installe et plus la connectivité qui en résulte sera dense. Meany a montré que chez les souris, l'apprentissage répétitif accélère la formation de nouveaux circuits, donc le façonnage permanent du cerveau à mesure que de nouveaux neurones créent des circuits.

Parfait pour les souris, mais qu'en est-il de l'espèce humaine ? Il semble que les mêmes dynamiques s'appliquent à elle, avec des implications profondes pour le façonnage du cerveau social.

Il y a pour chaque système cérébral une période où l'influence de l'expérience sur la formation des circuits neuraux est optimale. Les systèmes sensoriels, par exemple, sont en grande partie formés pendant la petite enfance, juste avant les circuits du langage[17]. Certains systèmes, comme l'hippocampe – siège de l'apprentissage et de la mémoire –, sont modelés par l'expérience pendant toute la durée de la vie. Des expériences ont montré que chez les singes, certaines cellules de l'hippocampe, qui se mettent en position dans la petite enfance seulement, peuvent ne pas migrer vers leur place attitrée si le petit est soumis à un stress extrême pendant la période critique[18]. À l'inverse, des soins maternels tendres peuvent accélérer cette migration.

Chez les humains, c'est le cortex préfrontal qui a la plus large fenêtre de formation, puisqu'il continue à évoluer, anatomiquement, jusqu'au début de l'âge adulte. L'entourage d'un enfant a donc une dizaine d'années pour laisser son empreinte sur les circuits neuraux du jeune cerveau.

Plus une interaction particulière se produit fréquemment pendant l'enfance, plus son empreinte sera profonde, comme les traces de Milton Erickson dans la neige – et plus elle sera prégnante dans la vie de l'adulte[19].

Prenons par exemple les cellules fuseaux – qui opèrent des connexions extrêmement rapides dans le cerveau social. Des chercheurs ont montré que ces neurones migrent vers leur emplacement – essentiellement dans le cortex orbito-frontal et le cortex cingulaire antérieur – vers l'âge de quatre mois, avant de former des connexions. Selon ces mêmes chercheurs, l'emplacement et la richesse des connexions faites par ces cellules dépendraient d'influences telles que le stress familial ou au contraire une atmosphère aimante et harmonieuse[20].

Les cellules fusiformes, rappelez-vous, relient la route haute et la route basse et nous aident à adapter nos réponses en fonction de nos émotions. Cette connectivité neurale est à la base d'un ensemble crucial de capacités de l'intelligence relationnelle. Comme l'explique Richard Davidson (spécialiste des neurosciences que nous avons rencontré au chapitre 6), « quand notre cerveau a enregistré une information émotionnelle, le cortex préfrontal nous aide à formuler la réponse la plus adaptée. La formation de ces circuits par des gènes, en interaction avec les expériences de notre vie, détermine notre style affectif : la rapidité et la force de notre réponse à un stimulus émotionnel et le temps qui nous est nécessaire pour récupérer ».

À propos de l'apprentissage des aptitudes autorégulatrices tellement vitales pour la qualité de nos interactions sociales, Davidson précise : « La plasticité est beaucoup plus grande au début de la vie que par la suite. Les travaux sur des animaux indiquent que certains effets de l'expérience précoce peuvent être irréversibles, si bien qu'une fois formé par l'environnement pendant l'enfance, un circuit devient tout à fait stable[21]. »

Imaginez une mère en train de jouer à un jeu innocent de cache-cache avec son bébé. La mère cache et découvre alternativement son visage, et le bébé est de plus en plus excité ; quand son excitation atteint un paroxysme, il se détourne subitement du jeu et suce son pouce, le regard perdu dans le vide.

Cette attitude marque un temps de pause nécessaire au bébé pour se calmer. La mère lui laisse le temps nécessaire et attend qu'il soit prêt à reprendre le jeu. Quelques secondes plus tard, il se tourne vers elle, et leurs deux visages s'éclairent d'un large sourire.

Comparons cet épisode de jeu avec un autre : le bébé est arrivé au moment où il a besoin de sucer tranquillement son pouce pour se calmer avant de solliciter à nouveau sa mère. Mais celle-ci ne le laisse pas faire ; elle se penche pour entrer dans son champ de vision et fait claquer sa langue pour réclamer son attention.

Le bébé continue à regarder ailleurs, indifférent à sa mère, qui insiste ; elle rapproche encore sa tête, il se détourne en grimaçant et en la repoussant. Finalement il se détourne un peu plus et continue à sucer fébrilement son pouce.

Est-ce important que l'une des mères respecte le signal envoyé par le bébé et que l'autre n'en tienne pas compte ?

Un simple jeu de cache-cache ne prouve rien, mais des recherches ont montré que le déphasage répété entre adulte responsable et petit enfant peut avoir des effets durables. S'ils se prolongent pendant l'enfance, ces schémas modèlent le cerveau social de telle sorte que le premier enfant sera très content du monde, affectueux et à l'aise avec les gens, alors que l'autre sera triste, renfermé ou colérique et provocateur. Autrefois, on aurait attribué ces différences au « tempérament » de l'enfant, c'est-à-dire à ses gènes. Aujourd'hui, la recherche scientifique étudie la manière dont les gènes de l'enfant sont réglés par les milliers d'interactions routinières vécues pendant l'enfance.

Espoirs de changements

Je me souviens d'avoir entendu Jerome Kagan parler, dans les années 1980, des recherches qu'il poursuivait à Boston et en Chine sur la possibilité de prévoir quels enfants deviendraient peureux et timides d'après leurs réactions de bébés à la nouveauté. Aujourd'hui en semi-retraite, Kagan continue ses investigations en suivant certains des « bébés Kagan » devenus de jeunes adultes[22]. Je lui rends visite de temps en temps dans son bureau du William James Hall, la plus haute tour du campus de Harvard.

La dernière fois que je l'ai vu, il m'a fait part de ses récentes découvertes obtenues par IRMf. L'étude de vingt-deux bébés Kagan autrefois identifiés comme inhibés avait révélé qu'à l'âge de vingt ans, leur amygdale réagissait toujours aussi violemment à tout ce qui sortait de l'ordinaire[23].

L'un des indicateurs neurologiques de cette tendance à la timidité semble être une plus forte activité du colliculus, partie du cortex sensoriel qui est activée lorsque l'amygdale détecte quelque chose d'anormal et de potentiellement dangereux. Les images qui déclenchent cette activation ne sont pas nécessairement effrayantes, elles peuvent être simplement bizarres, comme une tête de bébé sur un corps de girafe, ou « dingues ».

Une faible réactivité de ces circuits fait des enfants extravertis et sociables. Une forte réactivité, à l'inverse, incite l'enfant à se méfier de tout ce qui est inhabituel. Et cette prédisposition chez un jeune enfant tend à être renforcée par l'attitude protectrice des parents qui évitent à leur cher petit toutes les rencontres qui pourraient l'aider à développer un autre type de réaction.

Lors de ses précédentes recherches, Kagan avait découvert que quand les parents encourageaient (ou obligeaient) les enfants à fréquenter les petits camarades qu'ils préféraient éviter, les enfants réussissaient souvent à surmonter leur timidité. Et ses travaux récents montrent qu'un tiers seulement des enfants identifiés très jeunes comme inhibés conservaient leur timidité en entrant dans l'âge adulte.

Ce qui a changé, estime Kagan, ce n'est pas leur hyperactivité neurale – colliculus et amygdale ont toujours des réactions violentes –, mais ce que le cerveau fait de ces impulsions. Avec le temps, les enfants qui réussissent à dépasser leur envie de se renfermer deviennent capables de s'engager et ne montrent plus aucun signe d'inhibition.

Comme le dit Kagan, « 70 % d'entre eux s'en sortent. Le tempérament est certes une contrainte mais il ne détermine pas ce qui peut advenir. Ces enfants ne sont plus effrayés ni hyperactifs ».

L'un d'eux, identifié comme inhibé dès son plus jeune âge, a par exemple appris à sentir venir sa peur et à agir malgré elle. Personne ne devine plus qu'il est timide. Mais il lui a fallu de l'aide et beaucoup d'efforts pour remporter chaque petite victoire, en faisant appel à la route haute pour mater la route basse.

Il raconte notamment comment il a vaincu sa peur des piqûres, peur si vive pendant l'enfance qu'il refusait d'aller se faire soigner les dents – jusqu'à ce qu'il trouve le dentiste qui sut gagner sa confiance. Voir sa sœur plonger dans une piscine lui a donné le courage de surmonter sa peur de l'eau, et d'apprendre à nager. Sujet aux cauchemars, il a dû commencer par en parler à ses parents pour se remettre de ses frayeurs, mais il a peu à peu réussi à se calmer tout seul.

« J'ai pu surmonter mes peurs, écrit ce jeune garçon dans une rédaction, parce que, conscient de ma prédisposition à l'anxiété, j'arrive maintenant à me raisonner[24]. »

Il suffit donc que ces enfants soient un peu aidés pour qu'un changement positif s'opère naturellement en eux. Les encouragements de leurs proches peuvent y contribuer, ainsi que la compréhension des moyens à mettre en œuvre pour gérer leurs réticences. Les « menaces » qui interviennent dans leur vie leur servent aussi à dépasser leurs inhibitions.

« Les parents, dit Kagan, ne comprennent pas que si l'inné exerce une certaine contrainte, il ne détermine pas ce qui *peut* arriver. »

L'éducation parentale ne peut pas changer tous les gènes, ni modifier tous les tics neuraux, et pourtant, ce que vit un enfant jour après jour sculpte ses circuits neuraux. La neuroscience a commencé à repérer avec une précision étonnante comment s'opèrent certaines parties de cette sculpture.

11

Une base sécurisante

Âgé de vingt-trois ans, diplômé d'une université britannique bien connue, il avait un avenir brillant devant lui. Et pourtant, il était déprimé et suicidaire.

Comme il le révéla à son psychothérapeute, son enfance avait été une longue suite de souffrances.

Les fréquentes disputes de ses parents dégénéraient souvent en scènes violentes. Premier-né d'une famille nombreuse, il avait déjà un petit frère et une petite sœur à l'âge de trois ans. Son père s'absentait souvent et longuement pour son travail, et sa mère – complètement débordée par le travail qu'exigeait sa marmaille – s'enfermait parfois dans sa chambre pendant des heures, et même pendant des jours entiers.

Tout petit, il lui arrivait de pleurer très longtemps sans que ses parents réagissent, car ils pensaient que ses pleurs n'étaient qu'un caprice. Il se sentait négligé dans ses besoins et ses sentiments les plus fondamentaux.

Le souvenir le plus cuisant de son enfance était la nuit où, en pleine crise d'appendicite, il était resté tout seul à geindre jusqu'au matin. Il se souvient aussi d'avoir entendu son frère et sa sœur pleurer jusqu'à l'épuisement. L'indifférence de ses parents à leur chagrin le révoltait.

Son premier jour d'école fut aussi le pire de sa vie. Il se sentit rejeté définitivement par sa mère qui l'avait abandonné dans ce lieu inconnu. Désespéré, il avait sangloté toute la journée.

En grandissant, il apprit à dissimuler son besoin d'amour, refusant de demander quoi que ce fût à ses parents. En thérapie, il était terrorisé à l'idée que s'il laissait libre cours à ses émotions et pleurait, il se rendrait insupportable à son thérapeute qui – fantasmait-il – s'enfermerait dans la pièce voisine jusqu'à la fin de la séance[1].

Ce cas clinique est relaté par le psychanalyste britannique John Bowlby, que ses écrits sur les liens émotionnels entre parents et enfant désignent comme le théoricien le plus important du développement de l'enfant parmi les héritiers de Freud. Bowlby s'est intéressé aux grands thèmes de la vie humaine que sont l'abandon et la perte, et l'attachement émotionnel qui les rendent si puissants.

Bien que formé à la psychanalyse classique où le patient s'allonge sur un divan, Bowlby a fait une démarche révolutionnaire pour son époque : à partir des années 1950, il a observé directement les interactions mère-enfant au lieu de s'en tenir aux seuls souvenirs invérifiables des patients en analyse. Et il a effectué un suivi de ces enfants pour voir comment leurs interactions précoces façonnaient leurs habitudes relationnelles.

C'est ainsi qu'il a identifié un sain attachement aux parents comme le facteur déterminant du bien-être de l'enfant. Lorsque les parents se montrent empathiques et attentifs aux besoins de l'enfant, ils construisent en lui un sentiment de sécurité essentiel. C'est cette empathie et cette attention qui ont tant manqué au patient suicidaire dont nous avons parlé. Et qui a continué à souffrir car il voyait ses relations présentes à travers le prisme de son enfance tragiquement perturbée.

Tout individu, affirme Bowlby, a besoin d'une prépondérance de relations Je-Tu pendant l'enfance pour pouvoir évoluer pendant toute sa vie. Des parents sensibles, à l'écoute, offrent à leur enfant une base sécurisante, un recours pour les moments où il est bouleversé et a besoin d'attention, d'amour et de réconfort.

La notion d'attachement et de base sécurisante a été élaborée par le principal disciple américain de Bowlby, elle-même théoricienne influente du développement, Mary Ainsworth[2]. Quantité de chercheurs ont, après elle, relevé des milliers de données et détecté dans les subtilités des premières interactions parent-enfant des influences très importantes pour le degré de sécurité de l'enfant.

Dès leur naissance, les bébés, loin d'être passifs, communiquent activement pour obtenir la satisfaction de leurs besoins urgents. Le système émotionnel d'échanges qui se met en place entre le tout-petit et la personne qui s'en occupe est vital pour lui : c'est la voie par laquelle va transiter tout ce qui est nécessaire à sa survie. Les bébés doivent passer maîtres dans l'art de manipuler leur entourage grâce à un système élaboré, inné, de regards offerts ou refusés, de sourires et de cris ; si cette ligne de communication sociale n'est pas établie, ils peuvent dépérir et même mourir de négligence.

Observez une protoconversation entre n'importe quelle mère et son bébé, et vous verrez une danse émotionnelle finement orchestrée dont chacun des partenaires prend à son tour la direction. Que le bébé sourie ou pleure, la mère réagit en conséquence ; les émotions de l'enfant dirigent aussi exactement les actes de la mère que la mère dirige son enfant. Cette parfaite connivence indique qu'ils sont reliés par une boucle, une voie émotionnelle à deux sens.

Cette boucle est le principal passage permettant aux parents d'aider l'enfant à apprendre les règles essentielles de toute relation – comment être attentif à l'autre, comment rythmer l'interaction, comment lier conversation, comment être sensible aux sentiments d'autrui et comment gérer ses propres émotions pendant l'échange. Ces leçons essentielles posent les fondations d'une vie sociale compétente.

Étrangement, il semble qu'elles façonnent également le développement intellectuel : les leçons émotionnelles intuitives des protoconversations de la première année bâtissent l'échafaudage mental indispensable aux véritables conversations qui auront lieu vers l'âge de deux ans. Et une fois le langage maîtrisé peut s'amorcer la conversation intérieure que nous nommons pensée[3].

La recherche a aussi établi qu'une base sécurisante ne procure pas seulement un cocon émotionnel, elle incite le cerveau à sécréter des neurotransmetteurs qui ajoutent une petite touche de plaisir au sentiment d'être aimé – et aussi à celui qui procure cet amour. Quelques dizaines d'années après que Bowlby et Ainsworth eurent proposé leurs théories, la neuroscience a identifié deux neurotransmetteurs inducteurs de plaisir, l'ocytocine et les endorphines, qui sont activées par le bouclage[4].

L'ocytocine génère une agréable sensation de détente ; les endorphines provoquent dans le cerveau le même plaisir addictif que l'héroïne (en moins intense). Pour le petit enfant, parents et famille offrent cette délicieuse sécurité ; la camaraderie et, plus tard, l'amitié et l'intimité amoureuse activent les mêmes circuits. Certaines parties du cerveau social contiennent des systèmes qui sécrètent ces substances chimiques d'amour.

Les lésions des aires riches en récepteurs de l'ocytocine altèrent gravement les conduites maternantes[5]. Le câblage semble être en grande partie semblable chez le bébé et chez sa mère – et il semble qu'il fournisse aussi le ciment neural du lien d'amour qu'ils forment. Si les enfants bien traités se sentent sécurisés, c'est en partie parce que ces mêmes substances chimiques font naître en eux la sensation que « tout va pour le mieux » (et c'est probablement la base biochimique de ce qu'Erik Erikson voyait comme le sentiment essentiel de confiance dans le monde développé par l'enfant).

Quand la mère est attentive et réactive aux cris du bébé, quand elle lui prodigue affection et tendresse, quand elle se sent à l'aise dans les contacts physiques comme les câlins, l'enfant acquiert un sentiment de sécurité[6]. Mais si la mère est souvent désynchronisée avec le bébé, l'enfant manifeste de l'insécurité, de deux manières différentes : soit il se renferme et s'arrange pour éviter les interactions avec sa mère quand elle s'impose à lui, soit il réagit par la passivité quand il n'arrive pas à établir le contact, sa mère lui manifestant de l'indifférence – schéma que le patient suicidaire de Bowlby avait continué à appliquer dans sa vie d'adulte.

Il y a aussi des mères qui, sans négliger complète-ment leur bébé, créent avec lui une distance émotionnelle, et même physique, en le touchant peu et en dialoguant peu avec lui. Ces enfants-là réagissent souvent par des attitudes dédaigneuses et feignent l'indifférence, bien que leur corps révèle les signes d'une forte anxiété. Persuadés que les autres garderont leurs distances, ils contiennent leurs émotions. À l'âge adulte, ils redoutent l'intimité affective et évitent le contact avec les autres.

Enfin, les mères anxieuses et préoccupées d'elles-mêmes sont généralement irrégulières dans leurs réponses aux besoins de l'enfant. Face à leur manque de disponibilité, certains bébés deviennent peureux et collants. Plus tard, ils peuvent s'absorber dans leur propre anxiété et avoir du mal à se lier aux autres. À l'âge adulte, ils adopteront, dans leurs relations affec-tives, une attitude de dépendance anxieuse.

Le besoin d'interactions joyeuses et complices est aussi essentiel pour un tout-petit que celui de téter et de faire son rot. Les enfants qui sont privés de ce type d'échange avec leurs parents risquent plus que d'autres de former des schémas d'attachement perturbés. En bref, les enfants bénéficiant d'une bonne empathie avec leurs parents sont confiants ; une relation parents-enfant anxieuse fait des enfants anxieux ; les parents distants produisent des enfants fuyants et renfermés. À l'âge adulte, ces schémas se manifesteront par des styles d'attachement affectif confiants, anxieux ou fuyants.

La transmission de ces schémas des parents aux enfants passe en grande partie par leurs relations. Les études de jumeaux montrent par exemple qu'un enfant confiant adopté par un parent anxieux va finir par devenir anxieux à son tour[7]. Le mode d'attachement d'un parent prédit celui de l'enfant avec une précision de 70 %[8].

Mais si un enfant anxieux trouve un « substitut parental » sécurisant – sœur ou frère aîné, professeur, membre de la famille investi dans son éducation –, son schéma émotionnel peut évoluer vers la confiance.

Le visage impassible

Une mère passe quelques moments agréables avec son bébé, lorsque soudain son attitude change. Son visage se fige dans une expression vide, absente.

Le bébé panique un peu et une expression angoissée passe sur son visage.

La mère ne manifeste aucune émotion, reste indifférente à sa détresse. Elle est complètement froide.

Le bébé se met à geindre.

Les psychologues appellent ce scénario le « visage impassible » et ils l'utilisent pour explorer les fondements de la résilience, c'est-à-dire la capacité de surmonter la détresse. Même quand les mères reprennent avec leur enfant des échanges complices, celui-ci continue à manifester des signes de détresse pendant un certain temps. La vitesse de récupération de l'enfant indique son degré de contrôle sur la maîtrise de ses émotions. Au cours des deux premières années de la vie, cette capacité essentielle se construit par la répétition de l'alternance entre agitation et calme, désynchronisme et bouclage.

Lorsque le visage de la mère se fige dans une expression vide et absente, les bébés tentent systématiquement de renouer le contact interrompu. Ils se manifestent de toutes les manières qu'ils connaissent, depuis les manœuvres de séduction jusqu'aux pleurs ; certains finissent par abandonner, détournent les yeux et sucent leur pouce pour tenter de s'apaiser.

Si l'on en croit le psychologue Edward Tronick, qui a inventé ce test, plus les bébés sollicitent efficacement la « réparation » de la boucle interrompue, plus ils apprennent à le faire. Cela leur permet d'acquérir une force supplémentaire puisqu'ils en viennent à considérer les interactions humaines comme réparables – à penser qu'ils ont la capacité de rétablir le contact avec autrui quand il a été rompu.

Ils commencent ainsi à dresser l'échafaudage permettant de construire une notion résiliente d'eux-mêmes et de leurs relations. En grandissant, ils vont avoir confiance en leur efficacité, leur possibilité d'établir des interactions positives et de les réparer si elles se détériorent. Ils verront dans les autres des partenaires fiables et dignes de confiance.

Dès six mois, les bébés développent un style de relation particulier avec autrui et une manière habituelle de penser à eux-mêmes et aux autres. Cet apprentissage vital, ce sentiment de sécurité et de confiance, s'acquiert avec la personne qui s'occupe de l'enfant et entretient avec lui des relations Je-Tu.

La synchronie mère-enfant s'installe dès la naissance du bébé ; plus elle est forte, plus leurs interactions sont tendres et heureuses[9]. L'absence de synchronie, à l'inverse, rend le nouveau-né furieux, frustré ou abattu. Le bébé qui est trop souvent laissé seul et soumis à un régime de non-synchronie va trouver des stratégies pour apprendre à se calmer. Certains, renonçant à tout espoir de recevoir une aide extérieure, s'appliquent à trouver des moyens de compensation. Dans sa version adulte, ce type d'attitude va donner tous ces frustrés qui, quand ils se sentent mal, se tournent vers des consolations solitaires telles que la nourriture, la boisson ou l'usage excessif du réseau Internet.

À mesure que l'enfant grandit, il peut déployer ces stratégies de façon systématique, quelle que soit la situation – se construisant des défenses contre des échecs anticipés, à juste titre ou pas. Au lieu d'avoir une manière ouverte, positive, d'approcher les autres, il s'enfermera automatiquement dans une coquille protectrice qui le fera paraître froid et distant.

La boucle de la dépression

Une maman italienne chante une petite chanson à son bébé, Fabiana : « Claque, claque, claque tes petites mains / Papa rentrera bientôt / Il rapportera des bonbons / Et Fabiana les mangera[10]. »

Sa voix est joyeuse, la chanson rapide et rythmée, et Fabiana y répond par des gazouillis de plaisir.

Mais quand une autre mère chante la même berceuse à son bébé d'une voix monocorde, basse et lente, le bébé répond par des signes de détresse, pas de plaisir.

La différence ? La seconde mère souffre de dépression clinique.

Ce simple exemple témoigne d'une énorme différence dans le climat émotionnel où sont élevés ces enfants – et dans la manière dont ils vivront toutes les relations importantes de leur vie d'adultes. Les mères dépressives ont évidemment du mal à engager des protoconversations joyeuses avec leur tout-petit ; elles n'ont pas assez d'énergie pour donner à leur voix les inflexions mélodieuses du *motherese*[11].

Dans les interactions avec leur bébé, les mères déprimées sont souvent décalées, fermées ou alors importunes, furieuses ou tristes. L'absence de synchronie empêche la boucle de se créer, et les émotions négatives persuadent le bébé qu'il a fait quelque chose de mal et qu'il doit changer. Ce message bouleverse le bébé qui ne peut ni inciter sa mère à le calmer ni se calmer vraiment lui-même. Cette situation entraîne facilement mère et enfant dans une spirale descendante de mauvaise coordination, de négativité et d'incompréhension des messages[12].

La dépression, nous disent les généticiens du comportement, peut être transmise. Un grand nombre de recherches ont tenté de calculer l'« héritabilité » de la dépression – la probabilité que l'enfant soit lui-même cliniquement déprimé à un moment ou l'autre de sa vie. Mais, comme le remarque Michael Meaney, les enfants nés d'un parent sujet à des accès de dépression héritent des gènes d'un parent dépressif – dont le comportement peut très bien encourager l'expression du gène de la dépression[13].

Des études ont par exemple montré que les mères cliniquement dépressives avaient tendance à détourner leurs regards de leur enfant et à se mettre en colère plus souvent que d'autres, à se montrer intrusives quand le bébé a besoin d'un temps de récupération et à lui prodiguer moins de tendresse que les autres. Ces bébés réagissent par la seule forme de protestation qu'ils connaissent, en pleurant, ou alors, semblant renoncer, ils deviennent apathiques et renfermés.

La réponse d'un même bébé peut varier, s'accordant à l'humeur de la mère : colère si la mère est en colère, passivité si elle est passive. Il semble que les bébés apprennent ces styles d'interaction par la répétition des moments de non-synchronie avec la mère déprimée. Et ils courent le risque de se former une fausse image d'eux-mêmes à force de constater qu'ils sont incapables de réparer une relation négative et ne peuvent pas attendre d'autrui le réconfort qui leur est nécessaire.

La mère peut transmettre à son enfant tous les maux personnels et sociaux qui l'affectent. L'angoisse, par exemple, a sur son enfant des effets hormonaux négatifs qui apparaissent dès son plus jeune âge : les bébés de mères déprimées ont un taux d'hormones de stress élevé et un taux de dopamine et de sérotonine très bas, profil chimique lié à la dépression[14]. Le tout-petit a beau être inconscient des forces qui sont à l'œuvre dans sa famille, ces forces vont imprimer leur marque dans son système nerveux.

L'épigénétique sociale offre un espoir à ces enfants. Il semble que la transmission sociale de la dépression diminue quand les parents sont déprimés mais encore capables de faire bonne figure face aux difficultés[15]. Et la présence auprès de l'enfant d'une personne non déprimée constitue pour lui une base sécurisante.

Certains enfants de mères dépressives apprennent une autre leçon, une leçon pourvue de valeur adaptative : devenus d'excellents lecteurs des émotions maternelles, ils savent, une fois adultes, gérer leurs interactions de manière à ce qu'elles restent aussi agréables (ou peu déplaisantes) que possible. Dans la société, une telle aptitude peut se traduire par de l'intelligence relationnelle[16].

Le dérèglement de l'empathie

Johnny a prêté son ballon tout neuf à son meilleur ami. Mais son ami n'a pas fait attention, il a perdu le ballon. Et il refuse de le remplacer.

L'ami avec lequel Johnny aimait beaucoup jouer a déménagé. Johnny ne peut plus jouer avec son ami.

Ces deux petits mélodrames illustrent les moments d'intense émotion que vivent tous les enfants. Mais quelles émotions exactement ?

La plupart des enfants apprennent à distinguer une émotion d'une autre et à comprendre ce qui l'a provoquée, mais pas ceux qui ont été gravement négligés par leurs parents. Quand on a lu ces petites histoires à de tels enfants, la moitié des réponses qu'ils ont données étaient fausses, moyenne plus élevée que pour les enfants du même âge mais correctement traités[17].

Dans la mesure où un enfant a été privé des interactions formatrices, il n'apprend pas à reconnaître les émotions, et il n'a qu'une vision très floue de ce que ressent autrui[18].

Les enfants d'âge préscolaire maltraités – physiquement ou moralement – à qui on a lu les mésaventures de Johnny voyaient de la colère là où elle n'existait pas. Ces enfants perçoivent de la colère dans des visages neutres, ambigus ou tristes, ce qui semble indiquer une hyperactivité de l'amygdale. Et cette hypersensibilité est réservée à la colère : leur cerveau réagit plus fortement devant un visage coléreux que celui d'autres enfants – mais répond normalement à des expressions comme la joie ou la peur[19].

Cette perversion de l'empathie signifie que le moindre signe de colère attire plus facilement l'attention des enfants maltraités et la retient plus longtemps[20]. La détection de la colère là où elle n'existe pas peut représenter un avantage crucial pour ces enfants. Après tout, chez eux, le danger est bien réel, et leur hypersensibilité leur sert de radar protecteur.

Les ennuis commencent quand ces enfants arrivent dans le monde extérieur avec ce type de sensibilité. Les terreurs des cours de récréation (qui ont presque toujours été abusés physiquement) voient de la colère et de l'hostilité dans des visages neutres. Quand ils attaquent d'autres enfants, c'est souvent parce qu'ils ont cru deviner en eux des intentions hostiles.

Gérer les violentes colères d'un enfant est à la fois un défi et une opportunité pour les parents. Idéalement, un parent ne devrait réagir ni par la colère ni par la passivité. Il saurait maîtriser sa propre colère, sans la refouler ni lui céder, tout en restant en phase avec l'enfant à qui il offrirait une sécurité suffisante pour apprendre à gérer sa propre irritation. Cela ne veut pas dire, bien sûr, que le climat émotionnel de la famille doit toujours être tranquille, mais qu'il y règne suffisamment de résilience pour permettre à l'enfant de se remettre de ses colères.

L'entourage familial façonne la réalité émotionnelle des jeunes enfants. Un cocon de sécurité qui reste intact peut protéger l'enfant des événements les plus terribles. Ce qui inquiète le plus les enfants quand une crise grave se produit peut se résumer ainsi : « En quoi cela affecte-t-il ma famille ? » Pendant une guerre, par exemple, si les parents réussissent à créer un environnement stable et rassurant au quotidien, les enfants auront moins de symptômes traumatiques par la suite.

Cela ne veut pas dire que les parents doivent refouler leur détresse « pour protéger les gosses ». David Spiegel, psychiatre de l'université de Stanford, a étudié les réactions émotionnelles de familles après le 11 septembre 2001. Il en a conclu que les enfants étaient parfaitement conscients des courants émotionnels circulant dans la famille. « Le cocon émotionnel est efficace, explique-t-il, non quand les parents se comportent comme si rien ne s'était passé, mais quand ils font sentir aux enfants que le bouleversement, aussi profond soit-il, va être géré collectivement, en famille. »

La réparation

Son père était souvent violent, surtout quand il avait bu – ce qui lui arrivait pratiquement tous les soirs. Il attrapait alors l'un de ses quatre fils et lui administrait une sévère correction.

Plus tard, l'homme confia à son épouse les peurs qui continuaient à le hanter : « Quand je voyais les yeux de mon père s'étrécir, je savais, nous savions tous que c'était le moment de quitter la pièce. »

En me racontant cela, son épouse précise quelle leçon plus subtile elle en a tirée : « J'ai compris que mon mari n'avait pas bénéficié d'assez d'attention quand il était enfant. Alors, même quand il me raconte la même histoire pour la énième fois, je me dis : "Reste là." Il suffit que mon attention vacille pendant une seconde pour qu'il le remarque et qu'il en souffre. Il est hypersensible, il sait immédiatement à quel moment je décroche, même si j'ai encore l'air de l'écouter », ajoute-t-elle.

Quiconque a été traité en Cela et non en sujet pendant l'enfance est susceptible d'avoir ce genre de sensibilité et de blessure émotionnelle. Ces faiblesses se manifestent le plus souvent dans le cadre de relations intimes – avec un conjoint, des enfants, de bons amis. Mais l'intimité peut aussi offrir des occasions de guérir puisque la personne est enfin traitée en Tu.

Un bon psychothérapeute peut aussi devenir une base rassurante pour ces mutilés de la vie. Le psychologue Allan Schore, de l'UCLA, s'est fait connaître par ses nombreux travaux sur la neuroscience appliquée à la relation patient-thérapeute.

Selon la théorie de Schore, les dysfonctionnements émotionnels seraient essentiellement localisés dans le cortex orbito-frontal, clé de voûte des voies neurales de la relation[21]. Le développement de ce cortex, affirme-t-il, dépend du vécu de l'enfant. Si les parents lui offrent l'écoute et la sécurité nécessaires, le COF s'épanouit. S'ils sont indifférents ou abusifs, la croissance du COF s'enraye – ce qui entraîne une moindre capacité de régulation de la durée, de l'intensité ou de la fréquence des émotions telles que colère, terreur ou honte.

Cette théorie met en lumière le rôle que jouent nos interactions dans la restructuration de notre cerveau, par la neuroplasticité – la manière dont nos expériences répétées modèlent la taille, la forme et le nombre de nos neurones et de leurs connexions synaptiques. Nos relations les plus intimes exercent une influence majeure sur cette restructuration en mettant régulièrement notre cerveau dans un registre donné. Baigner tous les jours, pendant des années, dans un climat de vexations et de colère ou un climat d'harmonie affectueuse peut effectivement réorganiser complètement nos circuits cérébraux.

Schore prétend que les relations enrichissantes de l'âge adulte peuvent dans une certaine mesure réécrire le schéma neural imprimé dans le cerveau pendant l'enfance. En psychothérapie, ce type de réparation nécessite une relation de confiance entre patient et thérapeute.

Le thérapeute, dit Schore, est l'écran sur lequel le patient va projeter le film de ses premières relations. Mais cette fois, il peut les vivre plus pleinement, plus ouvertement, sans risque d'être jugé, blâmé, trahi ou rejeté. Le père était distant, le thérapeute se montre disponible ; la mère était hypercritique, le thérapeute peut donner son assentiment – ce qui permet un travail de réparation toujours désiré, jamais réalisé.

La relation thérapeutique est efficace quand le courant passe librement entre le thérapeute et son patient, qui apprend à se connecter sans redouter ou bloquer ses sentiments destructeurs[22]. Les meilleurs thérapeutes créent une atmosphère de sécurité émotionnelle qui encourage le patient à exprimer ce qu'il ressent et a besoin d'exprimer, de la rage meurtrière à une tristesse maussade. L'acte même de se mettre en phase avec le thérapeute et, par le bouclage, d'échanger des émotions apprend au patient à mieux gérer ces émotions par lui-même.

Les mêmes effets réparateurs peuvent aussi se produire dans une relation amoureuse ou amicale, avec une personne ouverte et généreuse de ses qualités humaines. Quand la réparation est opérée, dans le cadre thérapeutique ou interpersonnel, il en résulte une plus grande capacité relationnelle.

12

Objectif : bonheur

Une fillette de trois ans d'humeur grincheuse s'approche de son oncle, cible toute trouvée sur laquelle déverser sa hargne.

« Je te déteste, affirme-t-elle.

— Et moi, je t'aime, repartit l'oncle, amusé.

— Je te déteste, répète l'enfant en haussant le ton.

— Et moi, je t'aime quand même.

— Je te dé-tes-te ! claironne-t-elle avec un plaisir manifeste.

— Eh bien moi, je t'a-do-re, déclare l'oncle en la prenant sur ses genoux.

— Je t'aime », concède-t-elle en se pelotonnant dans ses bras.

Dans ce type d'échange musclé, les psychologues du développement analysent la communication émotion-nelle sous-jacente. La phase de déconnexion où « je te déteste » s'oppose à « je t'aime » est, de ce point de vue, une « interaction erronée » et le retour sur la même longueur d'onde une « réparation » de cette erreur.

Une réparation réussie, comme celle de cette fillette et de son oncle, fait plaisir aux deux partenaires. L'absence de réparation a l'effet inverse. La capacité d'un enfant à dépasser la déconnexion – à dissiper son orage intérieur et à se reconnecter – est une des clés de son bonheur futur. Le secret consiste non à éviter les frustrations et les brouilles, inévitables, mais à apprendre comment s'en remettre. Plus la récupération est rapide, plus la capacité à se réjouir est grande.

Cette capacité sociale, comme tant d'autres, se forme dès la petite enfance. Quand un bébé et la personne qui s'en occupe sont en synchronie, chacun répond aux messages de l'autre de façon coordonnée. Mais avant un an, les bébés ne disposent pas de tous les circuits neuraux nécessaires à cette coordination. Ils sont bien coordonnés pendant 30 % du temps, ou moins, selon un cycle naturel de synchronisation-désynchronisation[1].

Or, ils n'aiment pas être désynchronisés. Ils protestent en manifestant des signes de frustration – ils demandent en fait à être remis en synchronie. Ce sont leurs premières tentatives pour réparer l'interaction. La maîtrise de ce talent essentiel commence apparemment par le passage du désarroi du non-synchronisme à l'apaisement du synchronisme.

Dans la vie de l'enfant, toute personne offre un modèle, bon ou mauvais, de gestion de la détresse. Il se produit donc un apprentissage implicite (via les neurones miroirs, probablement) chaque fois que le tout-petit voit comment un frère ou une sœur, un copain ou un parent, sort d'une tempête émotionnelle. Les circuits du cortex orbito-frontal chargés de réguler l'amygdale « répètent » la stratégie observée par l'enfant. Et cet apprentissage passif peut se doubler de l'intervention explicite d'un proche qui rappelle ou explique à l'enfant comment gérer ses sautes d'humeur. Avec le temps et la pratique, les circuits du COF chargés de réguler les impulsions émotionnelles se renforcent.

Les enfants apprennent non seulement à calmer ou contenir leurs humeurs, mais aussi à élargir leur répertoire de modes relationnels. Cela pose les fondations d'une personnalité adulte capable de réagir comme le fait l'oncle de cette fillette de trois ans, en répondant à ses attaques avec amour et patience, au lieu de se raidir et de lui lancer un « Tu n'as pas le droit de me parler comme ça ! ».

Vers l'âge de cinq ou six ans, les enfants sont non seulement capables de contrôler leurs émotions négatives, mais ils commencent à comprendre les causes de leur détresse et à savoir comment s'en débarrasser – preuve de maturation de la route haute. L'attitude des parents pendant les quatre premières années de la vie pourrait, selon certains psychologues, avoir une forte influence sur la formation des capacités de l'enfant à bien gérer ses émotions et les relations difficiles.

Bien sûr, les parents n'offrent pas toujours le meilleur exemple. Une étude a montré que les enfants de couples qui, pendant leurs disputes, étaient agressifs et décalés dans leurs tentatives de résolution du conflit, ne s'écoutaient pas, se parlaient avec colère et mépris, finissant souvent par se renfermer chacun de son côté quand leur hostilité augmentait, les enfants de ces couples, donc, reproduisaient les mêmes schémas avec leurs camarades de jeu. Ils se montraient dominateurs et coléreux, tyranniques et hostiles[2].

À l'inverse, les couples qui, pendant leurs disputes, manifestaient plus d'affection, d'empathie et de compréhension mutuelle se comportaient avec plus d'harmonie et même d'enjouement dans leur rôle de parents. Et leurs enfants s'entendaient mieux avec leurs copains. La *manière* dont les couples réglaient leurs différends permettait de prédire comment se comporteraient leurs enfants, même des années plus tard[3].

Lorsque tout se passe bien, l'enfant devient résilient face au stress, capable de récupérer après un coup dur et de prêter attention aux autres. Il faut une famille « socialement intelligente » pour contribuer à construire ce que les psychologues du comportement nomment un « noyau affectif positif » – en d'autres termes, un enfant heureux[4].

Plusieurs façons de dire non

Un petit garçon de quatorze mois, l'âge des premières bêtises, se met dans une situation périlleuse en essayant de grimper sur une table sur laquelle est posée une lampe.

Considérez diverses réactions possibles des parents :

— lui dire non avec fermeté et lui expliquer que dehors on peut grimper mais pas dans la maison – puis l'emmener quelque part où il pourra grimper ;

— laisser faire l'enfant sans intervenir ; au moment où la lampe s'écrase par terre, la ramasser et dire tranquillement à l'enfant qu'il ne doit pas recommencer – et ne plus lui prêter attention ;

— crier « Non ! » avec colère ; se sentir coupable d'avoir réagi trop durement, prendre le petit dans ses bras pour le rassurer, puis le laisser seul parce qu'on est déçu par son comportement.

Ces réactions – aussi peu plausibles que certaines puissent paraître – représentent toutes des styles de discipline susceptibles d'être observés. Daniel Siegel, le pédopsychiatre qui propose ces scénarios, prétend que chacune de ces réactions parentales façonne des centres neuraux différents dans le cerveau social de l'enfant[5].

Lorsqu'un enfant se trouve confronté à une difficulté, il regarde ses parents pour voir non seulement ce qu'ils en disent, mais l'ensemble de leur comportement, afin d'apprendre ce qu'il doit ressentir et comment réagir. Les messages envoyés par les parents dans ces moments formateurs construisent peu à peu la notion que l'enfant a de lui-même et de sa relation aux autres.

Prenons l'exemple des parents qui disent non au petit garçon et l'emmènent dehors pour qu'il puisse dépenser autrement son énergie. D'après Allan Schore, le collègue de Siegel, cette interaction affecte le cortex orbito-frontal de manière très positive en renforçant le « frein » émotionnel du COF. Ce dispositif neuronal diminue l'excitation initiale de l'enfant et l'aide à savoir mieux gérer son impulsivité[6]. Une fois que l'enfant s'est ainsi freiné, le parent lui propose une manière plus appropriée d'utiliser son énergie – il peut grimper sur un portique mais pas sur une table.

Ce qu'apprend l'enfant, fondamentalement, peut se résumer ainsi : « Mes parents n'apprécient pas toujours ce que je fais, mais si j'arrête et trouve autre chose à faire, tout ira bien. » Une telle approche, poser des limites et proposer une meilleure alternative, va permettre à l'enfant d'élaborer un attachement sécurisant. Dans ce type d'attachement, l'enfant reste en phase avec ses parents, même quand il fait des bêtises.

L'âge « terrible », quand, vers deux ans, les petits apprennent à défier leurs parents en criant « Non ! » quand on leur demande de faire quelque chose, signale une étape majeure dans le développement du cerveau. Celui-ci commence à être capable d'inhiber ses impulsions – leur dire non –, capacité qui va s'affiner jusqu'à la préadolescence[7]. Comme les très jeunes enfants, les grands singes se débrouillent très mal avec cet aspect de la vie sociale, et pour la même raison : le dispositif neuronal du COF capable de freiner la mise en acte des impulsions n'est pas suffisamment développé.

Pendant l'enfance, le COF va subir une maturation anatomique. Une poussée de croissance neurale s'amorce vers cinq ans, multipliant les circuits au moment où l'enfant doit aller à l'école. Cette poussée va continuer jusque vers l'âge de sept ans et donner à l'enfant plus de contrôle sur lui-même. C'est pourquoi les classes de CP sont moins dissipées que celles du jardin d'enfants. Chaque étape du développement intellectuel, social et émotionnel d'un enfant correspond à un progrès de la maturation de ses aires cérébrales ; ce processus anatomique se poursuit jusqu'à l'âge adulte, vingt-cinq ans environ.

Ce qui se produit dans le cerveau d'un enfant quand ses parents ne savent pas être à son écoute dépend de la nature exacte de leurs réactions. Daniel Siegel décrit les différents types d'insuffisance des parents et les difficultés qui en résultent pour leurs enfants[8].

Voyons la deuxième réaction à la bêtise du petit garçon : les parents ne lui prêtent aucune attention. Une telle attitude est caractéristique des familles dont les membres sont rarement en phase, les parents s'impliquant très peu dans la vie de leur progéniture. Ainsi, les tentatives des enfants pour attirer l'attention des parents se traduisent régulièrement par de la frustration.

L'absence de bouclage empathique – donc de moments de joie et de plaisir partagés – augmente la probabilité que l'enfant ait du mal à éprouver des émotions positives et, une fois adulte, à entrer en relation. Les enfants de parents inattentifs deviennent capricieux, incapables d'exprimer leurs émotions, notamment celles qui les aideraient à se lier avec un partenaire. En reproduisant le modèle parental, ils se privent non seulement de l'expression de leurs émotions mais aussi de liens affectifs intimes.

Le troisième type de réaction devant l'enfant qui grimpe sur la table, colère, puis culpabilité, puis sentiment d'avoir été déçu, est qualifié par Siegel d'« ambivalence ». Les parents ambivalents peuvent être tendres et attentifs, mais envoient le plus souvent des messages de désapprobation ou de rejet – mimiques de dégoût ou de mépris, refus du contact oculaire, langage corporel de mécontentement ou de déconnexion. Un tel comportement est source de blessures et d'humiliations répétées pour l'enfant.

Il provoque des sautes d'humeur incontrôlables, des moments où les enfants laissent libre cours à leurs impulsions et se déchaînent – comme le « sale gosse » classique qui ne fait que des bêtises. Ces comportements déréglés s'expliqueraient, d'après Siegel, par l'échec du cerveau de l'enfant à maîtriser ses impulsions, tâche dévolue au COF.

Mais parfois, la sensation de ne pas compter ou de « faire tout mal » provoque le désespoir de l'enfant – qui ne cesse pas pour autant d'espérer gagner l'attention de ses parents. En grandissant, ces enfants se considèrent souvent comme des incapables. Devenus adultes, ils ont tendance à placer leurs relations intimes sous le signe de l'ambivalence, entre désir d'affection et peur de ne pas l'obtenir – ou peur plus profonde d'être complètement abandonnés[9].

Le travail du jeu

La poétesse Emily Fox Gordon se souvient encore, bien des années après, d'avoir été une petite fille « passionnément, irrépressiblement » heureuse. Elle vivait entre des parents aimants dans un petit village de la Nouvelle-Angleterre où tout semblait célébrer la joie d'Emily et de son frère quand ils dévalaient les rues à bicyclette : « Les ormes montaient la garde, les chiens du voisinage nous saluaient et même les employés du téléphone nous connaissaient par nos prénoms. »

Ils passaient librement d'un jardin à l'autre, se pourchassaient sur le campus du collège voisin, et la petite Emily avait l'impression de vivre dans un véritable Éden[10].

Lorsqu'un enfant se sent aimé et traité avec égards, reconnu par ceux qui comptent pour lui, le bien-être qui en résulte rend bien des choses possibles, et alimente une autre pulsion primaire : l'envie d'explorer le monde environnant.

Les enfants ont besoin de plus qu'une base sécurisante ; ils ont besoin d'une relation qui soit source de réconfort. Mary Ainsworth, la principale disciple américaine de Bowlby, a suggéré qu'il leur fallait aussi un « havre de sécurité », un lieu comme leur maison, leur chambre, où revenir après s'être risqués au-dehors, dans le vaste monde[11]. L'exploration peut être physique, comme une balade à bicyclette ; interpersonnelle, comme une rencontre ou une sortie entre amis ; ou même intellectuelle, comme la satisfaction d'une intense curiosité.

L'enfant manifeste qu'il a un havre de sécurité quand il sort simplement pour jouer. Le jeu lui est extrêmement bénéfique. En s'y adonnant intensément pendant plusieurs années, les enfants acquièrent tout un éventail de savoir-faire sociaux. Ils apprennent surtout le bon sens social, c'est-à-dire comment négocier les luttes de pouvoir, comment coopérer et former des alliances et comment faire des concessions avec grâce.

Cet apprentissage s'effectue pendant les jeux dans une atmosphère détendue et confiante – où même une bêtise fait rire, alors qu'à l'école elle vous ridiculise. Les jeux permettent à l'enfant d'essayer des choses nouvelles dans un espace sécurisant avec le minimum d'anxiété.

On comprend mieux le plaisir qu'ils procurent quand on sait que les circuits cérébraux impliqués dans le jeu sont aussi, chez tous les mammifères, ceux de la joie. Ils sont situés dans la zone neurale la plus ancienne, à la base du tronc cérébral, dans une poche qui gouverne nos réflexes et nos réactions les plus primordiales[12].

C'est sans doute Jaak Panksepp, de l'université Bowling Green de l'Ohio, qui a étudié le plus en détail les circuits neuraux du jeu. Dans son remarquable ouvrage intitulé *Affective Neuroscience*, il explore les sources neurales des principales pulsions humaines, en particulier le jeu qu'il considère comme la principale source de joie du cerveau. La circuiterie sous-corticale qui incite les jeunes de toutes les espèces de mammifères à batifoler, se taquiner et se bagarrer, dit Panksepp, semble avoir un rôle vital dans leur croissance neurale. Et le carburant nécessaire à tout ce travail de développement serait apparemment le plaisir.

Grâce à des recherches de laboratoire sur des rongeurs, l'équipe de Panksepp a découvert que le jeu offrait un nouveau terrain à l'épigénétique sociale en « fertilisant » la croissance des circuits de l'amygdale et du cortex frontal. Il a identifié un composé spécifique généré pendant les jeux, qui commande la transcription génétique dans les aires du cerveau social des jeunes[13]. Cette découverte, qui s'étend probablement à d'autres mammifères y compris les humains, ajoute une signification nouvelle au désir universel des enfants : « Je veux jouer. »

Les enfants jouent plus volontiers quand ils se sentent sécurisés, rassurés par la présence d'un adulte à proximité. Le seul fait de savoir que maman ou quelqu'un de confiance est là leur permet de s'immerger complètement dans un autre monde, un monde imaginaire.

Le jeu nécessite et crée son propre espace sécurisant, où l'enfant peut affronter ses peurs, se confronter à des dangers et en sortir indemne. En ce sens, le jeu peut être thérapeutique. Tout ce qui s'y passe est suspendu à la réalité du « comme si ». L'enfant peut par exemple y trouver une manière naturelle de gérer sa peur de la séparation ou de l'abandon et d'en faire des occasions de découverte et de victoire sur lui-même. Il peut aussi, délivré de la peur et de l'inhibition, affronter des désirs et des pulsions trop dangereux pour être vécus dans la réalité.

Et s'il est plus agréable, plus amusant de jouer à deux, c'est parce que nous sommes câblés pour aimer les chatouilles. Tous les mammifères ont des zones chatouilleuses, des endroits où la peau contient des récepteurs spéciaux qui transmettent les messages cérébraux de l'humeur joyeuse. Les chatouilles déclenchent le rire ventral, dont les circuits sont différents de ceux du sourire. Ce type de rire, comme le jeu, a des correspondances – également liées aux chatouilles – chez un grand nombre de mammifères.

En fait, Panksepp a découvert que, comme les jeunes enfants, les bébés rats sont attirés par les adultes qui les chatouillent. Ils émettent alors des couinements de plaisir qui seraient des cousins des éclats de rire d'un gamin de trois ans que l'on chatouille. (Ces couinements, émis sur une fréquence de 50 kilohertz, sont inaudibles pour nos oreilles.)

Chez les humains, la zone sensible s'étend de la base du cou à la cage thoracique – qu'il suffit d'effleurer pour déclencher des éclats de rire incontrôlés. Mais ce réflexe ne peut être déclenché que par une autre personne, car les neurones des chatouilles sont apparemment réglés pour réagir à la surprise. Cela explique pourquoi il suffit souvent d'agiter les doigts devant le ventre d'un bébé et en faisant « guili-guili » pour le faire se pâmer de rire[14].

Les circuits impliqués dans le plaisir du jeu ont des liens étroits avec les réseaux qui font rire les enfants chatouilleux[15]. Notre cerveau est donc câblé dès le départ pour vouloir jouer, ce qui nous projette immédiatement dans la sociabilité.

Les recherches de Panksepp soulèvent par ailleurs une question intrigante : comment qualifieriez-vous un enfant hyperactif, impulsif, dont l'attention passe rapidement d'une activité à une autre ? Certains répondraient que l'enfant souffre d'un déficit d'attention et d'hyperactivité, syndrome qui a atteint les proportions d'une épidémie dans les écoles, aux États-Unis notamment.

Mais Panksepp, en extrapolant aux humains ce qu'il a appris des rongeurs, voit dans ce passage d'une action à une autre le signe d'un système neural du jeu très actif. Il a remarqué que les psychostimulants que l'on prescrit aux hyperactifs réduisent tous l'activité des modules cérébraux du jeu quand on les administre à des animaux, de même que chez les enfants ils éliminent toute espièglerie. Il suggère une solution radicale qui n'a pas encore été expérimentée : permettre aux jeunes enfants de donner libre cours à leur envie de jouer en instituant des récréations matinales où ils pourraient se défouler librement, et ne les envoyer en classe qu'après ces moments de détente. Ils seraient sans doute plus attentifs pendant le reste de la journée[16]. (C'est d'ailleurs ce qui se passait dans mon école, bien longtemps avant qu'on entende parler d'hyperactivité.)

Au niveau cérébral, le temps passé à jouer favorise la croissance neuronale et synaptique et consolide les voies neurales. En outre, l'amour du jeu confère une sorte de charisme : adultes, enfants et rats de laboratoire sont attirés par les personnes qui ont elles-mêmes beaucoup joué[17]. Certaines racines primitives de l'intelligence relationnelle plongent sans doute dans les circuits de la route basse.

Au niveau des interactions entre systèmes de contrôle cérébraux, les circuits du jeu cèdent devant les émotions négatives – anxiété, colère et tristesse – qui inhibent l'humeur ludique. L'envie de jouer ne se manifeste effectivement que quand l'enfant se sent rassuré, à l'aise avec ses nouveaux camarades, familier avec un terrain de jeu. Et dans la mesure où l'on observe cette même inhibition chez tous les mammifères, on peut supposer qu'elle a une valeur de survie.

À mesure que l'enfant grandit, les circuits du contrôle émotionnel éliminent progressivement l'envie irrépressible de rigoler et de faire le fou. Les circuits régulateurs du cortex préfrontal se développent jusqu'à la préadolescence, et les enfants acquièrent la capacité de satisfaire la demande sociale de « sérieux ». Lentement, ces énergies sont redirigées vers des modes de plaisir plus « adultes » et les jeux de l'enfance ne sont plus que des souvenirs.

L'aptitude à la joie

De tous les gens que je connais, Richard Davidson est sans doute le plus optimiste, le plus apte à la joie.

Nous avons fait nos études de troisième cycle ensemble, et il a ensuite entrepris une brillante carrière de chercheur. Quand je suis devenu journaliste scientifique, j'ai pris l'habitude de le consulter chaque fois que j'avais besoin d'explications à propos des nouvelles découvertes – abstruses pour moi – des neurosciences. Ses recherches m'ont énormément aidé pendant que j'écrivais *L'Intelligence émotionnelle*, et j'ai de nouveau fait appel à lui pour le présent ouvrage (notamment à propos de l'activation du cortex orbito-frontal des mères quand elles regardent la photo de nouveau-nés).

En tant que fondateur de la neuroscience affective – l'étude des émotions et du cerveau –, Davidson a effectué une cartographie des centres neuraux qui donnent à chaque individu un pivot émotionnel particulier. Ce point neural détermine le registre habituel de nos émotions au cours d'une journée donnée[18].

Morose ou optimiste, il est aussi remarquablement stable. Des recherches ont par exemple montré que, chez les gens qui ont gagné de fortes sommes à la loterie, l'allégresse retombe au bout d'un an, laissant place à l'humeur habituelle. De même, les gens paralysés à la suite d'un accident retrouvent, au bout d'un an à peu près, l'humeur qui était la leur avant l'accident.

Lorsqu'on se trouve aux prises avec une émotion pénible, a découvert Davidson, les deux aires cérébrales les plus actives sont l'amygdale et le cortex préfrontal droit. Lorsqu'on est d'excellente humeur, ces aires sont calmes et c'est une partie du cortex préfrontal gauche qui s'active.

Tous nos états émotionnels sont lisibles dans l'activité de l'aire préfrontale : le côté droit pour les états négatifs, le côté gauche pour les positifs.

Mais même quand nous sommes d'humeur neutre, le taux d'activité de nos aires préfrontales gauche et droite est un remarquable indicateur du registre des émotions que nous éprouvons généralement. L'activité de l'aire droite indique la tendance à la dépression ou à la contrariété, l'activité de l'aire gauche indique une tendance au bonheur.

Et voilà la bonne nouvelle : notre « thermostat » émotionnel n'est pas réglé une fois pour toutes à la naissance. Certes, nous avons tous un tempérament qui nous prédispose à certains états émotionnels, mais la recherche a établi des liens entre la façon dont nous avons été élevés et notre aptitude à la joie en tant qu'adultes. Le bonheur se fonde sur la résilience, la capacité à surmonter les bouleversements et à revenir à un état plus calme. Il semble qu'il existe un lien direct entre la résistance au stress et l'aptitude au bonheur.

Comme nous l'avons vu, des études ont montré que les jeunes souris les plus tendrement soignées par leur mère devenaient les plus indépendantes, confiantes et aventureuses. Cette découverte est corroborée par une autre, faite par Davidson sur des humains – plus précisément, sur des personnes âgées de plus de cinquante ans qui avaient été régulièrement évaluées depuis la fin de leurs études. Lorsque l'équipe de Davidson a mesuré leur aptitude au bonheur, celles qui étaient les plus résilientes et dont l'humeur journalière était la plus optimiste avaient un schéma d'activité cérébrale révélateur. Et, curieusement, celles qui disaient avoir été choyées pendant l'enfance avaient le schéma le plus joyeux[19].

Leurs souvenirs heureux n'étaient-ils que des images colorées en rose par le regard que donne une humeur joyeuse ? Peut-être. Mais comme le dit Davidson : « Il semble que la joie ressentie pendant la toute petite enfance ait une influence sur la mise en place des voies cérébrales liées au bonheur. »

La résilience

Un couple de ma connaissance a eu une fille sur le tard. Assez âgés tous les deux, le père et la mère sont complètement gagas de cette enfant. Ils ont engagé une équipe de gouvernantes qui lui consacrent toute leur attention, et ils ont rempli sa chambre de jouets.

Mais la maison de poupée géante, le portique, les placards remplis de jeux n'empêchent pas la fillette d'être un peu morose : à quatre ans, elle n'a jamais eu d'amis qui viennent jouer avec elle. Pourquoi ? Ses parents ont peur qu'un autre enfant puisse faire quelque chose qui la bouleverse.

Ils partagent cette croyance erronée qu'en mettant leur fille à l'abri de toute situation stressante, ils l'aideront à devenir une personne plus heureuse.

Mais cette hyper-protection, qui va à l'encontre de ce que nous savons de la résilience et du bonheur, est en fait une forme de carence affective. Et l'idée qu'un enfant devrait à tout prix éviter les contrariétés néglige les réalités de l'existence et la manière dont l'homme apprend à être heureux.

Des recherches ont montré qu'il était plus important pour un enfant d'apprendre à se remettre de ses tempêtes émotionnelles que de rechercher un hypothétique bonheur inaltérable. L'objectif de l'éducation parentale ne devrait pas être de former un être perpétuellement heureux mais de lui apprendre à retrouver son équilibre quoi qu'il arrive.

Par exemple, les parents capables de « recadrer » une expérience difficile en expliquant que « ce qui est fait est fait » enseignent à leur enfant une méthode universelle de dédramatisation des situations. Ce type d'intervention ponctuelle s'inscrit dans sa mémoire comme un moyen de gérer les difficultés en en voyant les aspects positifs. Au niveau neural, ces leçons renforcent peu à peu les circuits du COF[20].

Si nous n'apprenons pas pendant l'enfance à nous relever des catastrophes de la vie, nous restons émotionnellement désarmés. Mais pour acquérir les ressources intérieures nécessaires, nous devons être confrontés à la dure loi des cours de récréation, ce camp d'entraînement et d'initiation aux inévitables déconvenues des relations quotidiennes. La résilience sociale ne peut s'acquérir dans la monotonie d'un bonheur permanent.

Quand un enfant est contrarié, il doit maîtriser son émotion. Le fait qu'il y soit parvenu ou pas se reflète dans son taux d'hormones de stress. Pendant les premières semaines suivant leur entrée au jardin d'enfants, par exemple, les enfants qui se montrent les plus entreprenants et les plus sociables ont dans leurs circuits cérébraux une forte activité qui déclenche l'afflux d'hormones de stress. Cela témoigne de leurs efforts physiologiques pour relever le défi de se faire accepter dans un groupe social nouveau, la classe.

Mais à mesure que l'année avance et qu'ils s'intègrent dans leur nouvelle communauté, ce taux d'hormones décline progressivement. À l'inverse, les enfants qui restent isolés et malheureux dans leur classe mois après mois ont toujours un taux d'hormones de stress élevé, qui peut même augmenter en cours d'année[21].

Cette poussée d'activité des hormones de stress est une réponse métabolique qui permet au corps de gérer les situations délicates. Le cycle biologique d'afflux de cette hormone et de retour à la normale quand une difficulté est surmontée dessine l'onde sinusoïdale de la résilience. Les enfants qui tardent à maîtriser la gestion de leur détresse présentent un schéma complètement différent. Leur réponse biologique ne varie pas, leur taux d'hormones de stress restant bloqué dans les valeurs hautes[22].

Peur mais pas trop

Quand elle avait deux ans, ma petite fille a été fascinée pendant plusieurs mois par le dessin animé *Chicken Run*, comédie assez noire où des poules tentent de s'échapper d'un élevage où elles sont prisonnières et promises à la mort. Certaines séquences relèvent plus du film d'horreur que d'un spectacle pour enfants et sont susceptibles de terrifier une gamine de deux ans.

Pourtant, ma petite fille réclamait régulièrement de le voir et de le revoir. Elle admettait volontiers que le film faisait « vraiment peur », mais elle ajoutait que c'était son préféré.

Pourquoi un film aussi effrayant exerçait-il un tel attrait sur elle ? N'était-ce pas parce que son système neural apprenait, à force de voir ces scènes cruelles et de ressentir une peur délicieuse tout en sachant que l'histoire se terminait bien ?

Certaines recherches en neuroscience sur les bénéfices d'une peur relative ont été effectuées sur des singes saïmiris[23]. À l'âge de dix-sept semaines (l'équivalent pour les singes de la prime jeunesse), les singes étaient sortis de leur cage habituelle une fois par semaine pendant deux semaines. On les mettait pendant une heure dans une autre cage, avec des adultes qu'ils ne connaissaient pas – expérience terrifiante pour eux, comme le prouvait leur comportement.

Ensuite, juste après leur sevrage mais alors qu'ils étaient encore dépendants affectivement de leur mère, on les plaçait dans une nouvelle cage avec leur mère. Il n'y avait pas d'autres adultes mais toutes sortes de bonnes choses à manger et d'endroits à explorer.

Or, les singes qui avaient été exposés à la peur se montraient bien plus courageux et curieux que d'autres, du même âge, qu'on n'avait jamais séparés de leur mère. Ils exploraient librement leur nouvel environnement et se régalaient des bonnes choses qu'ils y trouvaient ; ceux qui n'avaient jamais quitté leur cage se cramponnaient peureusement à leur mère.

Les jeunes singes indépendants ne manifestaient aucun signe de peur, comme ils l'avaient fait lors de leur séjour dans des cages inconnues. Ces visites en « pays étranger » les avaient apparemment immunisés contre le stress.

Comme les petits singes, en ont conclu les spécia-liste, les jeunes enfants apprennent à gérer leur stress quand ils y sont exposés, et cette capacité s'inscrit dans leurs circuits neuraux, les rendant plus résilients à l'âge adulte. La répétition de la séquence peur-retour au calme modèle apparemment les circuits neuraux de la résilience, élaborant une capacité émotionnelle essentielle.

Comme l'explique Richard Davidson : « On peut apprendre à être résilient en étant exposé à une menace, à un stress compatible avec notre aptitude à le gérer. » Si le stress est insuffisant, on n'apprend rien ; s'il est trop fort, il peut inscrire le mauvais message dans les circuits de la peur. Quand un film est trop effrayant pour un enfant, celui-ci met du temps à s'en remettre. Son cerveau (et son corps) restent bloqués sur le mode de l'effroi pendant une période trop longue, et ce qui a été appris, ce n'est pas la résilience mais l'*échec* de la récupération.

Mais quand les « menaces » qu'affronte l'enfant sont à sa mesure – quand son cerveau passe d'une peur bien réelle au calme –, on peut penser qu'il s'est déroulé une séquence neurale différente. Cela explique peut-être le plaisir que prenait ma petite-fille à regarder *Chicken Run*. Et ce qui fait le succès des films d'horreur (notamment auprès des adolescents et préadolescents).

Selon la personnalité de l'enfant et son âge, même des films peu effrayants peuvent être bouleversants. Le vieux classique de Walt Disney *Bambi*, où la mère du faon meurt, a traumatisé pas mal de jeunes spectateurs. Et les plus petits ne doivent évidemment pas voir des films comme *Massacre à la tronçonneuse* qui peuvent, par contre, être une leçon de résilience pour des adolescents. Ce qui est horreur pour les uns est vu par les autres comme un agréable mélange de frayeur et de plaisir.

Si la vision de scènes trop violentes hante un enfant pendant des mois et lui fait faire des cauchemars, c'est que son cerveau n'a pas su maîtriser la peur. Les chercheurs supposent que chez les enfants qui ont trop souvent été victimes du stress – pas en allant au cinéma mais dans la vie réelle, en famille –, le renforcement de la voie neurale de la peur peut finir par produire des troubles de l'anxiété ou de la dépression.

Le cerveau social apprend en imitant des modèles – un parent qui regarde tranquillement ce qui pourrait paraître terrifiant, par exemple. Quand ma petite-fille arrivait à une scène particulièrement effrayante de son dessin animé préféré et qu'elle entendait sa mère lui dire : « Ne t'inquiète pas, ça va s'arranger » (ou qu'elle recevait le même message de réconfort en se pelotonnant contre son père), elle était rassurée, elle maîtrisait ses émotions, faculté qui pourra lui être utile dans d'autres circonstances.

Ces acquisitions essentielles de l'enfance vont perdurer tout au long de la vie, pas seulement dans des attitudes face au monde social mais dans la capacité à manœuvrer dans les tourbillons de la vie amoureuse. Et l'amour imprimera à son tour des marques biologiques durables.

QUATRIÈME PARTIE

Formes d'amour

13

L'attachement

Les sentiments humains, nous disent les scientifiques, sont gouvernés par trois systèmes cérébraux indépendants mais reliés entre eux, qui nous émeuvent chacun à sa manière. Pour démêler les mystères de l'amour, la neuroscience distingue les réseaux neuraux de l'attachement, de la sollicitude et de la sexualité. Chacun est alimenté par un ensemble différent de substances chimiques et d'hormones, et chacun circule à travers un circuit neuronal particulier. Chacun pimente à sa façon les nombreuses variétés de l'amour.

L'attachement concerne les gens vers lesquels nous nous tournons en cas de besoin ; ceux qui nous manquent le plus quand ils ne sont pas là. La sollicitude nous incite à prendre soin des personnes qui comptent le plus pour nous. Quant à la sexualité, c'est la sexualité.

Ces trois réseaux s'entremêlent en un équilibre harmonieux, une interaction qui, quand tout va bien, favorise la perpétuation de l'espèce, selon le dessein de la nature. Car, après tout, la partie sexuelle de la reproduction n'en est que le début. L'attachement fournit le ciment nécessaire à la cohésion du couple et de la famille, et la sollicitude nous incite à nous occuper de notre descendance pour que nos enfants grandissent et procréent à leur tour. Chacun de ces trois modes d'affection relie les êtres humains de différentes façons[1]. Lorsque l'attachement se mêle à la sollicitude et à l'attirance sexuelle, l'amour romantique peut naître. Mais quand l'un des trois ingrédients manque, il n'y a point d'amour.

Ce câblage neural sous-jacent interagit pour donner différentes combinaisons, différentes formes d'amour – romantique, familial, parental – et aussi toutes les formes de connexion, amitié, compassion ou simple affection pour un animal. Par extension, les mêmes circuits peuvent opérer dans une certaine mesure dans des domaines plus vastes comme l'aspiration spirituelle ou l'attirance pour les grands espaces.

Bien des circuits de l'amour passent par la route basse ; quiconque s'en tiendrait à la définition de l'intelligence relationnelle fondée sur la seule cognition serait donc désorienté. Les forces d'attraction qui nous lient les uns aux autres ont précédé l'avènement du cerveau rationnel. Les bases de l'amour ont toujours été sous-corticales, même si sa réalisation peut nécessiter beaucoup de réflexion. C'est pourquoi il faut, pour réussir à aimer, toutes les ressources de l'intelligence relationnelle, la route basse alliée à la route haute. Aucune des deux ne permettrait à elle seule de former des liens satisfaisants.

Démêler le réseau neural complexe de l'affection risque de mettre au jour certains de nos problèmes et de nos confusions. Les trois principaux systèmes liés à l'amour – attachement, sollicitude, sexualité – ont chacun des règles compliquées. À tout moment, l'un d'eux peut prendre le pas sur les autres, quand un couple partage un moment de tendresse, par exemple, quand il câline son bébé, ou quand il fait l'amour. Mais lorsque les trois systèmes sont activés, ils nous offrent ce que l'amour a de plus beau : une relation détendue, tendre et sensuelle, un rapport épanoui.

Pour former ce type d'union, le préalable indispensable est l'attachement. Comme nous l'avons vu, ce système commence à opérer dès la petite enfance, incitant le bébé à rechercher aide et protection auprès des autres, sa mère ou les personnes qui s'occupent de lui[2]. Et il existe de fascinants parallèles entre la manière dont nous avons formé nos premiers attachements et celle dont nous formons notre première connexion avec un amoureux ou une amoureuse.

L'art de séduire

Vendredi soir. Une horde d'hommes et de femmes bien habillés s'entasse dans un bar de New York. C'est un rendez-vous de célibataires, et la séduction est à l'ordre du jour.

Une femme traverse la salle en agitant sa chevelure et en roulant des hanches. Quand elle passe devant un homme dont elle a attiré le regard, elle lui jette un bref coup d'œil puis, voyant qu'il va lui répondre, détourne les yeux.

Message envoyé : « Remarque-moi ! »

Cette invitation du regard suivie d'un mouvement de pudeur évoque une séquence approche-repli pratiquée chez toutes les espèces de mammifères où la survie des nouveau-nés requiert l'aide du père ; la femelle a besoin de vérifier si le mâle va la poursuivre et s'engager. Cette manœuvre est si universelle dans l'art de séduire que même les rats la pratiquent : la femelle effectue des allers et retours vers le mâle, ou passe très vite devant lui, en agitant la tête et en émettant les mêmes couinements aigus que les bébés rats quand ils jouent[3].

Le sourire de séduction figure dans la liste établie par Paul Ekman : la personne sourit en détournant le visage puis regarde directement l'objet de son ardeur, juste le temps qu'il la remarque, avant de regarder ailleurs. Cette tactique pleine de modestie sollicite un ingénieux circuit neural qui semble avoir été installé dans le cerveau masculin à cet effet. Une équipe de scientifiques londoniens a découvert que quand un homme est regardé directement par une femme qui lui plaît, son cerveau active un circuit de dopamine qui lui procure une dose de plaisir[4]. Ce circuit reste par contre inactif quand l'homme regarde simplement une belle femme ou échange un regard avec une femme qui ne lui plaît pas particulièrement.

Mais que la femme soit ou non considérée comme attirante, ses manœuvres de séduction sont payantes : les hommes abordent plus souvent les femmes qui les provoquent que celles, même plus belles, qui ne le font pas.

La séduction se pratique dans toutes les cultures du monde (de Paris aux Samoa, comme l'a démontré une chercheuse, grâce à un appareil qui prend des photos par le côté[5]). Elle est le prélude à toute une série de négociations tacites entre personnes qui se courtisent. La première étape implique de lancer loin ses filets pour faire connaître son désir de rencontre.

C'est aussi la manière de procéder des très jeunes enfants qui signalent leur intérêt en interagissant avec à peu près tout le monde et en manifestant du ravissement lorsque quelqu'un répond à leurs avances[6]. Le parallèle entre adultes et tout-petits ne s'arrête pas au sourire, il concerne également les regards et une façon de parler avec animation, d'une voix haut perchée et en exagérant les gestes.

Ensuite vient la conversation. Dans la culture américaine, en tout cas, cette étape essentielle de la rencontre a une valeur presque mythique : il s'agit de parler, mais surtout de déterminer par le sous-texte si le partenaire potentiel mérite qu'on s'y attache. Cet échange est placé sous le contrôle de la route haute, alors que tout le début du processus concerne essentiellement la route basse.

Si la route basse nous jette dans les bras de quelqu'un, la route haute jauge un éventuel partenaire – d'où l'importance de discuter en buvant un café le lendemain d'un rendez-vous galant. Une cour prolongée permet de prendre la mesure exacte de ce qui compte le plus pour les deux partenaires : le fait que l'autre soit respectueux et compréhensif, attentif et compétent – c'est-à-dire digne qu'on s'y attache vraiment.

Les étapes du processus de séduction sont réglées pour donner aux partenaires putatifs une chance de deviner si l'autre sera un bon compagnon, indication permettant de supposer qu'il sera un jour un bon parent[7]. Pendant ces premières conversations, donc, chacun évalue la cordialité, la sensibilité, la réactivité de l'autre et opère un choix. De la même façon, les bébés de trois mois deviennent plus sélectifs et n'engagent des interactions qu'avec les personnes qui les rassurent.

Une fois le premier test réussi, la synchronie marque la transition entre attirance et émotion amoureuse. Une mise en synchronie aisée se manifeste, entre adultes comme avec les tout-petits, par des regards enamourés, des câlins, des gestes tendres, symptômes d'une plus vive intimité. À cette étape, les amoureux régressent vers la petite enfance, adoptent un langage de bébé, s'inventent des surnoms, se bercent de murmures et de douces caresses. Cette harmonie physique marque le moment où chacun des partenaires est devenu une base sécurisante pour l'autre – autre écho de la petite enfance.

Le processus de séduction peut également être orageux comme une colère d'enfant, car les amants sont aussi égocentriques que des gamins. Ces tempêtes prennent toutes les formes possibles correspondant aux différentes manières dont le risque et l'anxiété peuvent rapprocher deux êtres – aventures illicites, amours en temps de guerre, femmes succombant au charme de « mauvais garçons ».

Selon la théorie de Jaak Panksepp, quand deux personnes sont amoureuses, cela crée entre elles une véritable dépendance, comparable à celle d'une drogue[8]. Panksepp établit en effet un corollaire neural entre les dynamiques de l'addiction aux opiacés et la dépendance aux êtres pour qui nous éprouvons un fort attachement. Il affirme qu'une partie du plaisir que nous procurent nos interactions positives avec autrui est due au système opioïde, ces mêmes circuits qui rendent « accro » à l'héroïne et autres substances addictives.

Or, on a découvert que ces circuits incluent les deux structures clés du cerveau social, le cortex orbito-frontal et le cortex cingulaire antérieur. Le COF et le CCA s'activent chez les toxicomanes quand ils sont en manque, intoxiqués ou saouls. Ils se désactivent en cours de désintoxication. C'est ce qui explique l'importance primordiale que prend pour un drogué sa substance préférée, et l'impossibilité où il est de s'empêcher d'y recourir[9]. Et le même phénomène peut se produire avec l'être que l'on désire pendant la phase où l'on en tombe amoureux.

Panksepp pense que la gratification que les toxicomanes retirent de leur drogue reproduit biologiquement le plaisir naturel que nous donne le sentiment d'être connectés à ceux que nous aimons ; les circuits neuraux impliqués sont en grande partie les mêmes. Les animaux aussi, affirme Panksepp, préfèrent passer du temps avec ceux de leurs congénères en présence desquels ils secrètent de l'ocytocine et des opioïdes naturels, substances qui provoquent détente et sérénité – ce qui permet de penser que ces mêmes substances cimentent nos liens familiaux et nos amitiés autant que nos relations d'amour.

Trois styles d'attachement

Il y a presque un an, la fille de Brenda et de Bob est morte tragiquement, dans son sommeil, à l'âge de neuf mois.

Un soir où Bob lit tranquillement son journal, Brenda s'approche de lui, avec des photos en main. Elle a les yeux rougis d'avoir pleuré.

Elle lui dit qu'elle vient de retrouver des photos de ce jour où ils avaient emmené leur bébé à la plage.

Sans lever les yeux, Bob grommelle : « Mouais…

— Elle porte le chapeau que ta mère lui avait offert, poursuit Brenda.

— Hummm. » Bob reste plongé dans son journal.

Quand Brenda lui demande s'il veut voir les photos, il répond non, tourne une page de son journal et la parcourt du regard.

Brenda le regarde en silence et des larmes se mettent à ruisseler sur ses joues. Elle lui dit : « Je ne te comprends pas. C'était ta fille. Elle ne te manque pas ? Ça te laisse indifférent ?

— Bien sûr qu'elle me manque ! Simplement, je n'ai pas envie d'en parler », grogne Bob en se levant pour quitter la pièce.

Ce poignant dialogue montre bien comment deux styles d'attachement différents peuvent désynchroniser un couple – dans la gestion d'un trauma commun mais aussi à d'autres niveaux[10]. Brenda voudrait parler de ce qu'elle ressent ; Bob évite le sujet. Elle le trouve froid et indifférent ; il la trouve importune et quémandeuse. Plus elle l'interroge sur ses sentiments, plus il se renferme.

Ce schéma questionnement-fuite a fait l'objet de maints commentaires de la part des thérapeutes vers lesquels se tournent parfois ces couples en difficulté. Mais des découvertes récentes suggèrent que cette différence classique aurait des racines cérébrales. Aucune attitude n'est « meilleure » que l'autre, elles reflètent toutes les deux des schémas neuraux sous-jacents.

L'empreinte laissée par notre enfance sur nos désirs adultes n'est nulle part aussi évidente que dans notre « système d'attachement », les réseaux neuraux impliqués dans nos relations avec les gens qui nous importent le plus. Comme nous l'avons vu, les enfants élevés avec empathie abordent leur vie affective d'adultes avec confiance, tandis que les enfants émotionnellement négligés deviennent distants, comme s'ils avaient renoncé à tout espoir d'être aimés ; et les enfants de parents ambivalents se montrent anxieux et peu sûrs d'eux.

Bob incarne le type distant ; mal à l'aise avec les émotions intenses, il s'efforce de les minimiser. Brenda est du type anxieux ; étouffée par ses sentiments, elle a besoin d'en parler.

Si Bob avait été du type confiant, capable de ressentir ses sentiments sans en être envahi, il aurait été émotionnellement disponible pour Brenda comme elle le réclamait. Si Brenda avait été du type confiant, elle n'aurait pas recherché avec autant d'insistance l'empathie de Bob.

Une fois formé pendant l'enfance, notre *mode* d'attachement reste remarquablement constant. Il se manifeste à un degré ou un autre dans toutes nos relations, mais jamais aussi fortement que dans le lien amoureux. Et chaque style a des conséquences évidentes sur la vie affective, comme le montre une série d'études effectuées par Phillip Shaver, psychologue de l'université de Californie responsable de la plupart des recherches sur l'attachement et les relations[11].

Shaver a repris le flambeau transmis par John Bowlby à sa disciple Mary Ainsworth, qui fut la première à identifier les enfants confiants dans leurs attachements et les enfants manquant d'assurance dans divers domaines. Shaver, transposant les idées d'Ainsworth au monde des adultes, a identifié ces styles d'attachement tels qu'ils s'expriment dans les liens intimes, amitié, couple ou relations filiales[12].

Le groupe de Shaver a établi que 55 % des Américains (nourrissons, enfants et adultes) se situaient dans la catégorie « confiant », c'est-à-dire qu'ils n'avaient pas peur de l'intimité. Les personnes confiantes abordent les relations amoureuses en supposant que leur partenaire sera affectivement disponible et en phase avec elles, dans les bons et les mauvais moments, comme elles le seront avec lui. Elles se lient facilement avec les autres. Elles se sentent dignes d'être aimées et créditent les autres de confiance et de bonnes intentions à leur égard. En conséquence, leurs relations sont souvent intimes et harmonieuses.

À l'inverse, 20 % des adultes sont « anxieux » dans leurs relations amoureuses, prompts à douter de l'amour de leur partenaire ou de son envie de poursuivre la relation. Il arrive que leur attitude craintive et leur perpétuel besoin d'être rassurés incitent leur partenaire à les quitter. Ils ont tendance à se croire indignes d'être aimés – et idéalisent souvent leur partenaire.

Une fois installés dans une relation, les anxieux peuvent se laisser assaillir par la peur de l'abandon ou de l'insatisfaction. Ils manifestent souvent les signes de l'addiction : inquiétude obsessionnelle, crainte de déplaire et dépendance émotionnelle.

Environ 25 % des adultes appartiennent au type « distant ». Ils n'accordent pas facilement leur confiance à un partenaire, ne savent pas partager leurs sentiments, supportent mal l'intimité affective et s'énervent quand leur partenaire tente un rapprochement émotionnel. Ils ont tendance à refouler leurs sentiments, notamment ceux qui les font souffrir. Comme ils s'attendent toujours à être trahis, ils n'apprécient guère les relations intimes.

La difficulté sous-jacente des types « anxieux » et « distant » se ramène à leur rigidité. Ils appliquent une stratégie qui convient effectivement à certaines situations, mais ils s'y tiennent même quand elle échoue. Devant un danger réel, par exemple, l'anxiété aide à réagir ; mais dans une relation, si l'anxiété n'a pas de raison d'être, elle fige le mode relationnel.

En situation de détresse, chacun des types applique une stratégie différente pour se rassurer. Les personnes anxieuses, comme Brenda, se tournent vers autrui car elles ont besoin de réconfort. Les personnes distantes, comme Bob, restent à l'écart, préférant gérer seules leurs chagrins.

Dans un couple, quand l'un des partenaires est confiant, il peut apaiser les craintes du partenaire anxieux et permettre à la relation de conserver une certaine stabilité. Mais entre deux partenaires anxieux, colères et prises de bec se multiplient, nécessitant une vigilance constante[13]. Car l'appréhension, la rancune et la souffrance sont contagieuses.

La base neurale

Chacun des trois styles représente une variante spécifique dans le câblage du système cérébral de l'attachement, comme l'ont découvert Shaver et des spécialistes en neurosciences à l'université de Davis, Californie[14]. Ces différences se manifestent le plus vivement dans les moments difficiles, disputes, sombres ruminations après une fâcherie ou projets de séparation d'avec l'être aimé.

Les techniques d'IRMf révèlent que pendant ces rêveries douloureuses un schéma distinct se dessine dans le cerveau pour chacun des styles d'attachement[15]. (Bien que l'étude en question ait été faite avec des femmes, on peut supposer que les mêmes conclusions s'appliquent aux hommes – seules d'autres recherches le confirmeront.)

La propension du type anxieux à entretenir des craintes, celle de perdre son partenaire, par exemple, active des zones de la route basse, notamment le pôle temporal antérieur (PTA), lié à la tristesse, l'aire cingulaire antérieure, où jaillissent les émotions, et l'hippocampe, site clé pour la mémoire[16]. Notons que, lors de l'expérience, les femmes anxieuses qui essayaient de faire taire ces circuits liés à leurs difficultés relationnelles n'y parvenaient pas ; leurs craintes étaient plus fortes que leur capacité cérébrale à y mettre fin. Cette activité neurale ne concernait que l'anxiété liée à la relation, pas les peurs en général. Pour d'autres sources d'inquiétude, les circuits d'apaisement de l'anxiété fonctionnaient normalement.

À l'inverse, les femmes confiantes n'avaient aucun mal à faire taire leurs inquiétudes relatives à une rupture. Leur PTA, générateur de tristesse, se calmait dès qu'elles portaient leur attention sur d'autres pensées. Contrairement aux femmes anxieuses, elles activaient facilement l'interrupteur neural du COF pour calmer la souffrance émanant du PTA.

De même, les femmes anxieuses pouvaient ramener à leur mémoire un moment pénible de leur relation plus facilement que les autres femmes[17]. Une telle aptitude à se préoccuper des problèmes relationnels, avance Shaver, pourrait bien interférer avec leur capacité à imaginer des solutions constructives.

Les femmes distantes avaient un schéma neural très différent : l'activité se situait essentiellement dans une aire cingulaire qui s'active pendant le refoulement des pensées perturbantes[18]. Ce frein neural des émotions semblait enrayé : de même que les femmes anxieuses étaient incapables de mettre fin à leurs inquiétudes, les femmes distantes ne pouvaient arrêter le refoulement de leurs inquiétudes, même quand on le leur demandait. Au contraire, les autres femmes n'avaient aucun mal à activer et désactiver le cingulat quand on leur demandait de penser à une chose triste puis de ne plus y penser.

Ce schéma neural de refoulement perpétuel explique pourquoi les personnes du type distant se tiennent généralement à l'écart et sont peu impliquées dans la vie – lors d'une rupture ou d'un décès, elles souffrent peu, et évitent de s'impliquer pendant leurs interactions sociales[19]. Il semble qu'une légère anxiété soit le prix à payer pour connaître une vraie intimité émotionnelle, ne serait-ce que parce qu'elle fait émerger les problèmes relationnels qui doivent être résolus[20]. Le type distant de Shaver aurait ainsi sacrifié les connexions émotionnelles avec autrui pour s'assurer une déconnexion protectrice d'avec ses sentiments dérangeants. D'ailleurs, Shaver a eu plus de mal à recruter des femmes distantes pour son étude parce que l'une des conditions était d'être impliqué dans une relation de couple sérieuse, durable, et que ces femmes-là le sont rarement.

Les styles d'attachement, essentiellement formés pendant l'enfance, ne seraient donc pas des données génétiques. S'ils sont appris, ils doivent être modifiables, jusqu'à un certain point – par la psychothérapie ou une relation réparatrice. D'autre part, un partenaire compréhensif peut être capable de s'accommoder de ces idiosyncrasies, si elles ne dépassent pas certaines limites.

On peut se représenter les systèmes neuraux de l'attachement, de la sexualité et de la sollicitude comme les éléments d'un mobile de Calder où tout mouvement de l'une des branches se communique aux autres. Les styles d'attachement, par exemple, modèlent la sexualité. Les personnes distantes ont plus de partenaires sexuels et de passades que les anxieuses ou les confiantes. Fidèles à leur préférence pour l'absence d'engagement émotionnel, elles se satisfont de relations sexuelles sans tendresse ni intimité. Et si elles finissent par s'impliquer dans un couple, comme elles ont tendance à osciller entre distance et coercition, elles rompent ou divorcent plus souvent que d'autres – avant de vouloir, curieusement, reconquérir le même partenaire[21].

Le défi que représente l'attachement pour le lien amoureux n'est que le début d'une longue saga. Ensuite, il y a le sexe.

14

Le désir, au masculin et au féminin

Pendant ma première année de faculté, l'un de mes meilleurs amis était un type bourru, un formidable joueur de rugby surnommé « le costaud ». Je me souviens encore de l'avertissement que lui avait donné son père, d'origine allemande, au moment où il se préparait à quitter la maison.

C'était une maxime à la fois humoristique et cynique au parfum brechtien : « Quand le pénis durcit, la cervelle ramollit. »

Pour dire les choses plus techniquement, les circuits neuraux de la pulsion sexuelle se situent dans les régions sous-corticales de la route basse et hors de portée du cerveau pensant. Et plus ces circuits s'échauffent, moins nous sommes attentifs aux conseils que pourraient nous donner les régions rationnelles de la route haute.

C'est ce qui explique l'irrationalité de tant de choix amoureux : nos circuits logiques n'y sont pour rien. Le

317

cerveau social éprouve de l'amour et de la sollicitude, mais le désir passe par les branches les plus basses de la route basse.

Il semble aussi que le désir prenne deux formes distinctes, selon le sexe des individus. Lorsque des couples regardent la photo de l'être aimé, l'imagerie cérébrale révèle une différence notable : chez les hommes – mais pas chez les femmes –, les centres du traitement visuel et de l'excitation sexuelle s'activent, démontrant la sensibilité masculine à l'image. Comment s'étonner dès lors que dans le monde entier les hommes s'intéressent à la pornographie visuelle, comme le note l'anthropologue Helen Fisher, ou que les femmes tirent de leur apparence le sentiment de leur valeur et mettent tellement d'énergie à se faire belles, à « afficher leurs atouts[1] ».

Mais chez les femmes, la vue de l'être aimé active d'autres centres, ceux de la mémoire et de l'attention[2]. Cette différence suggère que les femmes soupèsent leurs sentiments avec plus de réflexion et évaluent les qualités de l'homme en tant que compagnon et soutien matériel. Au début d'une relation, les femmes ont tendance à se montrer plus pragmatiques que les hommes et, par conséquent, elles tombent amoureuses moins vite qu'eux. Pour elles, comme le dit Helen Fisher, « faire l'amour est moins souvent une affaire d'occasion que pour les hommes[3] ».

Il est vrai que le radar du cerveau pour l'attachement a souvent besoin de plusieurs rencontres pour décider s'il va se risquer. Les hommes s'engouffrent dans la route basse quand ils tombent amoureux. Les femmes aussi, bien sûr, mais avec des allers et retours dans la route haute.

On dit aussi, plus cyniquement, que les hommes recherchent des objets sexuels et les femmes des preuves de réussite. Mais si les femmes sont effectivement attirées par les signes du pouvoir et de la fortune chez les hommes, et les hommes par les charmes physiques des femmes, pour les deux sexes le principal attrait se situe ailleurs[4]. C'est en effet la gentillesse qui prime.

Pour compliquer encore notre vie amoureuse, les circuits de la route haute, qui se manifestent dans des sentiments élevés ou des mœurs puritaines, s'efforcent résolument de mettre un frein aux impulsions de la route basse. Le mariage, par exemple, a longtemps été une façon pour les classes possédantes de s'assurer que leurs biens resteraient dans leur lignage ; les unions se faisaient de famille à famille par le biais des enfants. Mais, amour ou désir, l'adultère triomphait toujours.

L'histoire sociale nous dit qu'il a fallu attendre la Réforme pour qu'émerge la notion romantique actuelle d'un lien désirant, aimant et affectueux entre conjoints – se démarquant de l'idéal de chasteté médiéval, qui ne voyait le mariage que comme un mal nécessaire. Et c'est avec l'avènement de la révolution industrielle et des classes moyennes que la notion d'amour romantique est devenue assez populaire en Occident pour que le simple fait de tomber amoureux offre au couple une raison suffisante pour se marier. Dans d'autres cultures, bien sûr, comme l'Inde, prise entre tradition et modernité, les couples qui se marient par amour ne représentent qu'une infime minorité et rencontrent souvent de fortes objections de la part des familles qui préféreraient un mariage arrangé.

Et puis la biologie, rappelons-le, ne coopère pas toujours avec l'idéal moderne du mariage qui associe engagement pour la vie et inconstance de l'élan amoureux. L'habitude érode considérablement le désir – qui peut même s'affaiblir dès que l'autre est définitivement conquis.

Pour compliquer encore la chose, la nature a cru bon de doter hommes et femmes de dispositions différentes jusque dans les molécules de l'amour. Les hommes ont généralement des taux plus importants de substances chimiques génératrices de désir et des taux moins importants de substances liées à l'attachement que les femmes. Ces disparités biologiques engendrent la plupart des tensions classiques entre les deux sexes dans le domaine de la passion.

Le dilemme le plus fondamental de l'amour-passion provient sans doute, en dehors des questions de culture, de la tension fondamentale entre les systèmes cérébraux qui sous-tendent le sentiment d'attachement et ceux qui sous-tendent la sollicitude et le désir sexuel. Chacun de ces réseaux neuraux entretient son propre ensemble d'intentions et de besoins, qui peuvent être soit compatibles, soit conflictuels. Quand ils s'opposent, l'amour chancelle ; quand ils s'harmonisent, l'amour peut fleurir.

Les petites ruses de la nature

Une femme écrivain, bien qu'indépendante et entreprenante, ne voyage jamais sans l'oreiller sur lequel son mari a dormi. Elle le pose sur son propre oreiller, dans sa chambre d'hôtel, où qu'elle aille. Son odeur, explique-t-elle, l'aide à s'endormir dans un autre lit que le leur.

Biologiquement, cette explication est logique et signale l'une des ruses de la nature pour assurer la reproduction de l'espèce. Les premiers émois sexuels – fût-ce un simple intérêt – provoqués par une rencontre passent par la route basse et sont essentiellement sensoriels. Les femmes sont souvent frappées par une impression olfactive, les hommes par une image.

Des scientifiques ont découvert que l'odeur de la transpiration masculine peut avoir des effets remarquables sur les femmes : elle améliore leur humeur, les détend et augmente le taux d'hormones reproductrices qui provoquent l'ovulation.

L'étude en question a pourtant été faite en laboratoire, donc dans des conditions très peu romantiques. Des échantillons de sueur d'hommes n'ayant pas utilisé de déodorant pendant un mois ont été mélangés à une préparation qui était déposée sur la lèvre supérieure de jeunes femmes volontaires persuadées de participer à une étude sur l'odeur de produits comme l'encaustique[5]. Lorsque l'odeur était celle de la sueur, les femmes se sentaient plus détendues et plus heureuses.

Dans un cadre approprié, supposent les chercheurs, les odeurs peuvent aussi déclencher des émotions sexuelles. Quand les couples dansent par exemple, leur étreinte hormonale prépare discrètement la voie à leur excitation sexuelle, leurs corps orchestrant les conditions préalables à la reproduction. Cette étude a été menée dans le cadre de la recherche sur de nouvelles thérapies de la fertilité, pour voir si les ingrédients actifs de la transpiration pouvaient être isolés.

Chez l'homme, le corollaire peut être l'impact de la vue d'un corps de femme sur les centres cérébraux du plaisir. Le cerveau masculin contient des détecteurs, apparemment innés, pour certains aspects du corps féminin, notamment la proportion entre tour de poitrine, tour de taille et tour de hanches, la fameuse silhouette en sablier, signe de jeunesse et de beauté qui peut à elle seule déclencher l'excitation sexuelle masculine[6]. Des hommes du monde entier à qui l'on a montré des dessins de femmes présentant différentes proportions ont dans leur grande majorité choisi celles dont le tour de taille était égal à 70 % de leur tour de hanches[7].

L'explication exacte de cette préférence innée a fait l'objet de vigoureux débats pendant des dizaines d'années. Pour certains, l'organisation de ces circuits neuraux serait une manière de rendre les signes biologiques de la fertilité féminine plus attirants pour les hommes, permettant une gestion plus économique de leur sperme.

Quoi qu'il en soit, les humains sont construits ainsi : la seule vue de madame enchante monsieur, et l'odeur de monsieur dispose madame à l'amour. Cette tactique a sans doute très bien fonctionné pendant les premiers temps de la préhistoire humaine. Mais, de nos jours, la neurobiologie de l'amour est devenue plus complexe.

Le cerveau libidinal

Être « vraiment, profondément, follement » amoureux était le seul critère de sélection d'hommes et de femmes pour une étude faite à l'University College de

Londres. Les dix-sept volontaires furent branchés à des appareils d'imagerie cérébrale pendant qu'ils regardaient la photo de l'être aimé et des photos d'amis. Résultat, ils paraissaient grisés par l'amour.

Chez les femmes comme chez les hommes, l'objet passionnel provoquait des feux d'artifice dans des secteurs du cerveau tellement particuliers qu'ils semblent spécialisés dans l'amour[8]. Ces mêmes circuits, comme l'a noté Jaak Panksepp, « s'allument » au cours d'autres états euphoriques, provoqués par la cocaïne ou des opiacés. Cette découverte permet de penser que la nature extatique et addictive de l'amour a une composante neurale. Curieusement, aucun de ces circuits n'est très actif chez les hommes pendant l'excitation sexuelle, bien que des aires adjacentes s'éveillent, suggérant un lien anatomique facile lorsque le désir est suscité par l'amour[9].

Les circuits du désir où se manifeste la libido occupent une grande partie du cerveau limbique[10]. Ce câblage neural de l'ardeur sexuelle appartenant à la route basse est en grande partie commun aux deux sexes, mais avec quelques différences révélatrices. Ces différences provoquent des disparités dans la manière dont hommes et femmes vivent l'union amoureuse, et dans la manière dont ils apprécient différents aspects de la rencontre amoureuse.

Chez l'homme, la sexualité, de même que l'agressivité, est gouvernée par l'action de l'hormone sexuelle, la testostérone, dans les aires concernées du cerveau[11]. Lorsqu'un homme est excité sexuellement, son taux de testostérone s'élève. L'hormone masculine provoque aussi une certaine stimulation sexuelle chez la femme, mais pas aussi forte que chez l'homme.

Et puis il y a l'aspect « dépendance ». Chez les deux sexes, la dopamine – substance chimique grâce à laquelle des activités aussi diverses que les jeux de hasard et la consommation de drogues déclenchent un plaisir intense – monte en flèche pendant les rencontres sexuelles. Et ce flot de dopamine ne se produit pas seulement pendant l'excitation sexuelle, mais aussi en fonction de la fréquence des relations sexuelles et de l'intensité de la libido individuelle[12].

L'ocytocine, source chimique de la sollicitude, imprègne le cerveau des femmes plus que celui des hommes et a donc plus d'influence sur le choix d'un partenaire par les femmes. La vasopressine, hormone étroitement liée à l'ocytocine, peut aussi jouer un rôle dans la formation du couple[13]. Curieusement, les récepteurs de la vasopressine sont abondants sur les cellules fusiformes, ces connecteurs ultrarapides du cerveau social. Les cellules fusiformes sont par exemple impliquées dans les jugements immédiats sur les personnes rencontrées pour la première fois. Bien qu'aucune étude ne l'ait établi avec certitude, il est probable que ces cellules jouent un rôle dans le système cérébral qui crée le coup de foudre amoureux – ou du moins sexuel.

Pendant la phase précédant l'acte sexuel, le taux d'ocytocine s'élève dans le cerveau masculin, de même que la « faim » hormonale suscitée par l'arginine et la vasopressine (connues ensemble sous le sigle AVP). Le cerveau masculin a plus de récepteurs pour l'AVP que le féminin, et ils sont presque tous concentrés dans les circuits sexuels. L'AVP, qui devient abondante à la puberté, alimente les rêveries sexuelles des hommes, s'accumule à l'approche de l'éjaculation et décline rapidement au moment de l'orgasme.

Chez l'homme comme chez la femme, l'ocytocine provoque la plupart des sensations délectables du contact sexuel. De fortes doses en sont relâchées pendant l'orgasme ; et après, elle continue à stimuler l'affection des amants qui restent sur la même longueur d'onde hormonale pendant un certain temps[14]. Les sécrétions d'ocytocine restent fortes après l'orgasme, notamment pendant les tendres ébats consécutifs au coït[15].

L'ocytocine augmente fortement chez les hommes pendant cette période réfractaire qui suit l'éjaculation, pendant laquelle ils ne peuvent plus avoir d'érection. Curieusement, et chez les rongeurs en tout cas, une gratification sexuelle importante multiplie par trois le taux d'ocytocine chez les mâles – modification qui rapproche apparemment leur chimie cérébrale de celle des femmes, tant qu'elle dure. Quoi qu'il en soit, les moments de détente agrémentés de jeux amoureux d'après le coït sont l'occasion de nouer des liens d'attachement, autre fonction de l'ocytocine.

Les circuits du désir préparent aussi le couple pour son prochain rendez-vous galant. L'hippocampe, structure clé du stockage de la mémoire, contient des neurones riches en récepteurs pour l'AVP et l'ocytocine. L'AVP, surtout chez l'homme, imprime apparemment avec une force particulière l'image de sa partenaire au paroxysme de la passion. L'ocytocine produite par l'orgasme stimule également la mémoire, rendant l'image de l'être aimé inoubliable.

Pendant que ces échanges biochimiques stimulent notre activité sexuelle, les centres de la route haute exercent leur influence, pas toujours compatible avec celle de la basse. Les systèmes cérébraux qui, pendant des milliers d'années, ont favorisé la survie de l'humanité semblent aujourd'hui vulnérables à des conflits et des tensions qui peuvent les mettre en échec.

Le désir tyrannique

Voyez cette jeune avocate belle et indépendante dont le fiancé, un écrivain, travaille chez eux. Chaque fois qu'elle rentre, il abandonne ce qu'il fait pour venir tourner autour d'elle. Un soir, comme elle allait se coucher, il la tira vers lui avant même qu'elle ait eu le temps de se glisser sous les draps[16].

« Laisse-moi juste un peu d'espace d'où je pourrais t'aimer », lui dit-elle. Vexé, le fiancé menaça d'aller dormir sur le canapé.

La réaction de cette femme illustre le mauvais côté d'un « bouclage » trop serré : il peut devenir étouffant. L'objectif de la complicité n'est pas la symbiose permanente de tous les sentiments et de toutes les idées ; il faut aussi que chacun dispose de l'espace nécessaire pour être seul quand il le souhaite. Le cycle des rapprochements établit l'équilibre entre les besoins de l'individu et ceux du couple. Comme l'a dit un thérapeute familial : « Plus un couple peut se séparer, plus il peut rester ensemble. »

Chacun des modes d'expression de l'amour – attachement, désir et sollicitude – possède sa propre signature biologique, destinée à lier les partenaires par un ciment spécifique. Quand ils sont en phase, l'amour se renforce. Quand ils s'opposent, l'amour dépérit.

Voyons ce qui menace une liaison lorsque les trois systèmes biologiques de l'amour se contrarient, ce qui se produit communément dans la tension entre attachement et pulsions sexuelles. Cette dissonance peut par exemple se produire quand l'un des partenaires ne se sent pas en sécurité, quand il est jaloux ou a peur d'être abandonné. Au plan neural, quand le système de l'attachement s'oriente vers l'anxiété, il inhibe l'action des deux autres. Une appréhension dévorante peut ainsi affaiblir la pulsion sexuelle et étouffer la tendre sollicitude – du moins momentanément.

La fixation du fiancé sur l'avocate en tant qu'objet sexuel est comparable au désir tyrannique du nourrisson, qui ne sait rien des sentiments ou des besoins de sa mère, pour le sein. Ces tendances archaïques se révèlent aussi pendant l'acte sexuel, quand deux adultes passionnés se jettent l'un sur l'autre avec l'impétuosité des nourrissons.

Comme nous l'avons déjà signalé, les racines enfantines de l'intimité refont surface dans l'utilisation de petits noms puérils prononcés d'une voix fluette et chantante. D'après les éthologistes, ces signaux déclenchent dans le cerveau des amants des réponses parentales de tendresse et de sollicitude. La différence entre le désir enfantin et celui de l'adulte réside dans la capacité de l'adulte à éprouver de l'empathie qui, se mêlant à la passion, la rend plus compassionnelle, plus respectueuse de l'autre.

C'est pourquoi Mark Epstein, le psychiatre de l'avocate, a conseillé au fiancé de se réfréner un peu pour donner le temps à la complicité de naître, créant ainsi l'espace psychologique nécessaire à l'avocate pour contacter son propre désir. La réciprocité du désir – et le maintien du bouclage entre eux – devait permettre le retour d'une passion que l'avocate était en train de perdre.

Cela nous ramène à la fameuse question de Freud : « Que veut une femme ? » À laquelle Epstein répond : « Elle veut un partenaire qui tienne compte de ce qu'elle veut. »

La réification consensuelle

Anne Rice, auteur d'une série de romans axés sur le vampirisme, et aussi, sous un pseudonyme, de textes érotiques, se rappelle avoir toujours eu des fantasmes sadomasochistes, même quand elle était enfant.

Elle inventait par exemple des scénarios élaborés où de jeunes garçons étaient vendus comme esclaves sexuels dans la Grèce antique ; les relations sexuelles entre hommes la fascinaient. Devenue adulte, elle fut attirée par la culture gay et se lia d'amitié avec des homosexuels[17].

Les fantasmes sont la matière première de la fiction. Les romans de Rice, mêlant vampirisme et sous-thèmes érotiques gay, ont une tonalité gothique. Et dans ses romans torrides, elle décrit des scènes sadomasochistes entre partenaires des deux sexes. Si ces fantasmes ne correspondent pas au goût de tout le monde, ils ne sont pas essentiellement différents de ceux qui, d'après les chercheurs, constituent les rêveries érotiques des gens ordinaires.

Les scènes imaginées par Rice ne sont pas « déviantes » au sens normatif du terme. Elles mettent en scène des thèmes régulièrement évoqués par des hommes et des femmes dans les études faites à ce sujet. Une enquête a par exemple établi une liste des fantasmes sexuels les plus courants : revivre une rencontre sexuelle particulièrement réussie, imaginer faire l'amour avec son partenaire ou une autre personne, pratiquer le cunnilingus ou la fellation, faire l'amour dans un cadre romanesque, être irrésistible, et être contraint à la soumission sexuelle[18].

Une grande variété de fantasmes sexuels, source de stimulation donc d'excitation et de plaisir, peut refléter une bonne santé sexuelle[19]. Et, du moment que les deux partenaires sont d'accord, cela est également vrai des fantasmes bizarres, comme ceux que décrit Rice et qui peuvent a priori paraître cruels.

Un long chemin a été parcouru depuis que Freud affirmait, il y a un siècle : « Une personne heureuse ne fantasme jamais, seule une personne insatisfaite le fait[20]. » Mais un fantasme n'est rien d'autre qu'une production imaginaire. Rice précise bien qu'elle n'a jamais mis les siens en pratique, bien qu'elle en ait eu l'occasion. Mais s'ils restent imaginaires, les fantasmes n'en ont pas moins leur utilité. Les premières études de Kinsey (dont l'échantillonnage était faussé) montraient que 89 % des hommes et 64 % des femmes fantasmaient pendant la masturbation – découverte choquante pour l'époque, les années 1950, et devenue banale aujourd'hui. Comme le bon professeur Kinsey l'a révélé au grand jour, les hommes et les femmes ont des pratiques sexuelles bien plus variées qu'il n'est communément admis.

Les tabous sociaux encore prégnants de nos jours – en dépit des films et sites Internet dédiés à la pornographie – permettent de penser que cette variété est encore plus grande qu'on ne veut bien l'admettre. De fait, les chercheurs partent systématiquement du principe que les statistiques fondées sur ce que disent les gens de leur sexualité sont bien en dessous de la réalité. Lorsqu'on a demandé à des étudiants des deux sexes de noter dans un carnet toutes les pensées et images sexuelles qu'ils avaient pendant une journée, les hommes en annonçaient sept, les femmes entre quatre et cinq. Mais dans d'autres études où des étudiants remplissaient un questionnaire leur demandant de *décrire* leurs fantasmes quotidiens, les chiffres tombaient à un par jour pour les hommes, un par semaine pour les femmes.

Pour pratiquement toutes les formes de comportement sexuel, les hommes ont généralement plus de fantasmes que les femmes, mais les chiffres s'équilibrent pour ce qui est de fantasmer pendant le coït : 94 % des femmes et 92 % des hommes disent l'avoir fait (même si d'autres estimations donnent 47 % pour les hommes et 34 % pour les femmes).

Une étude a montré qu'imaginer l'acte sexuel avec son partenaire habituel fait partie des rêveries les plus fréquentes quand les gens ne sont pas en train de faire l'amour, alors que s'imaginer avec un autre partenaire est plus courant *pendant* l'acte sexuel[21]. Ce qui a pu faire dire à un humoriste que quand deux amants font l'amour, quatre personnes sont en fait concernées : deux bien réelles et deux imaginaires.

La plupart des fantasmes sexuels mettent l'autre dans le rôle d'objet, de créature uniquement destinée à assouvir tel ou tel penchant, sans tenir compte de ses préférences à lui. Mais dans le domaine de l'imagination, tout est possible.

Consentir à partager la réalisation d'un fantasme sexuel est un acte de convergence ; mettre en scène le scénario avec un partenaire consentant, c'est tout autre chose que d'imposer son fantasme à l'autre, de le réduire au statut d'objet, de Cela[22]. Si les partenaires sont d'accord, même des scénarios apparemment Je-Cela peuvent renforcer leur sentiment d'intimité. Dans les circonstances appropriées, considérer l'être aimé comme un objet peut faire partie des jeux sexuels.

« Une bonne relation sexuelle, observe un psychothérapeute, est comme un bon fantasme sexuel » – excitante mais sûre. Lorsque les partenaires ont des besoins émotionnels complémentaires, ajoute-t-il, il en résulte une alchimie – le partage des fantasmes, par exemple – génératrice de cette excitation qui décroît souvent dans les rapports sexuels des couples au bout de quelques années[23].

L'empathie et la connivence entre partenaires rendent joyeux un fantasme Je. Cela qui, autrement, serait cruel. La mise en scène partagée crée une empathie rassurante. Et la synchronie qui accompagne le passage à l'acte augmente le plaisir et témoigne d'une acceptation réciproque profonde, d'une réelle sollicitude.

Quand la sexualité nie l'autre

Voyons comment un psychothérapeute décrit la vie sexuelle d'un narcissique qu'il traite.

Vingt-cinq ans, célibataire, il s'emballe facilement pour les femmes qu'il rencontre et se met à fantasmer sur elles au point d'en être obsédé. Mais au bout de quelques rendez-vous galants, il est toujours déçu par sa maîtresse ; il la trouve stupide ou collante ou physiquement répugnante.

À la période de Noël, par exemple, comme il ne voulait pas rester seul, il essaya de convaincre sa compagne du moment – avec qui il ne sortait que depuis quelques semaines – de ne pas aller chez ses parents. Quand elle refusa, il lui reprocha de ne penser qu'à elle et, furieux, décida de ne plus jamais la revoir.

Le narcissique, estimant que tout lui est dû, a le sentiment que les règles et les limites ordinaires ne sont pas pour lui. Comme nous l'avons vu, il se croit autorisé à contraindre une femme qui l'a encouragé et excité, même si elle lui exprime clairement son refus d'aller plus loin.

Le manque d'empathie, rappelez-vous, fait partie des caractéristiques des narcissiques, avec une tendance à exploiter autrui et un égocentrisme marqué. Il n'est donc pas surprenant que ce type d'homme justifie des attitudes valorisant la coercition sexuelle, comme l'idée que si une femme se fait violer, « elle l'a bien cherché » et que quand elle dit non, « ça veut dire oui »[24]. Les étudiants américains narcissiques ont tendance à admettre que « quand une fille accepte de flirter et laisse les choses aller assez loin, si le garçon l'oblige à faire l'amour, c'est elle la responsable ». Pour certains hommes, cette logique justifie le viol de leur partenaire qui se refuse après s'être laissé faire.

Cela explique peut-être en partie pourquoi, aux États-Unis, environ 20 % de femmes disent avoir été sexuellement forcées en dépit de leur résistance – par un mari, un partenaire ou la personne qu'elles aimaient[25]. En effet, dix fois plus de femmes sont violées par un être aimé que par un étranger. D'après une étude où ce type de violeurs était interrogé, la coercition serait toujours précédée par une période de jeux sexuels consentis ; le violeur ne tiendrait simplement aucun compte des protestations de la femme quand il veut aller plus loin[26].

Contrairement à la majorité des hommes, les narcissiques apprécient et trouvent excitants les films dans lesquels un couple flirte, la femme veut arrêter, et l'homme continue, malgré le refus et le dégoût qu'elle manifeste[27]. En regardant ce genre de scène, les narcissiques se désintéressent de la souffrance de la femme pour ne voir que l'autogratification de l'agresseur. Curieusement, ces mêmes hommes ne manifestent aucun intérêt particulier pour des scènes de viol si elles ne sont pas précédées de préliminaires et du refus de la femme.

Leur absence d'empathie rend les narcissiques indifférents au mal qu'ils font à leurs partenaires. Ils ne comprennent même pas pourquoi il leur déplaît de se faire violenter. Et, bien sûr, plus un homme est capable d'empathie, moins il est susceptible d'agir en prédateur ou même d'imaginer le faire[28].

Une composante hormonale peut aussi jouer un rôle dans l'agressivité sexuelle. Des chercheurs ont montré que de très forts taux de testostérone rendent les hommes plus susceptibles de traiter une autre personne comme un simple objet sexuel. Et fait d'eux des maris particuliers.

Une étude du taux de testostérone chez 4 462 Américains a mis en évidence des ressemblances inquiétantes entre ceux qui en avaient le plus fort taux[29]. Dans l'ensemble, ils étaient plus agressifs, ils avaient plus souvent été arrêtés et mêlés à des bagarres. En tant que maris, ils présentaient aussi des risques : ils frappaient volontiers leur femme ou lui lançaient des objets à la figure, ils avaient des aventures extraconjugales et – par voie de conséquence – divorçaient souvent. Plus le taux d'hormones mâles était élevé, plus le tableau était sombre.

Il y avait par contre beaucoup d'hommes ayant un taux de testostérone élevé et une vie de couple heureuse. D'après les auteurs de l'étude, tout dépendait du degré auquel chacun avait appris à contrôler ses impulsions. Les systèmes préfrontaux permettent de gérer des impulsions de toutes sortes, sexuelles ou agressives. D'où la nécessité de la route haute et de sa capacité à réfréner la basse pour faire contrepoids à une libido déchaînée.

Il y a bien des années, alors que j'étais journaliste au *New York Times*, j'ai interrogé un agent du FBI spécialisé dans l'analyse psychologique des tueurs en série. Il m'a dit que ces hommes exprimaient presque systématiquement des fantasmes sexuels pervers dans lesquels même les supplications de la victime devenaient excitantes. De fait, un petit nombre d'hommes (heureusement) sont plus excités par des scènes de viol que par des scènes érotiques[30]. Cet étrange appétit pour la souffrance d'autrui met ces hommes vraiment à part de leurs semblables, puisque même les narcissiques capables de violer leur amie ne trouvent pas les scènes de viol excitantes.

L'absence complète d'empathie semble expliquer pourquoi les violeurs récidivistes restent sourds aux cris et aux larmes de leurs victimes. Un nombre significant de violeurs incarcérés disent ne rien ressentir pour les femmes qu'ils agressent, ne pas savoir ce qu'elles ressentent ou s'en moquer. Un grand nombre d'entre eux réussissent même à se convaincre qu'« elles aiment ça », bien qu'elles aient été assez bouleversées pour qu'ils se retrouvent en prison[31].

Une autre recherche sur des violeurs emprisonnés a montré qu'ils étaient capables de comprendre autrui dans la plupart des situations, excepté une seule : quand les femmes leur disaient non – mais pas quand elles leur disaient oui[32]. Capables d'empathie, donc, ces violeurs interprétaient mal les signaux qu'ils voulaient le moins comprendre, le refus ou la détresse d'une femme.

Plus troublant encore est le cas de ces hommes dont le comportement général, hautement déviant, les pousse à réaliser leurs fantasmes centrés sur des scénarios Je-Cela – notamment les violeurs en série, les pédophiles, les exhibitionnistes. Ils sont généralement plus excités par leurs fantasmes d'abus sexuels que par la sexualité ordinaire[33]. Bien sûr, il ne faut pas confondre fantasme et passage à l'acte. Mais ceux qui, comme les délinquants sexuels, imposent à autrui des pratiques issues de leur imagination ont franchi la barrière neurale entre pensée et action.

Une fois que la route basse a transgressé les interdits de la route haute pour laisser libre cours à une pulsion déviante, les fantasmes inspirent des actes abusifs, entretiennent une libido débridée (désir de pouvoir, disent certains) qui conduit à multiplier les crimes sexuels. Ces fantasmes deviennent alors des signaux de danger, surtout quand l'homme n'éprouve pas d'empathie pour ses victimes et croit même qu'« elles aiment ça »[34].

Comparons la froide dissociation de la sexualité Je-Cela avec la tendre complicité des rencontres Je-Tu. La relation amoureuse dépend de la résonance ; sans cette connexion intime, seul le désir s'exprime. Lorsque l'empathie est réciproque, l'autre est aussi un sujet, un Tu, et la charge érotique augmente considérablement. L'union émotionnelle qui accompagne l'intimité physique fait perdre aux deux partenaires le sentiment de leur séparation dans ce qu'on a appelé un « orgasme d'ego » – la fusion non seulement de leurs corps mais de leurs êtres[35].

Pourtant, même l'orgasme le plus puissant ne garantit pas que les amants éprouveront une réelle et tendre sollicitude l'un pour l'autre le lendemain matin. La sollicitude a sa propre logique neurale.

15

Fondements biologiques de la compassion

Dans une chanson des Rolling Stones, Mick Jagger promet à celle qu'il aime : « Je serai toujours là pour te secourir, émotionnellement » – exprimant ainsi un sentiment qu'éprouvent tous les amoureux du monde. Ce qui maintient l'unité d'un couple n'est pas seulement l'attirance mutuelle mais aussi la sollicitude mutuelle. Cette envie de s'occuper de l'autre peut exister dans n'importe quelle relation.

Le prototype en est le dévouement total de la mère pour son bébé. John Bowlby a émis l'hypothèse que le même système inné de sollicitude entre en action chaque fois que nous devons répondre à un appel au secours – qu'il provienne de l'être aimé, de notre enfant, d'un ami ou d'un inconnu en détresse.

Entre gens qui s'aiment, la sollicitude s'exprime essentiellement de deux manières : en offrant à l'autre une base sécurisante où il peut se sentir protégé et en offrant à l'autre un refuge d'où il peut partir affronter le monde. Idéalement, les deux partenaires devraient pouvoir passer souplement d'un rôle à l'autre selon l'envie ou le besoin de chacun – réconfort ou port d'attache.

On procure à son partenaire une base sécurisante quand on s'implique émotionnellement avec lui en l'aidant à résoudre un problème, en le réconfortant ou simplement en étant présent et à son écoute. Une relation qui offre cette sécurité libère les énergies nécessaires pour affronter des défis. Comme l'écrit Bowlby : « Depuis le berceau jusqu'à la tombe, nous sommes tous plus heureux lorsque la vie nous offre une série d'excursions, longues ou courtes, à partir d'une base sécurisante[1]. »

Ces excursions peuvent être aussi simples qu'un aller et retour quotidien au bureau ou aussi complexes que la réalisation d'un objectif majeur. Les personnes que l'on récompense pour avoir accompli de grandes choses ne manquent jamais d'exprimer leur gratitude, dans leur discours de remerciements, à la personne qui leur a procuré une base sûre. Cela témoigne de l'importance du sentiment de sécurité et de confiance pour notre capacité de réussite.

Sentiment de sécurité et volonté d'exploration sont intimement mêlés. Plus un partenaire nous assure refuge et sécurité, affirme Bowlby, plus nous pouvons nous aventurer loin – et plus nous entreprenons des explorations périlleuses, plus nous avons besoin de recourir au soutien de notre base pour entretenir notre énergie et notre détermination, notre confiance et notre courage. Ces idées ont été testées sur 116 couples unis depuis plus de quatre ans[2]. Comme prévu, plus un individu sentait que son partenaire constituait une base sécurisante, plus il affrontait avec confiance les situations que lui proposait la vie.

L'enregistrement vidéo de discussions entre conjoints évoquant leurs objectifs personnels révèle que la manière de parler compte également. Si le partenaire qui écoute est sensible, ouvert et positif pendant que l'autre lui expose ses projets, ce dernier est plus confiant à la fin de la discussion, et certains obstacles à ses projets sont souvent levés.

Mais quand le partenaire se conduit en donneur de leçons, l'autre se met à douter de son projet et finit souvent par l'abandonner et par se sentir déprécié. Le partenaire dominateur est perçu par l'autre comme brutal et critique – et son avis est généralement rejeté[3]. Vouloir contrôler l'autre, c'est violer la loi cardinale qui veut que pour constituer une base sécurisante on ne doit intervenir qu'à la demande de l'autre ou en cas d'absolue nécessité. Laisser son partenaire gérer seul sa propre existence relève d'un vote de confiance tacite ; plus on tente d'intervenir, plus on sape cette confiance. Toute intrusion entrave la liberté d'exploration.

Les styles d'attachement et de sollicitude varient. Les gens anxieux dans leurs attachements peuvent avoir du mal à laisser suffisamment d'espace à l'autre pour qu'il poursuive ses explorations, préférant le garder à leur côté. Ces personnes trop dépendantes peuvent offrir une base sûre mais pas représenter un refuge. À l'inverse, les personnes distantes laissent généralement leur partenaire s'éloigner d'elles, mais ne lui offrent pas le réconfort d'une base sécurisante – et ne viennent presque jamais à son secours, émotionnellement.

Pauvre Liat

La scène pourrait être extraite du jeu télévisé *Fort Boyard* : Liat, une étudiante, doit subir une série d'épreuves, plus éprouvantes les unes que les autres. Sa première tâche lui semble déjà insupportable : elle doit regarder des photos d'un homme hideusement brûlé et de visages atrocement marqués de cicatrices.

Ensuite, il faut qu'elle tienne et caresse un rat, ce qui la dégoûte tellement qu'elle manque de lâcher l'animal. Puis, on lui demande de plonger son bras jusqu'à l'épaule dans de l'eau glacée et de l'y laisser pendant trente secondes. La douleur est si intense qu'elle renonce au bout de vingt secondes.

Enfin, alors qu'elle est censée introduire sa main dans un terrarium pour caresser une tarentule, elle se révolte et crie : « Je ne peux pas continuer ! »

Maintenant, répondez à cette question : vous seriez-vous porté volontaire pour soulager Liat en prenant sa place ?

C'est la question qui fut posée à des étudiants, volontaires pour une expérience sur l'influence de l'anxiété sur la compassion, cette noble extension de notre instinct de sollicitude. Leurs réponses ont révélé que les styles d'attachement n'influencent pas seulement la sexualité mais aussi l'empathie.

Mario Mikulincer, un collègue israélien de Philip Shaver dans la recherche sur les styles d'attachement, prétend que la pulsion altruiste innée, consécutive à l'empathie avec une personne dans le besoin, est parasitée, refoulée ou dominée par l'anxiété liée à un attachement insécurisant. Des expériences très élaborées ont permis à ce chercheur de montrer que les trois différents styles d'attachement ont chacun un impact particulier sur la capacité d'empathie[4].

Mikulincer a demandé à des volontaires de regarder faire la pauvre Liat – qui était évidemment une complice. Les plus confiants ont manifesté le plus de compassion, à la fois en partageant la détresse de Liat et en proposant de prendre sa place. Les anxieux, complètement anéantis par leurs propres réactions, ne pouvaient se décider à lui venir en aide. Et les distants n'étaient ni bouleversés ni prêts à remplacer Liat.

Le dévouement est plus spontané chez ceux qui se sentent en confiance, sûrs d'eux, posés sur des fondations stables qui leur permettent d'éprouver de l'empathie sans en être submergés. Sentir que l'on compte pour quelqu'un donne la liberté de s'occuper des autres – et n'avoir personne sur qui compter freine la pulsion altruiste. Cette idée a incité Mikulincer à se demander si en rendant simplement les gens plus confiants on augmenterait leur capacité de dévouement.

Imaginez que vous lisiez dans un journal un article sur une femme malheureuse, mère de trois enfants, veuve et sans argent. Tous les jours, elle emmène ses enfants à la Soupe populaire pour leur éviter de mourir de faim.

Seriez-vous disposé à lui faire cadeau d'un peu de nourriture tous les mois ? l'aider à étudier les annonces d'emploi ? Iriez-vous jusqu'à l'accompagner pour un entretien d'embauche ?

Telles sont les questions que Mikulincer posa à des volontaires lors d'une autre étude sur la compassion.

Mais ces volontaires avaient au préalable subi une préparation destinée à les rendre plus confiants ; on leur avait très brièvement (un cinquantième de seconde) et subliminalement montré les noms de personnes qui les rassuraient (ceux avec qui ils aimaient discuter de leurs problèmes, par exemple). Et on leur avait demandé de penser à ces personnes en visualisant leurs visages.

Résultat, les anxieux réussirent à surmonter le trouble bloquant leur empathie et leur habituelle réticence à aider autrui. Il avait suffi de renforcer, même brièvement, leur confiance pour qu'ils réagissent comme des gens sûrs d'eux et manifestent de la compassion. Il semble donc qu'augmenter le sentiment de sécurité libère une grande quantité d'attention et d'énergie pour venir en aide à autrui.

Mais les gens de type distant continuaient à n'éprouver aucune empathie et à refouler toute impulsion altruiste, sauf s'ils pouvaient en tirer quelque profit. Cette attitude cynique confirme la théorie selon laquelle il n'existerait pas de véritable altruisme, les actes généreux étant tous guidés par l'intérêt, à un degré ou un autre, ou même par l'égoïsme[5]. Mikulincer estime que ce n'est pas faux – mais surtout en ce qui concerne les personnes distantes et de toute façon incapables d'une bonne empathie[6].

De tous les volontaires, les personnes confiantes étaient encore les plus disposées à donner un coup de main. Et il semble que leur compassion ait été directement proportionnelle au besoin qu'elles percevaient : plus la douleur était profonde, plus ils voulaient aider.

La route basse vers la compassion

Cette empathie, affirme Jaak Panksepp, s'enracine dans le système neural de la route basse correspondant au dévouement maternel, que notre espèce partage avec beaucoup d'autres. Il semble même que l'empathie soit la première réponse de ce système. Comme le savent toutes les mères, les pleurs d'un bébé ont un pouvoir particulier. Des études effectuées en laboratoire montrent que la réaction physiologique d'une mère est beaucoup plus forte lorsque c'est son bébé qui vagit et non celui d'une autre[7].

La capacité du bébé à susciter chez sa mère une émotion similaire à celle qu'il ressent permet à la mère de comprendre ce dont il a besoin. Ce phénomène – qui se retrouve non seulement chez les mammifères mais aussi chez les oiseaux – permet de penser qu'il s'agit d'un modèle universel doté d'immenses et évidents avantages pour la survie.

L'empathie joue un rôle central dans le dévouement, qui consiste essentiellement à répondre aux besoins d'autrui plus qu'aux siens propres. La compassion, terme fort, se manifeste au quotidien sous des formes plus modestes : disponibilité, sensibilité ou réactivité – qui caractérisent le rôle de parent ou d'ami. Et dans le domaine du choix d'un partenaire amoureux, souvenez-vous que la gentillesse est le trait de caractère le plus apprécié.

Freud a noté une remarquable ressemblance entre l'intimité physique des amants et celle du couple mère-bébé. Les amants passent beaucoup de temps à se contempler, se faire des câlins, se bécoter, se renifler, s'embrasser et se frotter, nus, l'un contre l'autre. Et, comme la mère avec son bébé, ils en retirent énormément de plaisir.

Ce plaisir est dû à l'ocytocine, la molécule de l'amour maternel. L'ocytocine, libérée dans le corps des femmes pendant l'accouchement et l'allaitement comme pendant l'orgasme, déclenche chimiquement le flot de sentiments d'amour que la mère ressent pour son bébé et constitue le principal agent biochimique de la pulsion protectrice et du dévouement.

Quand la mère allaite, l'ocytocine se répand dans son organisme, produisant divers effets : elle déclenche l'écoulement du lait ; elle dilate les vaisseaux sanguins autour de la glande mammaire, ce qui réchauffe le bébé ; elle diminue la pression sanguine, et détend la mère. Plus paisible, celle-ci est aussi plus extravertie, plus ouverte aux autres – plus elle a d'ocytocine, plus elle est sociable.

Kerstin Uvnäs-Moberg, neuroendocrinologue suédoise qui a étudié l'ocytocine, prétend qu'elle est relâchée chaque fois que nous entrons en contact affectueux avec une personne que nous chérissons. Le circuit neural de l'ocytocine a des intersections avec un grand nombre de nœuds de la route basse du cerveau social[8].

Uvnäs-Moberg pense que le fait de rencontrer souvent les gens avec lesquels nous avons des liens sociaux étroits peut conditionner la libération d'ocytocine, de sorte que leur seule présence ou leur image mentale suffit à nous procurer du plaisir. Comment s'étonner dès lors que les murs du moindre bureau soient envahis de photos d'êtres chers ?

L'ocytocine pourrait être une substance clé pour la formation des relations amoureuses stables. Une étude a montré qu'elle liait les membres d'une espèce de campagnols en des couples monogames à vie. Des campagnols d'une autre variété, dénués d'ocytocine, s'accouplent avec plusieurs partenaires sans jamais se lier avec aucun. En bloquant la production de cette hormone chez des campagnols monogames, on a réussi à séparer les couples. Mais quand on inoculait de l'ocytocine aux campagnols volages, ils se mettaient en couple[9].

Chez l'être humain, l'ocytocine constitue actuellement un grand mystère. En effet, d'une part le substrat chimique de l'amour durable peut parfois éliminer celui du désir – sans entrer dans les détails, disons que, dans l'attachement la vasopressine (cousine germaine de l'ocytocine) fait chuter les taux de testostérone et, dans le désir, la testostérone supprime l'ocytocine. Mais d'autre part, et sans que la science puisse encore l'expliquer, la testostérone peut parfois augmenter le taux d'ocytocine, ce qui permet de penser que, sur le plan hormonal en tout cas, la passion ne disparaît pas nécessairement avec l'engagement[10].

Les allergies sociales

« Brusquement, on ne voit plus que cela : les serviettes de toilette mouillées qui traînent par terre, sa façon de monopoliser la télécommande et de se gratter le dos avec une fourchette. Et on finit par buter sur cette vérité immuable qu'on ne pourra plus jamais embrasser sur la bouche un type qui entame un nouveau rouleau de papier toilette et le repose sur le rouleau en carton vide du précédent. »

Ce type de reproches annonce le développement d'une « allergie sociale », une forte aversion pour les habitudes de son compagnon de vie qui, comme un allergène, ne provoquent d'abord aucune réaction – et n'en provoqueraient jamais chez d'autres – mais finissent, à la longue, par devenir insupportables[11]. Les allergies sociales surviennent généralement quand un couple se met à passer plus de temps ensemble et commence à se connaître plus intimement. Le pouvoir irritant de l'allergie croît à mesure que décroît l'emprise de l'idéalisation amoureuse.

Une recherche faite auprès d'étudiants américains montre que la plupart des allergies sociales des femmes sont provoquées par le comportement grossier et négligent de leur partenaire, comme dans l'exemple précité. Les hommes, eux, sont agacés par l'égocentrisme ou l'autoritarisme de leur petite amie. Et plus ils se fréquentent, plus l'allergie grandit. Une femme d'abord indifférente aux attitudes d'un compagnon rustre ne les supportera plus au bout d'un an. Cette hypersensibilité n'a de conséquences que dans la mesure où elle provoque colère et souffrance : plus elle devient insupportable à l'autre, plus le couple risque de se séparer.

La psychanalyse nous rappelle que notre désir d'un alter ego « parfait », qui réponde à toutes nos attentes, qui devine et satisfasse tous nos besoins, est un fantasme impossible à réaliser. En acceptant que celui ou celle que nous aimons ne pourra jamais combler tous les manques remontant à notre enfance, nous pouvons commencer à le ou la voir de façon plus juste et plus réaliste.

Et les neurosciences ajoutent que l'attachement, la sollicitude et le désir sexuel ne sont que trois des sept systèmes neuraux majeurs qui commandent notre volonté et nos actes. L'exploration (y compris l'apprentissage du monde) et la création de liens sociaux en sont deux autres[12]. Chaque individu établit sa propre hiérarchie entre ces systèmes selon son tempérament – certains aiment courir le monde, d'autres préfèrent les mondanités. Mais l'amour, l'attachement, le dévouement et la sexualité sont toujours en tête de liste, dans un ordre ou un autre.

John Gottman, chercheur innovant dans le domaine des émotions des personnes mariées, pense que le degré auquel un partenaire satisfait les besoins des systèmes neuraux dominants de l'autre permet de prédire si le couple durera[13]. Gottman, psychologue à l'université de Washington, est devenu un expert reconnu de la réussite ou de l'échec des mariages depuis qu'il a mis au point un système permettant de prédire avec une précision de 90 % si un couple se séparera dans les trois années suivantes[14].

Gottman affirme que quand certains de nos besoins primaires – contact sexuel ou attention, par exemple – ne sont pas satisfaits, nous sommes dans un état permanent d'insatisfaction qui peut se manifester discrètement par une vague frustration, ou exploser en des reproches continuels. Ces besoins non satisfaits couvent en nous. Les signes de frustration neurale sont les premières manifestations du danger qui menace le couple.

Chez les couples qui durent pendant plusieurs décennies, par contre, il se produit parfois un phénomène remarquable : une longue cohabitation, quand elle est heureuse, semble laisser ses marques sur les visages des conjoints, qui finissent par se ressembler à force d'éprouver les mêmes émotions[15]. Dans la mesure où chaque émotion tend et détend un ensemble spécifique de muscles faciaux, plus les deux partenaires sourient ou se ferment à l'unisson, plus ils renforcent les muscles concernés. Cela leur donne progressivement les mêmes plis et les mêmes rides, donc des visages plus semblables.

Avec le temps, il semble que les partenaires se « sculptent » réciproquement le visage de manière subtile, en répétant les schémas qui les rendent heureux lors de multiples interactions. Et cette sculpture, avancent certains chercheurs, tend à faire ressembler la personne à la version idéale de ce qu'elle peut être aux yeux de son partenaire. On appelle « phénomène Michel-Ange » cette tendance réciproque à pousser l'autre à incarner l'amour que l'on désire[16].

Le nombre de fois où un couple se synchronise positivement pendant une journée peut suffire à donner la tonalité du ménage. Une étude a été faite avec des couples sur le point de se marier qui ont accepté de laisser analyser par le menu le schéma de leurs interactions pendant des disputes[17]. Pendant cinq ans, ces couples sont revenus plusieurs fois au laboratoire pour des sessions de suivi. Mais leurs interactions pendant la première session, avant leur mariage, a permis de prédire avec une précision étonnante l'avenir de leur relation.

Pendant ces premières disputes, plus les deux partenaires étaient négatifs, moins leur couple s'est révélé stable. Les plus graves indices étaient les expressions de dégoût ou de mépris[18]. Le mépris pousse la négativité au-delà de la simple critique et prend souvent la forme de l'insulte assénée comme à un être inférieur. Le mépris fait sentir au partenaire que l'autre est incapable d'empathie, et encore moins d'amour.

Ces bouclages désastreux le sont encore plus entre partenaires particulièrement sensibles. Ils savent exactement ce que ressent l'autre mais ne prennent pas la peine de l'aider. Comme le dit un avocat spécialisé dans les divorces : « L'indifférence – l'absence de tendresse ou même d'attention pour le partenaire – est l'une des pires formes de cruauté dans un couple. »

Autre schéma douloureux, celui où le mécontentement de l'un provoque celui de l'autre, où l'on se lance des phrases de défi (« Comment peux-tu dire une chose pareille ! »), où l'on se coupe mutuellement la parole. On pouvait s'attendre à ce que les couples qui avaient ce genre de disputes ne durent pas. Et ils se séparèrent effectivement presque tous au cours des dix-huit mois suivant cette première session.

Comme me le dit Gottman : « Pour les couples non mariés, l'indice le plus important concernant l'avenir de la relation est le nombre de sentiments agréables que partagent les partenaires. Après le mariage, c'est la manière dont ils gèrent les conflits. Et au bout de longues années de vie commune, c'est à nouveau la quantité d'émotions agréables qu'ils partagent. »

Pendant que mari et femme de la soixantaine discutent d'une chose qui leur plaît, des mesures physiologiques montrent qu'ils sont de plus en plus joyeux tous les deux à mesure que la conversation avance. Mais chez les couples de la quarantaine, les mesures ne montrent pas une telle communion. Cela explique peut-être pourquoi après soixante ans les couples harmonieux se montrent plus ouvertement affectueux l'un envers l'autre que les quadragénaires[19].

À partir de ces études, Gottman a élaboré un outil de mesure plus complexe qu'il n'y paraît : la proportion de moments toxiques et de moments enrichissants partagés est un remarquable indicateur de la durée du couple. Une proportion de cinq contre un en faveur des moments positifs indique un « compte en banque » émotionnel sain et une relation solide qui s'épanouira presque certainement avec le temps[20].

Mais cette proportion peut prédire plus que la longévité du couple, elle peut donner des indications sur la *santé* physique des conjoints. Comme nous allons le voir, nos relations forment un environnement qui peut activer ou désactiver certains gènes. Et nous voilà contraints à considérer les choses d'un œil neuf : le réseau invisible de nos connexions confère de surprenantes conséquences biologiques à nos liens humains les plus proches.

CINQUIÈME PARTIE

Les connexions saines

16

Le stress est social

Une semaine avant son mariage, l'écrivain russe Léon Tolstoï, qui avait alors trente-quatre ans, montra son journal intime à sa fiancée. Sonia, dix-sept ans, fut effondrée en apprenant quelle vie dissolue il avait menée et en découvrant qu'il avait eu une liaison passionnée, et un enfant illégitime, avec une femme[1].

Sonia écrivit alors dans son propre journal : « Il aime à me tourmenter et à me voir pleurer... Que croit-il faire ? Petit à petit je renoncerai complètement à lui et je lui empoisonnerai la vie. » Elle prit cette décision alors même que les préparatifs du mariage étaient en cours.

Ce début si peu prometteur fut le prélude à quarante-huit années de mariage, un combat épique et tumultueux ponctué par de longues périodes de trêve. Sonia donna naissance à treize enfants et déchiffra consciencieusement pour les recopier au propre les vingt et un mille

353

pages manuscrites presque illisibles de ses romans, dont *Guerre et Paix* et *Anna Karénine*.

Malgré son dévouement pendant toutes ces années, Tolstoï écrivait d'elle dans son journal : « Son injustice et son égotisme tranquille m'effraient et me tourmentent. » Et Sonia, en écho, écrivait de lui, dans le sien : « Comment peut-on aimer un insecte qui n'arrête pas de vous piquer ? »

Vingt ans plus tard, leur vie commune telle que la décrivent leurs journaux intimes avait apparemment dégénéré en un enfer où deux ennemis s'affrontaient en permanence sous le même toit. Vers la fin, et peu avant la mort de Tolstoï qui avait fui leur domicile, Sonia écrivait : « Chaque jour apporte son lot de coups qui me brûlent le cœur. Et ces coups, ajoutait-elle, raccourcissent ma vie. »

Est-il possible qu'elle dise vrai ? Une relation aussi tumultueuse peut-elle réellement raccourcir une vie ? On ne saurait évidemment répondre à ces questions d'après le seul exemple des Tolstoï – Léon vécut jusqu'à quatre-vingt-deux ans, et Sonia lui survécut neuf ans pour s'éteindre à soixante-quatorze ans.

Comment des facteurs épigénétiques extérieurs comme nos relations affectent-ils notre santé ? Jusqu'ici, la question semblait échapper à la science. Pour y répondre il aurait fallu observer des milliers de personnes pendant des années. Certaines études ont cru démontrer que plus on a de relations, plus on reste en bonne santé, mais elles se trompaient : ce n'est pas la quantité qui compte, c'est la qualité des relations, leur tonalité émotionnelle.

Comme nous le rappelle le couple Tolstoï, une relation peut être source de joies et de souffrances. Quand tout va bien, le sentiment d'être soutenu émotionnel-lement par l'entourage a un impact positif sur la santé. Cela se manifeste surtout chez les individus déjà affaiblis. Une étude de personnes âgées hospitalisées à la suite d'une défaillance cardiaque a montré que l'absence d'un soutien émotionnel multipliait par trois le risque de récidive entraînant une nouvelle hospitalisation[2].

L'amour peut donc apparemment avoir des effets pathologiques. Parmi des hommes dont le traitement pour une maladie coronarienne impliquait de passer une angiographie, ceux dont l'entourage ne les soutenait pas avaient environ 40 % d'obstructions de plus que ceux qui étaient entourés d'affection[3]. À l'inverse, les don-nées de nombreuses études épidémiologiques permettent de penser que les relations toxiques consti-tuent un facteur de risque aussi important que le tabagisme, l'hypertension artérielle ou le cholestérol, l'obésité et l'inactivité physique[4]. Les relations inter-viennent donc de deux manières : soit elles amortissent les effets de la maladie, soit elles intensifient les ravages de l'âge et de la maladie.

Certes, les relations ne représentent qu'une partie du problème – d'autres facteurs de risque, de la prédisposi-tion génétique au tabagisme, jouent également un rôle. Mais les données scientifiques mettent clairement les relations sociales au nombre des facteurs de risque. Et aujourd'hui, avec le cerveau social comme chaînon manquant, la science médicale a entrepris l'étude des voies biologiques par lesquelles les relations émotion-nelles avec autrui nous conditionnent, pour le meilleur ou pour le pire[5].

Une guerre de tous contre tous

Un babouin particulièrement macho fut prénommé Hobbes par les chercheurs qui observaient son intrusion dans un groupe vivant dans la jungle du Kenya, en référence à ce philosophe du XVIIe siècle pour qui, sous le vernis de la civilisation, la vie était « méchante, violente et brève ». Hobbes le babouin arrivait en effet toutes griffes dehors et bien décidé à se hisser au sommet de la pyramide sociale du groupe.

L'impact de son irruption sur les autres mâles fut mesuré grâce à des prélèvements de sang où la présence de cortisol confirma que son agressivité avait un effet perturbant sur leur système endocrinien.

En situation de stress, les glandes surrénales libèrent du cortisol, l'une des hormones mobilisées par le corps en état d'urgence[6]. Ces hormones ont des effets sur l'ensemble de l'organisme, notamment des effets à court terme pour la cicatrisation des blessures physiques.

En général, nous avons besoin d'un taux modéré de cortisol qui joue le rôle de « combustible » pour notre métabolisme et contribue à réguler le système immunitaire. Mais si le taux de cortisol reste trop élevé pendant une période prolongée, le corps en subit les conséquences. La sécrétion chronique de cortisol (et autres hormones du même type) intervient dans les maladies cardiovasculaires et les troubles de la fonction immunitaire, exacerbe le diabète et l'hypertension et détruit même des neurones de l'hippocampe, lésant la mémoire.

Même quand il ferme l'hippocampe, le cortisol agit sur l'amygdale, stimulant la croissance de dendrites dans ce site de la peur. En outre, l'augmentation de cortisol limite la capacité de certaines aires du cortex préfrontal à réguler les signaux de peur provenant de l'amygdale[7].

L'impact neural d'un taux trop élevé de cortisol est triple : l'hippocampe, diminué, apprend n'importe comment, généralisant la crainte à des détails non pertinents (comme un ton de voix particulier), les circuits de l'amygdale se déchaînent et l'aire préfrontale ne parvient plus à moduler les signaux de l'amygdale hyper-réactive. Résultat : l'amygdale s'affole, suscite la peur, tandis que l'hippocampe perçoit trop de déclencheurs de cette peur.

Chez les singes, le cerveau reste hyper-vigilant à tout indice de la présence d'un nouvel Hobbes. Chez les humains, cet état de vigilance et d'hyper-réactivité a reçu le nom de « névrose post-traumatique ».

Dans le lien causal entre stress et santé, les systèmes biologiques essentiels sont le système nerveux sympathique (SNS) et l'axe hypothalamus, glande pituitaire, surrénale (HPA). Quand nous sommes sous tension, le SNS et l'axe HPA font face en sécrétant des hormones qui nous préparent à affronter la situation d'urgence ou de danger. Mais pour ce faire, elles détournent des ressources des systèmes immunitaire et endocrinien, entre autres. Ces systèmes essentiels à notre santé sont donc affaiblis, pour quelques moments ou durant des années.

Les circuits du SNS et de l'axe HPA sont déclenchés ou éteints par nos états émotionnels – souffrance ou joie. Dans la mesure où nos émotions sont affectées par autrui (via la contagion émotionnelle notamment), le lien causal s'étend, au-delà de notre organisme, à nos relations affectives[8].

Les modifications physiologiques associées aux bons et aux mauvais moments d'une relation n'ont pas une importance énorme. Mais quand une tonalité négative s'installe pendant des années, elle crée des niveaux de stress biologique (ou « charge allostatique ») qui peuvent accélérer le déclenchement d'une maladie ou en aggraver les symptômes[9].

L'influence d'une relation donnée sur notre santé dépendra de la somme totale de ses effets bénéfiques ou toxiques au cours des mois et des années. Et plus nous sommes fragilisés – par un début de maladie, les suites d'une crise cardiaque, ou par l'âge –, plus l'impact de nos relations sur notre santé sera puissant.

La longue vie commune du couple Tolstoï, remplie de conflits et de souffrances, est une exception notable, comme l'est tel centenaire qui attribue sa longévité à la consommation régulière de crème Chantilly et d'un paquet de cigarettes par jour.

La toxicité de l'insulte

Elysa Yanowitz n'a pas renoncé à ses principes, bien que cela lui ait coûté son travail et peut-être provoqué de l'hypertension. Un jour, l'un des grands patrons de la firme de cosmétiques qui l'employait lui rendit visite dans un grand magasin de San Francisco où elle était directrice des ventes et lui ordonna de licencier l'une de ses meilleures vendeuses.

Pourquoi ? Parce qu'il ne trouvait pas cette vendeuse assez séduisante – assez « sexy », comme il le dit.

Yanowitz, qui n'avait qu'à se louer des services de cette personne et qui la trouvait parfaitement présentable, estima que la demande du patron était à la fois sans fondement et insultante. Elle refusa d'obéir.

Peu de temps après, les patrons de Yanowitz se liguèrent contre elle. Bien qu'elle ait été élue meilleure directrice des ventes de l'année, ils lui reprochèrent d'accumuler les fautes professionnelles. Elle craignit que leur objectif soit de l'obliger à démissionner. Pendant les quelques mois que dura son épreuve, sa tension monta. Et quand elle prit un congé de maladie, ils la remplacèrent[10].

Yanowitz intenta un procès à son ex-employeur. Quelle que soit l'issue de cette affaire (encore dans les méandres de la procédure), elle soulève la question de savoir si l'hypertension de Yanowitz peut être en partie due à la façon dont ses supérieurs l'ont traitée[11].

Des chercheurs britanniques ont étudié le cas de travailleurs de santé qui avaient alternativement comme responsable un homme qu'ils redoutaient et un autre qu'ils appréciaient[12]. Les jours où le premier travaillait, leur tension augmentait de treize points pour les systoles et de six points pour les diastoles, en moyenne (de 113/75 à 126/81). Si ces chiffres restaient peu alarmants, une pareille élévation, maintenue pendant une certaine durée, pourrait avoir un impact clinique signifiant – c'est-à-dire accélérer l'apparition de l'hypertension chez les personnes prédisposées[13].

Des études réalisées en Suède avec des travailleurs à différents niveaux, et au Royaume-Uni avec des fonctionnaires, montrent que les salariés situés au plus bas de l'échelle professionnelle ont quatre fois plus de risques de développer des maladies cardiovasculaires que leurs supérieurs placés au sommet de l'échelle – qui n'ont pas à subir les humeurs de patrons comme eux[14]. Les travailleurs qui se sentent injustement critiqués ou dont les patrons ne sont pas attentifs à leurs problèmes sont 30 % plus sujets à des maladies coronariennes que ceux qui s'estiment correctement traités[15].

Dans les hiérarchies rigides, les patrons sont souvent autoritaires : ils expriment plus librement leur mépris envers des subordonnés qui, eux, ressentent un désagréable mélange d'hostilité, de peur et d'insécurité[16]. Les insultes qui pleuvent de la bouche des patrons autoritaires servent à réaffirmer leur pouvoir et provoquent chez leurs employés des sentiments d'impuissance et de vulnérabilité[17]. Et comme les employés dépendent de leur patron pour leur salaire et la stabilité de leur emploi, ils ont tendance à vivre leurs interactions de manière obsessionnelle, d'y chercher le moindre signe de négativité et de l'interpréter comme un mauvais présage. Dans l'ensemble, toute conversation avec un supérieur hiérarchique fait monter la tension plus nettement qu'une conversation avec un collègue[18].

Voyons maintenant de quelle manière l'insulte est gérée. Entre pairs, on peut répondre à un affront, demander des excuses. Mais quand l'insulte est proférée par un personnage de pouvoir, les subordonnés refoulent leur colère (avec raison peut-être), ne réagissant que par la résignation. Or, une telle passivité autorise tacitement le supérieur à poursuivre dans le même registre.

Chez les gens qui répondent aux insultes par le silence, on constate des augmentations significatives de la tension artérielle. Plus ils sont humiliés, plus ils se sentent impuissants, anxieux et, finalement, déprimés ;

et si la situation se prolonge, elle accroît la sensibilité aux maladies cardiovasculaires[19].

Dans une étude, on a fait porter à une centaine d'hommes et de femmes un appareil qui mesurait leur tension chaque fois qu'ils rencontraient quelqu'un[20]. Avec les membres de leur famille ou des amis, leur tension diminuait ; avec quelqu'un de querelleur, elle montait. Mais les pics les plus forts avaient lieu quand ils se trouvaient en présence de personnes qui leur inspiraient des émotions contradictoires : un parent dominateur, un partenaire volage, un ami concurrent. Les patrons autoritaires sont des archétypes, mais cette dynamique opère dans toutes nos interactions.

La science médicale a identifié un mécanisme biologique qui relie directement une relation toxique à une maladie cardiaque. On a demandé à des volontaires pour une expérience sur le stress de se défendre après avoir été faussement accusés de vol dans un magasin[21]. Pendant qu'ils parlaient, leurs systèmes immunitaire et cardiovasculaire se mobilisaient en une combinaison potentiellement mortelle. Le système immunitaire sécrétait des lymphocytes T, tandis que les parois des vaisseaux émettaient une substance qui, en se liant à ces cellules T, mettent en place la formation de plaques sur l'endothélium, obstruant ainsi les artères[22].

Mais la grande surprise fut de constater que même des contrariétés relativement mineures semblaient déclencher ce mécanisme. On peut supposer que la réaction en chaîne qui va des moments pénibles à l'endothélium constituerait un risque de maladie cardiaque si les interactions qui la provoquent se multipliaient dans notre vie quotidienne.

La chaîne causale

Une corrélation générale entre les relations stressantes et la mauvaise santé a donc été découverte et l'on a identifié un ou deux passages dans une chaîne causale possible. Mais cela n'empêche pas les sceptiques de prétendre que différents facteurs peuvent être déterminants. Par exemple, si une relation malheureuse incite à boire, à trop fumer ou à mal dormir, cela peut être une cause plus immédiate de la maladie. C'est pourquoi il était nécessaire d'identifier un lien plus net, clairement démarqué des autres causes possibles.

Voilà comment Sheldon Cohen, psychologue à l'université Carnegie Mellon, a enrhumé volontairement des centaines de personnes, non par méchanceté, mais dans l'intérêt de la science[23]. Dans des conditions rigoureusement contrôlées, Cohen expose des volontaires au rhinovirus du rhume. Environ un tiers de ces volontaires développe l'ensemble des symptômes, alors que les autres s'en tirent avec quelques reniflements. Les conditions de l'expérience permettent de comprendre pourquoi.

Son protocole est très exigeant. Il met ses volontaires en quarantaine pendant vingt-quatre heures avant l'exposition au virus, pour s'assurer qu'ils n'ont pas attrapé un rhume ailleurs. Ensuite, il les installe pendant cinq jours (et pour huit cents dollars) dans une unité spéciale avec d'autres volontaires, en les espaçant d'au moins un mètre les uns des autres pour qu'ils ne se contaminent pas.

Pendant ces cinq jours, on analyse leurs sécrétions nasales pour y découvrir les indicateurs techniques du rhume (le poids total des mucus, par exemple), ainsi que la présence du rhinovirus, et on cherche dans leurs échantillons sanguins la présence d'anticorps. Cela permet à Cohen de mesurer le rhume avec une précision bien supérieure à celle que donnerait le comptage des nez coulants et des éternuements.

On sait que le manque de vitamine C, le tabagisme et le mauvais sommeil augmentent le risque d'infection. La question est de savoir si l'on peut ajouter à cette liste une relation stressante. Sans aucun doute, répond Cohen.

Il assigne des valeurs numériques précises aux facteurs qui font qu'une personne s'enrhume alors qu'une autre reste en bonne santé. Les volontaires ayant un conflit personnel au moment de l'expérience avaient 2,5 fois plus de risques que les autres de s'enrhumer, ce qui met la toxicité relationnelle au même rang que le manque de vitamine C ou de sommeil. (Fumer, l'habitude la plus préjudiciable à la santé, rendait les volontaires 3 fois plus susceptibles d'attraper un rhume.) Les conflits durant depuis un mois ou plus augmentaient la sensibilité, alors qu'une simple dispute ne changeait rien[24].

Si des conflits perpétuels sont mauvais pour la santé, l'isolement l'est encore plus. Comparés à ceux qui avaient un important réseau relationnel, les volontaires ayant le moins de relations intimes étaient 4,2 fois plus sensibles au rhume, ce qui rend l'isolement plus risqué que le tabac.

Plus nous avons de relations sociales, moins nous sommes susceptibles de nous enrhumer. L'idée peut paraître contre-intuitive puisque la fréquentation d'un grand nombre de personnes multiplie le risque de contamination. Mais avec des connexions sociales riches, nous sommes plus souvent heureux que tristes, ce qui élimine le cortisol et renforce nos fonctions immunitaires en cas de stress[25]. Il semble donc que les relations sociales nous protègent du risque d'exposition aux virus qu'elles génèrent.

La perception de la malveillance

Une femme qui travaille dans une société pharmaceutique m'a envoyé ce courriel : « Je me dispute très souvent avec ma patronne qui n'est vraiment pas sympathique. Pour la première fois de ma carrière professionnelle, je suis inquiète pour mon avenir – et comme ma patronne est très bien vue par toute la hiérarchie de la société, je sens que je n'ai aucun recours. Et cette histoire me stresse au point de me rendre physiquement malade. »

Le lien qu'établit cette femme entre ses dissensions avec sa patronne et sa maladie est-il seulement le fruit de son imagination ? Peut-être.

Pourtant, il correspond bien aux conclusions d'une analyse de 208 études impliquant 6 153 individus soumis à des stress allant de bruits violents et insupportables à la confrontation avec des personnes également insupportables[26]. De toutes les formes de stress, la pire est d'être soumis à une critique violente en sachant qu'on n'a aucun recours possible – comme Yanowitz, la vendeuse de cosmétiques, et cette employée d'une société pharmaceutique.

Ce travail d'analyse a été effectué par Margaret Kemeny, experte en médecine du comportement à l'école de médecine de l'université de Californie à San Francisco, et sa collègue Sally Dickerson. « Menaces et défis, m'a dit Kemeny, sont particulièrement stressants quand ils sont proférés en public et que la personne a l'impression d'être jugée. »

Dans toutes les études, les réactions au stress étaient jaugées en fonction de l'augmentation du taux de cortisol dans le sang[27]. Les pics les plus forts se produisaient lorsque la source du stress impliquait une autre personne – qui devait par exemple juger un volontaire à qui l'on demandait de soustraire 17 de 1 242, puis de soustraire 17 du résultat obtenu et ainsi de suite, le plus rapidement possible. Quand cette tâche ardue était accomplie devant un « juge », l'effet sur le cortisol était trois fois plus important quand le stress était équivalent qu'en situation impersonnelle[28].

Imaginez par exemple que vous soyez en entretien d'embauche. Pendant que vous faites état de vos qualifications, références, etc., vous êtes soudain déstabilisé : la personne qui vous interroge vous regarde avec un visage fermé, dénué d'expression, et prend froidement des notes dans un calepin. Ensuite, pour vous enfoncer un peu plus, elle vous oppose des critiques et déprécie vos capacités.

Telle fut l'épreuve proposée à des volontaires qui cherchaient effectivement du travail et croyaient participer à un stage de formation à l'entretien d'embauche. Mais leurs sessions n'étaient en réalité que des tests sur le stress. Mise au point par des chercheurs en Allemagne, cette épreuve expérimentale a été utilisée par tous les laboratoires du monde parce qu'elle permet d'obtenir des données très précieuses. Le laboratoire de Kemeny, par exemple, en a utilisé une variante pour ses recherches sur l'impact biologique du stress social.

Si l'on en croit Dickerson et Kemeny, le fait d'être évalué met en danger notre « moi social », la vision que nous avons de nous-mêmes à travers les yeux des autres. Ce sentiment de notre statut social et de notre valeur se forme par l'accumulation des messages renvoyés par la perception que les autres ont de nous. Et toute menace contre notre image sociale a des répercussions particulièrement violentes sur notre organisme, presque aussi violentes que les menaces contre notre survie. Car, calcule notre ego, si nous sommes jugés inacceptables, ce n'est pas seulement la honte qui nous attend mais un rejet complet[29].

La réaction hostile, irritante, d'un intervieweur – un stress social – provoque la production d'un taux de cortisol plus important que lors d'expériences où la personne subit des épreuves mais sans être jugée[30]. Les difficultés objectives sont vite oubliées, alors que les jugements critiques déclenchent une honte particulièrement forte et durable[31].

Étrangement, un juge symbolique existe aussi en nous et provoque tout autant d'anxiété. Une audience de tribunal virtuelle peut nous affecter aussi puissamment qu'une vraie, explique Kemeny, parce qu'« en pensant à quelque chose, on crée une représentation intérieure qui agit sur le cerveau », presque comme le ferait la réalité.

Le sentiment d'impuissance augmente le stress. Dans les études sur le cortisol analysées par Dickerson et Kemeny, le danger était perçu comme plus angoissant quand il dépassait la capacité d'action de la personne. Lorsqu'un danger persiste en dépit des efforts que l'on fait, le taux de cortisol augmente. C'est le cas des personnes en butte à des attaques méchantes – comme l'ont été ces deux femmes, la vendeuse de cosmétiques et l'employée d'une société pharmaceutique, de la part de leurs supérieurs. Les relations marquées par des critiques et un rejet permanents maintiennent l'axe HPA en sur-régime constant.

Quand la source de stress semble extérieure, comme le bruit strident d'une alarme de voiture qu'il est impossible d'arrêter, elle ne menace pas la personne dans son besoin essentiel d'acceptation et de reconnaissance. D'après les travaux de Kemeny, l'afflux de cortisol provoqué par ces stress impersonnels est éliminé en une quarantaine de minutes. Mais ceux qui proviennent d'un jugement critique restent élevés 50 % plus longtemps, ne revenant à la normale que plus d'une heure après.

L'imagerie cérébrale permet de voir les parties du cerveau qui réagissent fortement à la perception de la malveillance. Rappelez-vous ce jeu, évoqué au chapitre 5, où deux partenaires doivent se partager une somme d'argent, l'un d'eux faisant une offre que l'autre accepte ou décline.

Quand les volontaires sentent que l'autre leur fait une offre peu équitable, leur insula antérieure, généralement activée par la colère et le dégoût, entre en action. Mais quand ils croient que leur « partenaire » n'est qu'un programme d'ordinateur, leur insula reste tranquille, aussi scandaleuse que puisse être l'offre. Le cerveau social fait donc une distinction très nette entre les offenses intentionnelles et celles qui ne le sont pas.

Cette découverte pourrait résoudre un mystère concernant les névroses post-traumatiques : pourquoi, à intensité égale, les catastrophes provoquent-elles des souffrances plus durables quand la personne a la sensation que le trauma n'est pas dû au hasard mais lui a été volontairement infligé par autrui ? Cyclones, tremblements de terre et autres catastrophes naturelles provoquent beaucoup moins de névroses post-traumatiques que des actes pervers comme le viol et les abus physiques. Les effets secondaires d'un trauma, comme n'importe quel stress, sont pires quand la victime se sent personnellement visée.

La classe 57

1957. Elvis Presley s'impose à la conscience américaine en apparaissant dans l'émission de télé la plus regardée de l'époque, *Ed Sullivan Show*. L'économie américaine profite encore du boom de l'après-guerre, Dwight Eisenhower est président, les voitures se terminent par de minces ailerons, et les adolescents se fréquentent dans des cours de danse hautement surveillés.

Cette année-là, des chercheurs de l'université du Wisconsin entreprirent une étude concernant des milliers d'étudiants en dernière année de licence, presque la moitié de tous les étudiants du Wisconsin. Ces jeunes gens furent ensuite reconvoqués à quarante ans, puis vers cinquante-cinq ans. Enfin, certains d'entre eux, à plus de cinquante-six ans, furent recrutés pour une étude de suivi par Richard Davidson, de l'université du Winconsin, qui leur fit passer des tests au Laboratoire d'imagerie cérébrale et de comportement de W.M. Keck. À l'aide de mesures bien plus sophistiquées que celles de 1957, Davidson entreprit d'établir des corrélations entre leur histoire sociale, leur activité cérébrale et leur fonction immunitaire.

La qualité de leurs relations depuis leur naissance, qui avait été établie dès les premiers entretiens, fut mise en regard de leurs maux physiques. Le groupe fut évalué en fonction de l'activité chronique de systèmes fluctuants par rapport au stress : tension artérielle, cholestérol, cortisol et autres hormones de stress. La somme de ces mesures indique non seulement la probabilité d'une maladie cardiovasculaire, mais aussi un déclin des fonctions physiques et mentales. Un score total très élevé laisse prévoir une mort prématurée[32]. Les chercheurs ont alors découvert l'importance des relations : il existait une forte corrélation entre un profil physique à haut risque et une tonalité émotionnelle trop régulièrement négative dans les relations les plus importantes de la vie de ces anciens étudiants[33].

Voyons par exemple le cas d'une anonyme de la classe 57 que j'appellerai Jane. Sa vie affective avait été une longue suite de déceptions. Son père et sa mère étaient alcooliques, et elle avait très peu vu son père pendant toute son enfance. Il la brutalisait quand elle était au lycée. Devenue adulte, elle avait peur des gens et se montrait alternativement coléreuse et anxieuse avec ses proches. Elle se maria, mais divorça, et ne trouva pas beaucoup de réconfort dans sa triste vie. Elle présentait neuf des vingt-deux symptômes médicaux, dans l'étude de Davidson.

À l'inverse, Jill, l'une des camarades de lycée de Jane, incarnait la richesse et la plénitude relationnelles. Son père était mort quand elle avait neuf ans, mais sa mère lui avait donné beaucoup d'amour. Jill, très proche de son époux et de ses quatre fils, se disait extrêmement satisfaite de sa vie de famille. Et de sa vie sociale également, puisqu'elle avait beaucoup d'amis et de confidents. À la soixantaine, elle ne souffrait que de trois des vingt-deux symptômes de la liste.

Mais bien sûr, corrélation ne veut pas dire causalité. Pour prouver l'existence d'un lien causal entre qualité relationnelle et santé, il faut identifier le mécanisme biologique en jeu. Là encore, la classe 1957 fournit quelques indices, grâce aux tests d'activité cérébrale effectués par Davidson.

Jill, la femme élevée par une bonne mère, ayant une vie relationnelle satisfaisante et peu de problèmes médicaux à la soixantaine, était, de tout le groupe, celle qui avait le plus d'activité dans le cortex préfrontal gauche par rapport au droit. Cette particularité, d'après Davidson, permettait de penser que Jill était de bonne humeur la plupart du temps.

Jane, avec ses parents alcooliques, son divorce et ses problèmes de santé au même âge, avait le schéma cérébral inverse : l'activité de son cortex préfrontal droit par rapport au gauche était la plus importante de tout le groupe. Ce schéma indiquait qu'elle avait réagi aux événements de sa vie avec une détresse intense et en se remettant lentement de ses revers émotionnels.

L'aire préfrontale gauche, comme l'a découvert Davidson au cours d'une précédente recherche, régule une cascade de circuits dans les aires du cerveau inférieur qui déterminent le temps de récupération après une épreuve – c'est-à-dire notre résilience[34]. Plus l'activité est intense dans l'aire préfrontale gauche (par rapport à la droite), plus nous sommes aptes à développer des stratégies cognitives de régulation émotionnelle et plus nous récupérons vite. Ce qui détermine la vitesse du retour à la normale du taux de cortisol.

La résilience physique dépend en partie de la capacité de la route haute à gérer la route basse.

Les travaux de Davidson lui ont aussi permis de découvrir une corrélation précise entre l'activité dans cette même aire préfrontale gauche et la réactivité du système immunitaire au vaccin contre la grippe. Les sujets dont l'activité était la plus intense avaient un système immunitaire trois fois plus capable que celui des autres de mobiliser les anticorps correspondants[35]. Davidson estime que ces différences sont cliniquement signifiantes – autrement dit, que les personnes ayant le plus d'activité dans le cortex préfrontal gauche risquent moins d'attraper la grippe si elles sont exposées au virus.

Davidson voit dans ces résultats une amorce de compréhension de la résilience. Il pense qu'une histoire émotionnelle saine et sécurisante donne les ressources intérieures nécessaires pour rebondir après un problème émotionnel – comme ce fut le cas pour Jill qui perdit son père très jeune mais dont la mère était si aimante.

Les anciens étudiants du Wisconsin qui avaient subi un stress permanent pendant l'enfance avaient, adultes, de médiocres capacités de récupération et restaient longtemps abattus par leurs émotions fortes. Mais ceux qui avaient eu une enfance moins stressante présentaient souvent la meilleure proportion d'activité préfrontale. Pour parvenir à ce résultat, il faut avoir eu à ses côtés un adulte qui constitue une base sécurisante[36].

Épigénétique sociale

Laura Hillenbrand, l'auteur du best-seller *La Légende de Seabiscuit*, a longtemps souffert du syndrome de fatigue chronique, maladie qui l'épuisait, lui donnait de fortes fièvres, nécessitait des soins constants, et pouvait durer plusieurs mois. Pendant qu'elle écrivait son livre, c'est son mari Borden qui s'occupait d'elle avec dévouement tout en poursuivant ses études. Il jouait le rôle d'infirmière, l'aidait à manger et à boire, la soutenait quand elle voulait marcher et lui faisait la lecture.

Mais un soir, depuis sa chambre, Hillenbrand entendit « un son doux, étouffé ». Se penchant sur la cage d'escalier, elle vit Borden « faire les cent pas dans le vestibule en sanglotant ». Elle voulut l'appeler mais, comprenant qu'il avait besoin d'être seul, ne le fit pas.

Le lendemain matin, Borden était là pour l'aider, « aussi joyeux et serein que d'habitude »[37].

Borden faisait de son mieux pour dissimuler sa propre angoisse afin de ne pas inquiéter sa femme fragilisée. Mais, comme lui, toute personne obligée de s'occuper jour et nuit d'une personne aimée vit dans un état de stress permanent. Et cette tension se répercute nécessairement sur sa santé et son bien-être.

Les données les plus importantes dont nous disposions à ce sujet sont dues à un remarquable groupe de recherche interdisciplinaire de l'université de l'Ohio, dirigé par Janice Kiecolt-Glaser et son époux, l'immunologiste Ronald Glaser[38]. Une série d'études pointues leur a permis de montrer que les effets d'un stress continuel se faisaient sentir jusqu'au niveau des gènes, dans les cellules immunitaires indispensables pour combattre les infections et cicatriser les blessures.

L'une des études portait sur dix femmes sexagénaires qui s'occupaient de leur mari souffrant de la maladie d'Alzheimer[39]. Elles étaient perpétuellement sous tension, responsables vingt-quatre heures sur vingt-quatre, et se sentaient terriblement isolées et abandonnées. Une étude antérieure avait montré que des femmes soumises à un tel stress étaient incapables de bénéficier du vaccin contre la grippe : leur système immunitaire ne fabriquait pas les anticorps ordinairement provoqués par ce vaccin[40]. Les chercheurs réalisèrent donc des tests plus élaborés de la fonction immunitaire, révélant chez leurs dix volontaires des résultats troublants dans un large éventail d'indicateurs.

Les données génétiques, par exemple, étaient impressionnantes. Un gène qui régule une série de mécanismes immunitaires cruciaux était 50 % moins exprimé chez elles que chez d'autres femmes du même âge. Ce gène – GHmRNA – augmente la production de lymphocytes et l'activité des cellules tueuses et des macrophages, qui combattent les invasions bactériennes[41]. Ce qui peut aussi expliquer une découverte antérieure : il fallait aux femmes stressées neuf jours de plus pour cicatriser une petite blessure qu'aux femmes d'un groupe de contrôle.

L'un des facteurs clés de cette défaillance immunitaire pourrait être l'ACTH, précurseur du cortisol et l'une des hormones sécrétées quand l'axe HPA se dérègle. L'ACTH bloque la production de l'interféron, agent immunitaire crucial, et diminue la réactivité des lymphocytes, les globules blancs chargés de mener l'attaque contre les envahisseurs. Conclusion : le stress permanent qu'imposent la responsabilité d'une personne diminuée et l'isolement social affecte le contrôle par le cerveau de l'axe HPA qui, à son tour, réduit la capacité des gènes du système immunitaire tels que le GHmRNA à combattre la maladie.

Il semble aussi que ce stress permanent ait des répercussions sur l'ADN en accélérant le vieillissement des cellules. D'autres chercheurs travaillant sur l'ADN de mères s'occupant d'un enfant malade chronique ont montré que plus elles avaient dû subir cette charge, plus elles vieillissaient au niveau cellulaire.

Pour déterminer le taux de vieillissement, on a mesuré la longueur des télomères dans les globules blancs. Les télomères sont des morceaux d'ADN situés au bout des chromosomes, qui rétrécissent un peu à chaque division de la cellule. Les cellules se dupliquent régulièrement pendant toute leur vie, soit pour réparer un tissu, soit, dans le cas des globules blancs, pour combattre la maladie. Après un nombre de divisions qui dépend du type de cellule (de dix à cinquante), le télomère devient trop court pour se diviser à nouveau, et la cellule « prend sa retraite ». La taille des télomères est une mesure biologique de la vitalité.

Ainsi évalué, l'âge biologique des mères en charge d'enfants malades était, en moyenne, de dix ans supérieur à celui d'autres mères du même âge chronologique. Faisaient exception les femmes qui, bien que surmenées, se sentaient bien soutenues par leur entourage. Leurs cellules étaient plus jeunes, même si elles s'occupaient d'une personne handicapée.

L'intelligence relationnelle collective peut offrir une alternative à la responsabilité écrasante que représente la prise en charge d'une personne diminuée. Imaginez cette scène : dans un jardin du New Jersey, par un beau jour d'automne, Philip Simmons est assis dans son fauteuil roulant au milieu d'amis et de voisins. Âgé de trente-cinq ans, ce professeur de lettres, père de deux jeunes enfants, souffre de la maladie de Charcot, affection neurologique dégénérative, et les médecins ne lui ont donné que deux ans à vivre. Il a déjà dépassé ce pronostic, mais la paralysie de ses membres inférieurs s'étend maintenant au haut de son corps, l'empêchant d'accomplir les tâches les plus simples. Se sentant diminuer, il a donné à l'un de ses amis un livre intitulé *Share the Care* qui décrit comment former un groupe de soutien autour d'une personne atteinte d'une maladie grave.

Trente-cinq voisins se sont regroupés pour aider Simmons et sa famille. En coordonnant leurs emplois du temps, par téléphone ou par courriel, ils sont devenus tour à tour cuisinier, chauffeur, garde d'enfants, employé de maison – et, comme ce jour-là, jardinier – pendant les dernières années de la vie de Simmons, qui s'est éteint à quarante-cinq ans. Cette « famille élargie » a radicalement transformé la vie de Simmons et de sa femme, Kathryn Field. Elle a en particulier aidé Kathryn à poursuivre son travail d'artiste professionnelle, allégeant ainsi leur charge financière et leur donnant « le sentiment d'être aimés par [leur] communauté[42] ».

Quant aux membres de l'équipe, baptisée FOPAK (Friends of Phil and Kathryn), ils ont presque tous eu la sensation que c'étaient eux qui recevaient un cadeau.

17

Alliés biologiques

Après avoir pris sa retraite, ma mère se retrouva seule dans une grande maison vide : ses enfants étaient tous partis vivre ailleurs, et son mari était mort depuis quelques années. Ancien professeur de sociologie, elle opta pour une solution qui s'avéra excellente sur le plan social. Elle offrit de loger gratuitement des étudiants de troisième cycle de son université, en donnant la préférence aux jeunes gens issus de cultures extrême-orientales dans lesquelles les vieilles personnes sont appréciées et respectées.

Trente ans plus tard, cet arrangement dure toujours. Elle a partagé sa maison avec des étudiants venant du Japon, de Taiwan, de Chine, et cela lui a apparemment fait énormément de bien. Quand un couple qu'elle hébergeait eut un bébé, elle lui servit de grand-mère. À deux ans, la petite fille trottinait tous les matins jusqu'à sa chambre pour voir si elle était réveillée, et lui faisait des câlins plusieurs fois par jour.

Ma mère avait quatre-vingt-dix ans à la naissance de cette enfant dont la présence, la joie de vivre et la tendresse l'ont rajeunie de plusieurs années, à la fois physiquement et mentalement. On ne saura jamais jusqu'à quel point sa longévité peut être attribuée à cette cohabitation, mais à l'évidence elle avait fait le bon choix.

Les personnes âgées voient leur réseau social s'élaguer naturellement par la mort ou le départ des amis. Mais elles ont aussi tendance à le réduire de façon sélective pour ne conserver que les relations positives[1]. Et cette stratégie paraît sensée du point de vue biologique. Avec l'âge, la santé devient plus fragile ; à mesure que les cellules vieillissent et meurent, le système immunitaire et autres remparts de protection fonctionnent moins bien. Couper des liens sociaux peu gratifiants peut donc être une manière préventive de gérer au mieux ses états émotionnels. De fait, une étude a montré que les Américains qui vieillissaient bien avaient d'autant moins d'indicateurs biologiques de stress – comme le cortisol – que leurs relations sociales étaient satisfaisantes[2].

Bien sûr, nos relations les plus significatives ne sont pas nécessairement les plus plaisantes ni les plus positives – une personne proche peut nous exaspérer au lieu de nous faire du bien. Mais heureusement, les personnes âgées semblent aussi acquérir une meilleure capacité de gestion des complications affectives telles que l'ambivalence des sentiments suscités par une personne particulière[3].

Une étude a montré que les personnes âgées ayant une vie sociale riche et intéressante gardaient, sept ans plus tard, de meilleures capacités cognitives que les personnes plus isolées[4]. Paradoxalement, la solitude ne dépend pas du nombre d'heures que les gens passent seuls ou du nombre de personnes qu'ils rencontrent quotidiennement. C'est l'absence de contacts intimes, amicaux, qui définit la solitude. La *qualité* de nos interactions, leur chaleur, le soutien qu'elles nous apportent comptent plus que le nombre de nos relations. Et plus un être se sent isolé, plus ses fonctions immunitaires et cardiovasculaires sont déprimées[5].

Il y a une autre raison d'optimiser notre réseau relationnel à mesure que nous vieillissons. On sait que le cerveau fabrique de nouveaux neurones jusque dans la vieillesse, bien qu'à un rythme moindre. Et certains spécialistes des neurosciences estiment que ce ralentissement n'est pas inévitable, qu'il est simplement une conséquence de la monotonie. Dans un environnement social plus complexe, les personnes âgées continuent à apprendre, ce qui accélère le rythme de remplacement de leurs neurones. C'est pourquoi certains spécialistes travaillent avec des architectes à la conception de maisons de retraite où les pensionnaires aient plus d'occasions d'interagir entre eux pendant la journée – stratégie que ma mère avait imaginée pour elle-même[6].

Le champ de bataille conjugal

En sortant d'un magasin, dans une petite ville, j'ai entendu cet échange entre deux hommes âgés assis sur un banc. L'un demandait des nouvelles d'un couple.

« Tu sais, répondit l'autre, laconiquement, ils ne se sont disputés qu'une seule fois, mais sans la moindre interruption. Et ça continue. »

Comme nous l'avons vu, ce type de relation émotion-nellement épuisante a des conséquences biologiques. La raison en a été découverte lors d'une expérience réalisée avec des couples de jeunes mariés – se disant tous « très heureux » en ménage – qui avaient accepté de revenir pendant trente minutes sur une querelle[7]. Pendant leur prise de bec, cinq des six hormones surrénales testées changèrent de niveau. Leur tension artérielle augmenta et les indices de leur fonction immunitaire diminuèrent, pendant plusieurs heures.

Quelques heures plus tard, une diminution de leurs défenses immunitaires fut constatée. Plus la dispute avait été violente, plus les changements observés étaient importants. En déclenchant la libération d'hormones de stress capables d'affecter les fonctions immunitaires et cardiovasculaires, conclurent les chercheurs, le système endocrinien « constitue une importante voie de passage entre relations personnelles et santé[8] ». Lorsque mari et femme s'affrontent, leurs fonctions immunitaires et car-diovasculaires souffrent – et si les affrontements se prolongent pendant des années, il semble que les dom-mages soient cumulatifs.

Dans le cadre d'une étude sur les conflits conjugaux, des couples de la soixantaine (mariés depuis quarante-deux ans en moyenne) ont été invités par le même labo-ratoire à se disputer sous une surveillance étroite. Là encore, l'affrontement provoqua des dépressions immu-nitaires et cardiovasculaires proportionnelles à la violence de la rancœur exprimée. Dans la mesure où l'âge affaiblit les systèmes immunitaire et cardiovascu-laire, l'hostilité entre les partenaires avait des conséquences plus graves. Les modifications biolo-giques étaient plus importantes chez les couples âgés que chez les jeunes mariés, mais seulement pour les femmes[9].

Et ce résultat surprenant ne dépendait pas de l'ancienneté du mariage. Les jeunes épouses dont l'affaiblissement du système immunitaire était le plus marqué se disaient évidemment les moins satisfaites de leur couple un an plus tard.

Chez les femmes dont le mari se mettait en colère pendant la dispute, le taux d'hormones de stress montait en flèche. À l'inverse, celles dont le mari se montrait compréhensif et gentil pendant la discussion avaient des taux d'hormones de stress bien inférieurs. Mais le système endocrinien des maris, que la discussion soit violente ou tranquille, ne subissait aucune modification. La seule exception concernait ceux qui avaient chez eux les disputes les plus féroces. Dans ce cas extrême, les réponses immunitaires du mari et de la femme se dégradaient plus vite que chez les couples plus harmonieux.

Différentes études permettent de penser que les femmes sont plus susceptibles que leur mari de payer de leur santé les frais d'un mariage houleux. Pourtant, il semble que d'une manière générale les femmes n'aient pas une réactivité biologique supérieure à celle des hommes[10].

L'une des explications pourrait être que les femmes donnent une grande importance à leurs liens sociaux les plus intimes[11]. De nombreuses enquêtes montrent que pour les Américaines, avoir des relations positives constitue une source essentielle de satisfaction et de bien-être tout au long de la vie. Pour leurs époux, à l'inverse, les relations positives sont moins importantes que la sensation d'évoluer ou le sentiment d'indépendance.

En outre, la sollicitude instinctive des femmes les incite à s'impliquer fortement dans la vie de ceux qu'elles aiment, ce qui les rend plus susceptibles que les hommes d'être touchées par la détresse d'autrui[12]. Particulièrement sensibles aux aléas de leurs relations, les femmes se laissent facilement emporter par les fluctuations de leurs émotions[13].

Autre découverte : les femmes passent bien plus de temps que leur mari à ressasser les interactions négatives, et elles les analysent plus en détail. (Elles se souviennent aussi beaucoup mieux des bons moments et passent plus de temps à y penser.) Étant donné que les mauvais souvenirs s'imposent parfois à la conscience de manière obsessionnelle et involontaire, et que le simple souvenir d'une dispute déclenche les mêmes modifications biologiques que le conflit lui-même, la tendance à ruminer ses problèmes a des conséquences néfastes sur la santé[14].

Pour toutes ces raisons, l'impact des difficultés relationnelles est plus fort sur la santé des femmes que sur celle des hommes[15]. D'après une étude de patients atteints d'insuffisance cardiaque congestive, une vie de couple houleuse est plus susceptible d'entraîner la mort prématurée des femmes que celle des hommes[16]. Les difficultés conjugales aiguës comme un divorce ou un veuvage constituent aussi pour les femmes un risque accru d'accident cardiaque, alors que chez les hommes la crise cardiaque est plus souvent provoquée par l'épuisement physique. Enfin, les femmes sont plus susceptibles que les hommes de subir une hausse mortelle d'hormones de stress en réponse à un choc émotionnel comme la mort imprévue d'un proche – état que les médecins appellent « syndrome du cœur brisé[17] ».

Cette forte réactivité biologique des femmes aux temps forts de leurs relations offre un début de réponse à ce mystère scientifique récurrent : la santé des hommes semble être améliorée par la vie conjugale et pas celle des femmes. Cette affirmation, qui conclut bien souvent les enquêtes sur le mariage et la santé, n'est pas nécessairement vraie. Elle est peut-être simplement due à un manque d'imagination de la part des chercheurs.

Une réalité différente apparaît en effet dans cette enquête, vieille de treize ans, où l'on a demandé à cinq cents femmes mariées de la cinquantaine de répondre à cette simple question : « Êtes-vous satisfaite de votre vie conjugale ? » Les résultats étaient on ne peut plus clairs : plus la femme était satisfaite de sa vie conjugale, meilleure était sa santé[18]. Les femmes qui disaient éprouver du plaisir à partager du temps avec leur mari, avoir le sentiment que la communication passait bien entre eux et qu'ils s'entendaient sur des questions telles que les finances, avoir une vie sexuelle satisfaisante, des intérêts et des goûts communs, étaient bien portantes. Leur tension, leurs taux de glucose et de cholestérol étaient inférieurs à ceux des femmes moins heureuses en ménage.

Les autres enquêtes mélangeaient les données fournies par toutes les femmes, qu'elles soient heureuses ou malheureuses. Donc, si les hauts et les bas de la vie conjugale semblent affecter plus profondément les femmes, les effets de ces variations dépendent de leur nature. Quand les bas sont plus fréquents que les hauts, la santé des femmes en souffre. Mais quand la relation offre plus de bons moments que de mauvais, leur santé, comme celle de leur mari, en bénéficie.

Assistance émotionnelle

Imaginez une femme couchée dans un appareil d'imagerie à résonance magnétique. On l'a allongée sur une civière et introduite dans une cavité de la taille d'un corps humain, située au centre d'une énorme machine. Elle entend vibrer les gros aimants électriques qui tournent autour d'elle, et elle regarde un écran vidéo situé à quelques centimètres de son visage.

Sur cet écran apparaît toutes les quinze secondes une suite de formes géométriques colorées – carrés verts, triangles rouges. Et on l'a prévenue que quand elle verrait un certain dessin elle recevrait une décharge électrique peu douloureuse mais néanmoins désagréable.

Parfois, elle doit endurer seule son appréhension. Parfois, une main inconnue tient la sienne. Parfois encore, c'est son mari qui lui prend la main.

Telle fut l'expérience à laquelle se soumirent volontairement huit femmes recrutées par Richard Davidson pour son étude sur le degré d'aide physiologique que peuvent nous apporter les personnes que nous aimons dans des moments de stress et d'anxiété. Résultat : quand la femme tenait la main de son mari, elle était moins anxieuse de recevoir les décharges électriques que quand elle était seule[19].

La main d'un inconnu la rassurait un peu mais pas autant. Étrangement, a constaté l'équipe de Davidson, il était impossible de cacher aux femmes la main qui tenait la leur : lors d'un essai préliminaire, les femmes reconnaissaient toujours s'il s'agissait d'une main inconnue ou de celle de leur époux.

Lorsqu'elles affrontaient seules l'expérience, l'IRMf montrait une activation des régions de leur cerveau qui déclenchent l'alerte dans l'axe HPA et la libération d'hormones de stress dans tout l'organisme[20]. Si la menace avait été plus personnelle – comme des questions hostiles pendant un entretien d'embauche –, la réponse de ces régions aurait été encore plus vive.

Ces circuits hypersensibles se laissaient pourtant « amadouer » par le contact rassurant d'une main aimée. Cette étude comble un vide important dans notre compréhension de l'impact biologique que peuvent avoir nos relations, pour le meilleur ou pour le pire. Nous disposons maintenant d'une image du cerveau émotionnellement assisté.

Autre découverte importante : plus la femme était heureuse en ménage, plus elle retirait de bénéfice du contact manuel avec son mari. Voilà qui éclaircit définitivement ce vieux mystère scientifique : pourquoi certaines unions semblent porter préjudice à la santé des femmes alors que d'autres semblent la protéger ?

Le contact de la peau est particulièrement apaisant parce qu'il libère de l'ocytocine, comme la chaleur et les vibrations (ce qui explique le soulagement que procure un massage ou un câlin). L'ocytocine se comporte comme un régulateur de l'hormone de stress, en réduisant l'activité du HPA et du SNS qui, lorsqu'elle se prolonge, constitue un risque pour la santé[21].

La libération d'ocytocine provoque quantité de modifications positives dans notre corps[22]. La tension baisse à mesure que s'installe un mode détendu de l'activité parasympathique. Le métabolisme passe de l'excitation musculaire prête à l'action provoquée par le stress à un régime réparateur où l'énergie sert au stockage des nutriments, à la croissance et à la santé. Le taux de cortisol décroît, témoignant d'une réduction de l'activité HPA. Le seuil de la douleur s'élève, nous rendant moins sensibles aux inconforts. Même les blessures guérissent plus vite.

L'ocytocine a une demi-vie très courte, mais nos relations intimes peuvent nous offrir régulièrement les bienfaits de cette hormone. Chaque contact affectueux, étreinte ou câlin avec un être cher suscite la libération de ce baume. Et quand les moments heureux se multiplient dans notre vie, l'ocytocine protège notre santé en convertissant nos échanges affectueux en bien-être physiologique[23].

Revenons au couple Tolstoï. En dépit des rancœurs dont témoignent leurs journaux intimes, Léon et Sonia ont eu treize enfants ensemble. Ce nombre implique qu'ils vivaient dans une atmosphère riche d'échanges possibles. Ils s'étaient dotés d'une assistance émotionnelle qui leur évitait de ne compter que l'un sur l'autre.

La contagion positive

À quarante et un ans, Anthony Radziwill, atteint d'un fibrosarcome, attendait la mort dans l'unité de soins intensifs d'un hôpital new-yorkais. Comme le raconte sa veuve, Carol, il reçut un soir la visite de son cousin John F. Kennedy Junior, qui devait lui-même périr quelques mois plus tard lorsque l'avion qu'il pilotait sombra au large de Martha's Vineyard.

John, encore revêtu du smoking qu'il portait pour un dîner, apprit en arrivant à l'hôpital que les médecins ne donnaient plus à son cousin que quelques heures à vivre.

Alors, il prit la main d'Anthony et lui chanta la berceuse que Jackie, sa mère, leur chantait à tous deux pour les endormir quand ils étaient petits.

Anthony joignit sa faible voix à celle de John.

Celui-ci, dit Carol, « l'avait emmené vers l'endroit le plus sécurisant qu'il pouvait trouver[24] ».

Cette délicate attention adoucit sans doute les derniers instants du mourant. Et elle met en lumière le type de connexion qui nous semble, intuitivement, être le meilleur moyen d'aider un être aimé dans les moments difficiles.

Cette intuition est aujourd'hui confirmée par des données solides : des physiologistes ont montré que quand deux personnes deviennent interdépendantes, elles jouent un rôle actif dans leur régulation physiologique réciproque. Cela veut dire que les signes reçus de l'autre ont la capacité de modifier leur organisme, en mieux ou en moins bien.

Dans une relation enrichissante, les partenaires s'aident mutuellement à gérer leurs émotions négatives, comme le font les parents avec leurs enfants. Quand nous sommes stressés ou fâchés, notre partenaire peut nous aider à déterminer la cause de notre détresse, à y réagir autrement ou tout simplement à la mettre en perspective – court-circuitant ainsi la cascade neuroendocrinienne néfaste.

Être longtemps séparés de ceux que nous aimons nous prive de cette aide précieuse ; le regret que nous fait éprouver leur absence est en partie provoqué par le manque de cette connexion biologique. Et dans la désorientation consécutive à la mort d'un être cher, l'absence de cette partie vitale de nous-mêmes compte certainement pour beaucoup. La perte d'un allié biologique majeur peut expliquer en partie le risque accru de maladie ou de décès que l'on observe après la mort d'un conjoint.

Là encore, une différence surprenante entre les sexes a été constatée. Le stress provoque une sécrétion plus importante d'ocytocine dans le cerveau des femmes que dans celui des hommes. L'effet calmant ainsi provoqué pousse les femmes à rechercher la présence des autres – s'occuper des enfants, parler avec une amie. Et cette attitude, comme l'a découvert la psychologue Shelley Taylor de l'UCLA, provoque de nouvelles sécrétions d'ocytocine qui les apaisent encore plus[25]. La tendance à se tourner vers les autres serait uniquement féminine. Les androgènes, hormones sexuelles mâles, éliminent l'effet calmant de l'ocytocine. Les œstrogènes, hormones sexuelles femelles, l'augmentent. Il semble que cette différence détermine les réactions très différentes des uns et des autres. Les hommes préfèrent se débrouiller tout seuls ou recourir à des distractions comme une émission de télé et une bonne bière.

Plus les femmes ont d'amis, moins elles ont tendance à souffrir de problèmes physiques en vieillissant, et plus leur vieillesse est heureuse. L'impact de l'amitié est tellement important qu'on a pu établir que son absence était plus préjudiciable à la santé des femmes que le tabagisme ou l'obésité. Même après avoir subi un coup terrible comme la mort de leur époux, celles qui ont une amie proche ou une confidente sont moins touchées par une perte de vitalité ou des problèmes de santé.

Dans toute relation intime, les ressources dont nous disposons pour gérer nos émotions – que ce soit chercher le réconfort auprès de quelqu'un ou réfléchir seuls à ce qui nous perturbe – sont complétées par l'autre, qui peut nous offrir conseils et encouragements ou nous aider plus directement par la contagion émotionnelle positive. Le moule dans lequel vont se couler tous nos liens intimes a été élaboré pendant la prime enfance, par nos premières interactions. Ces mécanismes qui établissent un lien de cerveau à cerveau perdurent pendant toute notre vie, mettant notre organisme en connexion directe avec celui des êtres auxquels nous sommes le plus attachés.

La psychologie a qualifié d'« unité psychobiologique mutuellement régulatrice » la fusion de deux en un qui signifie l'abandon radical de la ligne de partage psychologique et physiologique entre le Je et le Tu, le moi et le non-moi[26]. Cette fluidité des frontières entre personnes proches permet une corégulation physiologique réciproque. En bref, on se fait du bien (ou du mal) non seulement au niveau affectif mais aussi au niveau biologique. Votre hostilité fait monter ma tension ; votre affection la diminue[27].

Quiconque a un partenaire de vie, un ami proche ou un parent affectueux sur qui compter dispose d'une base affective sécurisante et d'un allié biologique. Étant donné ce que la médecine sait aujourd'hui de l'importance de l'amitié pour la santé, les personnes atteintes de maladies graves ou chroniques auraient certainement intérêt à valoriser leurs connexions émotionnelles. Un allié biologique, en plus d'un bon traitement, peut les aider à guérir.

Une présence curative

À l'époque où je vivais en Inde, il y a bien long-temps, j'ai été surpris en apprenant que les hôpitaux de la région ne fournissaient pas la nourriture à leurs malades. Mais le plus intrigant était la raison de cette coutume : lorsqu'un patient était hospitalisé, sa famille l'accompagnait, campait dans sa chambre, préparait ses repas et l'aidait selon ses moyens.

Comme ce doit être merveilleux, me suis-je dit, d'avoir jour et nuit autour de soi les gens qui vous aiment et qui vous aident à supporter la souffrance phy-sique. Quel contraste avec l'isolement des malades, si fréquent dans les structures médicales de l'Occident.

Un système de santé qui favorise le soutien social et affectif des patients ne doit pas seulement améliorer leur qualité de vie mais aussi leur capacité de guérison. Dans toute situation, ce que ressent fortement une per-sonne se communique à son entourage, et plus elle est stressée et vulnérable, plus les autres deviennent sen-sibles à son état[28]. Une malade, à l'hôpital, qui va être opérée le lendemain ne peut s'empêcher d'être inquiète. Si sa voisine de chambre est dans le même cas, leur anxiété va s'additionner, mais si sa voisine vient d'être opérée avec succès et se sent relativement calme et sou-lagée, sa présence aura un effet apaisant[29].

Lorsque j'ai demandé à Sheldon Cohen, responsable de l'étude sur le virus du rhume, ce qu'il conseillait aux malades hospitalisés, il a suggéré qu'ils se cherchent de nouveaux alliés, « surtout des personnes auxquelles ils peuvent ouvrir leur cœur ». Un de mes amis, apprenant qu'il avait un cancer probablement mortel, a pris une excellente décision : consulter un psychothérapeute pendant que lui-même et sa famille vivaient les conséquences bouleversantes de cette nouvelle situation.

Comme me le dit Cohen : « La découverte la plus frappante concernant les relations et la santé, c'est que les personnes socialement intégrées – celles qui ont une famille et des amis, appartiennent à une communauté religieuse ou sociale et s'investissent dans leurs relations – se rétablissent plus facilement après une maladie et vivent plus longtemps. Dix-huit études au moins révèlent une forte connexion entre liens sociaux et mortalité. »

Consacrer plus de temps et d'énergie aux êtres qui nous font du bien, affirme Cohen, a des effets bénéfiques sur la santé[30]. Les malades doivent aussi, dans la mesure du possible, réduire le nombre de leurs interactions toxiques et privilégier les plus enrichissantes.

Plutôt que d'apprendre directement à un cardiaque la meilleure façon d'éviter une nouvelle crise, estime Cohen, les hôpitaux devraient solliciter le réseau relationnel du patient pour que les plus concernés aident celui-ci à effectuer les ajustements nécessaires.

Si le soutien social favorise le bien-être des personnes âgées et des malades, d'autres forces peuvent jouer contre leur besoin d'être entourés, notamment la maladresse et l'angoisse souvent éprouvée par leurs proches. Face aux maladies socialement stigmatisées, notamment, ou à un pronostic mortel, l'entourage du malade est souvent trop méfiant ou trop anxieux pour offrir son aide – ou même pour se montrer.

« La plupart de mes proches ont pris leurs distances », raconte Laura Hillenbrand, l'écrivain qui a souffert pendant plusieurs mois du syndrome de fatigue chronique. Ses amis demandaient de ses nouvelles à d'autres amis, mais « après une ou deux cartes postales me souhaitant un prompt rétablissement, je n'ai plus entendu parler d'eux ». Et quand elle prenait l'initiative de téléphoner, les conversations étaient souvent si difficiles qu'elle se sentait idiote d'avoir appelé.

Pourtant, comme toute personne coupée des autres par la maladie, elle avait soif de contacts avec ces alliés biologiques récalcitrants. Comme le dit Sheldon Cohen, les découvertes scientifiques « signifient nettement à la famille et aux amis des malades qu'ils ne doivent pas les négliger ou les isoler. Même quand on ne sait pas quoi dire, il est important de leur rendre visite ».

Une simple présence peut signifier beaucoup, même pour un malade en état végétatif à la suite de graves atteintes cérébrales qui semble incapable de réagir à ce qu'on lui dit. Quand quelqu'un de proche lui rappelle des souvenirs communs ou le touche délicatement, les mêmes circuits s'activent dans son cerveau que dans un cerveau intact[31]. Pourtant, ces personnes paraissent totalement hors d'atteinte, incapables qu'elles sont de répondre, par le regard ou par la voix.

Une amie m'a raconté qu'elle avait par hasard lu un article sur le fait que les malades dans le coma entendent et comprennent tout ce qu'on leur dit. Elle allait justement à l'hôpital voir sa mère quasiment inconsciente. Cette découverte modifia radicalement son attitude face à sa mère, jusqu'à la fin.

La proximité affective aide surtout les personnes fragilisées par des maladies chroniques, une déficience du système immunitaire, ou un âge très avancé. Si elle ne constitue pas une panacée, elle peut avoir une influence signifiante, nous apprend la science médicale. En ce sens l'amour n'est pas uniquement une manière d'améliorer l'état émotionnel d'un être cher mais un ingrédient biologique actif de son traitement médical.

C'est pourquoi Mark Pettus, un médecin, nous incite à guetter les messages subtils qui signalent le besoin d'un malade d'être entouré d'affection, et de réagir à l'« invitation à entrer » qui prend la forme « d'une larme, d'un rire, d'un regard ou même d'un silence ».

Le jeune fils de Pettus, hospitalisé pour une intervention chirurgicale, était d'autant plus bouleversé, terrifié, désorienté et incapable de comprendre ce qui lui arrivait que, retardé dans son développement, il ne savait pas encore parler[32]. Après son opération, l'enfant était relié à un réseau si serré de tuyaux qu'il paraissait minuscule dans son grand lit ; perfusions dans le bras et dans la moelle épinière, tube gastrique dans une narine, arrivées d'oxygène dans ses deux narines, tuyau enfoncé dans le pénis jusqu'à sa vessie.

Pettus et sa femme avaient le cœur serré devant la souffrance de leur petit garçon. Mais ils virent dans son regard qu'ils pouvaient l'aider par de petits gestes de tendresse : caresses, regards compatissants, mais surtout par leur présence.

« L'amour fut notre langage », écrit Pettus.

18

Pour une médecine plus humaine

Dans l'un des meilleurs hôpitaux du monde pour les problèmes de colonne vertébrale, un interne s'entretient avec une patiente d'une cinquantaine d'années qui souffre énormément d'une dégénérescence discale de ses vertèbres cervicales. C'est la première fois qu'elle consulte un médecin, ayant jusque-là fait confiance à un chiropracteur qui ne la soulage que momentanément. Ses douleurs augmentent et elle a peur.

La femme et sa fille posent à l'interne toutes sortes de questions. Pendant une vingtaine de minutes, celui-ci tente de les rassurer mais n'y parvient pas tout à fait.

Arrive alors le médecin de garde qui décrit brièvement les injections qu'elle recommande pour calmer l'inflammation, et la thérapie nécessaire pour détendre et renforcer la musculature. La fille ne comprend pas l'intérêt de ce traitement et pose à nouveau des questions, mais le médecin de garde a déjà tourné les talons.

Et c'est l'interne qui prolonge l'entretien pendant encore dix minutes pour répondre à ses questions, jusqu'à ce que la patiente accepte finalement de subir l'injection.

Un peu plus tard, le médecin prend l'interne à part et lui dit : « C'était très gentil à vous, mais vous ne pouvez pas vous permettre le luxe de prolonger ainsi les consultations. Le planning prévoit quinze minutes par patient, y compris la rédaction du compte rendu. Vous changerez vite de tactique quand vous aurez passé plusieurs nuits à dicter vos notes pour revenir travailler de bonne heure à l'hôpital le lendemain.

— Mais, protesta l'interne, je donne beaucoup d'importance à la relation avec les patients. Je veux pouvoir les comprendre, et je passerais une demi-heure avec chacun si je pouvais. »

Le médecin, assez agacée, ferma la porte afin de poursuivre la conversation en privé. « Écoutez, dit-elle, il y avait huit autres patients dans la salle d'attente ; cette femme s'est conduite en égoïste en vous retenant si longtemps. Vous ne pouvez pas passer plus de dix minutes avec un patient, c'est tout. »

Elle expliqua ensuite à l'interne les raisons financières de cette organisation : étant donné ce que touche un médecin après avoir payé les impôts, les assurances et la part revenant à l'hôpital, la seule façon de s'assurer un bon salaire c'est de recevoir le maximum de patients en un minimum de temps.

Les trop longues attentes et les trop brèves visites au médecin qui caractérisent la médecine d'aujourd'hui ne satisfont personne. Les malades souffrent de la mentalité comptable qui envahit les professions de santé, et les médecins se plaignent de ne pouvoir passer plus de temps avec leurs patients. Et ce problème ne touche pas seulement les États-Unis. Comme l'a dit un neurologue européen qui travaille à la planification de la politique de santé de son pays : « On applique aux gens la logique des machines. Les médecins doivent dire ce qu'ils font et quand, et on calcule combien de temps peut être consacré à chaque acte médical. Mais cela ne laisse pas une minute pour parler au patient, établir une relation, expliquer ou rassurer. Beaucoup de médecins sont frustrés, ils aimeraient avoir le temps de soigner la personne, pas uniquement la maladie. »

Le parcours du combattant des médecins commence dès leurs études et leur internat. Cette charge de travail permanente, combinée à la politique économique qui exige de plus en plus des médecins, explique pourquoi la révolte gronde. Des enquêtes montrent que 80 à 90 % des praticiens présentent des signes d'épuisement, sinon plus – c'est une véritable épidémie silencieuse[1]. Les symptômes sont clairs : fatigue émotionnelle liée au travail, intense sentiment d'insatisfaction et attitude Je-Cela systématique.

La non-compassion organisée

La patiente du 4D était hospitalisée pour une pneumonie résistante à tout traitement. Étant donné son âge avancé et les autres problèmes dont elle souffrait, son avenir n'était pas brillant.

Au cours de son séjour, l'infirmier de nuit avait établi une relation amicale avec la vieille dame. Elle n'avait jamais de visites, personne à prévenir en cas de décès,

pas d'amis ni de parents connus. Seul l'infirmier s'arrê-
tait un moment dans sa chambre lors de ses rondes.

Il se rendit compte un jour que les forces de la
malade déclinaient et qu'elle allait bientôt mourir. Il
s'arrangea alors pour passer le plus de temps possible
auprès d'elle. Ils ne parlaient pas, elle en était incapable, il lui tenait simplement la main. Ainsi ne mourut-
elle pas seule.

Comment l'infirmière-chef le félicita-t-elle pour cet
acte d'humanité ?

Par un blâme, pour avoir perdu son temps, et en
s'assurant que le document serait versé à son dossier.

« Nos institutions ne sont qu'une absence d'amour
organisée », écrit Aldous Huxley dans *La Philosophie
éternelle*. Cette maxime s'applique à tout système qui
traite les personnes sur le mode dépersonnalisé du Je-
Cela. Quand les individus ne sont que des numéros,
interchangeables, sans valeur ni intérêt, l'empathie est
sacrifiée au nom de l'efficacité et du profit.

Prenons l'exemple fréquent du malade hospitalisé qui
doit passer une radio le jour même. Dès le matin, on lui
a dit : « Aujourd'hui, vous allez en radiologie. »

Mais on ne lui dit pas que l'hôpital fait payer plus
cher les gens qui viennent de l'extérieur passer des
radios. Ce patient doit donc attendre son tour, parfois
pendant plusieurs heures, alors qu'il croit que ce sera
l'affaire de quelques minutes. Pis encore, il est peut-être
à jeun depuis la veille au soir, et sa radio n'est faite que
dans l'après-midi, sans qu'il ait pris le moindre repas.

« Ce sont les revenus qui dictent la gestion des services, me confie un responsable d'hôpital. On ne se
demande pas ce qu'on ressentirait si on était à la place
du patient. On n'est pas assez attentif à leurs attentes, et

on s'arrange encore moins pour les satisfaire. Les opérations et la circulation de l'information sont organisées en fonction de l'équipe médicale, pas des patients. »

Connaissant le rôle des émotions dans la santé, on peut penser que le fait de ne pas considérer les malades comme des individus, même au nom de la sacro-sainte efficacité, nous prive d'un allié biologique potentiel : la sollicitude pour notre prochain. Qui ne veut pas dire faiblesse. Même compatissants, un chirurgien doit inciser et une infirmière donner des soins parfois douloureux. Mais l'incision et la souffrance sont moins mal vécues quand elles s'accompagnent d'une attitude respectueuse et gentille. Se sentir reconnu et traité avec égard allège la douleur jusqu'à un certain point. Être seul avec sa détresse l'augmente.

Si nous voulons réformer nos systèmes de santé pour les rendre plus humains, le changement devra être effectué à deux niveaux : dans le cœur et l'esprit de ceux qui prodiguent les soins, et dans le règlement, à la fois explicite et implicite, de l'institution. Et à l'heure actuelle, les symptômes de ce désir de changement se multiplient.

La reconnaissance de l'être humain

Imaginez un grand chirurgien du cœur complètement détaché de ses patients. Non seulement il manque de compassion, mais il se montre indifférent et même méprisant pour ce qu'ils ressentent. Il a opéré quelques jours plus tôt un homme qui a tenté de se suicider en se jetant du cinquième étage et qui s'est grièvement blessé.

Devant ses étudiants, le chirurgien dit au patient que s'il voulait se punir, il aurait mieux fait de se mettre au golf. Les étudiants rient de sa plaisanterie, mais le visage du patient n'exprime qu'angoisse et désespoir.

Quelques jours plus tard, ce chirurgien devient patient à son tour. Il ressent un chatouillement dans la gorge et crache du sang. L'otorhino de l'hôpital l'examine, et bientôt le visage du chirurgien révèle sa peur, son malaise, sa désorientation. Le spécialiste met fin à la visite en disant à notre héros qu'il a une grosseur sur les cordes vocales, qu'il faut l'opérer, pratiquer une biopsie et d'autres analyses.

En le quittant pour aller s'occuper d'un autre patient, le spécialiste murmure : « Ouf, quel boulot aujourd'hui ! »

Cette histoire a été racontée par Peter Frost, un professeur de gestion qui a entrepris une campagne en faveur de la compassion médicale après avoir passé un certain temps dans un service de cancérologie[2]. L'élément essentiel qui manque, dans ce scénario, note Frost, c'est la simple reconnaissance de l'être humain, de la personne qui lutte pour conserver sa dignité, et même sa vie.

Cette humanité se perd trop souvent dans la machinerie impersonnelle de la médecine moderne. Selon certains, la mécanisation des attitudes médicales produit des « souffrances iatrogènes » inutiles, l'angoisse de constater que le personnel a oublié son cœur à la maison. Même chez les mourants, le message d'insensibilité distillé par les médecins engendre parfois plus de souffrance que la maladie proprement dite[3].

Ce constat a enclenché un mouvement en faveur d'une médecine « centrée sur le patient » ou « centrée sur la relation », capable d'élargir le spectre de l'attention médicale au-delà du diagnostic pour y inclure la personne traitée et améliorer la qualité du lien médecin-patient.

Cette tendance humanitaire a aussi une composante défensive. Une enquête, publiée en 1997 dans le *Journal of American Medical Association* et très controversée a en effet établi que la mauvaise qualité de la communication permettait de prévoir, mieux que le nombre d'erreurs médicales, si un praticien serait poursuivi en justice pour faute professionnelle[4].

À l'inverse, les médecins dont les patients se sentaient mieux accueillis étaient moins souvent poursuivis. Ils faisaient des choses très simples comme dire aux malades ce qu'ils pouvaient attendre de la consultation ou du traitement, parler de choses et d'autres, les toucher de façon rassurante, s'asseoir auprès d'eux et rire avec eux – l'humour établissant un contact rapide et solide[5]. En outre, ils s'assuraient que les patients comprenaient leur discours, leur demandaient leur opinion et les encourageaient à parler. En bref, ils manifestaient de l'intérêt pour la personne, pas seulement pour son diagnostic.

Le temps est un facteur essentiel dans ce type de pratique : la consultation des médecins attentifs durait en moyenne trois minutes et demie de plus que celle des praticiens qui risquaient des poursuites. Plus la visite était courte, plus la probabilité d'un procès était grande. Il ne faut donc que quelques minutes pour créer un bon rapport – observation troublante étant donné la pression économique qui incite les médecins à voir plus de malades en moins de temps.

Il n'empêche, les données scientifiques favorables au rapport médecin-malade s'accumulent. Une analyse de différentes enquêtes a montré que les patients étaient satisfaits quand ils sentaient l'empathie du médecin et en recevaient des informations utiles[6]. Mais la qualité de ces informations était moins liée à leur contenu qu'à la façon de les donner. Un ton de voix concerné rendait les paroles du médecin plus bénéfiques pour le patient. Avantage supplémentaire, plus les patients étaient satisfaits, plus ils se souvenaient des conseils de leur médecin et en tenaient compte[7].

Au-delà de son intérêt médical, un bon rapport médecin-patient est un enjeu économique. Aux États-Unis en tout cas, où le marché devient de plus en plus compétitif, des enquêtes montrent que quand une personne quitte son médecin, c'est, dans 25 % des cas, parce qu'elle n'a « pas aimé la façon dont il communiquait avec [elle][8] ».

Il y a bien sûr des gens de cœur dans n'importe quel système de santé. Mais la culture médicale elle-même affaiblit ou détruit trop souvent l'expression de l'empathie, sacrifiant la sollicitude aux impératifs de temps et d'argent, mais aussi à ce que le Dr Youngson appelle « les styles de pensée et de croyance dysfonctionnels des médecins : linéaires, réductionnistes, critiques et pessimistes à l'excès, intolérants pour l'ambiguïté. Le "détachement clinique" nous apparaît comme la clé d'une perception claire, mais c'est une erreur ».

Le Dr Youngson estime que sa profession souffre d'une infirmité acquise : « Nous avons perdu toute compassion. » Et le responsable, à ses yeux, n'est pas le manque de cœur de ses collègues médecins et infirmières, mais l'inexorable mouvement qui les pousse à privilégier les technologies médicales. Il faut ajouter à cela la fragmentation de plus en plus grande de la prise en charge des malades, que l'on balade de spécialiste en spécialiste, et la réduction du nombre des infirmières. Les patients eux-mêmes finissent souvent par être les seuls à surveiller leurs soins, qu'ils soient ou non équipés pour le faire.

Soigner n'est pas seulement traiter ou éliminer une maladie, mais implique d'aider un individu à retrouver son intégrité physique et son bien-être psychique. L'approche des patients doit donc être holistique, et la compassion est un outil de guérison irremplaçable.

Organigramme de la sollicitude

Nancy Abernathy donnait à des étudiants en première année de médecine des cours sur la prise de décision et les relations interpersonnelles lorsque le pire se produisit : son mari mourut d'une crise cardiaque en faisant du ski dans les bois derrière leur maison du Vermont. C'était pendant les vacances d'hiver.

Désormais seule pour élever ses deux enfants adolescents, elle fit de gros efforts pour terminer l'année scolaire, sans dissimuler à ses élèves son chagrin et son désarroi – réalité qu'ils auraient à affronter avec les familles de leurs patients.

Un jour, elle confia à sa classe qu'elle redoutait l'année à venir, en particulier le cours où chacun devait montrer des photos de sa famille. Quelles photos apporterait-elle et que dirait-elle de son chagrin ? Comment pourrait-elle s'empêcher de pleurer en évoquant la mort de son mari ?

Elle s'engagea néanmoins à assurer ses cours l'année suivante et dit adieu à ses élèves.

À la rentrée, le jour du cours qu'elle craignait tant, elle arriva de bonne heure et trouva la salle de classe déjà en partie remplie. Et elle découvrit avec surprise que c'étaient ses anciens élèves, tous passés en deuxième année, qui étaient venus lui apporter leur soutien.

« C'est cela la compassion, écrit-elle, une simple connexion humaine entre un être qui souffre et un être qui veut l'aider à guérir[9]. »

Ceux dont la profession est d'aider les autres doivent aussi s'entraider. Dans n'importe quelle structure dédiée à l'assistance, les relations entre membres du personnel affectent la qualité des soins qu'ils prodiguent.

La sollicitude, dans une équipe, procure l'équivalent adulte d'une base sécurisante. On la constate sur tous les lieux de travail dans les interactions quotidiennes où les gens s'efforcent de se remonter mutuellement le moral en se montrant disponibles à l'autre, en prenant le temps de l'écouter quand il a des problèmes. La sollicitude peut aussi prendre la forme du respect, d'un compliment ou d'un commentaire admiratif sur le travail accompli.

Quand, dans les professions d'assistance, le personnel n'a pas le sentiment que son milieu lui offre une base sécurisante, il est plus susceptible de succomber à ce qu'on nomme l'« épuisement compassionnel[10] ». Une accolade, une oreille attentive, un regard de sympathie comptent énormément mais sont trop souvent insuffisants au regard de l'activité frénétique qui règne dans toute structure dédiée aux autres.

Il est facile d'observer cette sollicitude en acte et d'en dresser une carte. C'est ce qu'a fait William Kahn. Pendant trois ans, il a considéré d'un point de vue anthropologique tous les petits échanges quotidiens entre employés d'un bureau d'aide sociale[11]. Ce bureau était chargé de trouver aux enfants de la rue des volontaires adultes qui leur servent de compagnons, de guides, d'images référentielles. Comme dans beaucoup d'associations, l'équipe se débattait avec des problèmes d'argent et de personnel.

La sollicitude entre les membres de l'équipe se manifestait très simplement, dans les interactions quotidiennes. Quand un nouveau travailleur social présentait un cas difficile pendant une réunion, par exemple, un autre, plus chevronné, l'écoutait avec attention, lui posait des questions, se retenait de le juger et se disait impressionné par la sensibilité du nouveau venu.

Lors d'autres réunions, par contre, quand la surveillante devait discuter avec l'équipe des cas les plus épineux, les choses se passaient tout autrement. La surveillante ne tenait aucun compte de l'objectif de la réunion et se lançait dans un monologue sur des questions administratives qui l'intéressaient davantage.

En plus, elle ne quittait jamais des yeux ses papiers, évitant tout contact visuel ; elle s'arrangeait pour éviter les questions, et ne s'intéressait pas à ce que pensait l'équipe ; elle n'exprimait aucune sympathie aux assistantes sociales surchargées, et quand on lui posait une question sur le programme, elle était incapable de répondre. Sollicitude zéro.

Dans ce bureau, en partant du haut, l'organigramme se dessinait ainsi : le directeur exécutif avait la chance que le conseil d'administration le soutienne à cent pour cent. Il disposait d'une base sécurisante dans la mesure où on l'écoutait, l'aidait et le rassurait en permanence tout en le laissant s'organiser comme il voulait.

Mais ce directeur ne transmettait pas à ses équipes surchargées de travail la sollicitude dont il bénéficiait lui-même. Jamais il ne leur demandait comment ils allaient, ne les encourageait, ne manifestait le moindre respect pour les efforts qu'ils fournissaient. Il ne leur parlait qu'en termes abstraits, n'écoutant aucune de leurs récriminations quand ils en formulaient. La déconnexion entre eux était totale.

Pourtant, le directeur se montrait attentif à l'une des personnes situées en dessous de lui, le collecteur de fonds, qui le lui rendait bien. Ils se soutenaient mutuellement, s'écoutant et s'apportant conseils et réconfort. Mais ni l'un ni l'autre ne s'intéressaient au personnel du bureau.

Quant à la surveillante, elle manifestait plus de bienveillance envers son patron qu'il ne lui en manifestait. Cette configuration, très courante, ressemble à la dynamique des familles dysfonctionnelles où un parent abdique sa responsabilité et renverse les rôles, cherchant à se faire prendre en charge par ses enfants.

La surveillante renversait également les rôles avec les personnes qu'elle était chargée d'encadrer et auprès desquelles elle cherchait volontiers du réconfort.

Dans cette structure, l'essentiel de la sollicitude s'échangeait donc au sein de l'équipe des travailleurs sociaux. Abandonnés par leurs supérieurs, confrontés à des pressions énormes et se battant contre l'épuisement, ils s'efforçaient de construire autour d'eux un cocon émotionnel rassurant.

Beaucoup confièrent à Kahn que quand ils se sentaient soutenus, ils étaient plus à même de venir en aide aux autres. Comme le dit l'un d'entre eux : « Quand j'ai la sensation de valoir quelque chose, je m'implique à fond avec les gosses. »

Mais dans l'ensemble, ils donnaient beaucoup plus qu'ils ne recevaient. Ils se vidaient de leur énergie, en dépit de leurs efforts pour se remotiver mutuellement. Mois après mois, ils prenaient des distances avec leur travail, s'épuisaient, et finissaient par partir. En deux ans et demi, quatorze personnes avaient quitté les six postes de travailleur social.

Sans « nourriture » émotionnelle, les gens qui s'occupent des autres s'essoufflent. Tant qu'ils se sentent soutenus, ils sont capables d'aider, de soigner, d'assister. Mais une assistante sociale, un médecin ou un infirmier éreinté n'a plus de ressources dans lesquelles puiser.

Soigner les soignants

Il existe un autre argument pragmatique en faveur d'une revalorisation de la compassion dans la médecine : en termes de rentabilité, ce critère de choix implacable dans toute entreprise, cela permet de garder le personnel le plus apte. Une étude du « travail émotionnel » fourni par le personnel médical, et surtout les infirmières, l'a montré[12].

Les infirmières qui supportaient le plus mal leur travail perdaient le sens de leur mission, n'étaient pas en bonne santé et avaient envie de quitter leur poste. Les chercheurs en ont conclu que ces problèmes venaient de ce que les infirmières « attrapaient » la détresse – colère, anxiété, désespoir – de ceux dont elles s'occupaient. Et qu'elles étaient susceptibles de la transmettre aux autres, patients ou collègues.

Mais les infirmières qui avaient des relations riches avec les patients et l'impression d'influer sur leur moral en tiraient des bénéfices émotionnels. Le simple fait de parler gentiment et de se comporter avec affection allégeait le stress dû à leur travail. Ces infirmières-là étaient en meilleure santé et restaient attachées à leur mission. Elles n'avaient pas envie de démissionner.

Écouter continuellement quelqu'un se plaindre est une des tâches susceptibles de provoquer la contagion de la détresse. Il en résulte un épuisement compassionnel qui touche tous les professionnels de l'assistance. L'une des façons de le surmonter consiste, non pas à cesser d'écouter les autres, mais à trouver un soutien émotionnel. Dans un environnement médical compassionnel, les infirmières, les plus exposées à la douleur et au désespoir des malades, doivent être aidées pour « métaboliser » cette souffrance inévitable et devenir plus résilientes. Les institutions doivent faire en sorte que les infirmières et autres membres du personnel soient suffisamment soutenus pour rester empathiques sans s'épuiser.

De même que les travailleurs exposés à des risques physiques liés au stress disposent de temps de pause, ceux que leur métier met en première ligne des risques émotionnels auraient besoin de moments de détente au cours de la journée. Mais pour que ces phases de récupération soient mises en place, il faudrait que le travail émotionnel fourni par le personnel médical soit reconnu et valorisé par les administrateurs comme faisant partie intégrante de leur mission – devant être accompli au même titre que d'autres tâches et non en plus.

D'une manière générale, la composante émotionnelle des professions de santé n'est pas considérée comme un « vrai » travail. Si elle l'était, les professionnels rempliraient mieux leur tâche. Dans l'immédiat, il faudrait intégrer les problèmes relationnels dans la pratique médicale, car ils ne sont jamais mentionnés dans les descriptions des métiers de santé.

En outre, la médecine commet souvent la même erreur en choisissant ses responsables, celle qui consiste à promouvoir quelqu'un à son niveau d'*in*compétence. On nomme généralement les chefs de service ou les directeurs en fonction de qualités professionnelles – de chirurgien par exemple – sans tenir compte de capacités essentielles comme l'empathie.

Des études comparatives ont montré que ce qui distingue les excellents directeurs des médiocres dans les secteurs d'assistance n'a rien à voir avec le savoir médical ou la compétence technique et tout à voir avec l'intelligence relationnelle et émotionnelle[13]. Certes, les connaissances médicales sont importantes, mais elles ne représentent qu'un minimum exigible. Ce qui distingue les bons dirigeants dans les domaines de la santé touche aux capacités interpersonnelles telles que l'empathie, la résolution des conflits et le développement personnel. Une médecine compassionnelle exige des patrons concernés par autrui, capables de fournir à leur personnel une base émotionnelle sécurisante à partir de laquelle travailler.

Relations salutaires

Kenneth Schwartz, avocat à Boston, avait quarante ans quand on lui diagnostiqua un cancer du poumon. La veille de son opération, venu à l'hôpital pour passer sa visite préopératoire, il attendit son tour dans une salle d'attente bondée où allaient et venaient des infirmières pressées.

À l'appel de son nom, il pénétra dans un cabinet où une infirmière lui posa des questions. Au début, elle se montra assez brusque – Schwartz se sentit privé de toute identité. Mais quand il lui dit qu'il avait un cancer, elle s'adoucit. Lui prenant la main, elle lui demanda comment il se sentait.

Et brusquement, ils abandonnèrent leurs rôles respectifs. Quand Schwartz lui parla de son fils Ben, elle dit que son neveu portait le même prénom. À la fin de leur entretien, elle avait les larmes aux yeux. Et elle promit de venir le voir le lendemain, même si elle n'allait habituellement pas à l'étage des blocs opératoires.

Le lendemain, assis dans une chaise roulante, il la vit arriver. Elle lui prit la main et, très émue, lui souhaita bonne chance.

Cette rencontre ne fut que la première d'une série d'échanges avec l'équipe médicale qui, comme l'écrivit Schwartz, « rendirent supportable l'insupportable[14] ».

Peu avant sa mort, quelques mois plus tard, Schwartz fonda le centre Kenneth B. Schwartz à l'Hôpital général du Massachusetts pour « soutenir et promouvoir la compassion dans les soins de santé », donner de l'espoir aux patients, des forces aux professionnels et favoriser le processus de guérison[15].

Le centre accorde chaque année un prix pour honorer l'équipe médicale qui a manifesté le plus de sollicitude à ses patients et peut être présentée comme modèle. Le centre donne aussi la possibilité aux personnels hospitaliers de se réunir pour évoquer ensemble leurs soucis et leurs angoisses. Ces réunions partent du principe qu'en discutant de leurs difficultés propres, les soignants seront plus à même d'établir des connexions personnelles avec les patients.

Le Dr. Beth Lown de l'Académie américaine médecin-patient raconte : « Quand nous avons organisé la première table ronde [dans un hôpital de Cambridge, Massachusetts] nous n'attendions pas plus de cinquante ou soixante personnes, mais nous avons eu la surprise de voir arriver cent soixante membres du personnel médical. Ces réunions répondent vraiment à un besoin de discuter franchement entre nous de ce que signifie notre travail. »

Elle ajoute : « Le désir de connexion avec notre prochain, qui motive tant de jeunes à vouloir être médecins, est progressivement supplanté par la culture hospitalière – une orientation biomédicale axée sur la technologie et sur l'objectif de faire entrer et sortir les patients des services le plus rapidement possible. La question n'est pas de savoir si l'on peut enseigner l'empathie mais de comprendre comment nous l'éliminons chez les étudiants en médecine. »

Les examens de fin d'année incluent maintenant une évaluation des capacités interpersonnelles de chaque étudiant. L'accent est mis sur l'interrogatoire du patient que tout médecin conduira en moyenne deux cent mille fois au cours de sa carrière[16]. Cette conversation est la meilleure occasion pour le médecin et son patient d'établir une bonne alliance thérapeutique.

L'esprit toujours analytique de la médecine a fragmenté l'interrogatoire en sept parties distinctes, de la phrase d'introduction à l'établissement d'un projet de traitement. La nouvelle approche insiste sur la dimension humaine de l'entretien.

On demande par exemple au médecin de laisser le patient terminer sa première phrase plutôt que de se placer en position dominante dès le début de l'entretien, et de le laisser poser toutes les questions qu'il veut. Il doit comprendre comment le patient vit sa maladie et son traitement. Autrement dit, il doit instaurer un climat d'empathie et établir un rapport humain, personnel, avec le malade.

De telles capacités, dit le Dr Lown, « peuvent être enseignées et acquises, mais elles doivent être pratiquées et cultivées comme n'importe quel autre savoir-faire clinique ». Ce faisant, non seulement le médecin est plus efficace, mais le patient admet mieux le traitement et apprécie davantage les soins qui lui sont prodigués.

Comme l'écrivit Kenneth Schwartz juste avant sa mort : « De simples actes d'humanité m'ont semblé plus aptes à me guérir que les radiations et la chimiothérapie sur lesquelles se fondent tous les espoirs de guérison. Je ne crois pas que l'espoir et le réconfort puissent à eux seuls vaincre le cancer, mais ils ont représenté pour moi un atout considérable. »

SIXIÈME PARTIE

Répercussions sociales

19

Les conditions idéales de la réussite

Vous êtes au volant de votre voiture. Vous allez travailler. Vous pensez à votre rendez-vous avec un collègue et aussi, par instants, au fait que vous devrez prendre à gauche après le feu, au lieu de tourner à droite comme d'habitude, pour aller porter votre veste chez le teinturier.

Soudain, la sirène d'une ambulance retentit juste derrière vous, et vous accélérez pour lui laisser le passage. Vous sentez votre cœur s'affoler.

Vous voulez reprendre vos réflexions à propos de ce rendez-vous, mais vous n'arrivez pas à vous concentrer, vous êtes distrait. Et en arrivant à votre travail, vous constatez que vous avez oublié de passer chez le teinturier.

Ce scénario est emprunté à un article du très sérieux magazine *Science* intitulé : « Biologie du passage à vide[1] ». L'auteur y décrit les effets de cet état transitoire provoqué par les aléas de la vie sociale sur la pensée et l'efficacité.

Le « passage à vide » est un état neural où le surgissement d'une émotion a bloqué le fonctionnement du centre exécutif. Tant qu'il dure, on ne peut ni penser clairement ni se concentrer. Ce phénomène a des implications directes dans la création d'une ambiance émotionnelle optimale en classe et au bureau.

Du point de vue du cerveau, bien travailler, en classe comme au bureau, implique d'être dans la condition optimale pour réussir.

« Bannissez la peur », répétait W. Edwards Deming, spécialiste du contrôle de qualité. Il avait constaté que la peur immobilisait le monde du travail : les employés hésitaient à s'exprimer, pour proposer de nouvelles idées ou mieux coordonner leur travail, et encore plus pour améliorer la qualité de leur production. Le même slogan s'applique aux salles de classe. La peur vide l'esprit, empêche d'apprendre.

Sur le plan neurobiologique, le passage à vide est la réaction organique par défaut en cas d'urgence. Le stress provoque la mise en action de l'axe HPA qui prépare le corps à l'action. Entre autres manœuvres biologiques, l'amygdale réquisitionne le cortex préfrontal, centre exécutif du cerveau. Ce passage du contrôle à la route basse donne la priorité aux automatismes, aux réponses instinctives. Le cerveau pensant est donc mis sur la touche ; la route haute réagit trop lentement[2].

Lorsque notre cerveau transfère la prise de décision à la route basse, nous devenons incapables de penser clairement. Et plus la pression est forte, plus nous perdons nos moyens intellectuels[3]. L'ascendant pris par l'amygdale limite nos capacités d'apprentissage, de mémoire à court terme, de planification et d'organisation efficaces. Nous sombrons dans ce que les spécialistes appellent un « dysfonctionnement cognitif[4] ».

Plus l'anxiété est forte, plus l'efficacité cognitive du cerveau diminue. L'espace disponible pour l'attention est réduit, ce qui sape notre capacité d'acquérir de nouvelles informations, et plus encore celle de produire des idées neuves. La panique est l'ennemie de l'apprentissage et de la créativité.

La route neurale de cet état de malaise va de l'amygdale au côté droit du cortex préfrontal. Quand ce circuit est activé, nos pensées se fixent sur ce qui a provoqué notre émotion. Et plus nous sommes préoccupés par l'inquiétude ou le ressentiment, plus notre agilité mentale est ralentie. De même quand nous sommes tristes, le taux d'activité du cortex préfrontal diminue, et nous générons moins de pensées[5]. Anxiété et colère extrêmes d'un côté, tristesse de l'autre font baisser l'activité cérébrale jusqu'à l'inefficacité.

L'ennui provoque aussi un type particulier d'inefficacité. Quand l'esprit s'évade, il perd toute concentration. Dans les réunions qui se prolongent un peu trop (et c'est souvent le cas), les regards vides de certaines des personnes présentes trahissent cette absence. Et nous avons tous connu ces heures d'ennui, en classe, où l'on regarde distraitement par la fenêtre.

Un état optimal

Une classe de lycée fait des mots croisés. Les élèves travaillent en équipes de deux. L'un possède la grille remplie, l'autre n'a que la grille vide. Le jeu consiste pour le premier à aider son partenaire à deviner le mot en lui fournissant des indices. Et comme c'est un cours d'espagnol, les échanges doivent se faire dans cette langue, et les mots à deviner aussi.

Les élèves sont tellement pris par leur jeu qu'ils n'entendent même pas la cloche sonnant la fin du cours. Aucun ne se lève pour partir, ils veulent tous continuer leurs mots croisés. Et le lendemain, quand ils doivent faire un devoir avec les mots nouveaux appris pendant le jeu, ils manifestent une excellente compréhension de ce vocabulaire. Ils ont appris en s'amusant et maîtrisent parfaitement leur leçon. Car ces phases de concentration et de plaisir sont sans doute le meilleur moyen d'apprendre.

Comparons ce cours d'espagnol avec un cours d'anglais. Le sujet du jour est l'utilisation de la virgule. Une élève, prise d'ennui et distraite, sort discrètement de son sac le catalogue d'une boutique de vêtements. Elle se comporte comme si elle passait d'une boutique à une autre.

Sam Intrator, un éducateur, a passé un an à observer des classes de lycée comme celles-ci[6]. Quand il voyait les élèves complètement absorbés, comme pendant le cours d'espagnol évoqué, il les sondait sur ce qu'ils pensaient et ressentaient.

Si la plupart d'entre eux se disaient complètement immergés dans ce qu'on leur enseignait, il qualifiait le moment d'« inspiré ». Les moments inspirés se définissaient tous de la même manière : par une puissante combinaison d'attention concentrée, d'intérêt enthousiaste et d'intensité émotionnelle positive. C'est la joie d'apprendre.

Antonio Damasio, spécialiste des neurosciences à l'université de Californie du Sud, voit dans ces moments « une coordination physiologique optimale et un fonctionnement aisé des opérations vitales ». Damasio, spécialiste mondialement reconnu, a été l'un des premiers à établir des liens entre les découvertes scientifiques sur le cerveau et l'expérience humaine. Il affirme que les états joyeux nous permettent de nous épanouir, de bien vivre et de nous sentir heureux.

Selon lui, ces états optimistes nous confèrent « plus d'aisance dans la capacité d'agir », une plus grande harmonie de fonctionnement qui augmente notre pouvoir et notre liberté, quoi que nous fassions. En étudiant les réseaux neuraux qui dirigent les opérations mentales, dit-il, les sciences cognitives découvrent des phénomènes similaires qu'elles nomment « états d'harmonie maximale ».

Lorsque l'esprit fonctionne dans cette harmonie interne, facilité, efficacité, rapidité et puissance d'action sont à leur niveau maximum. De tels moments sont vécus comme un plaisir. L'imagerie cérébrale montre qu'ils correspondent à une grande activité dans le cortex préfrontal, pierre angulaire de la route haute.

Quand l'activité préfrontale augmente, les capacités mentales telles que la pensée créatrice, la souplesse cognitive et le traitement d'information sont décuplées[7]. Même les médecins, ces parangons de rationalité, pensent plus clairement quand ils sont de bonne humeur. Les radiologues (qui lisent les radios pour aider les médecins à poser leur diagnostic) travaillent plus vite et avec plus de précision après avoir reçu un petit cadeau qui leur fait plaisir – et leurs notes contiennent plus de suggestions utiles concernant le futur traitement, et plus de propositions de consultations supplémentaires[8].

Le U renversé

La mise en relation des aptitudes mentales avec le spectre de l'humeur donne un graphique en forme de U renversé dont les jambages s'écartent un peu. Joie, efficacité cognitive et excellents résultats se situent au sommet de la courbe. Sur les deux pentes descendantes, on trouve l'ennui d'un côté, l'anxiété de l'autre. Plus on est apathique ou angoissé, moins on obtient de bons résultats, qu'il s'agisse d'un devoir trimestriel ou d'un rapport d'activité[9].

Nous sortons du brouillard de l'ennui quand une sollicitation éveille notre intérêt, augmente notre motivation et notre concentration, à l'intersection de la difficulté de la tâche et de notre aptitude à l'accomplir. Juste au-dessus de ce pic d'efficacité, la tâche dépasse nos capacités et la courbe descendante s'amorce.

La panique nous saisit lorsque nous constatons, par exemple, que nous avons beaucoup trop tardé à rendre tel devoir ou tel rapport d'activité. Notre anxiété érode alors notre efficacité cognitive[10]. À mesure que les difficultés s'accroissent au point de nous dépasser, la route basse devient de plus en plus active. La route haute connaît un passage à vide et le cerveau s'en remet à la route basse. C'est ce passage neural de la

route haute à la route basse qui explique la forme du
U renversé[11].

Le U renversé reflète l'impact de deux systèmes
neuraux différents sur l'apprentissage et l'obtention
de résultats. Tous deux s'activent quand un surcroît
d'attention et de motivation augmente l'activité du
système glucocorticoïde ; un taux de cortisol sain
nous donne l'énergie nécessaire à l'engagement[12]. La
bonne humeur provoque une libération faible à

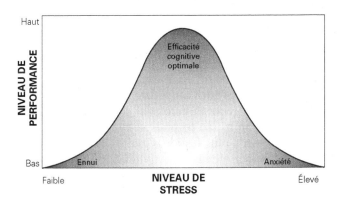

Un U renversé dessine la relation entre niveaux de stress et
efficacité mentale, qu'il s'agisse d'apprendre ou de prendre
des décisions. Le stress varie avec la difficulté de la tâche.
Insuffisante, cette difficulté n'entraîne qu'absence d'intérêt
et ennui ; plus grande, elle déclenche l'attention et la motivation – qui, à leur niveau optimal, produisent l'efficacité
cognitive maximale et les meilleurs résultats. Quand la difficulté commence à outrepasser nos capacités, le stress
s'intensifie ; quand elle devient écrasante, nous ne pouvons
plus ni agir ni réfléchir.

modérée de cortisol, associée à un meilleur apprentissage.

Mais si le stress continue à grimper au-delà de ce point optimal, un second système neural entre en action et sécrète de la norépinéphrine jusqu'au taux enregistré lorsque nous éprouvons une peur intense[13]. À partir de ce point commence la pente descendante vers la panique ; plus le stress augmente, moins nous sommes capables d'apprendre ou de réussir.

Une forte anxiété fait sécréter au cerveau des taux élevés de cortisol et de norépinéphrine qui interfèrent avec le fonctionnement des mécanismes neuraux de l'apprentissage et de la mémoire. Quand ces hormones de stress atteignent un niveau critique, elles augmentent l'activité de l'amygdale mais affaiblissent les aires préfrontales qui perdent leur capacité de contenir les impulsions gérées par l'amygdale.

Tout ceci affecte directement nos capacités, donc nos travaux, en classe comme au bureau. Quand on se sent mal, on n'a plus les idées claires et on a tendance à laisser tomber même les activités que l'on considère comme importantes[14]. Les psychologues qui ont étudié les effets de l'humeur sur l'apprentissage en concluent que quand les élèves ne sont ni attentifs ni heureux en classe, ils n'absorbent qu'une fraction du savoir qu'on leur communique[15].

Ce phénomène s'applique également aux professeurs et aux patrons. Une humeur maussade diminue l'empathie et l'intérêt pour autrui. Un directeur de mauvaise humeur critique davantage le travail de ses subordonnés, ne s'intéresse qu'à ce qui ne va pas, désapprouve plus facilement les autres[16]. Il en va sans doute de même pour les enseignants.

Nous accomplissons nos meilleures performances lorsque le stress nous pousse à l'action, et notre esprit se paralyse sous une pression trop forte[17].

Aspect neural de l'apprentissage

C'est l'heure du cours de chimie, et dans la classe la tension est palpable. Les élèves ont le trac parce qu'ils savent qu'à tout moment leur professeur peut en désigner un au hasard et lui demander de venir au tableau pour calculer la solution d'une interaction chimique difficile. Tous, sauf les plus brillants, les chimistes en herbe, échouent lors de ces interrogations.

Le type de stress qui active le plus les hormones correspondantes et fait grimper les taux de cortisol règne dans la classe, sous la forme d'une menace sociale – peur du jugement du professeur ou de paraître stupide devant les autres. Ce type de peur sociale affaiblit gravement les mécanismes d'apprentissage du cerveau[18].

Mais le point culminant du U diffère selon les individus. Les élèves capables de supporter un fort niveau de stress sans que leurs facultés cognitives en souffrent resteront imperturbables au tableau, qu'ils trouvent la solution ou pas. (Les adultes du même type font d'excellents agents de change, capables de gagner ou de perdre une fortune en un clin d'œil.) Mais ceux dont le taux d'adrénaline augmente facilement auront l'esprit paralysé au moindre surcroît de stress – et pour peu qu'ils n'aient pas préparé leur cours ou qu'ils aient des difficultés d'apprentissage, être appelés au tableau sera pour eux une véritable torture.

L'hippocampe, situé à proximité de l'amygdale au centre du cerveau, est notre organe central d'apprentissage. C'est lui qui nous permet de transformer le contenu de notre mémoire de travail – les informations nouvelles, brièvement retenues dans le cortex préfrontal – en mémoire à long terme. Cet acte neural est au cœur de tout apprentissage. Une fois ces informations connectées avec ce que nous savons déjà, nous pourrons nous les rappeler plusieurs mois ou années plus tard.

Tout ce qu'apprend un enfant, en classe ou dans les livres, tout ce qui nous arrive dans la vie, tous les détails dont nous allons nous souvenir dépendent de l'hippocampe pour être fixés dans la mémoire. La continuelle rétention de souvenirs exige une activité neuronale frénétique. De fait, la plus grande partie de la neurogenèse – la production par le cerveau de nouveaux neurones et leur raccordement aux autres neurones – se fait dans l'hippocampe.

L'hippocampe est particulièrement sensible à toute détresse émotionnelle à cause des effets dommageables du cortisol. Si le stress se prolonge, le cortisol attaque les neurones de l'hippocampe, ralentissant leur multiplication ou réduisant leur nombre, ce qui a un effet désastreux sur l'apprentissage. La mort des neurones de l'hippocampe peut par exemple être causée par une dépression grave ou un trauma intense. (Toutefois, la guérison entraîne la génération de nouveaux neurones, qui rend à l'hippocampe sa taille initiale[19].) Même quand le stress est moins fort, il semble qu'un taux de cortisol élevé pendant des périodes prolongées affecte ces neurones.

Le cortisol stimule l'amygdale et affaiblit l'hippocampe, détournant notre attention vers nos émotions, tout en limitant notre capacité à absorber de nouvelles informations. Nous ne mémorisons alors que ce qui nous bouleverse. Quand un élève a été perturbé par une interrogation surprise, il se souvient beaucoup mieux de son angoisse que du sujet de l'interrogation.

Cette réalité a des implications profondes sur le type d'atmosphère qui doit régner dans une classe pour favoriser l'apprentissage. L'environnement social, comme nous l'avons vu, affecte le nombre et l'avenir des neurones nouvellement créés dans le cerveau. Il faut à ces nouvelles cellules un mois pour se former et quatre mois de plus pour être entièrement connectées aux autres ; pendant cette période, l'environnement détermine en partie la forme et la fonction finales de chaque cellule. Les neurones dédiés à la mémoire qui se forment pendant un semestre vont encoder dans leurs liens ce qui a été appris au cours de ces six mois – et plus l'apprentissage se fait dans une atmosphère propice, plus l'encodage sera de bonne qualité.

La détresse tue l'apprentissage. C'est ce qu'a démontré expérimentalement Richard Alpert en 1960 : comme le savent tous les étudiants, un fort degré d'anxiété amoindrit la capacité de réussite aux examens[20]. D'après une étude plus récente, des étudiants qui faisaient un devoir de maths en pensant qu'il s'agissait simplement d'un test obtenaient des résultats 10 % meilleurs que quand ils croyaient faire partie d'une équipe qui serait récompensée financièrement si elle gagnait. Étrangement, le déficit était plus important chez les étudiants les plus intelligents[21].

Dans un groupe d'adolescents de seize ans classés parmi les meilleurs lors d'un concours national de mathématiques, certains avaient d'excellents résultats en classe, tandis que d'autres réussissaient mal en dépit de leurs aptitudes pour cette matière[22]. La différence cruciale résidait dans le fait que les premiers éprouvaient un plaisir et une concentration intenses pendant 40 % du temps où ils s'immergeaient dans l'étude (et de l'anxiété pendant seulement 30 %), alors que les seconds ne vivaient cet état de grâce que pendant 16 % du temps, et connaissaient l'anxiété pendant 55 %.

Étant donné l'influence des émotions sur les performances intellectuelles, la tâche des enseignants et des patrons devrait être la même : aider ceux dont ils ont la responsabilité à rester le plus longtemps possible au sommet du U renversé.

Pouvoir et flux émotionnel

Chaque fois qu'une réunion menaçait de virer au malaise, le président d'une société se mettait soudain à critiquer l'une des personnes présentes (généralement le chef du marketing, un de ses amis). Puis, ayant réveillé l'attention de tous, il reprenait tranquillement le fil de son discours. Cette tactique ne manquait jamais son but, raviver l'intérêt du groupe, le hisser de la base du U renversé, l'ennui, vers son sommet, l'engagement.

Les manifestations de mécontentement d'un patron mettent à profit la contagion émotionnelle. Correctement dosée, même une sortie très brève peut suffire à captiver l'attention du personnel et le motiver, beaucoup de patrons le savent. Mais si le patron va trop loin, il obtient l'effet inverse, les performances de ses employés diminuent ou se détériorent.

Tous les partenaires émotionnels ne sont pas égaux. Une dynamique de pouvoir s'exprime dans la contagion, déterminant qui va attirer le plus fortement les autres dans son orbite. Les neurones miroirs sont des instruments de domination : l'émotion circule avec une force particulière du cerveau de la personne socialement dominante à celui des autres.

Cela s'explique par le fait que dans tout groupe, les gens sont attirés vers l'élément le plus fort et s'intéressent à ce qu'il dit ou fait. Cela amplifie la force du message émotionnel transmis par le leader et rend ses émotions particulièrement contagieuses. Comme le dit le directeur d'une petite entreprise d'un air contrit : « Quand la colère est en moi, les autres l'attrapent comme une grippe. »

La tonalité émotionnelle d'un discours peut avoir un pouvoir surprenant. Quand un patron annonce une mauvaise nouvelle (se disant par exemple déçu des résultats du mois) sur un ton chaleureux, ses employés considèrent néanmoins l'interaction comme positive. Quand il transmet une bonne nouvelle (les objectifs ont été atteints) d'une voix morne, l'interaction est vécue comme négative[23].

Si le mécontentement d'un chef, judicieusement exprimé, peut servir d'aiguillon et inciter ses employés à travailler, la colère, à l'inverse, est une tactique inefficace. Y recourir systématiquement pour motiver le personnel peut donner l'impression que le rendement augmente, mais le travail n'est pas forcément mieux fait. La mauvaise humeur permanente corrode le climat émotionnel et affecte le fonctionnement des cerveaux.

En ce sens, gouverner se résume à une série d'échanges sociaux dans lesquels le chef peut améliorer ou détériorer l'humeur d'autrui. Dans les échanges de bonne qualité, le subordonné se sent écouté, compris et soutenu. Dans les échanges médiocres, il se sent seul et menacé.

La contagion émotionnelle entre dirigeant et dirigé caractérise toute relation de pouvoir : professeur-élève, médecin-patient et parent-enfant. Toutes ces relations, en dépit de l'inégalité du pouvoir, ont des effets potentiels bénéfiques : favoriser la croissance, l'éducation, la guérison de la personne la moins puissante.

Autre raison pour laquelle les patrons doivent surveiller ce qu'ils disent aux employés : ces derniers mémorisent les interactions négatives plus souvent, avec plus d'intensité, et plus de détails, que les interactions positives. La facilité avec laquelle leur humeur peut propager la démotivation devrait inciter les patrons à se comporter de manière à transmettre des émotions toniques[24].

La dureté d'un patron n'augmente pas seulement le risque de perdre de bons éléments, elle torpille l'efficacité cognitive. Un dirigeant doué d'intelligence relationnelle aide ses subordonnés à contenir leur détresse émotionnelle et à s'en remettre. Et ne serait-ce que d'un point de vue commercial, il a intérêt à réagir avec empathie plutôt qu'avec indifférence, en paroles comme en actes.

Les bons et les mauvais patrons

Dans tous les métiers, les gens se souviennent parfaitement d'avoir connu deux types de patrons, ceux avec qui ils adoraient travailler et ceux qu'ils fuyaient. J'ai interrogé à ce sujet des dizaines de groupes : réunions de PDG, conventions d'enseignants, dans des villes aussi différentes que São Paulo, Bruxelles et Saint Louis, Missouri. Les listes fournies par ces groupes disparates sont remarquablement similaires à celle-ci :

Bon patron	Mauvais patron
Disponible à l'écoute	Un mur
Encourage	Sceptique
Communique	Pratique le secret
Courageux	Intimidant
Sens de l'humour	Mauvais caractère
Empathique	Égocentrique
Décidé	Indécis
Assume ses responsabilités	Accuse
Humble	Arrogant
Partage son autorité	Se défie de tous

Les meilleurs patrons sont confiants, empathiques et en phase avec leur personnel ; face à eux, on se sent détendu, apprécié, motivé. Avec les plus mauvais – distants, difficiles et arrogants –, au mieux on est mal à l'aise, au pire on leur en veut.

Ces deux listes de caractéristiques pourraient aussi définir les parents, ceux qui procurent la sécurité émotionnelle à leurs enfants et ceux qui les rendent anxieux. En fait, les dynamiques sont les mêmes, dans la famille ou au travail.

« Une base sécurisante nous offre protection, énergie et réconfort, nous permettant de déployer toutes les ressources de notre énergie », m'a dit George Kohlrieser, psychologue et professeur de leadership en Suisse. Selon lui, il est essentiel de disposer d'une base sécurisante au travail pour réussir.

Les gens qui estiment avoir cette base, a découvert Kohlrieser, sont plus libres d'explorer, de s'amuser, prendre des risques, innover et relever de nouveaux défis. En outre, quand un patron qui a établi avec eux cette confiance critique leur travail, non seulement ils l'écoutent mais ils comprennent ses arguments.

Cependant, pas plus qu'un parent, un patron ne doit protéger ses employés de toute tension ou stress ; la résilience s'acquiert à ce prix. Il lui suffit d'alléger la pression quand elle est trop forte ou d'éviter qu'elle ne le devienne.

Aucun enfant ne peut échapper à la souffrance émotionnelle et, de la même façon, il semble que la toxicité émotionnelle soit une conséquence inévitable de la vie des entreprises – employés virés, injustices commises par la direction, frustration des employés se reportant sur leurs collègues. Les causes en sont légion : patrons abusifs ou collègues désagréables, organisation du travail frustrante, changements fréquents. Les réactions vont de l'angoisse à la fureur, de la perte de confiance au désespoir.

Heureusement peut-être, on ne dépend pas seulement d'un patron. Les collègues, une équipe de travail, un ami dans l'entreprise peuvent donner le sentiment d'avoir une base sécurisante. Sur un lieu de travail, tout le monde contribue à l'ambiance émotionnelle, née des interactions quotidiennes. Quel que soit le rôle qu'il occupe, chacun apporte sa note au concert d'ensemble, par sa façon de travailler, d'interagir, et par son humeur.

Pour beaucoup de travailleurs, le personnel de l'entreprise devient une sorte de famille, un groupe dont les membres sont affectivement attachés les uns aux autres. Cela crée un climat de loyauté, et plus les liens sont forts, plus les employés sont motivés, productifs et contents de leur travail.

L'accumulation des interactions positives, que ce soit avec un collègue, un contremaître, des clients, détermine en grande partie la satisfaction de chacun et sa capacité de réussite ; un compliment, un mot de réconfort peuvent modifier la tonalité de la journée[25].

La présence d'une seule personne amie sur le lieu de travail suffit parfois à faire la différence. Dans des enquêtes réalisées auprès de plus de cinq millions de personnes travaillant dans près de cinq cents entreprises, l'un des meilleurs indicateurs de satisfaction était une réponse positive à la phrase : « J'ai un excellent ami sur mon lieu de travail[26]. »

Plus on a de sources de soutien émotionnel dans sa vie active, plus on se sent bien. Un groupe soudé autour d'un dirigeant sûr et sécurisant crée un environnement émotionnel qui peut être contagieux au point de détendre même les plus anxieux.

Comme me l'a confié le responsable d'une équipe scientifique de haut niveau : « Je n'engage jamais une personne dans mon labo sans l'avoir fait travailler un certain temps avec nous. Ensuite, je demande l'opinion des membres de l'équipe, et je m'en remets à leur décision. Si le courant ne passe pas, je ne veux pas prendre le risque d'engager cette personne – aussi extraordinaire qu'elle puisse être par ailleurs. »

L'intelligence relationnelle des dirigeants

Le DRH d'une grosse entreprise a organisé un atelier d'une journée dirigé par un grand spécialiste du secteur. Une foule plus importante que prévue veut y assister et, au dernier moment, il faut s'installer dans une salle plus grande mais mal équipée.

De ce fait, les gens assis au fond ont du mal à voir et à entendre l'orateur. À la pause du matin, une femme s'avance vers le DRH en tremblant de rage pour se plaindre : elle ne voit même pas l'écran et ne comprend pas ce que dit l'orateur.

« Je savais que je ne pouvais rien faire d'autre qu'écouter cette femme, reconnaître le problème et lui promettre de faire mon possible pour le résoudre, me dit le DRH. À l'heure du déjeuner, elle m'a vu discuter avec les responsables de l'audiovisuel et essayer de faire installer l'écran plus haut. Pour l'acoustique, je ne pouvais vraiment rien faire.

J'ai revu cette personne en fin de journée. Elle m'a dit qu'elle n'avait pas mieux vu ni entendu, mais qu'elle en avait pris son parti. Elle était ravie que je l'aie écoutée et que j'aie essayé de l'aider. »

Quand, dans une entreprise, quelqu'un ressent de la détresse ou de la colère, un patron peut au moins, comme ce DRH, lui manifester de l'empathie et tenter d'arranger les choses. Qu'il y réussisse ou pas, ses efforts procurent à l'employé un réconfort émotionnel. Il l'aide à métaboliser ses émotions pour que la personne puisse continuer à avancer au lieu de stagner.

Le patron n'a pas besoin d'être d'accord avec la position ou la réaction de son subordonné, il suffit qu'il respecte son point de vue, s'excuse si nécessaire ou cherche un autre remède à la toxicité de l'émotion pour en diminuer l'impact. Une enquête auprès d'employés de sept cents entreprises a montré que, pour la majorité d'entre eux, avoir un bon patron comptait plus que le montant de leur salaire[27]. Cette réalité a des implications commerciales certaines puisque, d'après la même enquête, la personnalité du patron déterminait largement la productivité et la durée du séjour des employés dans l'entreprise. Quand ils ont le choix, les gens préfèrent ne pas travailler avec un patron insupportable, quel que soit le salaire qu'il offre, sauf s'ils veulent accumuler un pécule avant de démissionner.

Pour un dirigeant, l'intelligence relationnelle commence par une présence réelle et une mise en synchronie avec ses subordonnés. Ensuite, toute la panoplie de l'intelligence relationnelle peut entrer en jeu. Il n'existe ni recette magique ni programme en cinq points permettant de gérer toutes les situations professionnelles. Mais quoi que nous fassions, selon l'endroit du U renversé où se retrouvent nos subordonnés, nous saurons si nous avons réussi.

Le lieu de travail est le premier endroit où faire usage de son intelligence relationnelle. Les gens y passent tellement de temps que le travail devient leur famille, leur village, leur réseau social de substitution – alors qu'ils peuvent être renvoyés à tout moment par le patron.

Cette ambivalence structurelle signifie que l'espoir et la peur hantent de plus en plus les lieux de travail.

La gestion du personnel ne peut ignorer ces courants affectifs souterrains : ils ont des conséquences humaines bien réelles et interviennent dans la capacité de chacun à donner le meilleur de lui-même. Et, les émotions étant hautement contagieuses, chaque responsable, à tous les niveaux, doit se rappeler qu'il ou elle a le pouvoir d'améliorer ou de détériorer l'ambiance de travail.

Une connexion particulière

Maeva allait à l'école dans un des quartiers les plus pauvres de New York. À treize ans, elle n'était qu'au cours complémentaire, avec deux ans de retard sur ses camarades.

Et elle avait la réputation de semer la pagaille dans la classe. Elle quittait souvent la salle en claquant la porte et refusait d'y revenir. Elle passait une grande partie de ses journées à errer dans les couloirs de l'école.

Avant de la rencontrer, Pamela, son nouveau professeur d'anglais, savait qu'elle aurait des problèmes avec elle. Le premier jour, après avoir donné aux élèves une explication de texte à faire par écrit, elle s'est approchée de Maeva pour l'aider.

En deux minutes, elle s'est rendu compte que la fillette savait à peine lire.

« Bien souvent, les problèmes de conduite s'expliquent par le complexe de l'élève qui se sent incapable de faire le travail demandé, me dit Pamela. Maeva n'arrivait même pas à épeler correctement un mot. Je me suis demandé comment elle avait pu arriver au cours complémentaire sans apprendre à lire. »

Ce jour-là, Pamela l'aida en lui lisant le texte à commenter. Puis elle demanda que Maeva soit suivie par un éducateur spécialisé dans ce genre de cas. L'école accepta, et Maeva reprit son apprentissage depuis le début.

Tous ses problèmes ne s'arrangèrent pas pour autant. Elle continuait à répondre, embêter les autres élèves et n'en faire qu'à sa tête. Mais Pamela l'aidait en classe et, quand un problème surgissait, elle prenait Maeva à part pour discuter avec elle.

Pamela montrait surtout à Maeva qu'elle s'intéressait à elle. Et au bout de quatre mois d'efforts de part et d'autre, la fillette cessa de manifester sa frustration par son indiscipline, se mit à travailler et obtint des résultats satisfaisants, surtout en maths.

Et puis, pendant les cours de lecture qu'elle suivait toujours, elle se mit à aider un jeune Sud-Africain arrivé depuis peu et qui avait plus de retard qu'elle.

Le type de connexion établi entre Pamela et Maeva constitue un atout énorme pour aider les enfants à apprendre. De plus en plus d'études montrent que les élèves qui se sentent reliés à leur école – aux professeurs, aux autres élèves, à l'établissement lui-même – ont de meilleurs résultats scolaires[28]. Et plus ils sont « connectés », mieux ils résistent aux périls de l'adolescence moderne : violence, racket, vandalisme, anxiété et dépression, usage de drogues, suicide et interruption des études.

La « connexion » se réfère ici à des contacts émotionnels avec d'autres élèves et avec le personnel de l'établissement, comme ce fut le cas pour Maeva avec Pamela. Pamela est devenue la base sécurisante de son élève.

Imaginez ce que cela pourrait signifier pour les 10 % d'élèves qui, comme Maeva, risquent l'échec scolaire. Une étude réalisée après de 910 élèves en première année de primaire, échantillon représentatif de l'ensemble des États-Unis, a évalué les enseignants et les effets de leurs styles d'enseignement sur les résultats des enfants à risque[29]. Les meilleurs résultats étaient obtenus quand les institutrices :

— portaient attention à l'enfant, répondaient à ses besoins, intérêts et capacités, le laissant diriger leurs interactions ;

— créaient une ambiance positive dans la classe, avec des conversations agréables, beaucoup de rire et d'enthousiasme ;

— manifestaient aux enfants de l'affection et posaient sur eux des regards positifs ;

— organisaient bien la classe, donnant aux élèves des buts et des habitudes clairement définis mais flexibles pour qu'ils puissent s'y conformer d'eux-mêmes.

Les résultats étaient mauvais quand les enseignants adoptaient une attitude Je-Cela, imposant leur programme sans se mettre au niveau des élèves, ou se montrant froids et distants. Ces enseignants se mettaient plus facilement en colère contre leurs élèves et devaient les punir pour rétablir la discipline.

L'influence positive d'un enseignant ne s'arrête pas à la première année. En dernière année de primaire, les élèves réussissaient mieux avec des enseignants attentifs et en première année de lycée aussi[30]. Les bons enseignants sont comme les bons parents. En offrant à l'enfant une base sécurisante, ils créent un environnement favorable au fonctionnement du cerveau, à l'envie d'explorer, de maîtriser de nouvelles connaissances, de réussir.

Cette base sécurisante peut être intériorisée par les enfants quand on leur apprend à mieux gérer leur anxiété, donc à mieux concentrer leur attention. Il existe déjà des dizaines de programmes d'« apprentissage social/émotionnel » à cet effet. Les meilleurs sont conçus pour s'intégrer au cursus scolaire normal des enfants de tous âges et leur inculquer des aptitudes telles que la conscience de soi et la gestion des émotions négatives, l'empathie et l'aisance relationnelle. Une analyse de plus de cent études de ces programmes a montré que non seulement les élèves qui en bénéficiaient savaient se calmer et entretenir de bonnes relations avec les autres, mais qu'ils apprenaient mieux : leurs notes augmentaient et leurs résultats scolaires étaient de 12 % supérieurs à ceux d'élèves équivalents n'ayant pas suivi ces programmes[31].

Mais qu'une école propose ou non ce genre d'initiatives, il suffit que les enseignants créent dans leur classe un climat d'empathie et d'échanges pour que les élèves fassent des progrès et se passionnent pour les études[32]. Même l'aide d'un seul professeur peut tout changer pour un élève.

Toutes les Maeva ont besoin d'une Pamela.

20

Maisons de connexions

Voici la liste des cicatrices énumérées par Martin, quinze ans, sur un croquis représentant son corps, de bas en haut : ses pieds, cassés deux fois, à onze puis à douze ans ; ses mains couvertes de cicatrices dues à des bagarres et « souillées » par le contact avec des drogues, des objets volés, et par des « relations sexuelles négatives » ; sur l'un de ses bras, des traces de brûlures faites en fumant de la marijuana et, sur l'autre, une blessure au couteau.

Dans sa tête se bousculent le manque de sommeil, depuis l'âge de onze ans, le trauma émotionnel dû à des abus physiques depuis ses deux ans et à des violences sexuelles (y compris par son père, à sept ans), et des lésions cérébrales consécutives à une tentative de suicide, à onze ans. À partir de l'âge de huit ans, son cerveau avait été « grillé » par l'usage abusif de « pilules, herbe, méthadone, alcool, champignons et opium ».

Cette liste noire est malheureusement le lot d'un trop grand nombre d'adolescents actuellement incarcérés. La prison apparaît comme le passage obligé de tous ceux qui ont eu des débuts difficiles et chez qui les mauvais traitements entraînent bien souvent l'usage de drogues et la prédation sociale.

Si, dans d'autres pays, des systèmes sociaux plus humains permettent de traiter ces jeunes gens au lieu de les punir, aux États-Unis c'est la prison qui « s'occupe » d'eux. La plupart des établissements pour mineurs offrent plus souvent la garantie d'une vie entière de criminalité que les moyens de s'en sortir.

Mais Martin fait partie des privilégiés : il vit dans le Missouri, État qui a choisi de soigner les jeunes délinquants au lieu de les punir. Autrefois, les prisons pour jeunes du Missouri étaient comme toutes les autres. On y rencontrait des yeux au beurre noir, des nez cassés, des visages tuméfiés ; les gardiens « cognaient avec leurs poings et leurs pieds » et se comportaient souvent en véritables sadiques[1].

Plus de vingt ans après, l'endroit où est détenu Martin offre une alternative prometteuse. Les adolescents vivent dans un réseau de foyers installés dans d'anciennes écoles ou de vastes demeures, notamment un couvent abandonné.

Chaque foyer compte une trentaine de jeunes et quelques adultes ; tout le monde se connaît et entretient des relations quotidiennes avec les éducateurs.

Il n'y a ni barreaux ni cellules, peu de portes sont fermées et seules des caméras vidéo permettent de surveiller ce qui se passe. L'atmosphère ressemble plus à celle d'une famille qu'à celle d'une prison. Les jeunes sont répartis en équipes de dix environ où chacun est responsable du respect des règles. Chaque équipe mange, dort, étudie et se douche ensemble – toujours sous la supervision d'un éducateur.

Si l'un des résidents devient violent, il n'y a ni cellules d'isolement ni menottes – comme dans la plupart des prisons pour adolescents –, les jeunes ont appris à immobiliser celui qui menace la sécurité des autres jusqu'à ce qu'il se calme. Le directeur du programme affirme qu'il n'y a jamais eu de blessé grave et que les bagarres sont très rares.

Six fois par jour, les membres des équipes se mettent en cercle pour se dire les uns aux autres comment ils vont. Chacun a le droit de réclamer une réunion supplémentaire s'il veut poser des questions ou se plaindre de quelque chose. De cette manière, les jeunes peuvent passer d'une occupation comme un cours, un exercice ou une tâche ménagère à l'exposition de préoccupations émotionnelles qui pourraient provoquer une explosion si on n'en tenait pas compte. Tous les après-midi, ils se réunissent autour d'activités conçues pour encourager la camaraderie et la coopération, pour favoriser l'empathie et une meilleure perception des autres, pour développer la confiance et les qualités relationnelles.

Ces expériences construisent une base sécurisante et donnent aux jeunes les aptitudes sociales dont ils manquent cruellement. Et le climat de sécurité est essentiel, surtout pour permettre aux ados de s'ouvrir, d'évoquer leur passé difficile. La confiance, voilà la clé : l'un après l'autre, ils racontent leur vie au reste de l'équipe, des histoires de violences domestiques et de victimisation sexuelle, d'abus et de négligence. Ils racontent aussi leurs propres méfaits et les actes qui les ont amenés où ils sont.

Leur traitement ne s'interrompt pas le jour de leur départ. Au lieu de devoir référer à un contrôleur judiciaire surchargé – pratique habituelle à peu près partout aux États-Unis –, ils rencontrent leur coordinateur dès leur arrivée dans l'établissement. Si bien qu'à la fin de leur peine ils ont une relation déjà ancienne avec la personne qui va accompagner leur retour à la vie sociale.

L'accompagnement est une partie essentielle du programme mis au point dans le Missouri. Chaque jeune rencontre fréquemment son coordinateur et encore plus souvent un « traqueur » – quelqu'un de sa ville natale ou un étudiant – qui suit jour après jour ses progrès et l'aide à trouver du travail.

Une telle formule de traitement donne-t-elle des résultats concluants ? Les statistiques sur les jeunes sortis de prison sont rares, mais une étude de 1999 a montré que le taux de récidive chez les jeunes ayant bénéficié du programme du Missouri n'était que de 8 % au cours des trois ans suivant la relaxe, alors qu'au Maryland 30 % des jeunes sortis des établissements de correctionnelle se retrouvaient en prison au bout de trois ans. Une autre étude a comparé le taux de jeunes retournés en maison de correction ou en prison pour adultes au bout d'un an. Au Missouri, 9 %, contre 29 % en Floride[2].

Il faut aussi tenir compte du coût humain de l'enfermement d'adolescents dans des prisons abjectes. En quatre ans, cent dix d'entre eux se sont suicidés dans les établissements correctionnels des États-Unis. Au cours des vingt années qu'a déjà duré le programme du Missouri, aucun suicide n'a été enregistré.

Le modèle de Kalamazoo

La petite ville de Kalamazoo, dans le Michigan, était en émoi ; les électeurs devaient voter par un référendum pour collecter les cent quarante mille dollars nécessaires à la construction d'une nouvelle prison pour jeunes délinquants. Tout le monde s'accordait à dire que l'ancienne structure était surpeuplée et inhumaine, mais personne n'était d'accord sur la nouvelle structure à mettre en place.

Certains insistaient pour que soient renforcés les moyens de sécurité, murs, barbelés, cellules, verrous, et l'espace un peu agrandi. Mais d'autres voulaient trouver de meilleurs moyens d'empêcher les jeunes de commettre des délits ou de récidiver.

L'un des juges locaux proposa que les deux parties se retrouvent pour en discuter pendant toute une journée. Toutes les personnes concernées répondirent à son appel : chefs religieux, groupes de défense des prisonniers, policiers, juges, directeurs d'écoles, travailleurs psychiatriques, démocrates libéraux et républicains conservateurs.

Cette réunion est emblématique d'un mouvement qui se développe dans tout le pays devant l'échec du système carcéral à protéger les citoyens de criminels qui ne font que reproduire ce qu'ils connaissent le mieux : la délinquance. Partout, des groupes sont en train de repenser le sens du mot « correction ».

Dans les circuits pénaux on considère généralement que la punition des auteurs d'actes délictueux est de souffrir. Certes, on établit des distinctions en fonction des délits, et les prisonniers sont regroupés selon la gravité des faits commis, mais la prison n'en est pas moins pour la plupart d'entre eux un enfer. Chacun doit sortir ses griffes et se battre pour se faire respecter, et c'est le plus coriace qui obtient le plus de prestige. La cour des prisons devient une jungle où la force prévaut et où règne la peur. C'est un paradis pour psychopathes où la cruauté impitoyable dicte sa loi.

Mais le pire, ce sont sans doute les leçons neurales apprises à force de se trouver dans un univers du Je-Cela. Survivre en milieu carcéral exige d'avoir une amygdale réglée pour l'hyper-vigilance paranoïaque, une distance émotionnelle de protection et l'envie de se bagarrer. On ne saurait imaginer environnement plus favorable au développement des instincts criminels.

Est-ce le meilleur type d'« école » où une société puisse envoyer les siens – en particulier les adolescents et les jeunes adultes qui ont toute la vie devant eux ? S'ils passent plusieurs mois ou années dans un environnement pareil, rien d'étonnant à ce qu'ils récidivent dès leur sortie de prison et se retrouvent « à l'ombre ».

Au lieu de rester attachés à des principes qui ne font que développer la criminalité, nous pourrions réfléchir à ce que signifie le mot « correction » en termes de neuroplasticité sociale – ou formation de circuits cérébraux par des interactions bénéfiques. Un grand nombre des personnes incarcérées le sont probablement à cause de déficits neuraux dans leur cerveau social, manque d'empathie et de contrôle des impulsions, notamment.

Le contrôle de soi s'opère à partir des neurones du cortex orbito-frontal capables d'inhiber les impulsions agressives de l'amygdale. Les personnes souffrant d'un déficit du COF sont portées à la brutalité chaque fois que leurs pulsions violentes dépassent leurs capacités d'inhibition. Les criminels de ce type sont nombreux dans nos prisons. L'un des schémas neuraux qui sous-tend la perte de contrôle semble être une activation insuffisante dans les lobes frontaux, souvent due à des traitement violents pendant l'enfance[3].

Ce déficit concerne les circuits allant du COF à l'amygdale – le lien neural qui forme le frein des pulsions destructrices[4]. Les personnes souffrant de lésions des lobes frontaux gèrent mal ce que les psychologues appellent le « contrôle cognitif » : ils sont incapables de diriger volontairement leurs pensées, surtout quand ils sont sous l'emprise de sentiments négatifs puissants[5]. Cette incapacité les empêche de résister à leurs sentiments destructeurs : leur frein neural étant cassé, ils laissent libre cours à leurs pulsions mauvaises.

Ces circuits cérébraux essentiels continuent à se former jusqu'à vingt-cinq ans et au-delà[6]. D'un point de vue neural, la société a le choix, quand elle emprisonne une personne, entre renforcer ses circuits de l'hostilité, de l'impulsivité et de la violence ou renforcer ceux qui permettent le contrôle de soi, la pensée préalable à l'action et la capacité d'obéir à la loi. Le non-traitement des jeunes prisonniers dont le cerveau social est encore malléable est sans doute l'une des principales erreurs du système carcéral. Les leçons apprises jour après jour dans la cour de la prison laissent une empreinte profonde et durable, bonne ou mauvaise, sur leur avenir neural.

Jusqu'ici cette empreinte est mauvaise et constitue une double tragédie : elle empêche tout remodelage des circuits neuraux qui peuvent aider ces jeunes à revenir dans le droit chemin, et elle leur enseigne les lois de la criminalité. Au niveau national, le taux de récidive chez les moins de vingt-cinq ans est plus important que dans toutes les classes d'âge.

Il y a en permanence aux États-Unis plus de deux millions de prisonniers, c'est-à-dire 482 pour 100 000 résidents – l'un des plus fort taux d'incarcération au monde, suivi par la Grande-Bretagne, la Chine, la France et le Japon[7]. La population carcérale d'aujourd'hui est sept fois plus nombreuse qu'elle ne l'était il y a trente ans. Les dépenses qu'elle entraîne sont celles qui croissent le plus rapidement, après les dépenses de santé. L'augmentation régulière du nombre de détenus dans les prisons américaines provoque des situations de surpopulation et incite des États et des comtés à chercher d'autres solutions, comme l'a fait Kalamazoo.

Plus inquiétant que le coût économique de cette situation est son coût humain ; une fois pris dans le système carcéral, un individu a très peu de chances de s'en sortir : deux tiers des prisonniers libérés sont à nouveau arrêtés dans les trois ans[8].

Telles étaient les réalités étudiées par les citoyens concernés de Kalamazoo. À la fin de leur journée de retraite, ils décidèrent ensemble de « faire de Kalamazoo la communauté la plus sûre, la plus juste des États-Unis ». Pour y parvenir, ils ont chargé le pays de trouver les solutions les plus efficaces : des approches qui fassent effectivement baisser le taux de récidive ou aient d'autres avantages, ainsi que des faits concrets qui le prouvent.

Le résultat est un projet à la fois rare et évident destiné à transformer des vies en restaurant le tissu connectif qui lie une personne en difficulté à celles qui se sentent concernées par son histoire[9]. Le programme de Kalamazoo commence par des efforts pour prévenir la criminalité, utiliser utilement le temps de la peine et réintégrer les prisonniers libérés dans un réseau relationnel qui va les aider à ne pas retourner en prison.

Être entouré et soutenu empêche de se livrer à la délinquance, tel est le principe directeur de ce projet – et les connexions nécessaires doivent se nouer en priorité dans les lieux où vivent les jeunes les plus à risque.

Des communautés connectées

Dans un quartier défavorisé de Boston, un terrain vague a été transformé en jardin communautaire où les voisins se réunissent dès le printemps pour planter et soigner choux, haricots et tomates. Sur un panneau écrit à la main et fixé au grillage, on peut lire : « Soyez gentils de respecter nos efforts. »

Ce petit message d'espoir incite tout le voisinage à aider son prochain. Laissera-t-on un groupe d'ados traînant dans les rues s'en prendre à un plus petit, ou un adulte interviendra-t-il pour les disperser ou même appeler les parents ? Le respect, la sollicitude changent tout, comme ils changent un terrain couvert d'ordures fréquenté par des drogués en jardin potager communautaire[10].

Au milieu des années 1990, un groupe de prêtres noirs a pris l'initiative de se rendre dans les quartiers les plus difficiles de Boston pour inciter les gamins qui traînaient dans les rues à venir après l'école participer à des activités organisées par des adultes. Le nombre de meurtres à Boston est passé de 151 en 1991 à 35 seulement dix ans plus tard.

Pendant les années 1990, le déclin important du taux de criminalité a été attribué en grande partie au boom économique. Mais en dehors de ces grandes tendances, la question reste posée : le seul fait de tisser des liens entre les gens, à l'exemple de ces prêtres noirs, peut-il contribuer à réduire la criminalité dans un bloc d'immeubles précis ? La réponse à cette question – un oui très net – a été fournie par une étude de dix ans réalisée par le psychiatre Felton Earls de Harvard.

Avec un groupe de chercheurs, Earls a filmé en vidéo 1 408 blocs d'immeubles dans 196 quartiers de Chicago, y compris les plus pauvres et les plus violents. Ils ont tout enregistré, depuis les ventes de charité jusqu'au trafic de drogue. Les vidéos ont été comparées avec les registres de la délinquance dans les mêmes quartiers et avec les interviews de 8 782 résidants[11].

Le groupe d'Earls a dégagé deux influences prépondérantes sur le taux de criminalité d'un quartier. La première est le niveau général de pauvreté : plus il est important, plus les délits sont nombreux (autre facteur invisible, l'analphabétisme). La seconde est le degré de connexion entre les membres d'une communauté. Le mélange des deux constitue un facteur plus déterminant

pour le taux de criminalité que les facteurs habituellement invoqués, notamment l'origine ethnique ou la
structure familiale.

Même dans les quartiers les plus défavorisés, a
découvert Earls, les connexions positives entre individus influent également sur la consommation de
drogue, le nombre de grossesses non désirées et les
résultats scolaires des jeunes. De nombreuses communautés afro-américaines sont liées par des traditions
d'entraide, à travers l'église ou les structures familiales. Earls voit dans l'extension de cet esprit de
solidarité une stratégie efficace de lutte contre la
délinquance[12].

Quand un groupe d'habitants nettoie un mur de ses
graffitis, il reste plus longtemps propre que quand c'est
la municipalité qui s'en charge. La surveillance exercée
par le voisinage permet aux enfants de se sentir en
sécurité. Dans les quartiers pauvres, cette pratique est
encore plus efficace quand les voisins l'adoptent pour
se protéger mutuellement et protéger les enfants.

Plus de pensée négative

Le fils d'un vieil ami, que j'appellerai Brad, s'est
mis à boire dès l'adolescence. Quand il était saoul, il
devenait facilement agressif et même violent, ce qui lui
valut quelques démêlés avec la justice. Et puis un jour,
il a été mis en prison pour avoir grièvement blessé un
de ses camarades de lycée.

Quand je vais le voir en prison, il me dit : « Quelle
que soit leur sentence, pratiquement tous les types sont

ici parce qu'ils ont un caractère de cochon. » Brad a eu la chance d'être intégré à un programme pilote pour détenus susceptibles de réformer leur conduite. Regroupés dans une unité de six cellules, ces jeunes ont chaque jour un séminaire sur des sujets tels que savoir faire la différence entre les actes fondés sur « la pensée créative, la pensée négative et l'absence de toute pensée ».

Dans le reste de la prison règne la loi de la jungle. Brad va devoir apprendre à gérer sa colère dans un monde social où la hiérarchie est celle de la violence. Ce monde, me dit-il, est fondé sur une paranoïa qui voit dans tout porteur d'uniforme, et dans toute personne qui pactise avec les uniformes, un ennemi.

« Tous ces mecs se vexent facilement, s'emportent à la moindre occasion et règlent leurs problèmes à coups de poing. Ils s'enferment à deux dans une cellule et se battent jusqu'à ce que l'un d'eux abandonne. Mais dans mon programme, ça ne se passe pas comme ça. »

Le programme dont bénéficie Brad est un exemple de ce qui a été identifié par les gens de Kalamazoo comme positif pour les jeunes délinquants. Les adolescents incarcérés pour conduite agressive apprennent à s'arrêter et à réfléchir avant de réagir, à envisager diverses solutions et les conséquences qui vont en découler, à garder la tête froide ; résultat : ils se battent moins souvent, sont moins impulsifs et moins inflexibles[13].

Mais, contrairement à mon jeune ami, la plupart des prisonniers n'apprennent jamais à réformer les habitudes qui les enferment dans le cycle prison, relaxe, récidive et retour en prison. Pour eux, la prison est une école de la criminalité. Les plus jeunes sont pris en main par les plus endurcis et quittent la prison plus durs, plus révoltés et mieux informés des ficelles de la criminalité[14].

Les circuits du cerveau social pour l'empathie et la régulation des pulsions émotionnelles – souvent déficients chez les repris de justice – sont les dernières parties du cerveau humain à arriver à maturité. Or, les statistiques prouvent qu'un quart de la population carcérale aux États-Unis a moins de vingt-cinq ans. Pour ces jeunes, une rééducation de ces circuits est encore possible[15]. Et une évaluation des programmes de réhabilitation dans les prisons a montré que ceux qui s'adressaient aux jeunes délinquants prévenaient plus efficacement la récidive[16].

Ces programmes pourraient sans doute être encore améliorés s'ils s'inspiraient des méthodes pratiquées dans les écoles pour développer les capacités sociales et émotionnelles[17]. Ces cours apprennent aux enfants à gérer leur colère et leurs conflits, à développer l'empathie et le contrôle de soi. Ces programmes ont réduit de 69 % le nombre de bagarres dans les écoles, de 75 % celui des brimades et de 67 % celui des harcèlements[18]. La question est de savoir comment adapter ces cours aux jeunes prisonniers (ou même aux plus âgés)[19].

Réinventer la prison pour offrir aux détenus une éducation neurale constitue un espoir pour toute société. Dans la mesure où ces programmes destinés aux jeunes se multiplieraient, le nombre de prisonniers diminuerait certainement au fil des années. Empêcher les mineurs de s'embarquer pour une vie entière de criminalité contribuerait à tarir le flot ininterrompu de délinquants qui remplit nos prisons.

Quand j'étais jeune, les mineurs étaient envoyés en « maison de correction ». Et le terme serait encore approprié si les structures étaient conçues pour permettre aux jeunes d'apprendre comment ne pas aller en prison : pas uniquement par l'alphabétisation, l'apprentissage (et le placement) professionnel, mais aussi par une meilleure connaissance et un meilleur contrôle de soi, et l'empathie. Alors, on pourrait vraiment parler de « correction » au sens le plus profond du terme : la correction des habitudes neurales.

Quant à Brad, j'ai appris deux ans plus tard qu'il était retourné à ses études et qu'il les finançait en travaillant dans un restaurant.

Il avait d'abord partagé un appartement avec certains de ses anciens amis, mais comme « ils ne prenaient pas leurs études au sérieux et ne pensaient qu'à boire et à se battre », il s'était installé chez son père et se consacrait à son travail scolaire.

Il avait perdu des amis mais il ne regrettait rien et il était heureux.

Renforcer les connexions

Un matin de juin 2004, un incendie ravageait le pont couvert de Mood, l'un des emblèmes du comté de Bucks en Pennsylvanie. Quand les incendiaires furent arrêtés deux mois plus tard, ce fut un choc pour la communauté.

Les six garçons, d'anciens élèves du lycée local, étaient issus de « bonnes » familles. Les gens étaient étonnés et scandalisés qu'ils aient détruit cet ouvrage qui leur rappelait des temps plus fastes.

Pendant une réunion d'habitants de la ville avec les six incendiaires, le père de l'un d'eux se plaignit d'avoir été attaqué par des inconnus dans les médias locaux. Mais il reconnut aussi que depuis qu'il savait son fils coupable, il y pensait sans arrêt, il ne dormait plus, il avait l'estomac noué. Et il se mit à pleurer.

En entendant leurs parents et voisins exprimer leur souffrance, les jeunes gens furent bouleversés. Il s'excusèrent, disant qu'ils auraient voulu défaire ce qu'ils avaient fait[20].

Cette réunion fut un exercice de « justice réparatrice », pratique fondée sur l'idée qu'en plus d'une punition, les délinquants devraient être confrontés aux conséquences de leurs actes et faire amende honorable quand c'est possible[21]. Le projet Kalamazoo insiste tout particulièrement sur la justice réparatrice comme moyen de lutter contre la criminalité.

Dans ces programmes, des médiateurs organisent pour les délinquants des façons de réparer les dommages commis – soit en payant, soit en écoutant la version de la victime, soit en manifestant des remords sincères. Un responsable de ce genre de pratique dans une prison californienne affirme : « Les face-à-face avec les victimes sont souvent chargés d'émotions. Pour beaucoup d'hommes, c'est la première fois qu'ils font la relation entre leur acte et la victime. »

La portée émotionnelle de la justice réparatrice incite les délinquants à modifier la perception qu'ils ont de leur victime, de la voir comme un Tu et non comme un Cela – et réveille leur empathie. Les jeunes commettent souvent des délits sous l'emprise de l'alcool ou d'une drogue ; ils ont donc une vision abstraite de leur victime ; ils ne se rendent pas toujours compte de leur responsabilité à son égard. En établissant un lien empathique entre le délinquant et sa victime, la justice réparatrice ajoute un maillon à la chaîne des relations humaines, tellement importante pour changer le cours d'une jeune vie.

Le groupe de Kalamazoo a identifié un autre virage important : le moment si périlleux où un jeune prisonnier rentre chez lui. Si rien n'est fait, il lui est très facile de retrouver son ancienne bande, de reprendre ses habitudes – pour être à nouveau arrêté.

Parmi les nombreuses approches destinées à maintenir un ex-prisonnier sur le droit chemin, il en est une qui donne des résultats particulièrement convaincants : la « thérapie multisystémique[22] ». Le mot « thérapie » peut sembler inapproprié ici, car il ne s'agit pas de sessions de cinquante minutes face à un thérapeute, dans son bureau, mais au contraire d'interventions sur le terrain : à la maison, dans la rue, à l'école – partout où l'ex-prisonnier passe son temps.

Un conseiller l'accompagne comme son ombre et se familiarise avec son monde privé. Il en recherche les points forts et s'arrange ensuite pour que l'ex-prisonnier passe le plus de temps possible avec les gens qui peuvent l'aider et qu'il évite les mauvaises fréquentations.

Pas de méthodes thérapeutiques sophistiquées, ici. Le conseiller se comporte comme un bon copain, un parent concerné, une communauté religieuse qui remplacerait la famille. Il exige de la discipline, plus d'affection à la maison, moins de temps passé au contact de mauvaises influences, plus d'assiduité à l'école ou dans le travail, et des activités sportives. Mais surtout, il développe autour de son protégé un réseau de connexions saines et concernées – famille élargie, voisins, amis – qui l'encourageront à mener une vie plus responsable[23].

Bien qu'elle ne dure que quatre mois, la thérapie multisystémique donne de bons résultats. Chez les jeunes délinquants qui en ont bénéficié, le taux de récidive après trois ans a diminué de 25 à 70 %. Et ces résultats concernent également les éléments les plus difficiles en prison, les auteurs des délits les plus violents et les plus graves.

Des statistiques fédérales sur l'âge des prisonniers montrent que le groupe qui augmente le plus rapidement est celui des quarante-cinq – cinquante-cinq ans ; ils ont pratiquement tous derrière eux un parcours criminel, entrepris quand ils étaient jeunes et sanctionné par leur première arrestation[24].

La première arrestation est le moment idéal pour intervenir, car c'est à partir de là que va se définir l'avenir d'un jeune : soit il passera toute sa vie à franchir dans les deux sens les portes de la prison, soit il s'en tiendra à l'écart.

Si nous adoptons les programmes qui ont démontré leur efficacité, la rééducation du cerveau social notamment, tout le monde y gagnera. Bien sûr un programme global comme celui de Kalamazoo comporte d'autres éléments. La liste de « ce qui marche » inclut l'alphabétisation, un emploi permettant de vivre et la responsabilité de ses actes. Mais ces éléments visent tous le même objectif : aider les délinquants à devenir de bons citoyens, pas de bons criminels.

21

D'Eux à Nous

C'était pendant les dernières années de l'apartheid, ce système de ségrégation entre Afrikaners blancs et « gens de couleur » en Afrique du Sud. Trente personnes s'étaient réunies clandestinement pendant quatre jours. Quinze P-DG blancs et quinze responsables d'association noirs avaient appris à conduire ensemble des séminaires de cadres pour développer les aptitudes au leadership dans la communauté noire.

Le dernier jour de leur stage, ils regardèrent tous la télévision où le président De Klerk prononçait le fameux discours annonçant la fin prochaine de l'apartheid, ainsi que la légalisation d'une longue liste d'associations depuis longtemps interdites et la libération de nombreux prisonniers politiques.

Anne Loersebe, l'une des responsables noires, rayonnait : chaque nom d'association lui évoquait le visage d'une personne connue qui pourrait désormais vivre au grand jour.

À la fin du discours, le groupe se livra à un petit rituel de séparation où chacun dit combien il avait apprécié la formation.

Alors, l'un des Afrikaners se leva et regarda Anne droit dans les yeux. « Je veux que vous sachiez, dit-il, que j'ai été élevé dans l'idée que vous étiez un animal. » Et il fondit en larmes[1].

Les dynamiques qui sous-tendent la relation Nous-Eux sont les mêmes que celles du Je-Cela. Avec le Nous-Eux, « le monde se divise en deux, les enfants de la lumière et les enfants de l'obscurité, les moutons et les chèvres, les élus et les damnés », écrit Walter Kaufman, traducteur de Martin Buber en anglais.

Par définition, la relation entre l'un de Nous et l'un d'Eux manque d'empathie et de complicité. Et si l'un d'Eux s'adresse à l'un de Nous, sa voix sera écoutée – si on l'écoute – avec moins d'attention que la voix de l'un d'entre Nous.

Le gouffre qui Nous sépare d'Eux se creuse par la négation de l'empathie. Ensuite nous nous sentons libres de projeter sur Eux, par-dessus ce gouffre, tout ce qui nous plaît. Comme le note Kaufmann : « Vertu, intelligence, intégrité, humanité et victoire sont les prérogatives du Nous, tandis qu'à Eux sont attribués vice, bêtise, hypocrisie et défaite finale. »

Dans la relation avec l'un d'Eux, nous bridons nos pulsions altruistes. Voyez par exemple cette expérience où l'on a demandé à des volontaires s'ils seraient d'accord pour subir des décharges électriques à la place de quelqu'un d'autre. Mais on ne leur montrait pas la personne en question, on la leur décrivait. Résultat : moins l'autre personne leur ressemblait – plus elle était l'un d'Eux –, moins ils étaient prêts à lui venir en aide[2].

« La haine, a dit Elie Wiesel, prix Nobel de la paix et rescapé des camps de concentration nazis, est un cancer qui se transmet d'une personne à une autre, d'un peuple à un autre[3]. » L'histoire humaine est un flot ininterrompu d'horreurs perpétrées par un groupe contre un autre – même quand il partage avec lui plus de ressemblances que de différences. Les Irlandais du Nord et du Sud, les Serbes et les Croates se sont fait la guerre pendant des années alors que, génétiquement, ils sont aussi proches que des frères et sœurs.

Nous abordons le défi de la mondialisation, de la civilisation globale, avec un cerveau qui nous rattache essentiellement à notre tribu. Comme l'a dit un psychiatre qui a grandi dans les confrontations ethniques de Chypre, quand deux groupes sont tellement semblables, ils passent du Nous au Eux grâce au « narcissisme de différences mineures », s'attachant à des détails au lieu de voir leurs nombreuses ressemblances. Une fois psychologiquement mis à distance, les autres peuvent devenir la cible de leur hostilité.

Ce processus est un dérèglement d'une fonction cognitive normale, la catégorisation, dont dépend l'esprit humain pour donner ordre et signification au monde qui nous entoure. En supposant que l'entité d'une catégorie donnée que nous rencontrons possède les mêmes traits distinctifs que la précédente, nous nous y retrouvons en dépit d'un environnement en perpétuel changement.

Mais à partir du moment où une distorsion négative a été introduite, notre vision est brouillée. Nous avons tendance à retenir tout ce qui semble confirmer ce parti pris et à laisser le reste de côté. Un préjugé, en ce sens, est une hypothèse qui tente désespérément de se confirmer. Si bien que quand nous rencontrons quelqu'un à qui ce parti pris peut s'appliquer, le préjugé dévie nos perceptions, nous empêchant de vérifier si le stéréotype s'applique effectivement à la personne. Les stéréotypes ouvertement hostiles à un groupe – dans la mesure où ils restent des hypothèses non confirmées – sont des catégories mentales perverties.

Un vague sentiment d'anxiété, une nuance de crainte, une simple gêne en ne reconnaissant pas les signaux culturels d'Eux peut suffire à amorcer la distorsion d'une catégorie cognitive. L'esprit réunit ensuite ses « preuves » contre l'autre à l'occasion d'un désagrément, d'une description peu flatteuse donnée par les médias, d'une impression d'avoir été mal traité. À mesure que ces éléments s'accumulent, l'appréhension se mue en antipathie et l'antipathie en antagonisme.

Comme la flamme sur l'amadou, l'antagonisme catalyse le passage du Nous *et* Eux (simple perception de la différence) au Nous *contre* Eux, l'hostilité en acte.

Colère et peur, déclenchées par l'amygdale, amplifient le caractère destructeur d'un préjugé naissant. Quand les lobes frontaux sont envahis par ces émotions violentes, ils sont paralysés, car la route basse prend le pas sur la route haute. Cela empêche de penser clairement, donc de donner une réponse correcte à la question essentielle : « Ces gens ont-ils réellement tous les défauts que je leur attribue ? » Et si j'ai déjà intégré une vision complètement déformée d'Eux, même en l'absence de colère ou de peur je ne me pose plus la question.

Préjugés implicites

L'attitude Eux-Nous peut prendre diverses formes, de la haine farouche à des stéréotypes négatifs si subtils qu'ils échappent même à la conscience. Dissimulés dans la route basse, ce sont des préjugés « implicites », des stéréotypes inconscients, automatiques, qui guident nos réactions même quand ils ne correspondent pas à nos attitudes conscientes[4].

Des mesures cognitives très fines permettent de montrer que même les personnes les plus ouvertes, les plus positives envers un groupe donné, peuvent dissimuler des préjugés. Le « test d'associations implicites », par exemple, propose un mot et vous demande de l'associer le plus vite possible à une catégorie ou une autre[5]. Pour débusquer les attitudes inconscientes concernant les aptitudes scientifiques des femmes, par exemple, il propose d'associer les mots « physique » et « humanité », aux catégories « femmes » et « hommes ».

Ces associations se font d'autant plus vite qu'elles correspondent à nos idées préconçues, mais la différence se compte en dixièmes de seconde et n'est discernable que grâce à l'ordinateur.

Nos préjugés implicites, aussi légers soient-ils, influencent nos jugements sur tel ou tel groupe humain, ainsi que le choix de travailler ou pas avec quelqu'un ou la condamnation d'un accusé. Lorsqu'il existe des règles claires à respecter, les préjugés implicites interviennent moins – mais dans une situation où les critères sont flous, ils prennent de l'importance.

Une scientifique, choquée de découvrir qu'elle avait un préjugé inconscient contre les scientifiques femmes, a modifié le décor de son bureau en s'entourant de photos de Marie Curie et autres femmes de science.

Son attitude inconsciente en sera-t-elle modifiée ? Peut-être.

Autrefois, les scientifiques considéraient les catégories mentales inconscientes comme intangibles ; puisque leur influence s'exerçait à notre insu et de manière automatique, on la supposait inévitable. Après tout, l'amygdale joue un rôle essentiel dans les préjugés implicites (comme dans ceux qui s'affirment explicitement, d'ailleurs)[6]. Et les circuits de la route basse semblent difficiles à modifier.

Mais des recherches récentes ont montré que les stéréotypes et préjugés automatiques sont fluides – ils ne reflètent pas les « véritables » sentiments de la personne et peuvent changer[7]. Au niveau neural, cette fluidité tendrait à prouver que même la route basse continue à apprendre tout au long de la vie.

Voyons un exemple simple de la réduction des stéréotypes[8]. On montre à des gens ayant un préjugé implicite contre les Noirs des photos de personnalités reconnues comme Bill Crosby et Martin Luther King Junior, et de Blancs généralement peu appréciés comme le tueur en série Jeffrey Dahmer. Les images passent très vite, quarante photos en quinze minutes.

Cette brève leçon donnée à l'amygdale provoque des modifications spectaculaires dans le résultat des tests : le préjugé inconscient contre les Noirs a disparu. Et ce changement positif se confirme lorsque les volontaires refont le test vingt-quatre heures plus tard. Il est probable que si les images de membres d'un groupe cible étaient montrées plus fréquemment, à la télévision par exemple, dans les rôles principaux de feuilletons populaires, le changement d'optique persisterait. L'amygdale apprend continuellement et n'a donc pas à rester fixée sur des préjugés.

De nombreuses méthodes scientifiques se sont avérées efficaces pour la réduction des préjugés implicites[9]. Mais les nécessités sociales produisent les mêmes effets : les gens placés dans un contexte social où tel préjugé serait « déplacé » manifestent moins de parti pris implicite. Même la décision délibérée de ne pas tenir compte de la présence d'une personne dans un groupe cible peut réduire le préjugé inconscient[10]. Cette découverte correspond bien à un judo neural : quand les gens parlent de leurs attitudes tolérantes ou y pensent, l'aire préfrontale s'active, et l'amygdale se calme[11]. Quand la route haute s'engage de façon positive, la route basse perd son pouvoir d'imposer le préjugé. Cette dynamique neurale joue probablement chez les personnes qui se soumettent à des programmes destinés à augmenter la tolérance.

Une manière différente et assez novatrice de neutraliser les préjugés a été découverte au cours d'expériences menées en Israël pour activer subtilement le sentiment de sécurité chez les gens, en leur faisant penser à des êtres chers, par exemple. Le fait de se sentir plus en sécurité modifiait positivement l'attitude des volontaires envers les Arabes et les Juifs orthodoxes, qui faisaient partie de leurs groupes cibles. Quand on leur proposait de passer du temps avec un Arabe ou un Juif extrémiste, ils étaient moins réticents qu'auparavant.

Personne n'affirme qu'un sentiment de sécurité aussi fugitif pourrait résoudre un conflit historique et politique ancien, mais cet exemple prouve une fois de plus qu'un préjugé inconscient peut être modifié[12].

Mettre fin aux divisions hostiles

Les moyens de réparer le schisme Eux-Nous ont fait l'objet de débats passionnés entre psychologues pendant des années. Mais la question a été en partie résolue par le travail de Thomas Pettigrew, un psychologue social qui a étudié les préjugés depuis que le mouvement américain pour les droits civiques a entraîné l'abolition des barrières légales entre les races.

Aujourd'hui, trente ans plus tard, Pettigrew dispose de la plus vaste analyse jamais réalisée des études sur ce qui modifie la vision hostile que les groupes humains ont les uns des autres. Pettigrew et ses associés ont regroupé 515 études faites entre les années 1940 et 2000, auprès de 250 493 personnes dans 38 pays, et en ont effectué une analyse statistique globale. Dans ces études, les divisions Eux-Nous allaient des relations Blancs-Noirs aux États-Unis à une multitude d'animosités ethniques, raciales et religieuses à travers le monde ainsi qu'aux préjugés contre les vieux, les infirmes et les malades mentaux[13].

Voici la conclusion qui en ressort : les implications émotionnelles, amitié ou amour, entre individus appartenant à des groupes hostiles facilitent l'acceptation du groupe de l'autre. Par exemple, avoir un camarade de jeu noir quand on est un enfant blanc « vaccine » contre les préjugés à l'âge adulte. Et le même effet a été constaté chez des femmes blanches qui, pendant l'apartheid, nouaient des liens amicaux avec leurs domestiques noires.

Mais un contact occasionnel dans la rue ou sur le lieu de travail modifie peu les stéréotypes hostiles[14]. Selon Pettigrew, il faut que la connexion émotionnelle soit forte pour influencer les préjugés. Avec le temps, l'affection réciproque s'étend au groupe de l'autre, à Eux tous. L'amitié entre personnes de groupes ethniques hostiles en Europe – Allemands et Turcs, Français et Nord-Africains, Anglais et Indiens – minimise les préjugés envers l'autre groupe[15].

« On peut encore entretenir une vision stéréotypée de ces groupes, m'a dit Pettigrew, mais elle n'est plus liée à des sentiments fortement négatifs. »

Le rôle crucial des contacts – ou de leur absence – dans les préjugés a été mis en lumière grâce au travail effectué en Allemagne par Pettigrew et ses collègues. « Les Allemands de l'Est ont en moyenne bien plus de préjugés contre tous les groupes, des Polonais aux Turcs, que les Allemands de l'Ouest, dit-il. Les actes de violence contre les minorités sont beaucoup plus fréquents dans l'ex-Allemagne de l'Est qu'à l'Ouest. Quand nous avons interrogé en prison des auteurs de ces violences, nous avons découvert deux choses : ils avaient des a-priori très forts et ils n'avaient pratiquement aucun contact avec les gens qu'ils haïssaient tant. En Allemagne de l'Est, même quand les communistes accueillaient des groupes importants de Cubains ou d'Africains, ils les gardaient à l'écart. Alors qu'en Allemagne de l'Ouest, des liens ont depuis longtemps été tissés entre groupes différents. Et plus les Allemands étaient en contact avec des représentants de minorités, plus ils éprouvaient de l'amitié [pour l'ensemble du groupe][16]. » Quand on passe du Cela au Tu, on peut passer du Eux au Nous.

Mais que dire des préjugés implicites, ceux qui se dissimulent derrière le « radar » des gens soi-disant dénués de parti pris ? Ne comptent-ils pas aussi ? Pettigrew minimise leur importance.

« Les groupes ont souvent à propos d'eux-mêmes des stéréotypes largement répandus dans leur culture, remarque-t-il. Par exemple, je suis écossais. Les Écossais ont la réputation d'être pingres, mais ils ont détourné le stéréotype en se disant économes. L'idée demeure mais la charge émotionnelle a changé. »

Les tests sur les préjugés implicites s'adressent aux catégories cognitives qui ne sont que des abstractions froides, dépourvues d'affect. Or, d'après Pettigrew, la tonalité émotionnelle liée au préjugé compte plus que le préjugé lui-même.

Étant donné l'intensité et même la violence des tensions qui règnent entre certains groupes, il peut sembler superflu de s'intéresser aux stéréotypes invisibles. Quand des groupes s'opposent dans des conflits ouverts, rien d'autre ne compte que leurs émotions ; quand ils s'entendent bien, les résidus mentaux de préjugés forts n'ont d'importance que s'ils provoquent des actes légèrement préjudiciables.

Les recherches de Pettigrew montrent que les sentiments hostiles envers un groupe prédisent bien mieux que des stéréotypes peu flatteurs le déclenchement d'actes hostiles[17]. Même l'amitié entre groupes ne résout pas tous les problèmes. Mais des sentiments

positifs se développent – et c'est ce qui fait la différence : « Maintenant je les aime bien, même si je
conserve mon parti pris de départ » et Pettigrew précise : « Le préjugé implicite peut demeurer, si mes
émotions changent, mon comportement changera
également. »

La solution du puzzle

Dans les lycées américains les élèves se trouvent de
plus en plus mêlés à des camarades d'origine ethnique
différente. Dans ce microcosme, les catégories habi-
tuelles de discrimination – la séparation entre Eux et
Nous – se réinventent en permanence[18]. Les anciennes
catégories Noirs-Blancs sont remplacées par d'autres,
bien plus subtiles. Dans une école de Manhattan, en
dehors de l'opposition Noirs-Latino-Américains, il
existe des divisions entre Asiatiques, ceux qui sont nés
aux États-Unis et ceux qui y ont immigré. Étant donné
les prévisions concernant l'immigration au cours des
prochaines décennies, cette mixité ethnique va encore
augmenter et multiplier le nombre des groupes Eux-
Nous.

Le climat de division qui règne dans le système scolaire peut entraîner des conséquences dramatiques,
comme au lycée de Columbine en 1999, quand des
élèves « étrangers » se sont vengés en tuant plusieurs
de leurs camarades et un professeur avant de se donner
la mort. Cette tragédie a incité le psychologue Elliot
Aronson à se pencher sur le problème. Il en a conclu
qu'il y avait dans les établissements scolaires un

« esprit de chapelle », une atmosphère « de compétition et d'exclusion ».

Dans ces conditions, affirme Aronson, « certains adolescents souffrent d'une ambiance générale de sarcasme et de rejet par leurs camarades, qui leur rend la vie à l'école difficile. Pour beaucoup cette expérience est même insupportable – ils la décrivent comme un véritable enfer où ils se sentent mal à l'aise, impopulaires, rabaissés et harcelés[19] ».

D'autres pays que les États-Unis, de la Norvège au Japon, ont réfléchi à la façon d'empêcher les enfants de se haïr et de se battre. Le problème des « locaux » et des immigrés se retrouve partout, et la déconnexion est un fléau présent dans tous les systèmes éducatifs.

On pourrait minimiser le problème en y voyant la conséquence normale des dynamiques qui font de certains élèves des « stars » et d'autres des laissés-pour-compte. Mais en interrogeant des personnes qui vivent cet ostracisme, à qui l'on rappelle sans cesse qu'ils sont des « étrangers », on se rend compte que ce rejet peut les plonger dans un état de distraction, de préoccupation anxieuse, de léthargie qui les dévalorise gravement à leurs propres yeux[20]. Cette peur de l'exclusion explique en grande partie l'angoisse de bien des adolescents.

Rappelez-vous que la douleur provoquée par l'ostracisme s'enregistre dans les mêmes centres du cerveau social que la douleur physique. Le rejet social peut torpiller les résultats scolaires d'un élève. Sa mémoire vive – capacité essentielle pour acquérir de nouvelles informations – est suffisamment amoindrie pour expliquer un déclin perceptible dans la maîtrise de certaines matières, les maths par exemple[21]. Et en plus de leurs difficultés d'apprentissage, ces enfants démotivés sont souvent violents et dissipés en classe, avec un fort taux d'absentéisme.

L'univers scolaire est au centre de la vie des adolescents. Cela constitue un danger, comme nous venons de le voir, mais aussi une promesse, car l'école offre à chacun un laboratoire où apprendre à se connecter positivement avec les autres.

Aronson a imaginé un moyen d'aider les élèves à établir des relations saines. En tant que psychologue social, il connaissait l'une des dynamiques qui permettent de passer du Eux au Nous : le fait de travailler ensemble finit par souder des membres de groupes hostiles.

Aronson a donc mis au point une méthode qu'il appelle la « classe puzzle » où les élèves travaillent par équipe sur un sujet qui fera l'objet d'une interrogation. Chaque élève du groupe possède une pièce du puzzle, essentielle pour la compréhension de l'ensemble. S'ils étudient la Seconde Guerre mondiale par exemple, un élève travaillera sur les campagnes d'Italie avec un autre groupe que le sien, puis il rapportera ses connaissances à son propre groupe.

Pour avoir une connaissance d'ensemble du sujet étudié, le groupe doit écouter attentivement ce que chacun a à dire. Si les autres sont inattentifs ou bavardent parce qu'ils n'aiment pas celui qui parle, ils risquent d'avoir une mauvaise note quand on les interrogera. Ainsi le travail scolaire devient lui-même un laboratoire qui favorise l'écoute, le respect et la coopération.

Les élèves qui pratiquent cette méthode apprennent rapidement à abandonner leurs stéréotypes négatifs. De la même façon, les études faites dans les écoles multi-culturelles montrent que plus il y a de contacts amicaux entre groupes différents, moins ces groupes ont de préjugés[22].

Pardonner et oublier

Par une froide journée de décembre, le révérend James Parks Morton, ancien doyen de la cathédrale épiscopale de New York devenu directeur d'un centre œcuménique, apprit une bien mauvaise nouvelle à son équipe. L'un de leurs plus gros donateurs ayant réduit son financement, ils ne pouvaient plus payer leur loyer et allaient se retrouver à la rue.

Et puis, quelques jours avant Noël, un sauveur inattendu se manifesta. Cheïkh Moussa Drammeh, un Sénégalais immigré, offrit d'héberger le centre œcuménique dans le bâtiment où il allait ouvrir un hôpital de jour.

Dans ce geste d'un musulman pour un centre où bouddhistes, hindous, chrétiens, juifs et musulmans pouvaient se rencontrer pour travailler à des problèmes communs, le révérend Morton vit une parabole qui validait la mission de son groupe. Comme le dit Drammeh : « Plus on se connaît et plus on a envie de se retrouver pour boire et rire ensemble, moins on a tendance à verser le sang[23]. »

Mais que peut-on faire pour guérir la haine des peuples qui *ont* versé le sang ? Lorsque la violence oppose deux groupes, préjugés et animosité font inévitablement des métastases.

Lorsque les hostilités cessent, il y a d'excellentes raisons d'accélérer le processus de guérison. L'une est biologique : entretenir la haine et la rancœur a de graves conséquences physiologiques. Le simple fait d'évoquer ceux que l'on hait suffit à faire monter la tension et à amoindrir le système immunitaire ; des études l'ont prouvé. On peut supposer que plus on entretient cette rage réprimée, plus les conséquences biologiques peuvent être durables.

L'antidote, c'est le pardon. Pardonner inverse le processus : la tension baisse, le rythme cardiaque et le taux d'hormones de stress également ; la souffrance et la dépression s'estompent[24].

Le pardon peut aussi avoir des conséquences sociales en transformant en ami un ancien ennemi. Mais dans un premier temps, le but n'est pas de se réconcilier avec celui qui vous a offensé, c'est de se libérer soi-même des griffes de l'obsession, de la rancune.

Pendant une semaine, des psychologues ont accompagné dix-sept Irlandais du Nord, hommes et femmes, catholiques et protestants, ayant tous perdu un membre de leur famille au cours des affrontements. Chacun a pu, pendant ces journées, exprimer son chagrin et tenter de trouver d'autres moyens d'envisager le drame – la plupart des participants décidant de ne pas rester fixés sur leur deuil mais d'honorer la mémoire du défunt en s'impliquant dans la construction d'un avenir meilleur. Beaucoup résolurent d'aider d'autres personnes à effectuer le même rituel de pardon. À la fin de la semaine, le groupe ne se sentait pas seulement mieux sur le plan émotionnel, il présentait une diminution substantielle des symptômes traumatiques tels que le manque d'appétit et de sommeil[25].

Pardonner, oui, oublier, non – du moins pas entièrement. Il y a des leçons d'humanité à tirer des actes d'oppression et de brutalité. Il faut les conserver en mémoire, ne serait-ce que pour éviter qu'ils ne se reproduisent – qu'au génocide perpétré par les nazis ne succèdent pas d'autres génocides.

C'est ce qui a inspiré les auteurs du scénario d'un *soap opera* hebdomadaire très populaire au Rwanda, intitulé *New Dawn* [*Aube Nouvelle*]. Il met en scène les tensions actuelles entre deux villages misérables qui se disputent des terres fertiles.

Dans le style *Roméo et Juliette*, une jeune fille et un jeune homme de deux villages antagonistes s'aiment. Le frère de la jeune fille tente d'attiser la haine de son village contre les habitants de l'autre village et de marier sa sœur à un de ses amis. Mais la jeune fille fait partie d'un groupe d'amis appartenant aux deux villages qui s'efforcent de contrecarrer ces plans pour empêcher les communautés de se dresser l'une contre l'autre.

Une telle résistance à la haine n'a jamais existé entre Hutus et Tutsis pendant les quatre ans de guerre qui ont fait tant de victimes. Le message que veulent faire passer les auteurs de *New Dawn*, des philanthropes hollandais et des psychologues américains, c'est qu'on peut cultiver la capacité de refuser la haine[26]. « Nous donnons aux gens les moyens de comprendre les influences qui ont engendré le génocide, et ce qu'ils peuvent faire pour qu'il ne se reproduise pas », dit Ervin Staub, psychologue à l'université du Massachusetts à Amherst, l'un des scénaristes.

Staub connaît les dynamiques du génocide par expérience, autant que pour les avoir étudiées. Il faisait partie des Juifs hongrois sauvés des nazis par l'ambassadeur suédois Raoul Wallenberg.

Le livre de Staub, *The Roots of Evil* [*Les Racines du mal*], décrit les forces psychologiques qui sont à l'origine de ces massacres collectifs[27]. Au départ, il y a toujours une situation sociale difficile, crise économique ou chaos politique, dans des régions où un groupe dominant s'impose à un groupe moins puissant. Ces perturbations incitent les membres du groupe majoritaire à adopter une idéologie désignant le groupe le plus faible comme bouc émissaire, lui imputant la responsabilité du problème et envisageant un avenir meilleur qu'« ils » empêchent de se réaliser. La haine se répand d'autant plus facilement que le groupe majoritaire a lui-même souffert dans le passé et se sent toujours humilié ou trahi. Déjà persuadés que le monde est dangereux, les membres de ce groupe ressentent le besoin de recourir à la violence contre Eux pour défendre le Nous, même quand ce réflexe d'« autodéfense » implique un génocide.

Plusieurs facteurs contribuent au déclenchement de cette violence : l'incapacité du groupe ciblé à se défendre et le silence des témoins, locaux ou étrangers, qui pourraient s'interposer et ne disent ou ne font rien. « Si l'exécution des premières victimes ne provoque que la passivité, les coupables interprètent ce silence comme une approbation, écrit Staub. Et une fois la violence à l'œuvre, les victimes sont progressivement exclues de la sphère morale. Alors plus rien n'arrête les meurtriers. »

Avec la psychologue Laurie Anne Pearlman, Staub a enseigné ces idées – et le refus de la haine – à des groupes d'hommes politiques, de journalistes et de chefs de communautés rwandais[28]. « Nous leur demandons d'appliquer ces idées à ce qu'ils ont eux-mêmes vécu. C'est très puissant. Nous voulons promouvoir la guérison des communautés et construire les outils qui permettent de résister aux forces de la violence. »

Leurs recherches montrent que les Hutus et les Tutsis qui ont bénéficié de cette formation sont moins traumatisés par ce qui leur est arrivé et s'acceptent mieux mutuellement. Mais il faut plus que des connexions émotionnelles fortes pour surmonter la division Nous-Eux. Le pardon ne suffit pas toujours quand les deux groupes continuent à vivre côte à côte, a découvert Staub, ni quand les responsables refusent de reconnaître ce qu'ils ont fait, ne manifestent pas de regrets et n'expriment aucune empathie pour les survivants. Le déséquilibre s'accentue si un seul côté pardonne.

Staub distingue le pardon de la réconciliation, qui suppose la reconnaissance de ses actes et la volonté de s'amender, comme cela s'est passé dans le cadre de la Commission vérité et réconciliation en Afrique du Sud après la fin de l'apartheid. Cela permet aux deux groupes de se voir de manière plus réaliste et c'est un prélude indispensable pour que les deux communautés puissent vivre ensemble autrement.

« Des Tutsis vous diront : "Certains Hutus ont tenté de me sauver la vie. Je veux travailler avec eux pour mes enfants et les leurs. S'ils nous présentent des excuses, je pense pouvoir leur pardonner" », raconte Staub.

Ce qui compte vraiment

Martin Buber pensait que la prépondérance croissante des relations Je-Cela dans les sociétés modernes menaçait le bien-être de l'humanité. Il mettait en garde contre la « réification » de l'individu – dépersonnalisation des relations qui corrode non seulement notre qualité de vie mais jusqu'à l'âme humaine[1].

Avant Buber, et le préfigurant, un philosophe américain du début du XXe siècle, George Herbert Mead, a proposé l'idée d'un « moi social », l'identité que se forme l'individu à partir des images miroirs que lui renvoient ses relations. Mead suggère, comme objectif singulier du progrès social, une « intelligence relationnelle perfectionnée » où l'accent serait mis sur le rapport et la compréhension mutuelle[2].

Pareil idéal humain peut sembler utopique dans le contexte des frictions et des tragédies du XXIe siècle. Et la sensibilité scientifique en général – pas seulement en psychologie – a toujours été gênée par la dimension morale, qu'elle préférait reléguer dans les domaines des humanités, de la philosophie ou de la théologie. Mais la subtile réactivité sociale de notre cerveau impose que nous prenions conscience du fait que, comme nos émotions, notre organisme est influencé et modelé par les autres, pour le meilleur ou pour le pire – et que nous acceptions la responsabilité des effets que nous provoquons sur notre entourage.

Le message de Buber nous alerte aujourd'hui sur une attitude d'indifférence à la souffrance d'autrui et sur l'utilisation de notre savoir-faire social à des fins purement égoïstes. Et il nous somme d'aller vers plus d'empathie et de sollicitude, d'adopter un comportement responsable, tant envers nous-mêmes qu'envers nos semblables.

Or, cette dichotomie a des implications pour les neurosciences elles-mêmes. Comme toujours, une idée scientifique peut avoir des applications positives ou négatives. Une découverte concernant le cerveau peut par exemple trouver une utilisation « orwellienne » dans la publicité ou la propagande ; après avoir testé à l'aide d'un appareil IRMf la réponse d'un groupe cible à un message donné, on peut préciser et amplifier l'impact émotionnel de ce message. Dans un tel scénario, la science se transforme en outil permettant aux manipulateurs des médias de faire pénétrer plus puissamment encore des messages d'exploitation.

Cela n'a rien de nouveau : les conséquences inattendues des inventions sont le revers inévitable du progrès technologique. Chaque nouvelle génération de gadgets envahit la société avant que nous sachions précisément ce qu'elle va changer. Tout objet nouveau constitue une expérience sociale en train de se faire.

Mais les spécialistes des neurosciences sociales ont des projets beaucoup plus positifs. L'un d'eux concerne la découverte d'un logarithme de l'empathie, destiné à apprendre au personnel médical et aux psychothérapeutes à établir une relation plus chaleureuse avec leurs patients. Un autre permettrait, par un ingénieux dispositif technologique que le malade porterait sur lui, de détecter l'imminence d'une nouvelle crise – de dépression, par exemple – et jouerait le rôle d'un psychiatre à domicile.

Notre compréhension du cerveau social et des effets physiologiques de nos liens personnels permet également d'entrevoir comment nous pourrions réformer certaines institutions sociales. Étant donné l'enrichissement personnel que procurent de bonnes connexions, nous devrions reconsidérer la façon dont nous traitons les malades, les personnes âgées et les prisonniers.

Pour les malades chroniques ou les mourants, nous pourrions non seulement recruter des volontaires parmi les proches des patients, mais trouver pour ces volontaires une aide psychologique. Pour les personnes âgées, si souvent condamnées à une triste solitude, nous pourrions imaginer des lieux de vie, avec activités collectives et repas pris ensemble. Et nous devrions revoir nos systèmes pénitentiaires pour donner aux prisonniers des relations de qualité et non les couper de toutes les influences qui pourraient les aider à se réformer.

Et puis penser à ceux qui dirigent ces institutions, écoles, hôpitaux et prisons, et à ceux qui y travaillent. Ils sont trop souvent soumis à une logique comptable qui prétend que les objectifs sociaux ne peuvent être atteints que par des mesures fiscales. Une telle mentalité ne tient aucun compte des connexions émotionnelles qui permettent à l'individu d'être – et de travailler – au mieux de sa forme.

Les dirigeants doivent comprendre qu'ils déterminent en grande partie la tonalité émotionnelle qui règne dans leur entreprise et que cela influe sur l'atteinte des objectifs collectifs, qu'il s'agisse de réussir à des examens, de signer des contrats commerciaux ou de garder son personnel.

Il faut pour tout cela, comme le proposait Edward Thorndike en 1920, enrichir notre sagesse sociale, développer les qualités qui permettent à ceux qui nous côtoient de s'épanouir.

Le bonheur national brut

Le petit royaume himalayen du Bhoutan prend très au sérieux son « bonheur national brut », considéré comme aussi important que le produit national brut, indicateur économique standard[3]. La politique sociale, a déclaré le roi, devrait être liée au bien-être du peuple, pas uniquement à l'économie. Et parmi les piliers du bonheur national au Bhoutan, il y a bien sûr l'autonomie financière, un environnement intact, la sécurité sociale, une éducation préservant la culture traditionnelle et la démocratie. La croissance économique ne représente qu'une partie de l'équation.

Le bonheur national brut n'est pas réservé au Bhoutan : l'idée de donner autant de valeur au bien-être et à la satisfaction du peuple qu'à l'économie a été adoptée par un petit groupe d'économistes internationaux. Ils considèrent comme erronée l'hypothèse de tous les hommes politiques du monde selon laquelle la consommation de biens permet aux gens de se sentir mieux. Ils mettent actuellement au point des façons de mesurer le bien-être en termes non seulement d'emploi et de revenus, mais aussi de biens sociaux immatériels tels que la satisfaction dans les relations et le sentiment d'avoir un but dans la vie[4].

Daniel Kahneman a souligné l'absence de corrélation, largement documentée, entre avantages économiques et bonheur (excepté tout au bas de l'échelle sociale où la différence est extrême entre absolu dénuement et possibilité de gagner quelque argent)[5]. Certains économistes ont compris récemment que leurs modèles hyper-rationnels ne tenaient aucun compte de la route basse – et des émotions en général –, ce qui les empêchait de prédire avec précision les choix que feront les gens et plus encore ce qui peut les rendre heureux[6].

Alvin Weinberg, longtemps directeur du laboratoire national de science nucléaire d'Oak Ridge et fondateur de l'Institut pour l'analyse énergétique, fait partie des scientifiques qui, dans les années 1950 et 1960, voyaient dans les technologies la panacée permettant de résoudre tous les maux humains et sociaux[7]. Aujourd'hui, à quatre-vingt-dix ans, ses conceptions ont pris un tour philosophique, et il engage à la prudence. « La technologie facilite de plus en plus la déconnexion entre individus et avec soi-même, m'a-t-il dit. La civilisation est dans une phase de singularité absolue. Ce qui avait autrefois du sens a été balayé. La vie se vit devant un écran d'ordinateur où les connexions personnelles se font à distance. Nous vivons dans un méta-monde, avec les yeux fixés sur la dernière innovation technologique. Or, ce qui compte le plus, c'est la famille, les communautés et la responsabilité sociale. »

Dans les années 1960, alors qu'il était conseiller scientifique à la présidence, Weinberg a écrit un article important sur ce qu'il appelait les « critères de choix scientifiques ». Il y insistait sur le rôle des valeurs, disant qu'elles pourraient guider le choix des investissements scientifiques et qu'elles constituaient une question valable pour la philosophie des sciences. Aujourd'hui, presque un demi-siècle plus tard, il va encore plus loin dans sa réflexion sur ce qu'il est « utile » ou valable de prendre en compte pour fixer les priorités budgétaires d'une nation.

« La théorie conventionnelle, me dit-il, affirme que le capitalisme est la seule façon efficace de répartir les ressources. Mais elle manque de compassion. Je me demande si toutes les possibilités de nos modèles économiques ont été épuisées – et si le taux élevé de chômage mondial que nous constatons actuellement n'est pas en réalité un phénomène structurel très profond, et non passager. Il y aura peut-être toujours un nombre assez important – et sans doute croissant – de personnes qui ne trouveront jamais un emploi valable. Et puis je me demande comment nous pourrions modifier notre système pour qu'il soit non seulement efficace mais compatissant. »

Paul Farmer, militant du droit à la santé bien connu pour son travail en Haïti et en Afrique, critique pour sa part la « violence structurelle » d'un système économique qui maintient les pauvres de ce monde dans un état de délabrement sanitaire tel qu'ils n'ont plus la possibilité d'échapper à leur sort[8]. Farmer propose une solution dans laquelle les services médicaux seraient considérés comme un des premiers droits humains fondamentaux. Dans le même ordre d'idées, Weinberg prétend qu'un « capitalisme compatissant nous obligerait à modifier nos priorités, à réserver une plus grande part du budget national aux emplois valables. Modifier le système économique pour le rendre plus compatissant contribuerait également à le rendre politiquement plus stable ».

Les théories qui orientent actuellement les politiques économiques ne sont pas conçues pour prendre en compte la souffrance des hommes (même si le coût économique de désastres comme les inondations ou les famines est régulièrement estimé). L'une des conséquences les plus évidentes de ces théories et des politiques qu'elles promeuvent est d'imposer aux pays pauvres une dette tellement lourde qu'elle les prive des moyens nécessaires pour nourrir et soigner leurs enfants.

Une telle attitude économique, incapable d'imaginer la réalité de l'autre, ressemble à de la cécité psychique. Un capitalisme compatissant, attentif à la misère humaine et à sa réduction, ne peut se passer d'empathie.

C'est pourquoi il serait bon de développer la compassion sociale. Les économistes pourraient par exemple étudier les bénéfices d'un système d'éducation parental socialement intelligent et de programmes de développement des capacités sociales et émotionnelles, à l'école et dans les prisons[9]. Un tel effort d'optimisation du fonctionnement du cerveau social pourrait déclencher une cascade de retombées positives, tant pour les enfants que pour les communautés où ils vivront leur vie – meilleurs résultats scolaires, puis professionnels, individus plus heureux, mieux portants et mieux intégrés socialement, communautés sécurisées. Et qui dit individus mieux éduqués, plus sûrs et en meilleure santé dit meilleure contribution à l'économie.

Sans aller jusque-là, des connexions sociales plus chaleureuses auraient sans doute des bénéfices immédiats pour nous tous.

Vers plus d'amitié

Le poète Walt Whitman, dans son poème *Je chante le corps électrique*, exprime avec lyrisme la valeur de l'amitié :

J'ai compris qu'avoir la compagnie de ceux que j'aimais me suffisait,
Que m'arrêter avec les autres à l'étape du soir me suffisait,
Qu'être entouré de chairs merveilleuses, curieuses, respirantes et riantes me suffisait...

Il n'y a pas d'autre joie pour moi, je m'y baigne comme dans l'océan.
Quelque chose se passe dans le contact suivi avec les hommes et les femmes, leur spectacle, leur présence, leur parfum, qui séduit si fort l'âme,
Car l'âme prend plaisir à tout, mais surtout à ces éléments[10].

Le simple contact humain est source de vitalité. Les gens que nous aimons le plus sont une sorte d'élixir où nous puisons en permanence notre énergie. Les échanges neuraux entre une mère et son bébé, un grand-père et un enfant, entre amants et couples satisfaits, entre amis, ont des vertus palpables.

Maintenant que les neurosciences ont quantifié les bénéfices de la sympathie réciproque, nous devons être attentifs à l'impact de notre vie sociale sur notre organisme. Les liens mystérieux qui unissent nos relations, nos fonctions cérébrales, notre santé et notre bien-être ont des implications surprenantes.

Il nous faut reconsidérer l'idée toute faite que nos relations sociales toxiques sont sans importance. En dehors de nos moments de colère passagers, nous estimons souvent que nos interactions ont peu d'influence sur nous au niveau biologique. Mais il s'avère que c'est une illusion. De même que nous attrapons un virus, nous pouvons « attraper » un état de faiblesse émotionnelle qui nous rend plus vulnérables à ce virus ou sape simplement notre bien-être.

De ce point de vue, des états violents tels que le dégoût, le mépris et la colère nous font courir les mêmes dangers, sur le plan émotionnel, que le tabagisme passif qui agit sur la santé des non-fumeurs. Si nous voulons inverser la tendance, il faut diffuser dans notre environnement des émotions positives.

La responsabilité sociale commence donc ici et maintenant, quand nous agissons de manière à améliorer l'état émotionnel des autres, ceux que nous croisons comme ceux qui nous sont le plus chers. Dans le même esprit que Walt Whitman, une chercheuse qui étudie la valeur de la sociabilité pour la survie a dit que la leçon pratique, pour chacun d'entre nous, pouvait se résumer ainsi : « Enrichissez vos connexions sociales[11]. »

Au niveau individuel, pas de problème. Mais nous sommes tous ballottés par les courants sociaux et politiques qui agitent notre époque. Le siècle dernier a fortement mis en lumière tout ce qui nous divise, nous confrontant aux limites de notre empathie et de notre compassion collectives.

Tout au long de l'Histoire, ou presque, les déchaînements de haine les plus violents entre groupes antagonistes restaient raisonnables au sens strictement logistique du terme : les moyens de destruction disponibles limitaient les dégâts. Mais au XXᵉ siècle, la technologie et l'efficacité organisationnelle ont considérablement augmenté le potentiel destructeur de ces haines. Comme l'a prophétisé W.H. Auden, un poète contemporain : « Il faut nous aimer les uns les autres ou mourir. »

Cette formule lapidaire résume bien l'urgence dans laquelle se trouve notre monde. Mais nous ne devons pas nous déclarer battus. Ce sentiment d'urgence peut réveiller nos consciences, nous rappeler à tous que l'enjeu crucial de ce siècle sera d'élargir le cercle de ceux que nous considérons comme Nous et de réduire le nombre de ceux qui nous apparaissent comme Eux.

La science naissante de l'intelligence relationnelle nous offre des outils capables de repousser progressivement ces frontières. Dans un premier temps, nous pouvons refuser les divisions qu'engendre la haine et développer assez d'empathie pour nous comprendre en dépit de nos différences. Le câblage du cerveau social nous relie tous au noyau de notre humanité commune.

NOTES

PROLOGUE : découverte d'une nouvelle science

1. Cette anecdote des soldats à la mosquée est rapportée dans *All Things Considered*, émission de la radio publique nationale, le 4 avril 2003.

2. À ce sujet, voir par exemple les modèles de compétence des agents de police dans *MOSAIC Competencies : Professional & Administrative Occupations* (US Office of Personnel Management, 1996) ; E. Brondolo *et al.*, « Correlates of Risks for Conflict Among New York City Traffic Agents », in *Violence on the Job*, G. VandenBos et E. Bulato éditeurs (Washington D.C. : American Psychological Association Press, 1996).

3. Pour mesurer à quel point cela élargit notre discours, considérez l'empathie relativement au rapport. L'empathie est une capacité individuelle, intérieure à la personne. Mais le rapport ne se produit qu'*entre* personnes, c'est une propriété qui naît de leur interaction.

4. Mon intention, dans le présent ouvrage comme dans le précédent, est d'offrir ce que je considère comme un nouveau paradigme de la psychologie et de son indispensable partenaire, la neuroscience. Si le concept d'intelligence émotionnelle a suscité des résistances dans certains milieux de la psychologie, il a aussi été adopté dans beaucoup d'autres – notamment par toute une génération d'étudiants de troisième cycle qui en ont fait le sujet de leurs

recherches. Toute science progresse en s'emparant d'idées provocantes et fructueuses, non en restant fixée sur des sujets d'étude sûrs mais stériles. J'espère que la nouvelle compréhension des relations et du cerveau social présentée ici suscitera une vague de recherche et d'exploration similaire. Le recentrage sur ce qui se passe pendant les interactions humaines était nécessaire, mais a longtemps été négligé par la psychologie. Voir par exemple F. Bernieri *et al.*, « Synchrony, Pseudosynchrony and Dissynchrony : Measuring the Entrainment Prosody in Mother-Infant Interactions », *Journal of Personality and Social Psychology* 2 (1988), p. 243-253.

5. Sur les accès de colère, voir C. Garza, « Young Students Seen as Inceasingly Hostile », *Fort Worth Star-Telegram*, 15 août 2004, p. 1A.

6. L'American Academy of Pediatrics recommande que les enfants de moins de deux ans ne regardent pas du tout la télévision et qu'ensuite ils ne la regardent jamais plus de deux heures par jour. Le rapport cité ici a été présenté lors de la réunion annuelle des Pediatric Academic Societies, à Baltimore, le 30 avril 2003.

7. R. Putnal, *Bowling Alone* (New York : Simon & Schuster, 2000).

8. Cité dans « The Glue of Society », *Economist*, 16 juillet 2005, p. 13-17.

9. Sur Hot & Crusty, voir W. Saint John, « The World at Ear's Length », *New York Times*, 15 février 2004, sec. 9, p. 1.

10. Les données sur la lecture des courriels sont citées par A. Fisher, « Do Your Employer Help You Stay Healthy? », *Fortune*, 12 juillet 2005, p. 60.

11. Ce rapport est cité par Eurodata TV Worldwide, dans *One Television Year in the World : 2004 Issue* (Paris : Médiamétrie, 2004).

12. Sur l'utilisation d'Internet, voir N.H. Nie, « What Do Americans Do on the Internet? », Stanford Institute for the Quantative Study of Society, en ligne sur www.stanford.edu/group/siqss ; cité dans « Internet Use Said to Cut into TV Viewing and Socializing », de J. Markoff, *New York Times*, 30 décembre 2004.

13. La toute première référence à la « neuroscience sociale » que j'aie trouvée jusqu'ici était dans un article de Cacioppo et Berntson. Voir « Social Psychological Contributions to the Decade of the Brain : Doctrine of Multilevel Analysis », *American Psycho-*

logist 47 (1992) p. 1019-1028. L'année 2001 a vu la publication d'un article annonçant l'émergence de cette nouvelle discipline sous un autre nom : *social cognitive neuroscience* (neuroscience cognitive sociale), par Matthew Lieberman (aujourd'hui à l'UCLA) et Kevin Ochsner (aujourd'hui à l'université de Columbia), « The Emergence of Social Cognitive Neuroscience », *American Psychologist* 56 (2001), p. 717-734. Daniel Siegel a pour sa part inventé le terme de « neurobiologie interpersonnelle » pour relier la dimension interpersonnelle à la dimension biologique de l'esprit humain afin de mieux comprendre le développement du bien-être mental ; ce terme désigne un autre aspect fondamental de la neuroscience sociale. Voir D. Siegel, *The Developing Mind : How Relationships and the Brain Interact to Shape Who We Are* (New York : Guilford Press, 1999).

14. Il a fallu dix ans pour que la neuroscience sociale atteigne la masse critique d'un champ de recherche, mais aujourd'hui des dizaines de laboratoires y consacrent leurs travaux. La première conférence sur la neuroscience cognitive sociale s'est tenue à l'UCLA du 28 au 30 avril 2001. Trente orateurs ont pris la parole devant plus de trois cents personnes venues de plusieurs pays. En 2004, Thomas Insel, directeur du National Institute for Mental Health, a déclaré qu'après dix ans de travaux la neuroscience sociale avait gagné son statut de champ de recherche. La quête du cerveau social, a-t-il prédit, fournirait des données de grande valeur pour le bien public. Voir T. Insel et R. Fernald, « How the Brain Processes Social Information : Searching for the Social Brain », *Annual Review of Neuroscience* 27 (2004), p. 697-722. En 2007, Oxford University Press lança un journal intitulé *Social Neuroscience*, la première publication consacrée à cette branche.

15. Le terme « cerveau social » est devenu d'usage courant en neuroscience au cours de ces dernières années. Une conférence scientifique internationale sur « Le cerveau social » s'est tenue à Göteborg, en Suède, en mars 2003. La même année ont été publiés les premiers travaux savants sur le sujet : M. Brüne *et al., The Social Brain : Evolution and Pathology* (Sussex, U.K. : John Wiley, 2003). La toute première conférence internationale sur le cerveau social a eu lieu en Allemagne, à l'université de Bochum, en novembre 2000.

16. La définition originale de l'intelligence relationnelle se trouve dans E. Thorndike, « Intelligence and Its Use », *Harper's Magazine* 140 (1920), p. 227-235.

17. Avertissement : les lecteurs qui chercheraient ici la vision standard du concept psychologique d'intelligence relationnelle ne l'y trouveront pas. Mon intention, en écrivant ce livre, est d'encourager une nouvelle génération de psychologues à dépasser les limites des concepts actuels en intégrant les découvertes de la neuroscience sociale au lieu de rester fixés sur les catégories définies par la psychologie. Voir J. Kihlstrom et N. Cantor, « Social Intelligence », in *Handbook of Intelligence*, R. Sterneberg éditeur, 2e édition (Cambridge, U.K. : Cambridge University Press, 2000), p. 359-379.

18. Thorndike, « Intelligence » *op. cit.*, p. 228.

1. L'économie émotionnelle

1. Lorsque je parle de l'amygdale ou de toute autre structure neurale spécifique, je me réfère non seulement à cette région mais aussi aux circuits qui la connectent aux autres aires neurales, sauf quand j'examine un aspect particulier de la structure elle-même.

2. B. Gump et J. Kulik, « Stress, Affiliation, and Emotional Contagion », *Journal of Personality and Social Psychology* 72, n° 2 (1997), p. 305-319.

3. Cette fonction d'investigation est opérée via les liens de l'amygdale avec le cortex. Quand l'amygdale commence à décharger en réaction à un danger potentiel, elle incite les centres corticaux à fixer notre attention sur la menace éventuelle, ce qui provoque en nous une sensation de malaise, de détresse ou même de peur. Si, donc, la réactivité de l'amygdale est forte, la personne va avoir du monde une perception ambiguë, perpétuellement effrayante. Un trauma important peut accroître la vigilance de l'amygdale à notre environnement, en augmentant le niveau des neurotransmetteurs qui nous mettent à l'affût des menaces potentielles. La plupart des symptômes des maladies du stress posttraumatique, une réaction exagérée à des événements neutres qui nous rappellent vaguement le trauma originel par exemple, sont des

signes de l'hyperréactivité de l'amygdale. Voir D. Charney *et al.*, « Psychobiologic Mechanisms of Posttraumatic Stress Disorder », *Archives of General Psychiatry* 50 (1993), p. 294-305.

4. Voir par exemple B. de Gelder *et al.*, « Fear Fosters Flight : A Mechanism for Fear Contagion When Perceiving Emotion Expressed by a Whole Body », *Proceedings of the National Academy of Sciences* 101, n° 47 (2004), p. 16, 701-706.

5. C'est du moins une manière de reconnaître les émotions. L'existence d'autres routes neurales pourrait signifier, par exemple, que nous n'avons pas à nous réjouir en reconnaissant que l'autre se réjouit.

6. La « vision aveugle affective », cette capacité des personnes ayant subi certaines lésions cérébrales d'enregistrer les émotions exprimées par les mimiques faciales d'autrui via l'amygdale, a été constatée chez d'autres patients. Voir J.S. Morris *et al.*, « Differential Extrageniculostriate and Amygdala Responses to Presentation of Emotional Faces in a Cortically Blind Field », *Brain* 124, n° 6 (2001), p. 1241-1252.

7. La route haute peut toutefois être utilisée pour générer volontairement une émotion ; les acteurs le font régulièrement. Autre exemple, la génération systématique de compassion dans les pratiques religieuses ; cette génération volontaire se sert de la route haute pour diriger la route basse.

8. Cité dans « The Glue of Society », *Economist*, 16 juillet 2004, p. 13-17.

9. Cognition et émotion ne sont généralement pas en désaccord, bien sûr. La plupart du temps, la route basse et la route haute œuvrent en synergie, ou du moins établissent des voies parallèles pour arriver au même point. De la même façon, cognition et émotion travaillent ensemble, pour motiver et guider nos comportements en vue d'atteindre un but. Mais dans certaines circonstances, elles divergent. Ces divergences produisent les idiosyncrasies et comportements apparemment irrationnels qui ont tant intrigué les scientifiques du comportement (y compris les psychologues et les économistes). Ils permettent aussi de comprendre les caractéristiques de ces deux systèmes cérébraux – lorsque les deux routes fonctionnent en harmonie, il est difficile de distinguer laquelle est impliquée dans quoi ; quand elles entrent en compétition, il est plus facile de repérer la contribution de chacune.

10. L'amygdale, située au milieu du cerveau, sous le cortex, traite les processus émotionnels automatiques ; le cortex préfrontal, dans sa fonction exécutive, tire des inputs de nombreuses autres régions neurales, les intègre et s'organise en conséquence. Voir T. Shallice et P. Burgess, « The Domain of Supervisory Processes and Temporal Organization of Behaviour », *Philosophical Transactions of the Royal Society B : Biological Science* 351 (1996), p. 1405-1412.

11. Mais la route haute n'est pas immunisée contre les biais et les erreurs de perception. À propos des deux routes, voir M. Williams *et al.*, « Amygdala Response to Fearful and Happy Facial Expressions Under Conditions of Binocular Suppression », *Journal of Neuroscience* 24, n° 12 (2004), p. 2898-2904.

12. Voir J. Dewey, *Experience and Nature* (LaSalle, Ill. : 1925), p. 256.

13. R. Neumann et F. Strack, « "Mood Contagion" : The Automatic Transfer of Mood Between Persons », *Journal of Personality and Social Psychology* 79, n° 2 (2000), p. 3022-3514.

14. Sur l'expression faciale des émotions, voir U. Dimberg et M. Thunberg, « Rapid Facial Reactions to Emotional Facial Expression », *Scandinavian Journal of Psychology* 39 (2000), p. 86-89.

15. Voir U. Dimberg, M. Thunberg et K. Elmehed, « Unconscious Facial Reaction to Emotional Facial Expressions », *Psychological Science* 11 (2000), p. 86-89.

16. E.A. Poe est cité par R. Levenson *et al.*, « Voluntary Facial Action Generates Emotion-Specific Autonomous Nervous System Activity », *Psychophysiology* 27 (1990), p. 363-384.

17. D. Denby, « The Quick and the Dead », *New Yorker* 80, 29 mars 2004, p. 103-105.

18. Sur la façon dont les films agissent le cerveau, voir U. Hasson *et al.*, « Intersubject Synchronization of Cortical Activity During Natural Vision », *Science* 303 n° 5664 (2004), p. 1634-1640.

19. Voir, par exemple, à ce sujet S.D. Preston et F.B.M. de Waal, « Empathy : Its Ultimate and Proximate Bases », *Behavioral and Brain Sciences* 25 (2002), p. 1-20.

20. Si notre cerveau est préprogrammé pour prêter une attention maximale à ce genre de signes, c'est sans doute parce que, dans la nature, les moments d'intensité perceptive et émotionnelle pou-

vaient signifier « danger ». Dans notre monde actuel, ils peuvent simplement signaler quel genre de film nous sommes en train de regarder.

21. E. Butler *et al.*, « The Social Consequences of Expressive Suppression », *Emotion* 3, n° 1 (2003), p. 48-67.

22. Cette tentative de refoulement suscite des pensées récurrentes sur le sujet, pensées qui s'interposent lorsque nous essayons de nous concentrer sur autre chose ou simplement nous détendre. Malgré notre désir d'exercer un contrôle volontaire et un veto sur nos impulsions naturelles, nous n'y réussissons pas toujours à cent pour cent. Si nous refoulons délibérément nos émotions – adoptant une expression impassible alors que nous sommes bouleversés –, elles transpirent quand même. Le rapport avec une autre personne se renforce à mesure que nous lui laissons voir nos sentiments. De même, plus nous tentons de dissimuler nos émotions, plus elles se renforcent et plus l'ambiance est tendue – situation que connaissent bien les gens dont le partenaire « dissimule » des sentiments fortement ressentis. Sur le coût du refoulement, voir E. Kennedy-Moore et J.C. Watson, « How and When Does Emotional Expression Help ? », *Review of General Psychology* 5 (2001), p. 187-212.

23. Le radar neural projetait sur l'aire ventro-médiane du cortex préfrontal. Voir J. Decety et T. Chaminade, « Neural Correlates of Feeling Sympathy », *Neuropsychologia* 14 (2003), p. 127-138.

24. Sur la fiabilité, voir R. Adolphs *et al.*, « The Human Amygdala in Social Jugement », *Nature* 393 (1998), p. 410-474.

25. Sur le câblage lié à la confiance en autrui, voir J.S. Winston *et al.*, « Automatic and Intentional Brain Responses During Evaluation of Trustworthiness of Faces », *Nature Neuroscience* 5, n° 3 (2002), p. 277-283. En résumé, l'amygdale examine toute personne rencontrée et porte un jugement automatique quant à sa fiabilité. Lorsqu'elle juge que quelqu'un n'est pas digne de confiance, l'insula droite s'active pour transmettre l'information au viscera, et la région sensible aux visages de l'aire fusiforme s'active. Le cortex orbito-frontal répond plus fortement lorsque l'amygdale a rendu le jugement « indigne de confiance ». Le sulcus temporal supérieur droit agit comme un cortex associatif pour élaborer le verdict, qui est ensuite validé par les systèmes émotionnels, l'amygdale et le cortex orbito-frontal entre autres.

26. Sur la direction du regard et le mensonge, voir P. Ekman, *Telling Lies : Clues to Deceit in the Marketplace, Politics and Marriage* (New York : W.W. Norton, 1985).

27. Sur ces signes, voir *ibid.*

28. Sur le contrôle cognitif et le mensonge, voir S. Spence, « The Deceptive Brain », *Journal of the Royal Society of Medicine* 97 (2004), p. 6-9. Mentir exige des circuits neuraux un effort cognitif et émotionnel supplémentaire. Cette découverte a fait naître l'idée que l'on pourrait un jour utiliser un appareil d'IRMf comme détecteur de mensonges. Mais ce jour ne viendra qu'une fois que certains problèmes logistiques auront été résolus par les personnes qui s'en servent, notamment les artefacts créés dans le signal lorsque quelqu'un parle.

29. Sur le fait que le partenaire ayant le moins de pouvoir est celui qui tente de provoquer la convergence, voir C. Anderson, D. Keltner et O.P. John, « Emotional Convergence Between People over Time », *Journal of Personality and Social Psychology* 84, n° 5 (2003), p. 1054-1068.

30. F. La Barre, *On Moving and Being Moved : Nonverbal Behavior in Clinical Practice* (Hilsdale, N.J. : Analytic Press, 2001).

31. Bien qu'il y ait eu dans les années 1950 et 1960 une foule d'études psychophysiologiques des interactions entre deux personnes, les méthodes de l'époque n'étaient ni assez précises ni assez poussées, et ces recherches ont été abandonnées pour n'être reprises que dans les années 1990.

32. Sur l'empathie et les contagions physiologiques, voir R. Levenson et A. Reuf, « Empathy : A Physiological Substrate », *Journal of Personality and Social Psychology* 63 (1992), p. 234-246.

2. Recette pour créer un rapport

1. Sur l'étude des séances de psychothérapie, voir S. Ablon et C. Maci, « Psychotherapy Process : The Missing Link », *Psychological Bulletin* 130 (2004), p. 664-668 ; C. Marci *et al.*, « Physiologic Evidence for the Interpersonal Role of Laughter

During Psychotherapy », *Journal of Nervous and Mental Disease* 192 (2004), p. 689-695.

2. Sur les ingrédients du rapport, voir L. Tickle-Degnan et R. Rosenthal, « The Nature of Rapport and Its Nonverbal Corre-lates », *Psychological Inquiry* 1, n° 4 (1990), p. 285-293.

3. F.J. Bernieri et J.S. Gillis, « Judging Rapport », in *Interpersonal Sensitivity : Theory and Measurment*, J.A. Hall et F.J. Bernieri (Mahwah, N.J. : Erlbaum, 2001).

4. Pour qu'un rapport s'établisse, il faut que les trois éléments – attention, sentiments positifs et synchronie – soient présents. Un combat de boxe implique une forte connexion physique mais pas de positivité. De même, une prise de bec entre époux implique une attention mutuelle et une certaine coordination dépourvue d'affec-tion. L'association attention mutuelle et coordination sans affection caractérise la situation où deux personnes marchent l'une vers l'autre sur un trottoir encombré : elles peuvent se frôler au passage sans se prêter mutuellement attention.

5. Voir à ce sujet J.B. Bavelas *et al.*, « I Show You How You Feel : Motor Mimicry as a Communicative Act », *Journal of Social and Personality Psychology* 50 (1986), p. 322-329. Dans la mesure où les deux personnes sont absorbées dans cette convergence mutuelle, l'arrivée d'une tierce personne rompra le charme de l'échange.

6. Sur la rétroaction négative exprimée de façon positive, voir M.J. Newcombe et N.M. Ashkanasy, « The Code of Affect and Affective Congruence in Perceptions of Leaders : An Experimental Study », *Leadership Quarterly* 13 (2002), p. 601-604.

7. Des études systématiques sur les pourboires ont montré que les clients qui estiment avoir été bien servis sont plus généreux le soir. Les pourboires peuvent représenter jusqu'à 17 % du montant de la note, et 12 % pour les moins importants. Sur l'année, cela représente une différence de revenus substantielle. Voir M. Lynn et T. Simons, « Predictors of Male and Female Servers' Average Tip Earnings », *Journal of Applied Social Psychology* 30 (2000), p. 241-252.

8. Voir à ce sujet T. Chartrang et J. Bargh, « The Chameleon Effect : The Perception-Behavior Link and Social Behavior », *Journal of Personality and Social Psychology* 76 (1999), p. 893-910.

9. L'étude des mimiques copiées a été faite par un étudiant de F. Bernieri. Elle est rapportée par M. Greer dans « The Science of Savoir-Faire », *Monitor on Psychology*, janvier 2005.

10. Sur la gestuelle synchronisée, voir F. Bernieri et R. Rosenthal, « Interpersonal Coordination : Behavior Matching and Interactional Synchrony », in R. Feldman et B. Rimé, *Fundamentals of Nonverbal Behavior* (New York : Cambridge University Press, 1991).

11. Si des personnes qui ne se connaissent pas peuvent, même lors d'une première rencontre, se coordonner correctement, la synchronisation augmente avec la familiarité. Les vieux amis règlent très rapidement leur duo, en partie parce qu'ils se connaissent suffisamment bien pour s'adapter à des excentricités qui pourraient en rebuter d'autres.

12. Sur la respiration pendant les conversations, voir D. McFarland, « Respiratory Markers of Conversational Interaction », *Journal of Speech, Language, and Hearing Research* 44 (2001), p. 128-145.

13. Sur les rapports entre professeur et élèves, voir M. LaFrance, « Nonverbal Synchrony and Rapport : Analysis by Cross-lag Panel Technique », *Social Psychology Quarterly* 42 (1979), p. 66-70 ; M. LaFrance et M. Broadbent, « Group Rapport : Posture Sharing as a Nonverbal Behavior », in *Interaction Rhythms*, M. Davis éditeur (New York : Human Science Press, 1982). La manière dont fonctionne cette chorégraphie peut parfois être contre-intuitive ; dans une interaction en face à face, le rapport est plus fortement ressenti lorsque l'imitation est inversée, comme dans un miroir – quand la personne A lève le bras droit et que la personne B lève le gauche en réponse.

14. Ces informations sur la synchronisation des cerveaux de musiciens m'ont été personnellement fournies par E.R. John.

15. Sur les oscillateurs, voir R. Port et T. Van Gelder, *Mind as Motion : Exploration of the Dynamics of Cognition* (Cambridge, Mass. : MIT Press, 1995).

16. Sur les modèles de synchronie, voir D.N. Lee, « Guiding Movements by Coupling Taus », *Ecological Psychology* 10 (1998), p. 221-250.

17. Pour un survol de la recherche, voir Bernieri et Rosenthal, « Interpersonal Coordination », *op. cit.*

18. Cette synchronie mouvement-paroles peut être extraordinairement subtile. Par exemple, elle se produit le plus souvent au début des « propositions phonémiques », les morceaux naturels d'une séquence de syllabes qui sont unies par un ton, un rythme et une hauteur de voix. (Les mots d'un orateur sont un enchaînement de ces propositions, chacune se terminant par un ralentissement presque imperceptible du débit avant que l'autre commence.) Voir *ibid.*

19. Sur la synchronisation des membres, voir R. Schmidt, « Effects of Visual and Verbal Interaction on Unintended Interpersonal Coordination », *Journal of Experimental Psychology : Human Perception and Performance* 31 (2005), p. 62-79.

20. J. Jaffe *et al.*, « Rhythms of Dialogue in Infancy », *Monographs of the Society for Research in Child Development* 66, n° 264 (2001). Vers l'âge de quatre mois, les nourrissons se désintéressent des actions d'autrui qui sont parfaitement accordées aux leurs et reportent leur intérêt sur des actions qui sont coordonnées mais mal accordées avec les leurs – cela indique que leurs oscillateurs intérieurs deviennent plus capables de se synchroniser avec le tempo. Voir G. Gegerly et J.S. Watson, « Early Socio-Emotional Development : Contingency Perception and the Social Feedback Model », in *Early Social Cognition*, P. Rochat éditeur (Hillsdale, N.J. : Erlbaum, 1999).

21. Sur les interactions mère-bébé, voir B. Beebe et F.M. Lachmann, « Representation and Internalization in Infancy : Three Principles of Salience », *Psychoanalytic Psychology* 11 (1994), p. 127-166.

22. C. Trevarthen, « The Self Born in Intersubjectivity : The Psychology of Infant Communicating », in *The Perceived Self : Ecological and Interpesonal Sources of Self-Knowledge*, U. Neisser éditeur (New York : Cambridge University Press, 1993), p. 121-173.

3. Une WiFi neuronale

1. Sur la peur, l'imitation et la contagion, voir B. Gump et J. Kulik « Stress Affiliation, and Emotional Contagion », *Journal of Personality and Social Psychology* 72 (1997), p. 305-319.

2. Voir, par exemple, P.J. Whalen *et al.*, « A Functional MRI Study of Human Amygdala Response to Facial Expressions of Fear Versus Anger », *Emotion* 1 (2001), p. 70-83 ; J.S. Moris *et al.*, « Conscious and Unconscious Emotional Learning in the Human Amygdala », *Nature* 393 (1998), p. 467-470.

3. La personne qui voit le visage d'un individu terrorisé éprouve la même excitation intérieure mais avec moins d'intensité. Cela tient en partie à une différence de réactivité automatique du système nerveux, maximale chez la personne terrorisée et beaucoup plus faible chez celle qui regarde. Plus l'insula de cette dernière réagit, plus forte est sa réaction émotionnelle.

4. Sur l'imitation, voir J.A. Bargh, M. Chen et L. Burrows, « Automaticity of Social Behavior : Direct Effects of Trait Construct and Stereotype Activation on Action », *Journal of Personality and Social Psychology* 71 (1996), p. 230-244.

5. Sur la vitesse de perception de la peur, voir L. Pessoa *et al.*, « Visual Awareness and the Detection of Fearful Faces », *Emotion* 5 (2005), p. 243-247.

6. Sur la découverte des neurones miroirs, voir G. di Pelligrino *et al.*, « Understanding Motor Events : A Neurophysiological Study », *Experimental Brain Research* 91 (1992), p. 176-180.

7. Sur le neurone de la piqûre d'épingle, voir W.D. Hutchinson *et al.*, « Pain-Related Neurons in the Human Cingulate Cortex », *Nature Neuroscience* 2 (1999), p. 403-405. D'autres études ont montré que les mêmes aires cérébrales s'activent quand une personne observe un mouvement de doigt et qu'elle fait elle-même ce mouvement ; l'une d'entre elles a démontré que l'activité était maximale quand la personne faisait le mouvement en voyant quelqu'un le faire, c'est-à-dire en imitant cette personne : M. Iacobini *et al.*, « Cortical Mechanisms of Human Imitation », *Science* 286 (1999), p. 2526-2528. À l'inverse, certaines études ont montré que l'observation d'un mouvement n'activait pas le même ensemble d'aires neurales que la pensée de l'exécution de ce mouvement ; les chercheurs en ont conclu que les aires impliquées dans la reconnaissance des mouvements diffèrent de celles qui contribuent à la production effective des mouvements – dans ce cas précis, la prise en main d'un objet. Voir S.T. Grafton *et al.*, « Localization of Grasp Representations in Humans by PET : Observation Compared with

Imagination », *Experimental Brain Research* 112 (1996), p. 103-111.

8. Sur l'acivité des neurones miroirs chez l'homme, voir, par exemple, L. Fadiga *et al.*, « Motor Facilitation During Action Observation : A Magnetic Stimulation Study », *Journal of Neurophysiology* 73 (1995), p. 2608-2626.

9. Ce blocage est dû aux neurones inhibiteurs du cortex préfrontal. Les personnes souffrant de lésions dans ces circuits sont notoirement désinhibées et disent ou font ce qui leur passe par la tête. Il est possible que les aires préfrontales aient des connexions inhibitrices directes, ou que les régions corticales postérieures, qui ont des connexions inhibitrices, soient activées.

10. À ce jour, des neurones miroirs ont été trouvés dans plusieurs aires du cerveau humain en plus du cortex prémoteur, notamment le lobe pariétal postérieur, le sulcus temporal supérieur et l'insula.

11. Sur les neurones miroirs chez l'homme, voir Iacobini *et al.*, « Cortical Mechanisms », *op. cit.*

12. Voir K. Nakahara et Y. Miyashita, « Understanding Intentions : Through the Looking Glass », *Science* 308 (2005), p. 644-645 ; L. Fogassi, « Parietal Lobe : From Action Organization to Intention Understanding », *Science* 308 (2005), p. 662-666.

13. Voir S.D. Preston et F. de Waal, « The Communication of Emotions and the Possibility of Empathy in Animals », in *Altruism and Altruistic Love : Science, Philosophy and Religion in Dialogue*, S.G. Post *et al.* éditeurs (New York : Oxford University Press, 2002).

14. Si les actions d'autrui ont pour nous un fort intérêt émotionnel, nous le manifestons automatiquement par un léger geste ou une expression faciale qui révèle que nous ressentons la même chose. Cette « avant-première » d'un sentiment ou d'un mouvement, estiment certains spécialistes des neurosciences, a pu jouer un rôle essentiel dans le développement du langage et de la communication. Selon une théorie, l'activité des neurones miroirs serait à l'origine de la communication entre humains, sous la forme d'un idiome gestuel d'abord, puis d'un langage parlé. Voir G. Rizzolatti et M.A. Arbib, « Language Within Our Grasp », *Trends in Neuroscience* 21 (1998), p. 188-194.

15. G. Rizzolatti est cité par S. Blakelee, « Cells That Read Minds », *New York Times*, 2 janvier 2006, p. C3.

16. D. Stern, *The Present Moment in Psychotherapy and Everyday Life* (New York : W.W. Norton, 2004), p. 76.

17. P. Ekman, *Telling Lies : Clues to Deceit in the Marketplace, Politics and Mariage* (New York : W.W. Norton, 1985).

18. R. Provine, *Laughter : A Scientific Investigation* (New York : Viking Press, 2000).

19. Sur la préférence du cerveau pour les visages heureux, voir J. Leppanen et J. Hietanen, « Affect and Face Perception », *Emotion* 3 (2003), p. 315-326.

20. B. Fraley et A. Aron, « The Effect of a Shared Humorous Experience on Closeness in Initial Encounters », *Personal Relationships* 11 (2004), p. 61-78.

21. Les circuits du rire se trouvent dans la partie la plus primitive du cerveau, le tronc cérébral. Voir S. Sivvy et J. Panksepp, « Juvenile Play in the Rat », *Physiology and Behavior* 41 (1987), p. 103-114.

22. Sur les amitiés, voir B. Lundy *et al.*, « Same-sex and Opposite-sex Interactions Among High School Juniors and Seniors », *Adolescence* 33 (1998), p. 279-288.

23. D. McDaniels est cité par J. Tyrangiel, « Why You Can't Ignore Kanye », *Time*, 21 août 2005.

24. Legend est cité dans « Bling Is Not Their Thing : Hip-hop Takes a Relentlessly Positive Turn », *Daily News of Los Angeles*, 24 février 2005.

25. À propos des mêmes, voir S. Blakemore, *The Meme Machine* (Oxford, U.K. : Oxford University Press, 1999).

26. Pour plus d'informations sur cette influence, voir E.T. Higgins, « Knowledge Activation : Accessibility, Applicability and Salience », *Social Psychology : Handbook of Basic Principles* (New York : Guilford Press, 1996).

27. À propos de l'influence sur la politesse, voir Bargh, Chen et Burrows, « Automaticity of Social Behavior », *op. cit.*, p. 71.

28. Sur les trains de pensée automatiques, voir J.A. Bargh, « The Automaticity of Everyday Life », in *Advances in Social Cognition*, R.S. Wyer éditeur (Hillsdale, N.J. : Erlbaum, 1997), vol. 10.

29. Sur le décryptage des sentiments, voir T. Geoff et G. Fletcher, « Mind-Reading Accuracy in Intimate Relationships : Assessing the Role of Relationship, the Target and the Judge », *Journal of Personality and Social Psychology* 85 (2003), p. 1079-1094.

30. Sur la confluence de deux esprits, voir C. Trevarthen, « The Self Born in Intersubjectivity : The Psychology of Infant Communicating », in *The Perceived Self : Ecological and Interpersonal Sources of Self-knowledge*, U. Neisser éditeur (New York : Cambridge University Press, 1993), p. 121-173.

31. La convergence émotionnelle se produisait même si les deux étudiants n'avaient pas l'impression d'être devenus bons amis. C. Anderson, D. Keltner et O.P. John, « Emotional Convergence Between People Over Time », *Journal of Personality and Social Psychology* 84, n° 5 (2003), p. 1054-1068.

32. Lors de la catastrophe du Heysel, en 1985, des hooligans anglais ont chargé des supporters belges, faisant s'effondrer un mur et provoquant la mort de trente-neuf personnes. Dans les années qui ont suivi, d'autres émeutes ont ensanglanté des terrains de football dans toute l'Europe.

33. E. Canetti, *Masse et Puissance* (Paris : Gallimard, 1986).

34. La vitesse de propagation d'une ambiance au sein d'un groupe est évoquée par R. Levenson et A. Reuf, « Emotional Knowledge and Rapport », in *Empathy Accuracy*, W. Ickes éditeur (New York : Guilford Press, 1997), p. 44-72.

35. Sur le partage des émotions, voir E. Hatfield *et al.*, *Emotional Contagion* (Cambridge, U.K. : Cambridge University Press, 1994).

36. Sur la contagion émotionnelle dans les équipes, voir S. Barsade, « The Ripple Effect : Emotional Contagion and Its Influence on Group Behavior », *Administrative Science Quarterly* 47 (2002), p. 644-675.

37. Dans un groupe, le bouclage aide tout le monde à rester sur la même longueur d'onde. Dans les groupes de prise de décision, il génère le type de connexion qui permet d'exprimer ouvertement des différences, sans risque d'explosion. L'harmonie dans un groupe permet d'étudier de manière approfondie le plus large éventail d'opinions et de prendre les meilleures décisions possibles – pourvu que le groupe se sente libre d'exprimer des points de vue diver-

gents. Dans le feu d'une controverse, il est difficile de recevoir les arguments de l'autre et encore plus de s'en pénétrer.

4. L'altruisme : un instinct

1. Sur l'expérience du bon Samaritain, un classique de la psychologie sociale, voir J.M. Darley et C.D. Batson, « From Jerusalem to Jericho », *Journal of Personality and Social Psychology* 27 (1973), p. 100-108. J'ai cité cette étude dans mon livre publié en 1985, *Vital Lies, Simple Truths*.

2. Comme dans le cas des étudiants pressés, les situations sociales influent sur le degré de bouclage qui semble approprié et même sur la formation de la boucle elle-même. On est, par exemple, moins pressé de porter secours à quelqu'un si l'on voit des infirmiers s'approcher de lui au même moment. Et dans la mesure où nous créons plus facilement des boucles avec des personnes qui nous ressemblent, et de moins en moins à mesure que nous percevons des différences, nous offrirons plus volontiers notre aide à un ami qu'à un inconnu.

3. Sur le bon Samaritain et l'empathie, voir par exemple C.D. Batson *et al.*, « Five Studies Testing Two New Egoistic Alternatives to the Empathy-Altruism Hypothesis », *Journal of Personality and Social Psychology* 55 (1988), p. 52-57.

4. Il n'existe pas dans notre langue d'équivalent au mot *kandou* comme dans les langues asiatiques. En sanscrit, par exemple, le mot *mudita* veut dire « prendre plaisir à un geste de bonté fait ou reçu par autrui ». L'anglais a par contre adopté *Schadenfreude*, qui signifie exactement le contraire de *mudita*. Voir aussi T. Singer *et al.*, « Empathy for Pain Involves the Affective but not Sensory Components of Pain », *Science* 303 (2004), p. 1157-1162.

5. Voir J.D. Haidt et C.L.M. Keyes, *Flourishing : Positive Psychology and the Life Well Lived* (Washington D.C. : American Psychological Association Press, 2003).

6. Sur le cerveau des poissons, voir J. Sisneros *et al.*, « Steroid-Dependent Auditory Plasticity Leads to Adapatative Coupling of Sender and Receiver », *Science* 305 (2004), p. 404-407.

7. Lorsque le bébé est fatigué ou énervé, il fait le contraire et adopte des positions qui ferment ses systèmes perceptifs ; il se replie sur lui-même dans l'attente d'être pris ou caressé, calmé. Voir C. Trevarthen, « The Self Born in Intersubjectivity : The Psychology of Infant Communicating », in *The Perceived Self : Ecological and Interpersonal Sources of Self-knowledge*, U. Neisser éditeur (New York : Cambridge University Press, 1993), p. 121-173.

8. Sur la place de l'empathie dans l'évolution et les différentes espèces, voir C. Darwin, *La Descendance de l'homme* (Paris : L'Harmattan, 2006).

9. S.E. Shelton *et al.*, « Agression, Fear and Cortisol in Young Rhesus Monkeys », *Psychoneuroendocrinology* 22, supp. 2 (1997), p. S198.

10. Sur les babouins sociables, voir J.B. Silk *et al.*, « Social Bonds of Female Baboons Enhance Infant Survival », *Science* 302 (2003), p. 1231-1234.

11. D'autres théories sur ce qui a permis à l'homme d'acquérir un cerveau aussi volumineux et intelligent mettent en avant la capacité de préhension et la fabrication d'outils. Depuis quelques dizaines d'années, l'utilité qu'offre la sociabilité pour la survie – et l'éducation d'enfants jusqu'à l'âge de la reproduction – a conquis de plus en plus de partisans.

12. S. Hill, « Storyteller, Recovering from Hard-on Crash, Cites "Miracle of Mothers'Day" », *Daily Hampshire Gazette*, 11 mai 2005, p. B1.

13. L'idée que l'empathie fait naître un partage émotionnel ne date pas d'aujourd'hui, en psychologie. En 1908, William McDougall proposa l'hypothèse selon laquelle, en situation de « sympathie », l'état physique de la première personne se transmet à la seconde. Quatre-vingts ans plus tard, Leslie Brothers suggérait que pour comprendre l'émotion d'une autre personne il fallait ressentir la même, à un degré quelconque. Et, en 1992, Robert Levenson et Anna Reuf, ayant constaté la concordance des rythmes cardiaques de deux partenaires engagés dans une dispute, ont supposé que cette similarité physiologique pouvait être à la base de l'empathie.

14. Ce spécialiste des neurosciences est Christian Keysers de l'université de Groningen, aux Pays-Bas. Il est cité par G. Miller, « New Neurons Strive to Fit In », *Science* 311 (2005), p. 938-940.

15. C. Stanislavski est cité par J. Cott dans *On a Sea of Memory* (New York : Random House, 2005), p. 138.

16. Les circuits neuraux impliqués dans nos sentiments et ceux des autres sont étudiés par K. Ochsner *et al.*, « Reflecting upon Feelings : An fMRI Study of Neural Systems Supporting the Attribution of Emotion to Self and Others », *Journal of Cognitive Neuroscience* 16 (2004), p. 1746-1772.

17. Sur les circuits activés pendant l'observation ou l'imitation d'une émotion, voir L. Carr *et al.*, « Neural Mechanisms of Empathy in Humans : A Relay from Neural Systems for Imitation to Limbic Areas », *Proceedings of the National Academy of Science* 100, n° 9 (2003), p. 5497-5502. Les aires activées sont le cortex prémoteur, le cortex frontal inférieur, l'insula antérieure et l'amygdale droite.

18. À propos de l'*Einfühlung*, voir T. Lipps cité par V. Gallese, « The Shared Manifold Hypothesis : From Mirror Neurons to Empathy », *Journal of Consciousness Studies* 8, n° 5-7 (2001), p. 33-50.

19. Sur l'empathie et le cerveau, voir S.D. Preston et F. de Waal, « Empathy : Its Ultimate and Proximate Bases », *Behavioral and Brain Sciences* 25 (2002), p. 1-20.

20. Mais cette similarité n'implique pas nécessairement l'empathie. Il est possible que, selon le réglage habituel de nos instruments de mesure, le bonheur émanant de deux sources neurales différentes paraisse identique.

21. Sur les circuits cérébraux de l'empathie, voir S. Preston *et al.*, « Functional Neuroanatomy of Emotional Imagery : PET of Personal Hypothetical Experiences », *Journal of Cognitive Neuroscience, April Supplement,* 126.

22. En termes techniques, ce code neural est « computationnellement efficient », tant dans le traitement de l'information que dans l'espace nécessaire à son stockage. Preston and de Waal, « Empathy », *op. cit.*

23. Voir à ce sujet A. Damasio, *The Feeling of What Happens* (New York : Harcourt, 2000).

24. Sur Hobbes, voir J. Aubrey, *Brief Lives, Chiefly of Contemporaries, set down by John Aubrey, between the year 1669 and 1696*, A. Clark éditeur (London : Clarendon Press, 1898), vol. 1.

25. Une version moins rigide du « chacun pour soi » a été proposée au XVIIᵉ siècle par le philosophe Adam Smith qui prônait la création de richesses dans un système économique ouvert. Il estimait que l'intérêt individuel serait la garantie de marchés équitables, hypothèse économique qui sous-tend le système libéral. Les tentatives modernes d'analyse des dynamiques du comportement humain font souvent référence à Hobbes et Smith, surtout celles qui mettent en avant l'intérêt personnel pur – brutal chez Hobbes, rationnel chez Smith.

26. Dans « The Communication of Emotions and the Possibility of Empathy in Animals », in *Altruism and Altruistic Love : Science, Philosophy and Religion in Dialogue*, S. Post *et al.* éditeurs (New York : Cambridge University Press, 2002), S. Preston et A. de Waal affirment que la distinction entre égoïsme et altruisme n'est pas pertinente du point de vue de l'évolution, qui peut considérer un large éventail de comportements comme techniquement « égoïstes ».

27. Mencius est cité par F. de Waal, *The Ape and the Sushi Master : Cultural Relections by a Primatologist* (New York : Basic Books-Perseus, 2001). Mencius prétend que si un enfant est sur le point de tomber dans un puits, n'importe quelle personne présente ressent l'impulsion de lui venir en aide.

28. J. Decety et T. Chaminade, « Neural Corelates of Feeling Sympathy », *Neuropsychology* 41 (2003), p. 127-138.

29. A. Dijksterhuis et J.A. Bargh, « The Perception-Behavior Expressway : Automatic Effects of Social Perception on Social Behavior », *Advances in Experimental Social Psychology* 33 (2001), p. 1-40.

30. C. Darwin, *L'Expression des émotions chez l'homme et les animaux* (Paris : Rivage Poche, 2001).

31. B. de Gelder *et al.*, « Fear Fosters Flight : A Mechanism for Fear Contagion When Perceiving Emotion Expressed by a Whole Body », *Proceedings of the National Academy of Science* 101 (2004), p. 16701-16706. Le circuit cingulaire préfrontal antérieur médian qui répond aux stimuli sociaux comme l'image de personnes en détresse fait à son tour appel à d'autres systèmes cérébraux selon la nature de la menace.

32. Sur cette question, voir par exemple D. Krebs, « Empathy and Altruism : An Examination of the Concept and a Review of the Literature », *Psychological Bulletin* 73 (1970), p. 258-302 ;

C.D. Batson, *The Altruism Question : Toward a Scientific Answer* (Mahwah, N.J. : Erlbaum, 1991). Les paradigmes expérimentaux traditionnels en psychologie sociale ne présentent pas toujours le besoin humain de manière assez impérative pour exciter les voies empathie-action. Un questionnaire concernant des dons à une œuvre de charité fait appel aux systèmes cognitifs et émotionnels. Mais l'équivalent du test de Mencius – voir un enfant prêt à tomber dans un puits – exciterait sans doute d'autres circuits neuraux et donnerait donc des résultats différents.

33. Preston et de Waal, dans « Communication of Emotions », *op. cit.*, proposent un gradient émotionnel pour mesurer la relation avec la détresse d'autrui. La *compassion émotionnelle* produit un état d'intensité égale chez l'observateur et chez la personne concernée, et estompe les frontières entre soi et l'autre. Dans l'*empathie*, l'observateur ressent le même état intérieur – en moins fort – mais maintient une frontière nette entre lui et l'autre. Dans l'*empathie cognitive*, l'observateur se met dans le même état que l'autre en pensant au malheur qui l'afflige, au loin. Et la *sympathie* est la conscience de la détresse d'autrui sans vrai partage de son état intérieur. La probabilité que l'observateur vienne en aide à celui qui souffre augmente avec la force du partage émotionnel.

34. Sur la gentillesse humaine, voir J. Kagan in *The Dalai Lama at MIT*, A. Harrington et A. Zajonc éditeurs (Cambridge, Mass. : Harvard University Press, 2006).

35. L'approche philosophique de O. Flanagan propose une manière de réconcilier ces positions : « Ethical Expression : Why Moralists Scowl, Frown, and Smile », in *The Cambridge Companion to Darwin*, J. Hodges et G. Radick éditeurs (New York : Cambridge University Press, 2003).

5. Neuroanatomie d'un baiser

1. Le COF a été baptisé « ultime zone de convergence d'intégration neurale ». Parmi les aires cérébrales essentielles fortement reliées au COF se trouvent le cortex préfrontal dorsolatéral, qui régule l'attention ; le cortex sensoriel, pour la perception ; le cortex somatosensoriel et le tronc cérébral pour les sensations internes du

corps ; l'hypothalamus, centre neuroendocrinien qui régule les hormones dans l'organisme ; le système nerveux autonome qui contrôle des fonctions telles que le rythme cardiaque et la digestion ; le lobe temporal médian, pour la mémoire ; le cortex associatif, pour la pensée abstraite ; et divers centres du tronc cérébral, dont la formation réticulée régule les niveaux d'excitation dans le cerveau. Sur les fonctions du COF et les structures cérébrales associées, voir par exemple A. Schore, *Affect Regulation and the Origin of the Self : The Neurobiology of Emotional Development* (Hillsdale, N.J. : Erlbaum, 1994) ; S. Baron-Cohen, *La Cécité mentale, Essai sur l'autisme et la théorie de l'esprit* (Grenoble : PUG, 1998) ; A. Damasio, *L'Erreur de Descartes* (Paris : Odile Jacob, 2004).

2. La région orbito-frontale (les aires de Brodmann 11, 12, 14 et 47) régule un large éventail de comportements sociaux. Elle a des connexions avec l'amygdale, le cortex cingulaire antérieur et les aires somato-sensorielles. Elle est aussi reliée à une autre région corticale, le lobe temporal, crucial pour l'identification des objets ou la signification des choses. Toutes ces aires jouent un rôle dans la coordination d'interactions sociales aisées. Le lobe orbito-frontal a un réseau extensif de projections dans tous les centres émotionnels, qui lui permet de moduler les réponses émotionnelles. L'une des principales fonctions de ces réseaux pendant une interaction semble être l'inhibition des réactions émotionnelles, leur coordination avec les informations vécues sur le moment de manière à y adapter nos réponses. Voir par exemple Shore, *Affect Regulation, op. cit.* Voir aussi J.S. Beer *et al.*, « The Regulatory Function of Selfconscious Emotion : Insight from Patients with Orbitofrontal Damage », *Journal of Personality and Social Psycholog*y 85 (2003), p. 594-604 ; J.S. Beer, « Orbitofrontal Cortex and Social Behavior : Integrating Self-monitoring and Emotion-Cognition Interactions », *Journal of Cognitive Neuroscience* 18 (2006), p. 871-880.

3. L'aire orbito-frontale est directement connectée au système nerveux autonome, ce qui fait d'elle un centre de contrôle de l'excitation ou de la détente du corps. Parmi les autres aires ayant des liaisons avec le système autonome, citons le cortex cingulaire antérieur et le cortex préfrontal médian.

4. Pendant l'expression de l'amour maternel, le COF submerge d'autres aires du cerveau, déclenchant probablement un flot de tendres pensées. Voir J.B. Nitschke *et al.*, « Orbitofrontal Cortex Tracks Positive Mood in Mothers Viewing Pictures of their Newborn Infants », *NeuroImage* 21 (2004), p. 583-592.

5. Sur les premières impressions, voir M. Sunnafrank et A. Ramirez Jr., « At First Sight : Persistant Relationship Effects on a Get-Acquainted Conversation », *Journal of Social and Personal Relationships* 21, n° 3 (2004), p. 361-379. Comme on pouvait s'y attendre, le partenaire le moins attiré vers l'autre est celui qui a le plus de pouvoir de décision sur l'avenir de la relation. Si l'un des deux veut devenir l'ami de l'autre, ce dernier a le droit de veto. Autrement dit, si vous ne voulez pas vous lier d'amitié avec moi, je ne peux pas vous y contraindre. Deux facteurs qui, a priori, devraient compter ne font en réalité aucune différence : l'attirance initiale et le sentiment de ressemblance.

6. L'ACC est impliquée dans toute une gamme de fonctions, en particulier la direction de l'attention, la sensibilité à la douleur, le repérage d'erreurs et la régulation d'organes internes, respiration et rythme cardiaque. Cette partie du cortex a des connexions nombreuses avec les centres émotionnels comme l'amygdale ; certains chercheurs en neuroanatomie supposent que l'AAC s'est développée en tant qu'interface entre pensées et sentiments. Cet entrelacement confère à l'AAC un rôle clé dans la conscience sociale.

7. À propos des cellules fusiformes, voir J.M. Allman *et al.*, « The Anterior Cingulate Cortex : The Evolution of an Interface Between Emotion and Cognition », *Annals of the New York Academy of Sciences* 935 (2001), p. 107-117.

8. Si les centaines de types de neurones présents chez l'homme se retrouvent, pour la plupart, chez d'autres mammifères, les cellules fusiformes constituent une exception. Seuls nos cousins les plus proches en possèdent. L'orang-outan, parent éloigné, en a quelques centaines ; nos plus proches parents génétiques, gorilles, chimpanzés et bonobos, en ont beaucoup plus. Et ce sont les hommes qui en ont le plus, environ cent mille.

9. Voir A.D. Craig, « Human Feelings : Why Are Some More Aware Than Others », *Trends in Cognitive Sciences* 8 (2004), p. 239-241.

10. Sur le CCA et les aptitudes sociales, voir R.D. Lane *et al.*, « Neural Correlates of Levels of Emotion Awareness : Evidence of an Interaction Between Emotion and Attention in the Anterior Cingulate Cortex », *Journal of Cognitive Neuroscience* 10 (1998), p. 525-535. Les personnes souffrant de dépression chronique tellement intense qu'aucun traitement ne les soulage ont généralement une activité anormalement faible dans le CCA.

11. Sur les émotions sociales, voir A. Bartels et S. Zeki, « The Neural Basis of Romantic Move », *NeuroReport* 17 (2000), p. 3829-3834. L'aire F1 du COF et l'aire Z4 du CCA sont riches en neurones fuseaux.

12. Sur le CCA et le COF dans le jugement social, voir D.M. Tucker *et al.*, « Corticolombic Mechanisms in Emotional Decisions », *Emotion* 3 n° 2 (2003), p. 127-149.

13. T. Chartrand et J. Bargh, « The Chameleon Effect : The Perception-Behavior Link and Social Interaction », *Journal of Personality and Social Psychology* 76 (1999), p. 893-910.

14. Le CCA pourrait être l'une des nombreuses régions concernées, au sein d'un système « j'aime »/« je n'aime pas » largement disséminé dont l'insula pourrait faire partie.

15. H. James, *La Coupe d'or* (Paris : Robert Laffont/Pavillons, 2000).

16. Sur ces circuits, voir J.P. Mitchell *et al.*, « Distinct Neural Systems Subserve Person and Object Knowledge », *Proceedings of the National Academy of Sciences* 99, n° 23 (2002), p. 15238-15243. Les circuits neuraux qui s'activent pendant le jugement des autres sont : les parties dorsale et ventrale du cortex préfrontal médial, le sillon interpariétal droit, le cortex fusiforme droit, le cortex temporal supérieur gauche et le cortex temporal médian, le cortex moteur gauche et des régions du cortex occipital. Les trois qui restent activées quand le cerveau est au repos sont : les parties dorsale et ventrale du cortex préfrontal médial et des aires du sillon interpariétal.

17. M. Lieberman est directeur du laboratoire de neuroscience sociale à l'UCLA. En 2001, il a réalisé avec K. Ochsner un « coup » professionnel sans précédent. Un article qu'ils avaient écrit en tant qu'étudiants à Harvard a été accepté par le plus prestigieux journal de psychologie, *The American Psychologist*, où même des professeurs célèbres ont du mal à se faire publier. Leur article annonçait

la naissance d'une nouvelle branche de la neuroscience sociale par la jonction de la psychologie sociale, de la science cognitive et de la recherche cérébrale. Lieberman fut l'éditeur du premier journal de cette discipline, qui commença à sortir en 2006, *Social, Cognitive, and Affective Neuroscience*.

18. Sur l'activité cérébrale par défaut, voir M. Iacoboni *et al.*, « Watching Social Interactions Produces Dorsomedial Prefrontal and Medial Parietal BOLD fMRI Signal Increases Compared to a Resting Baseline », *NeuroImage* 21 (2004), p. 1167-1173.

19. Sur les émotions comme système de valeurs du cerveau, voir par exemple D.J. Siegel, *The Developing Mind : How Relationships and the Brain Interact to Shape Who We Are* (New York : Guilford Press, 1999).

20. Cette décision binaire déclenche un schéma caractéristique oui/non de décharges neuronales, signature qui persiste un ving- tième de seconde, maintenant la décision en place le temps que les autres aires puissent la lire. Il faut à peu près dix fois plus longtemps – 500 millisecondes environ – pour que le schéma oui/non soit dis- tinctement enregistré dans l'aire orbito-frontale. Cette première étape de la décision « j'aime »/« je n'aime pas » prend à peu près une demi-seconde.

21. S'il s'agit d'une situation de marchandage – c'est-à-dire que les offres seront répétées –, le refus apparaît comme rationnel (et fréquent) puisqu'il peut s'avérer payant à la longue. Il n'est « irra- tionnel » que s'il est prononcé dans un scénario où une seule proposition sera faite, ou aucun marchandage n'est envisageable.

22. Voir à ce sujet A.G. Sanfey *et al.*, « The Neural Basis of Economic Decision-making in the Ultimatum Game », *Science* 300 (2003), p. 1755-1757.

23. L'aire préfrontale dorsolatérale contient un système inhibi- teur qui se déploie chaque fois que nous inhibons consciemment une impulsion. Il existe une autre route pour l'inhibition, qui passe par l'aire médiane du cortex préfrontal, où se trouvent des neurones excitateurs qui activent des neurones inhibiteurs dans l'amygdale. Voir G.J. Quirk et D.R. Gehlert, « Inhibition of the Amygdala : Key to Pathological States ? », *Annals of the New York Academy of Sciences* 985 (2003), p. 263-272. Mais les spécialistes ne sont pas tous d'accord sur les voies spécifiques de l'inhibition.

24. À propos du regret, voir N. Camille *et al.*, « The Involvment of the Orbitofrontal Cortex in the Experience of Regret », *Science* 304 (2004), p. 1167-1170.

25. L'aire orbito-frontale n'est qu'un des mécanismes de modulation de l'amygdale. L'aire ventro-médiane de la région préfrontale en est un autre. L'influence se produit dans les deux sens, l'amygdale affectant la fonction préfrontale. Les conditions exactes qui déterminent si le COF et l'amygdale s'inhibent mutuellement ou agissent en synergie restent à découvrir.

26. Cette faculté d'oubli est connue sous le nom d'« anosognie » l'absence de conscience de son inconduite. Sur les lésions du COF et les « gaffes » sociales, voir Beer *et al.*, « Orbitofrontal Cortex and Social Behavior », *op. cit.*

27. Il semble que le COF soit important pour la régulation implicite du comportement, alors que le cortex préfrontal dorsolatéral le serait pour la régulation explicite. Si ce dernier reste intact, les malades peuvent corriger certains de leurs comportements dès lors qu'ils prennent explicitement conscience de leur caractère inapproprié.

28. Sur cette expérience, voir K.G. Niederhoffer et J.W. Pennebaker, « Linguistic Style Matching in Social Interactions », *Journal of Language and Social Psychology* 21 (2002), p. 337-360.

29. La désinhibition que procure l'Internet donne lieu à des pratiques de « cyber-persécution », où de jeunes adolescentes se livrent à un harcèlement cruel, fait de moqueries et de commérages qui anéantissent leur victime. Voir K. Palpini, « Computer Harassment : Meanness Botteled in Messages », *Daily Hampshire Gazette*, 17 décembre 2005, p. 1. Un effet encore plus pervers de cette désinhibition se manifeste dans les messages envoyés par des adultes pour inciter des enfants à pratiquer des actes sexuels devant une webcam, chez eux, en échange d'argent. Voir K. Eichenwald, « Through his Webcam, a Boy Join a Sordid Online World », *New York Times*, 19 décembre 2005, p. 1.

30. K. Ochsner *et al.*, « Rethinking Feelings : An fMRI Study of the Cognitive Regulation of Emotion », *Journal of Cognitive Neuroscience* 14 (2002), p. 1215-1229. Les pensées de la femme ont été reconstruites à partir de la description faite dans cette étude.

31. Dans certaines études, on utilise des lunettes spéciales pour présenter les images.

32. Le cortex préfrontal dorsolatéral semble être impliqué quand une personne se sert du langage et de sa mémoire de travail pour trouver une nouvelle « solution » à un problème émotionnel et le fait via un raisonnement explicite. Le COF, par contre, régule apparemment les émotions par le biais de représentations du contexte social, des règles sociales, etc., qui ne sont pas explicitement verbalisables. K. Ochsner envisage ce processus en termes de représentations associatives qui relie les actions à des valeurs affectives. Le cortex préfrontal dorso-latéral peut garder à l'esprit des descriptions de ces associations et guider le comportement à partir d'elles. Voir K. Ochsner et J. Gross, « The Cognitive Control of Emotions », *Trends in Neuroscience* 9 (2005), p. 242-249.

33. Sur les différentes routes, voir K. Ochsner *et al.*, « For Better or for Worse : Neural Systems Supporting the Cognitive Down- and Up-regulation of negative Emotions », *NeuroImage* 23 (2004), p. 483-499.

34. K. Ochsner, « How Thinking Controls Feeling : A Social Cognitive Neuroscience Approach », in *Social Neuroscience*, P. Winkleman et E. Harmon-Jones éditeurs (New York : Oxford University Press, 2006).

35. Sur la verbalisation d'une émotion, voir A.R. Hariri *et al.*, « Modulating Emotional Response : Effects of an Neocortical Network on the Limbic Systel », *NeuroReport* 8 (2000), p. 11-43 ; M. Lieberman *et al.*, « Putting Feelings into Words : Affect Labeling Disrupts Affect-related Amygdala Activity », UCLA, manuscrit non publié.

36. Bien que, dans les premiers instants du bouclage, notre cerveau adapte nos émotions à celles que nous percevons, la route haute nous offre ensuite un choix entre deux types de réponse. Soit nous continuons à refléter ce que ressent l'autre personne, nous réjouissant de sa joie par exemple, soit nous éprouvons de l'envie pour cette joie.

37. Sur le trac, voir D. Guy, « Trying to Speak : A Personal History », *Tricycle* (été 2003).

38. Sur l'amygdale et les phobies sociales, voir par exemple M.B. Stein *et al.*, « Increased Amygdala Activation to Angry and Contemptuous Faces in Generalized Social Phobia », *Archives of General Psychiatry* 59 (2002), p. 1027-1034.

39. La partie latérale de l'amygdale abrite un site où s'enregistrent d'abord toutes les informations sensorielles ; l'aire centrale voisine contient les cellules qui acquièrent une peur donnée, selon LeDoux.

40. Sur la consolidation des souvenirs, voir les travaux de K. Nader à l'université McGill, cités par J. LeDoux et présentés à la réunion du Consortium pour la recherche sur l'intelligence émotionnelle dans les organisations, le 14 décembre 2004 à Cambridge, Massachusetts.

41. Cette stratégie s'applique autant à la thérapie cognitive qu'aux interventions pharmaceutiques par le propranolol par exemple. Lorsqu'il s'agit de vaincre une peur traumatique, la reconsolidation du souvenir passe directement par les neurones, affirme LeDoux. Les neurones qui stockent la peur associée au souvenir se trouvent dans une partie de l'amygdale qui n'est pas directement connectée à l'aire du cortex préfrontal qui conserve les aspects conscients du souvenir, comme les détails de ce qui s'est passé. Mais la relaxation volontaire – dans la thérapie d'extinction, par exemple – utilise la partie de l'aire préfrontale directement reliée au centre de la peur dans l'amygdale, et offre une voie permettant d'altérer le souvenir traumatique par la reconsolidation. LeDoux émet l'hypothèse qu'à chaque nouvelle expérience de la peur originale, nous aurions une fenêtre de deux heures pour la reconsolidation du souvenir. Pendant ces deux heures, prendre du propranolol, qui bloque l'action des cellules dans l'amygdale (ou se mettre en état de relaxation profonde, comme dans la thérapie d'extinction), altérerait la reconsolidation, et l'amygdale ne réagirait plus avec autant de peur à la prochaine évocation du souvenir traumatique.

42. Une autre théorie affirme que la thérapie renforce la circuiterie préfrontale qui se projette sur les circuits inhibiteurs de l'amygdale : voir Quirk et Gehlert « Inhibition of the Amygdale », *op. cit.*

43. Sur la réduction de la colère, voir E. Brondolo *et al.*, « Exposure-based Treatment for Anger Problems : Focus on the Feeling », *Cognitive and Behavioral Practices* 4 (1997), p. 75-98. La tendance actuelle est à une exposition virtuelle au stimulus, comme dans les simulations de vol en avion.

44. Sur la thérapie des phobies sociales, voir D. Barlow, *Anxiety and Its Disorders* (New York : Guilford Press, 1988).

45. LeDoux utilise ici les termes « route haute » et « route basse » dans un sens technique particulier, en référence aux voies sensorielles conduisant les inputs du thalamus sensoriel et du cortex sensoriel vers l'amygdale. La route basse procure une impression, rapide et grossière, tandis que la route haute fournit une information plus sensorielle. La route basse ne sait pas distinguer un serpent d'un bâton, mais la haute le fait. La route basse esquive les explications sensorielles – la sécurité avant tout. En termes de gestion automatique opposée à la gestion contrôlée, les routes haute et basse de LeDoux sont toutes deux la route basse au sens où je l'entends, automatique et rapide.

46. Le terme « cerveau social » a été utilisé par un spécialiste réputé des neurosciences, Michael Gazzaniga, dans un sens différent : non en référence aux parties du cerveau actives pendant les interactions sociales, mais comme métaphore de la structure et de la fonction du cerveau. Selon lui, le cerveau se comporte comme une petite société dont les modules différents et distincts s'associent pour accomplir une tâche donnée – de la même façon que des individus acceptent de travailler ensemble sur un projet. Cependant, dans le sens où j'emploie moi-même ce terme, le cerveau social est le module qui orchestre les interactions entre deux personnes.

47. Dans la mesure où chaque aire du cerveau participe a une multitude de fonctions, aucune n'est exclusivement « sociale », sauf peut-être certains circuits spécialisés comme les neurones miroirs. Le fait qu'une aire s'active pendant un processus social donné ne veut pas dire qu'elle est la « cause » de ce processus ; implication ne veut pas dire causalité. Pour plus d'informations sur la relation entre activité neuronale et processus sociaux, voir D. Willigham et E. Dunn, « What Neuroimaging and Brain Localization Can Do, Cannot Do and Should Not Do for Social Psychology », *Journal of Personality and Social Psychology* 85 (2003) p. 662-671.

48. Sur la sérotonine, voir M. Gershon, *The Second Brain* (New York : Harper, 1999) ; M. Gershon, « Plasticity in Serotonin Control Mechanisms in the Gut », *Current Opinion in Pharmacology* 3 (1999), p. 600.

6. Qu'est-ce que l'intelligence relationnelle ?

1. Cette interaction a été vue par D. Speese-Linehan, directeur du département de développement social des écoles de New Haven.

2. E.L. Thorndike, « Intelligence and Its Use », *Harper's Monthly Magazine* 140 (1920). Les aptitudes de l'intelligence relationnelle sont inscrites dans mon modèle d'intelligence émotionnelle dans les domaines de la « conscience sociale » et de la « gestion de la relation ».

3. Cette observation a maintenant été confirmée par des centaines d'études indépendantes effectuées dans des entreprises pour identifier les compétences qui distinguent les meilleurs employés, en particulier les chefs, des plus médiocres. Voir L. Spencer et S. Spencer, *Competence at Work* (New York : John Wiley, 1993) ; D. Goleman, *L'Intelligence émotionnelle 2* (Paris : Robert Laffont, 1999) ; D. Goleman, R. Boyatzis et A. McKee, *Primal Leadership* (Boston : Harvard Business School Press, 2002).

4. D. Wechsler, *The Measurement and Appraisal of Adult Intelligence*, 4e édition (Baltimore : Williams and Wilkins, 1958), p. 75.

5. Voir B. Parkinson, « Emotions Are Social », *British Journal of Psychology* 87 (1996), p. 663-683 ; C. Norris *et al.*, « The Interaction of Social and Emotional Processes in the Brain », *Journal of Cognitive Neuroscience* 16, n° 10 (2004), p. 1819-1829.

6. Le prototype d'intelligence émotionnelle proposé par John Mayer et Peter Salovey subsume des aspects de l'intelligence relationnelle. Reuven Bar-On a résolu le dilemme en rebaptisant son propre modèle d'intelligence relationnelle « intelligence relationnelle émotionnelle ». Voir R. Bar-On, « The Bar-On Model of Emotional Social Intelligence (ESI) », *Psicothema* 17 (2005). L'appendice C explique comment mon propre modèle inclut l'intelligence relationnelle.

7. La nécessité de distinguer les aptitudes personnelles des aptitudes sociales a été reconnue par H. Gardner dans son extraordinaire *Frames of Mind : The Theory of Multiple Intelligences* (New York : Basic Books, 1983).

8. Sur l'empathie primaire et les neurones miroirs, voir G. Miller, « New Neurons Strive to Fit In », *Science* 311 (2005), p. 938-940.

9. J. Hall, « The PONS Test and the Psychometric Approach to Measuring INterpersonal Sensitivity », in J. Hall et F. Bernieri, *Interpersonal Sensitivity : Theory and Measurement* (Mahwah, N.J. : Erlbaum, 2001). Le PONS teste la sensibilité à chacune des voies de communication non verbales et demande aux volontaires de deviner quelle est la situation sociale. Sans être un test d'empathie primaire spécifique (ce qui n'était d'ailleurs pas son objectif), il semble par certains aspects remplir cette fonction.

10. Sur le test des yeux, voir S. Baron-Cohen, *The Essential Difference : Men, Women, and the Extreme Male Brain* (London : Allan Lane, 2003).

11. Pour une vue d'ensemble sur la théorie, la recherche et la pratique de l'écoute, voir *Perspective on Listening*, A.D. Wolvin et C.G. Coakley éditeurs (Norwood, N.J. : Ablex, 1993). Voir aussi B.R. Witkin, « Listening Theory and Research : The State of the Art », *Journal of the International Listening Association* 4 (1990), p. 7-32.

12. Cela est vrai partout où il faut fidéliser la clientèle ou faire plaisir aux clients d'une entreprise. Sur les meilleurs vendeurs, voir Spencer et Spencer, *Competence, op. cit.*

13. C. Bechler et S.D. Johnson, « Leading and Listening : A Study of Member Perception », *Small Group Research* 26 (1995), p. 77-85 ; S.D. Johnson et C. Bechler, « Examining the Relationship Between Listening Effectiveness and Leadership Emergence : Perceptions, Behaviors and Recall », *Small Group Research* 29 (1998), p. 452-471 ; S.C. Wilmington, « Oral Communication Skills Necessary for Succesful Teaching », *Educational Research Quarterly* 16 (1992), p. 5-17.

14. Voir à ce sujet Spencer et Spencer, *Competence, op. cit.*

15. Voir E. Hollowell, « The Human Moment at Work », *Harvard Business Review* (janvier-février 1999), p. 59.

16. Sur la synchronie physiologique et l'écoute, voir R. Levenson et A. Reuf, « Emotional Knowledge and Rapport », in *Empathic Accuracy*, W. Ickes éditeur (New York : Guilford Press, 1997), p. 44-72.

17. Voir Ickes, *Empathic Accuracy, op. cit.*

18. L'empathie primaire semble impliquer des voies connectant les cortex sensoriels avec le thalamus et l'amygdale puis, de là, avec les différents circuits requis selon la réponse à donner. Mais pour

l'empathie cognitive – comme la finesse empathique ou la théorie de l'esprit –, les circuits passent probablement du thalamus au cortex, à l'amygdale, et ensuite aux circuits concernés par la réponse. Voir J. Blair et K. Perschardt, « Empathy : A Unitary Circuit or a Set of Dissociable Neuro-cognitive Systems ? », in S. Preston et F. de Waal, « Empathy : Its Ultimate and Proximate Bases », *Behavioral and Brain Science* 25 (2002), p. 1-72.

19. Il existe de grandes différences entre les finesses de lecture de ces signaux constants. Mais le large spectre de cette capacité dans n'importe quel échantillon humain désigne cette finesse empathique comme un moyen d'évaluer des différences individuelles. Voir W. Ickes, « Measuring Empathic Accuracy », in *Interpersonal Sensitivity : Theory and Measurement*, J. Hall et F. Bernieri éditeurs (Mahwah, N.J. : Erlbaum, 2001).

20. V. Bisonnette *et al.*, « Empathic Accuracy and Marital Conflict Resolution », in Ickes, *Empathy Accuracy, op. cit.*

21. Levenson et Reuf, « Emotional Knowledge », *op. cit.*

22. J'utilise ici le terme « cognition sociale » dans un sens plus limité que celui qu'il a généralement en psychologie sociale. Voir par exemple Z. Kunda, *Social Cognition* (Cambridge, Mass. : MIT Press, 1999).

23. Les gens trop agités ou trop confus pour percevoir ou réfléchir correctement, les gens impulsifs qui se jettent sur une solution ou l'appliquent trop rapidement s'en sortent mal. D'où les difficultés de résolution des problèmes chez les personnes atteintes de diverses maladies mentales. Voir *Social Problem Solving*, E. Chang *et al.* éditeurs (Washington D.C. : American Psychological Association Press, 2004).

24. Sur la mesure de l'intelligence relationnelle, voir K. Jones et J.D Day, « Discrimination of Two Aspects of Cognitive-Social Intelligence from Academic Intelligence, » *Journal of Educational Psychology* 89 (1997), p. 486-497.

25. La mise en synergie des éléments de la conscience sociale que je propose ici n'est évidemment qu'une hypothèse qui demande à être rigoureusement vérifiée.

26. Si de nombreuses recherches sur la synchronie dans les interactions ont été faites dans les années 1970 et 1980, ce domaine est ensuite passé de mode, la sociologie et la psychologie sociale n'en ont pratiquement pas tenu compte, malgré quelques tentatives

récentes pour le remettre à l'honneur. L'un des obstacles aux premières recherches – l'immense effort nécessaire pour effectuer à la main le dépouillement et la synthèse des résultats – peut aujourd'hui être surmonté grâce à l'informatique, même si certains chercheurs prétendent que la perception humaine est plus apte que n'importe quel ordinateur à reconnaître des schémas. Voir F. Bernieri *et al.*, « Synchrony, Pseudosynchrony and Dissynchrony : Measuring the Entrainment Prosody in Mother-Infant Interactions », *Journal of Personality and Social Psychology* 2 (1988), p. 243-253. Toutefois, corrélation n'est pas causalité : les relations peuvent fonctionner en sens inverse. Par exemple, la sensation d'un rapport peut mettre les corps en harmonie. Sur les éléments non verbaux facilitant le rapport, voir L. Tickle-Degnan et R. Rosenthal, « The Nature of Rapport and Its Nonverbal Correlates », *Psychological Inquiry* 1, n° 4, (1990), p. 285-293.

27. Des chercheurs de l'université Emory à Atlanta ont mis au point une version du PONS pour diagnostiquer ce problème chez les jeunes. Le test présente des visages d'enfants et d'adultes exprimant l'une des quatre principales émotions : bonheur, tristesse, colère et peur. Il fait entendre des phrases neutres – comme « Je vais sortir de la pièce mais je serai bientôt de retour » – prononcées avec les quatre intonations correspondantes. À dix ans, la plupart des enfants sait reconnaître ces sentiments d'après les nuances de la phrase, mais les enfants dyssémiques en sont incapables. Voir S. Nowicki et M.P. Duke, « Nonverbal Receptivity : The Diagnostic Analysis of Nonverbal Accuracy (DANVA) », in *Interpersonal Sensitivity, op. cit.*

28. Ces aptitudes sociales fondamentales étant essentielles à la formation de relations satisfaisantes, il existe maintenant des programmes pour y initier les enfants dyssémiques. Voir S. Nowicki, *The Diagnosis Analysis of Nonverbal Accuracy-2 : Remediation*, manuscrit non publié, Emory University ; et M. Duke *et al., Teaching Your Child the Language of Social Success* (Atlanta : Peachtree Press, 1996). L'absence de synchronie pourrait aussi provenir, selon certains chercheurs, d'un « désordre du traitement sensoriel ». Voir C. Stock Kranowitz, *The Out-of-Synch Child : Recognizing and Coping with Sensory Processing Disorder* (New York : Penguin, 2005).

29. Pour connaître les questions posées aux enfants, voir Nowicki et Duke, « Nonverbal Receptivity », *op. cit.*

30. Sur la dyssémie chez l'adulte, voir S. Nowicki et M. Duke, *Will I Ever Fit In ?* (New York : Free Press, 2002).

31. Ces données m'ont été fournies par Stephen Nowicki en personne.

32. Sur les programmes de rééducation pour adultes dyssémiques, voir Nowicki et Duke, *Will I Ever*, *op. cit.* Sur les programmes pour enfants, voir Duke *et al.*, *Teaching Your child*, *op. cit.* Nowicki, qui fut le premier à identifier la dyssémie, m'a dit que quelle que soit la cause de ce déficit, tout le monde peut bénéficier de ces programmes – même si l'apprentissage est plus long pour les personnes souffrant de problèmes neurologiques ou émotionnels.

33. Des expériences de comparaison entre synchronie naturelle et tentatives délibérées d'influencer autrui par des sourires ou des froncements de sourcils, par exemple, montrent que la manipulation intentionnelle donne de piètres résultats. Voir par exemple B.G. Gump et J.A. Kulik, « Stress Affiliation, and Emotional Contagion », *Journal of Personality and Social Psychology* 72 (1997), p. 305-319.

34. R.E. Riggio, « Charisma », in *Encyclopedia of Mental Health*, H. Friedman éditeur (San Diego : Academic Press, 1998).

35. En outre, un décor intelligemment pensé peut renforcer l'aura de pouvoir d'un personnage. Comme le savent les hommes politiques, des symboles et accessoires puissants comme un océan de drapeaux, une estrade imposante et les acclamations d'une foule amicale peuvent compenser l'absence de charisme ou de force de caractère.

36. Sur la synchronie dans une foule, voir F. Bernieri cité par M. Greer, « The Science of Savoir-Faire », *Monitor of Psychology* (janvier 2005).

37. Sur les normes émotionnelles selon le sexe, voir U. Hess *et al.*, *Cognition and Emotion* 19 (2005), p. 515-536.

38. E. Brondolo *et al.*, « Correlates of Risk for Conflict Among New York City Traffic Agents », in *Violence on the Job*, G. VandenBos et E. Brondolo éditeurs (Washington D.C. : American Psychological Association Press, 1996).

39. R. Riggio et H. Friedman, « Impression Formation : The Role of Expressive Behavior, » *Journal of Personality and Social Psychology* 50 (1986), p. 421-427.

40. Supposez qu'un partenaire exprime à l'autre des vérités désagréables à entendre et blessantes : une grande finesse d'empathie pourrait alors susciter des doutes et créer un climat destructeur pour la relation. Dans ce genre de situations, Ickes propose une alternative, les « illusions bienveillantes ». Voit J. Simpson *et al.*, « When Accuracy Hurts, and When It Helps : A Test of the Empathic Accuracy Model in Marital Interactions », *Journal of Personality and Social Psychology* 85 (2003), p. 881-893. Sur les cas où l'empathie est inefficace, voir W. Ickes et J. Simpson, « Managing Accuracy in Close Relationships », in Ickes, *Empathic Accuracy, op. cit.*

41. Une étude comparative des Chinois américains et des Mexicains américains a montré que s'il n'existait pas de différence dans le ressenti des émotions, le groupe des Mexicains était invariablement plus expressif que celui des Chinois. Voir J. Soto *et al.*, « Culture of Moderation and Expression », *Emotion* 5 (2005), p. 154-165.

42. Les mesures de l'intelligence relationnelle et de l'intelligence émotionnelle faites par R. Bar-On évaluaient séparément, dans une première version, l'empathie et la responsabilité sociale. Mais des travaux plus approfondis ont révélé qu'elles étaient liées de si près qu'elles semblaient mesurer les mêmes qualités. L'évolution de l'échelle de Bar-On peut être constatée en comparant le modèle présenté dans *The Handbook of Social Intelligence*, R. Bar-On et J.D.A. Parker éditeurs (San Francisco : Jossey-Bass, 2000), et la révision décrite dans Bar-On, « Bar-On Model », *op. cit.*

43. A.R. Weisenfeld *et al.*, « Individual Differences Among Adult Women in Sensitivity to Infants : Evidence in Support of an Empathy Concept », *Journal of Personality and Social Psychology* 46 (1984), p. 118-124.

44. Sur les dons, voir T. Schuyt *et al.*, « Constructing a Philanthropy Scale : Social Responsability and Philanthropy », article présenté à la 33e conférence de l'Association for Research on Nonprofit Organizations and Voluntary Action, Los Angeles, novembre 2004.

45. Sur la sollicitude empathique, voir P.D. Hastings *et al.*, « The Development of Concern for Others in Children with Behavior Problems », *Developmental Psychology* 36 (2000), p. 531-546.

46. Le CD de Paul Ekman – *MicroExpressions Training Tool* – est disponible sur www.PaulEkman.com. Aucune étude de validation n'a encore été publiée, mais des données positives préliminaires sont proposées sur le site Web. Il faudra d'autres tests pour évaluer combien de temps persistent les acquis et quelle est leur efficacité dans la vie réelle.

47. À propos de cette histoire, J. LeDoux a été interrogé sur www.Edge.com en février 1997.

48. LeDoux a critiqué les chercheurs qui ne tiennent pas compte de la route basse. « Il est largement admis, écrit-il, que la plupart des processus cognitifs se produisent inconsciemment, seul le résultat final atteignant la conscience, et encore, pas toujours. Les chercheurs travaillant sur l'émotion n'ont pourtant pas accompli ce saut conceptuel », pas plus que les théoriciens de l'intelligence relationnelle, qui restent fixés sur la cognition sociale. Voir à ce sujet J. LeDoux, « Emotion Circuits in the Brain », *Annual Review of Neuroscience* 23 (2000), p. 156.

49. Voir par exemple K. Jones et J. Day, « Cognitive Similarities Between Academically and Socially Gifted Students », *Roeper Review* 18 (1996), pp. 270-274 ; et aussi J. Kihlstrom et N. Cantor, « Social Intelligence », in *Handbook of Intelligence*, R. Sternberg éditeur, 2ᵉ édition (Cambridge, U.K. : Cambridge University Press, 2000), p. 359-379.

50. Je trouve convaincants les arguments de Colwyn Trevarthen, psychologue du développement à l'université d'Édimbourg, qui affirme que les notions largement admises de cognition sociale créent une incompréhension profonde des relations humaines et de la place des émotions dans la vie sociale. Voir C. Trevarthen, « The Self Born in Intersubjectivity : The Psychology of Infant Communicating », in *The Perceived Self : Ecological and Interpersonal Sources of Self-knowledge*, U. Neisser éditeur (New York : Cambridge University Press, 1993), p. 121-173.

51. L. Kohlberg, préface à *Social Intelligence*, J. Gibbs et K. Widaman, (Englewood Cliffs, N.J. : Prentice-Hall, 1982).

7. Le Je et le Tu

1. Voir à ce sujet D. Bakan, *The Duality of Human Existence* (Boston : Beacon Press, 1966). Depuis les années 1950, les modèles théoriques de la vie interpersonnelle utilisent l'« agence » et la communion comme les deux principaux axes le long desquels s'organise le comportement, à commencer par le modèle *circumplex* de Timothy Leary. Voir T. Leary, *Interpersonal Diagnosis of Personality* (New York : Roland, 1957). Cette tradition a récemment été reprise : voir L.M. Horowitz, *Interpersonal Foundations of Psychopathology* (Washington D.C. : American Psychological Association Press, 2004).

2. Voir M.S . Fischler, « Vows : Allison Charney and Adam Epstein », *New York Times*, 25 janvier 2004, sec. 9, p. 11.

3. Pour une interprétation psychanalytique de l'intersubjectivité, voir D. Stern, *The Present Moment in Psychotherapy and Everyday Life* (New York : W.W. Norton, 2004).

4. Voir M. Buber, *Je et Tu* (Paris : Aubier Montaigne, 1992). Dans ce texte, Buber s'intéresse tout particulièrement à un mode relationnel qui sacralise la relation quotidienne, et à la relation de l'homme avec une dimension sacrée de l'être.

5. Buber observe que la boucle peut être commencée par l'une ou l'autre des deux parties car, une fois que l'une se connecte, la probabilité que le rapport s'établisse entre les deux augmente. Voir à ce sujet J. Hakansson, et H. Montgomery, « Empathy as an Interpersonal Phenomenon », *Journal of Social and Personal Relationships* 20 (2003), p. 267-284.

6. Sur l'*amae*, voir T. Doi, *The Anatomy of Dependence* (New York : Kodansha International, 1973).

7. Voir par exemple E. Lévinas, *Martin Buber* (Paris : Albin Michel, 1992).

8. À propos des similarités mentales, voir R.F. Baumeister et M.R. Leary, « The Need to Belong : Desire for Interpersonal Attachments as a Fundamental Human Motivation », *Psychological Bulletin* 117 (1995), p. 497-529.

9. Certains théoriciens invoquent ce sentiment d'unité pour expliquer ce dont les gens sont capables pour aider quelqu'un – qui va être mis à la porte, par exemple. Des études montrent que la déci-

sion de venir en aide à son prochain est autant inspirée par une impression de proximité relationnelle que par la gravité du problème à résoudre. Et ce sentiment de proximité n'est pas toujours limité à ceux que nous aimons ; le simple fait d'avoir une impression de proximité produit les mêmes résultats. Voir R. Cialdini *et al.*, « Reinterpretating the Empathy-Altruism Relationship : When One into One Equals Oneness », *Journal of Personality and Social Psychology* 74 (1997), p. 481-494.

10. Voir à ce sujet L. Fainsilber Katz, et E. Woodin, « Hostility, Hostile Detachment and Conflict Engagement in Marriages : Effects on Child and Family Functioning », *Child Development* 73 (2002), p. 636-652.

11. Buber, *Je et Tu, op. cit.*, p. 11.

12. Voir N.D. Kristof, « Leaving the Brothel Behind », *New York Times*, 19 janvier 2005, p. A19.

13. Voir S.D. Preston, et F. de Waal « The Communication of Emotions and the Possibility of Empathy in Animals », in S. Post *et al.*, *Altruism and Altruistic Love : Science, Philosophy and Religion in Dialogue* (New York : Oxford University Press, 2002).

14. J.-P. Sartre, *L'Être et le Néant* (Paris : Gallimard, 1995), p. 94.

15. Sur le rapport dans les relations d'assistance, voir L. Tickle-Degnan et R. Rosenthal, « The Nature of Rapport and Its Nonverbal Coordinates », *Psychological Inquiry* 1, n° 4 (1990), p. 285-293.

16. L'histoire de M. Duffy est rapportée dans B. Carey, « In the Hospital : A Degrading Shift from Person to Patient », *New York Times*, 16 août 2005, p. A1.

17. Sur le rejet social et la souffrance, voir N. Eisenberg et M. Lieberman, « Why Rejection Hurts : A Common Neural Alarm System for Physical and Social Pain », *Science* 87 (2004), p. 294-300.

18. Sur le système d'alarme neural, voir M. Lieberman *et al.*, « A Pain by Any Other Name (Rejection, Exclusion, Ostracism) Still Hurts the Same : The Role of Dorsal Anterior Cingulate Cortex in Social and Physical Pain », in *Social Neuroscience : People Thinking About People*, Cacioppo *et al.* éditeurs (Cambridge, Mass. : MIT Press, 2005).

19. Sur le rire et les larmes, voir J. Panksepp, « The Instinctual Basis of Human Affect », *Consciousness and Emotion* 4 (2003), p. 197-206.

20. Sur le nombre de contacts et la solitude, voir par exemple L. Hawkley *et al.*, « Loneliness in Everyday Life : Cardiovascular Activity, Psychosocial Context, and Health Behavior », *Journal of Personality and Social Psychology* 85 (2003), p. 105-120.

21. Sur la relation psychanalytique, voir G.G. Fishman, « Knowing Another from a Dynamic System Point of View : The Need for a Multimodal Concept of Empathy », *Psychoanalytic Quarterly* 66 (1999), p. 1-25.

22. Voir D. Hume, *A Treatise on Human Nature* (1888 ; London : Clarendon Press, 1990), p. 224.

8. La triade sombre

1. D. Paulhus et K. Williams, « The Dark Triad of Personality : Narcissism, Machiavellianism and Psychopathy », *Journal of Research in Personality* 36, n° 6 (2002) p. 556-563.

2. H. Wallace et R. Baumeister, « The Performancce of Narcissists Rises and Falls with Perceived Opportunity for Glory », *Journal of Research in Personality* 82 (2002), p. 819-834.

3. À propos des dirigeants narcissiques, voir M. Maccoby, « Narcissistic Leaders », *Harvard Business Review* 78 (janvier-février 2000), p. 68-77.

4. À propos de ce professeur d'une école de commerce, voir H.S. Schwartz, *Narcissistic Process and Corporate Decay* (New York : New York University Press, 1990).

5. Sur cette expérience de frustration, voir B.J. Bushman *et al.*, « Narcissism, Sexual Refusal, and Agression : Testing a Narcissistic Reactance Model of Sexual Coercion », *Journal of Personality and Social Psychology* 84, n° 5 (2003), p. 1027-1040.

6. À propos des narcissiques, voir C. Sedikides *et al.*, « Are Normal Narcissists Psychologically Healthy ? Self-Estime Matters », *Journal of Personality and Social Psychology* 87, n° 3 (2004), p. 40-416.

7. Voir à ce sujet D. Paulhus *et al.*, « Shedding Light on the Dark Triad Personality : Narcissism, Machiavellianism and Psychopathy », article présenté à la conférence de la Society for Personality and Social Psychology, San Antonio, Texas, 2001.

8. R. Raskin et C. Hall, « Narcissistic Personality Inventory », *Psychological Rapports* 45 (1979), p. 450-457.

9. Sur le bien-être des narcissiques, voir Sedikides *et al.*, « Are Normal », *op. cit.*

10. S. Kitayama et H. Markus, « The Pursuit of Happiness and the Realization of Sympathy », in *Culture and Subjective Well-being* (Cambridge, Mass. MIT Press, 2000).

11. Mais, bien sûr, Machiavel incitait les tyrans à agir de manière à se faire aimer du peuple – ne fût-ce que pour éviter les insurrections.

12. Paulhus *et al.*, « Shedding Light », *op. cit.*

13. Le manque d'empathie du machiavélique est particulièrement frappant quand on le compare à l'attitude des gens qui considèrent les autres comme a priori fiables et devinent leurs sentiments avec précision. M. Davis, et L. Kraus, « Personality and Empathic Accuracy », *Empathic Accuracy*, W. Ickes éditeur (New York : Guilford Press, 1997).

14. Sur la confusion émotionnelle, voir H. Kristal, *Integration and Self-Healing* (Hillsdale, N.J. : Analytic Press, 1988).

15. Même les études scientifiques des machiavéliques ont un ton réprobateur. Derrière cette attitude morale se cache l'idée que la personne machiavélique a *choisi* la voie du mal. Mais une étude récente des mécanismes psychologiques menant à la manipulation opportuniste suggère que cette tendance n'est pas entièrement délibérée. Selon cette théorie, les machiavéliques feraient seulement leur possible pour bien vivre malgré leur incompréhension des sentiments d'autrui. Voir C. Wastel et A. Booth, « Machiavellianism : An Alexithymic Perspective », *Journal of Social and Clinical Psychology* 22 (2003), p. 730-744.

16. Sur le cas de Peter, voir L.J. Pots *et al.*, « Comprehensive Treatment of a Severly Antisocial Adolescent », in *Unmasking the Psychopath* W.H. Reid *et al.* éditeurs (New York : W.W. Norton, 1986).

17. J. McHoskey *et al.*, « Machiavellianism and Psychopathy », *Journal of Clinical and Social Psychology* 74 (1998), p. 192-210.

18. J. Edens *et al.*, « Further Validation of the Psychopathic Personality Inventory Among Offenders : Personality and Behavioral Correlates », *Journal of Personality Disorders* 15 (2001), p. 403-415.

19. Voir par exemple P. Patrick, « Emotion in the Criminal Psychopath : Fear Imaging Processing », *Journal of Abnormal Psychology* 103 (1994), pp. 523-534 ; A. Rain et P.H. Venables, « Skin Conductance Responsivity in Psychopaths to Orienting, Defensive and Consonant-Wowel Stimuli », *Journal of Psychophysiology* 2 (1988), p. 221-225.

20. Paulhus, « Shedding Light », *op. cit.*

21. Sur le peu d'anxiété chez les psychopathes, voir Paulhus et Williams, « Dark Triad of Personality », *op. cit.*

22. Sur l'imagerie cérébrale des psychopathes, voir K.A. Kiehl *et al.*, « Limbic Abnormalities in Affective Processing by Criminal Psychopaths as Revealed by fMRI », *Biological Psychiatry* 50 (2001), p. 677-684 ; A. Raine *et al.*, « Reduced Prefrontal Gray Matter Volume and Reduced Autonomic Activity in Antisocial Personality Disorder », *Archives of General Psychiatry* 57 (2000), pp. 119-127 ; A. Damasio, « A Neural Basis fot Sociopathy », *Archives of General Psychiatry* 57 (2000), p. 128-129.

23. Sur l'absence de résonance émotionnelle chez les psychopathes, voir L. Mealey et S. Kinner, « The Perception-Action Model of Empathy and the Psychopathic "Coldheartedness" », *Behavioral and Brain Science* 25 (2002), p. 42-43.

24. Sur l'absence chez les psychopathes d'impulsion d'assistance aux autres, voir L. Mealey, « The Sociobiology of Sociopathy », *Behavioral and Brain Science* 18 (1995), p. 523-599.

25. À propos des psychopathes arrivés, voir S. Ishikawa *et al.*, « Autonomic Stress Reactivity ans Executive Functions in Successful and Unsuccessful Criminal Psychopaths from the Community », *Journal of Abnormal Psychology* 110 (2001), p. 423-432.

26. À propos du violeur psychopathe, voir R.D. Hare, *Without Conscience : The Disturbing World of the Sociopaths Among Us* (New York : Pocket Books, 1993), p. 14.

27. Sur John Chaney, voir M. Vautour, « Temple Extends Chaney's Suspension », *Hampshire Daily Gazette*, 26 février 2005, p. D1.

28. Sur les étalages de supermarché, voir G.R. Semin et A. Mansttead, « The Social Implications of Embarrassment Displays and Restitution Behavior », *European Journal of Social Psychology* 12 (1982), p. 367-377.

29. Voir à ce sujet J.S. Beer *et al.*, « The Regulatory Function of Self-conscious Emotion : Insight from Patients with Orbitofrontal Damage », *Journal of Personality and Social Psychology* 85 (2003), p. 594-604.

30. Sur ce type de réaction, voir de J.D. Quervain *et al.*, « The Neural Basis of Altruistic Punishment », *Science* 305 (2004), p. 1254-1258.

9. La cécité psychique

1. Sur le syndrome d'Asperger, voir S. Baron-Cohen, *The Essential Difference : Men, Women, and The Extreme Male Brain* (London : Allen Lane, 2003).

2. Sur les tests d'évaluation de la perspicacité des enfants, voir D. Bjorklund et J. Bering, « Big Brains, Slow Development and Social Complexity : The Developmental and Evolutionary Origins of Social Cognition », in *The Social Brain : Evolution and Pathology*, M. Brüne *et al.* éditeurs (Sussex, U.K. : John Wiley, 2003). Daniel Siegel a inventé le terme *mindsight* pour désigner la capacité humaine à percevoir l'esprit, en soi et chez les autres ; voir D. Siegel, *The Developing Mind : How Relationships and the Brain Interact to Shape Who We Are* (New York : Guilford Press, 1999).

3. Lorsque de vrais singes (des chimpanzés dans le cas présent) jouent à ce jeu, ils n'apprennent pas que les autres peuvent avoir des désirs différents des leurs. Dans la version adaptée du jeu, un chimpanzé, en présence d'un autre, doit choisir quelle friandise ils peuvent manger ; mais celle qu'il choisit est donnée à l'autre chimpanzé, pas à lui. Et, contrairement aux enfants de trois-quatre ans, les chimpanzés ne changent jamais de tactique. Il semble que cela s'explique par leur incapacité à restreindre leur désir de la friandise préférée, même pour l'obtenir au bout du compte.

4. Sur les étapes d'acquisition de l'empathie chez l'enfant, voir P. Rochat, « Various Kinds of Empathy as Revealed by the Developing Child, not the Monkey's Brain », *Behavioral and Brain Science* 25 (2002), p. 45-46.

5. Sur les neurones miroirs, voir la présentation faite par Marco Iacoboni à la réunion annuelle de l'American Academy for the

Advancement of Science, en février 2005, et rapportée dans G. Miller, « Neurons Strive to Fit In », *Science* 311 (2005), p. 938-940.

6. C.A. Sanderson, J.M. Darley et C.S. Messinger, « "I'm not as thin as you think I am": The Development and Consequences of Feeling Discrepant from the Thinness Norm », *Personality and Social Psychology Bulletin* 27 (2001), p. 172-183 ; M. Cherrington, « The Sin in Thin », *Amherst* (été 2004), p. 28-31.

7. T. Grandin et C. Johnson, *L'Interprète des animaux* (Paris : Odile Jacob, 2006).

8. Dans toutes ces évaluations, les autistes obtiennent de moins bons résultats que la plupart des non-autistes.

9. Les différences entre ce que Baron-Cohen appelle cerveau « masculin » et cerveau « féminin » n'apparaissent qu'aux extrémités d'une courbe en cloche de la proportion d'empathie et de systématisation, chez 2 ou 3 % d'hommes et de femmes dont le cerveau incarne un extrême. En outre, l'intention de Baron-Cohen n'est pas d'attribuer le cerveau masculin à tous les hommes ni le cerveau féminin à toutes les femmes. Certains hommes ont un cerveau féminin et certaines femmes un cerveau masculin – une personne autiste sur cinq, environ, est de sexe féminin. Et comme il n'existe pas de façons faciles et rapides d'estimer le nombre d'hommes qui possèdent de magnifiques qualités d'empathie, on a toutes les raisons de penser qu'il y a autant d'hommes doués pour l'empathie que de femmes capables de systématiser.

10. Layne Habib travaille avec Circle of Friends, Shokan, État de New York.

11. L'histoire de Marie provient de S. Channon et S. Crawford, « The Effects of Anterior Lesions on Performane of a Story Comprehension Test : Left Anterior Impairment on a Theory of Mind-type Task », *Neuropsychologia* 38 (2000), p. 1006-1017 ; citée dans R.G. Morris *et al.*, « Social Cognition Following Prefrontal Cortical Lesions », in *Social Brain, op. cit.*, p. 235.

12. Ce qui peut apparaître comme des faits sociaux évidents, par exemple, reste mystérieux non seulement pour les autistes mais pour les personnes atteintes de lésions de parties essentielles des circuits sociaux, tels que les traumatismes cérébraux communs consécutifs aux accidents de voiture. Ces déficits cérébraux détruisent la perspicacité, donc la possibilité de lire les pensées,

sentiments ou intentions des autres. À propos des traumas cérébraux, voir S. McDonald, et S. Flanagan, « Social Perception Deficit After Traumatic Brain Injury », *Neuropsychology* 18 (2004), p. 572-579. D'autres recherches montrent que l'aire des visages est coordonnée avec un réseau dispersé comprenant l'amygdale, les cortex préfrontaux médians et le cortex temporal supérieur, qui nous permettent de comprendre et de réagir pendant nos interactions sociales. Ce réseau accomplit la tâche essentielle de reconnaissance des gens et de lecture de leurs émotions, ainsi que la compréhension des relations. Paradoxalement, les personnes présentant des déficits de ces circuits neuraux ont parfois des capacités hors du commun dans d'autres. Sur les circuits neuraux des interactions sociales, voir, par exemple, R. Schultz *et al.*, « fMRI Evidence for Differences in Social Affective Processing in Autism », exposé du 29 octobre 2003 au National Institute of Child Health and Development. Une autre hypothèse situe les bases de l'autisme dans l'aire fusiforme que les IRM montrent plus petite chez les autistes que chez les non-autistes. Ce déficit entraînerait des difficultés d'apprentissage des liens normaux entre perceptions et réactions sociales – et, peut-être au niveau le plus basique, l'impossibilité de prêter attention aux stimuli appropriés. Cette absence d'attention coordinatrice à autrui rend les jeunes autistes incapables de percevoir les signaux sociaux et émotionnels les plus fondamentaux, compromettant leur capacité de partage des sentiments, et donc d'empathie. Sur l'incapacité d'attention, voir Preston et de Waal, « Empathy », *op. cit.*

13. F. Gougoux, « A Functional Neuroimaging Study of Sound Localization : Visual Cortex Activity Predicts Performance in Early-Blind Individuals », *Public Library of Science : Biology* 3 (2005), p. e27 (publication en ligne).

14. K.M. Dalton *et al.*, « Gaze-fixation ant the Neural Circuitry of Face Processing in Autism », *Nature Neuroscience* 8 (2005), p. 519-526.

15. Voir S. Baron-Cohen *et al.*, « Social Intelligence in the Normal and Autistic Brain : An fMTI Study », *European Journal of Neuroscience* 11 (1999), p. 1891-1898. La déficience des neurones miroirs fait également partie du tableau clinique ; voir L.M.

Oberman *et al.*, « EEG Evidence of Mirror Neuron Dysfunction in Autism Spectrum Disorders », *Cognitive Brain Research* 24 (2005), p. 190-198.

10. Les gènes ne font pas le destin

1. Des controverses encore plus violentes furent soulevées dans les années 1970 par les travaux du biologiste Edwin O. Wilson, lui aussi de la faculté de Harvard, qui avait commencé à élaborer sa théorie de la sociobiologie, et ceux de l'anthropologue Irven DeVore et de son étudiant Robert Trivers, théoriciens de la psychologie évolutionniste – aujourd'hui largement reconnue. À l'époque, ces écoles de pensée étaient violemment combattues par un groupe que dirigeaient le paléontologue Stephen Jay Gould et le généticien Richard Lewontin, eux aussi membres de la faculté de Harvard.

2. J. Crabbe *et al.*, « Genetics of Mouse Behavior : Interaction with Laboratory Environment » *Science* 284 (1999), p. 1670-1672.

3. Certains généticiens du comportement ont objecté que l'expérience démontrait seulement que « le roi était nu », parce que c'était l'angle de vue adopté dans un commentaire accompagnant l'article. Mais une lecture plus posée suggérait qu'un seul test d'un comportement ne suffisait plus : l'expérience mettait la barre méthodologique plus haut. Comme le dit Crabbe : « Quand quelqu'un découvre un gène de l'anxiété, il doit maintenant faire trois tests pour en démontrer les effets alors qu'auparavant un seul suffisait. »

4. La molécule de méthyle ne comporte que quatre atomes – un de carbone, trois d'hydrogène – et la façon dont ils s'attachent à un gène détermine ce qui se passe. Dans une configuration, le groupe méthyle désactive le gène, c'est-à-dire qu'il enroule son ADN si serré que le gène ne peut être exprimé. Dans une autre configuration, le groupe méthyle détend les spires d'ADN, permettant à celui-ci de fabriquer son ARN particulier (donc sa protéine).

5. Sur les gènes et l'environnement, voir R. Plomin et J. Crabbe, « DNA », *Psychological Bulletin* 126 (2000), p. 806-828.

6. M.J. Meany, « Nature, Nurture and the Disunity of Knowledge », *Annals of the New York Academy of Sciences* 935 (2001), p. 50-61.

7. Sur la plasticité des mécanismes génétiques qui régulent le comportement, voir E. Hammock et L. Young, « Microsatellite Instability Generates Diversity in Brain and Sociobehavioral Traits », *Science* 308 (2005), p. 1630-1634.

8. Sur l'adoption, dans de bonnes ou de mauvaises familles, d'enfants issus de familles violentes, voir R.J. Cadoret *et al.*, « Genetic-Environmental Interaction in the Genesis of Agressivity and Conduct Disorders », *Archives of General Psychiatry* 52 (1995), p. 916-924.

9. M. Meaney, « Maternal Care, Gene Expression, and the Transmission of Individual Differences in Stress Reactivity Across Generations », *Annual Review of Neuroscience* 24 (2001), p. 1161-1192.

10. Sur la génétique du comportement, voir S. McGuire et J. Dunn, « Nonshared Environment in Middle Childhood », in *Nature and Nurture During Middle Childhood*, J.C. DeFries *et al.* éditeurs (Oxford, U.K. : Blackwell, 1994).

11. Sur la proximité génétique, voir D. Reiss *et al., The Relationship Code* (Cambridge, Mass. : Harvard University Press 2000).

12. L'expérience unique de chaque enfant au sein d'une même famille est qualifiée d'« environnement non partagé » en génétique du comportement. Voir J. Dunn et R. Plomin*, Unshared Lives : Why Siblings Are So Different* (New York : Basic Books, 2000).

13. L'agenda génétique vient encore complexifier le problème. L'étude a par exemple découvert qu'un tiers environ des gènes qui influencent les conduites antisociales au début de l'adolescence ne le font plus au milieu de l'adolescence ; ils sont alors remplacés par de nouveaux facteurs sociaux et génétiques qui n'opéraient pas auparavant.

14. Inversement, un bébé expressif, séducteur et câlin sera plus souvent câliné. En grandissant, il continuera à susciter tendresse et engagement de la part des autres, ce qui renforcera sa sociabilité. Dans un cas comme dans l'autre, la manière dont les parents traitent un bébé semble renforcer les gènes concernés et le mode de conduite de l'enfant.

15. Sur la genèse des neurones : Fred Gage, Institut Stalk, communication personnelle.

16. Dès que le courant passe entre neurones, le câblage est établi : par exemple, au niveau cellulaire, le processus d'apprentissage incite le glutamate à activer un récepteur sur un neurone tandis que le calcium agit sur un autre, ce qui déclenche la synthèse de protéines dans la cellule qui « cimente ensemble » leurs récepteurs. Cette connexion entraîne une réponse plus forte de cellule à cellule. Au niveau cellulaire, apprendre signifie que l'input d'une cellule a maintenant un plus grand output. J. LeDoux, exposé présenté à la réunion du Consortium pour la recherche sur l'intelligence émotionnelle dans les organisations, Cambridge, Mass., 12 décembre 2004.

17. Sur l'expérience et le développement des systèmes neuraux, voir B.J. Casey, « Imaging the Developing Brain : What Have We Learned About Cognitive Development ? », *Trends in Cognitive Science* 9 (2005), p. 104-110.

18. Ce stress diminue la neurogenèse, réduit le volume de l'hippocampe, produit des altérations dans la fonction HPA et produit une hyper-réactivité émotionnelle. Voir C.L. Coe *et al.*, « Prenatal Stress Diminishes Neurogenesis in the Detate Gyrus of Juvenile Rhesus Monkeys », *Biological Psychiatry* 54 (2003), p. 1025-1034.

19. Voir G. Edelman, *Neural Darwinsm* (New York : Basic Books, 1987).

20. Sur les cellules fuseaux et le stress pendant leur migration vers leur place attitrée, voir J. Allman *et al.*, « The Anterior Cingulate Cortex : The Evolution of an Interface Between Emotion and Cognition », *Annals of the New York Academy of Sciences* 935 (2001), p. 107-117.

21. Davidson ajoute qu'il faudra encore identifier plus précisément quels circuits sont les plus malléables au cours d'une vie et quels circuits peuvent être particulièrement malléables au début de la vie mais rester relativement fixes à l'âge adulte.

22. J. Kagan et N. Snidman, *The Long Shadow of Temperament* (Cambridge, Mass. : Harvard University Press, 2004).

23. C. Schwartz *et al.*, « Inhibited and Uninhibited Infants "Grown Up" : Adult Amygdala Response to Novel Versus Newly Familiar Faces », *Science* 399 (2003), p. 1952-1953.

24. Sur ce garçon, voir Kagan et Snidman, *Long Shadow*, *op. cit.*, p. 28-29.

11. Une base sécurisante

1. Le cas du patient suicidaire est rapporté par J. Bowlby, *A Secure Base : Parent-Child Attachment and Healthy Human Development* (New York : Basic Books, 1988).

2. À propos des enfants confiants, voir M. Ainsworth *et al.*, « Mother-Infant Attachment and Social Development : Socialization as a Product of Reciprocal Responsiveness to Signals », in *The Integration of a Child into a Social World,* M.P.M. Richards, éditeur (London : Cambridge University Press, 1974).

3. Sur la protoconversation et la pensée, voir C. Trevarthen, « The Self Born in Intersubjectivity : The Psychology of Infant Communicating », in *Perceived Self : Ecological and Interpersonal Sources of Self-Knowledge,* U. Neisser éditeur (New York : Cambridge University Press, 1993), p. 121-173.

4. Sur les circuits cérébraux de l'attachement, voir J. Panksepp, *Affective Neuroscience : The Foundations of Human and Animal Emotions* (New York : Oxford University Press, 1998).

5. Les circuits de l'attachement comprennent « le cortex cingulaire, l'aire septale, le noyau du lit de la *stria terminalis* et les aires préoptiques et médianes de l'hypothalamus, avec leurs aires mésencéphaliques de projection respectives » d'après Panksepp, *ibid.*, p. 249. Les lésions du noyau du lit de la *stria terminalis*, qui contient une profusion de récepteurs de l'ocytocine, affectent gravement les conduites maternantes.

6. Sur les bébés confiants et leur mère, voir R. Isabella et J. Belsky, « Interactional Synchrony ant the Origin of Mother-Infant Attachment : A Replication Study », *Child Development* n° 62 (1991), p. 373-394.

7. Voir par exemple M.J. Bakermans-Kranenburg *et al.*, « The Importance of Shared Environment in Infant-Father Attachment : A Behavioral Genetic Study of the Attachment Q-Sort », *Journal of Family Psychology* n° 18 (2004), p. 545-549 ; C.L. Bokhorst *et al.*, « The Importance of Shared Environment in Mother-Infant Attachment Security : A Behavioral Genetic Study, *Child Development* n° 74 (2003), p. 1769-1782.

8. Sur le style d'attachement, voir E. Hesse, « The Adult Attachment Interview : Historical and Current Perspectives », in

Handbook of Attachment : Theory, Research and Clinical Applications, J. Cassidy et Ph. Saver éditeurs (New York : Guilford Press, 1999).

9. La synchronie entre bébés et mères était jugée en fonction de leurs mouvements simultanés, de la similarité du tempo de leurs actions, et de la coordination de leurs interactions. F. Bernieri *et al.*, « Synchrony, Pseudosynchrony, and Dyssynchrony : Measuring the Entrainment Prosody on Mother-Infant Interactions », *Journal of Personality and Social Psychology* n° 2 (1988) p. 243-253.

10. La berceuse, en italien : « *Batti, batti, le manine, / Che tra poco viene papà / Ti porta carameline / Fabiana le mangerà.* »

11. Sur les mères et les bébés déprimés, voir C. Trevarthen, « Development of Intersubjective Motor Control in Infants », in *Motor Development in Children*, M.G. Wade et H.T.A. Whiting éditeurs (Dordrecht, Pays-Bas : Martinus Nijhoff, 1986), p. 209-261.

12. Sur la boucle de la dépression, voir E.Z. Tronick, « Emotions and Emotional Communication in Infants », *American Psychologist* 44 (1989), p. 112-119.

13. Meaney estime qu'il est plus logique d'identifier non seulement les gènes pertinents mais aussi le style parental (et autres facteurs du même genre) qui peut altérer l'expression des gènes de la dépression. En d'autres termes, quelles expériences pourraient « vacciner » cet enfant contre la dépression ? Les réponses à cette question serviraient à imaginer les principales interventions capables de limiter le risque que l'enfant devienne lui-même dépressif plus tard. Voir M. Meaney, « Maternal Care, Gene Expression, and the Transmission of Individual Differences in Stress Reactivity Across Generations », *Annual Review of Neuroscience* 24 (2001).

14. Sur les mères déprimées et les nourrissons, voir T. Fields *et al.*, « Maternal Depression Effects on Infants and Early Intervention », *Preventive Medecine* 27 (1998), p. 200-203.

15. Sur la transmission des états dépressifs, voir A. Cumberland-Li *et al.*, « The Relation of Parental Emotionality and Related Dispositional Traits to Parental Expression of Emotion and Children's Social Functioning », *Motivation and Emotion* 27, n° 1, (2003), p. 27-56.

16. Sur les enfants de mères dépressives, voir Tronick « Emotion and Emotional Communication », *op. cit.*

17. Sur la reconnaissance des émotions par des enfants maltraités, voir S. Pollack *et al.*, « Recognizing Emotion in Faces : Developmental Effects of Child Abuse and Neglect », *Developmental Psychology* 36 (2000), p. 679-688.

18. Exemple extrême : les milliers d'enfants placés dans des orphelinats en Roumanie pendant la crise économique des années 1980. Ils passaient jusqu'à vingt heures par jour dans leur berceau sans que personne prenne soin d'eux. Un échantillon de ces enfants adoptés par des Américains présentait encore, à huit ans, des symptômes troublants : excessivement stoïques, ils ne pleuraient ni n'exprimaient aucune douleur ; jouer ne les intéressait pas ; et ils stockaient de la nourriture. L'adaptation à leur nouvelle famille contribua à résoudre certains de ces problèmes. Pourtant, des scanners ont révélé que les aires clés de leur cerveau social étaient peu actives, notamment le cortex orbito-frontal. Voir H. Chugani *et al.*, « Local Brain Functional Activity Following Early Deprivation : A Study of Postinstitutionalized Romanian Orphans », *NeuroImage* 14 (2001), p. 1290-1301.

19. Sur les enfants maltraités et la colère, voir S. Pollack *et al.*, « P3b Reflect Maltreated Children's Reaction to Facila Displays of Emotion », *Psychophysiology* 38 (2001), p. 267-274.

20. Voir S. Pollak et S. Tolley-Schell, « Selective Attention to Facial Emotion in Physically Abused Children », *Journal of Abnormal Psychology* 112 (2003), p. 323-338.

21. Sur le façonnage du cortex orbito-frontal par les parents, voir A. Schore, *Affect Regulation and the Origin of the Self : The Neurobiology of Emotional Development* (Hillsdale, N.J. : Erlbaum, 1994).

22. Sur la réparation des traumas de l'enfance, voir D.J. Siegel, *The Developing Mind : How Relationships and the Brain Interact to Shape Who We Are* (New York : Guilford Press, 1999).

12. Objectif : bonheur

1. E.Z. Tronick et J.F. Cohn, « Infant-Mother Face-to-Face Interaction : Age and Gender Differences in Coordination and the

Occurrence of Miscoordination », *Child Development* 60 (1989), p. 85-92.

2. Sur les couples hostiles et leurs jeunes enfants, voir L. Fainsilber Katz et E. Woodin, « Hostility, Hostile Detachment, and Conflict Engagement in Marriages : Effects on Child and Family Functioning », *Child Development* 73 (2002), p. 636-652.

3. Sur les réprimandes faites aux enfants par les parents et professeurs, voir J. Gottman et L. Fainsilber Katz, « Parental Meta-emotion Philosophy and the Emotional Life of Families : The Theoretical Models and Preliminary Data », *Journal of Family Psychology* 10 (1996), p. 243-268.

4. Sur le noyau affectif positif, voir R. Emde, « The Pre-presentational Self and Its Affective Core », *Psychoanalytic Study of the Child* 38 (1983), p. 165-192.

5. Sur les trois scénarios, voir D.J. Siegel, *The Developing Mind : How Relationships and the Brain Interact to Shape Who We Are* (New York : Guilford Press, 1999).

6. Sur le cortex orbito-frontal, voir A. Schore, *Affect Regulation and the Origin of the Self : The Neurobiology of Emotional Development* (Hillsdale, N.J. : Erlbaum, 1994).

7. La connexion commence pendant la première année de la vie, lorsque le système nerveux sympathique s'installe, déployant des embranchements depuis le cerveau jusque dans le corps pour contrôler l'excitation physiologique, le rythme cardiaque, par exemple. Le système sympathique se comporte comme un énergisant pour l'organisme, générant des émotions optimistes comme l'excitation et l'intérêt, le plaisir et la joie – le bonheur exubérant de la petite enfance. Lorsque les parents mettent leur énergie à l'unisson – en partageant la joie d'un nourrisson, par exemple –, ils enseignent à celui-ci que la joie et autres états positifs peuvent être partagés et qu'il n'y a aucun danger à les exprimer. Dans les familles saines, la plupart des interactions parents-nourrisson de la première année sont des boucles d'alignement de sentiments positifs. Pendant la deuxième année, le système nerveux parasympathique se développe, agit comme un frein en modulant ou inhibant les impulsions, permettant le retour au calme, la détente. Remarquez la justesse du timing : la branche parasympathique arrive à maturité au moment où les bébés deviennent plus mobiles et indépendants – capables de grimper sur les tables.

8. Sur les styles d'éducation parentale, voir Siegel, *Developing Mind*, *op. cit.*

9. Bien plus rares sont les parents qui, de rage, jettent la lampe par terre, répondant à l'enfant comme à un Cela et pas à un Tu. Dans de tels moments, ils n'ont aucune empathie et se laissent complètement emporter par leurs pires impulsions. L'enfant en est terrorisé et apprend à avoir peur pour sa sécurité. Il subit alors, selon Siegel, un afflux contradictoire et simultané dans son système nerveux, comme une accélération et un freinage opérés au même moment. Le parent – qui a souvent eu lui-même une enfance difficile – devient involontairement un exemple troublant et une source permanente de crainte pour l'enfant au lieu de lui fournir une base sécurisante. L'enfant subit ainsi un double préjudice : il a peur du parent ambivalent et perd l'une des relations qui auraient pu l'aider à vivre en lui offrant la sécurité. À l'âge adulte, il aura tendance à s'engager dans des relations orageuses, chaotiques, pleines d'émotions intenses et de confusion et se terminant généralement de façon désastreuse.

10. E. Fox Gordon, « In the Garden of Childish Delights », *Times*, 17 janvier 2005, p. A22.

11. M. Ainsworth, *Patterns of Attachment* (Hillsdale, N.J. : Erlbaum, 1978).

12. À propos des circuits du jeu, voir J. Panksepp, *Affective Neuroscience : The Foundation of Human and Animal Emotions* (New York : Oxford University Press, 1998).

13. Sur le jeu et l'épigénétique, voir N. Gordon *et al.*, « Socially Induced Brain "Fertilization" : Play Promotes Brain Derived Neutrophic Factor Transcription in the Amygdala and Dorsolateral Frontal Cortex in Juvenile Rats », *Neuroscience Letters* 341 (2003), p. 17.

14. Panksepp, *Affective Neuroscience*, *op. cit.*

15. Sur les chatouilles, voir J. Panksepp *et al.*, « Empathy and the Action-Perception Resonances of Basic Socio-emotional Systems of the Brain », *Behavioral and Brain Sciences* 25 (2002), p. 43-44.

16. Sur l'hyperactivité et le jeu, voir Panksepp, *Affective Neuroscience*, *op. cit.* L'idée de remplacer les médicaments par ces moments de dépense d'énergie n'a jamais été rigoureusement testée et reste une proposition. Toutefois, l'usage prolongé des médica-

ments couramment prescrits contre l'hyperactivité pouvant provoquer des modifications durables dans le système de catécholamine des enfants, ce type de solution serait hautement souhaitable, si elle était efficace.

17. Sur le charisme, voir *ibid.*

18. Sur le pivot émotionnel, voir R.J. Davidson et W. Irwin, « The Functional Neuroanatomy of Emotion and Affective Style », *Trends in Cognitive Neuroscience* 3 (1999), p. 11-21.

19. Comme le note Davidson, ces données permettent de postuler l'existence d'un lien entre l'éducation parentale et le bonheur de la vie d'adulte, mais ne la prouvent en aucun cas. Il est possible, par exemple, que les adultes les plus heureux se souviennent plus volontiers des bons moments de leur enfance que des mauvais et estiment donc avoir été mieux traités qu'ils ne l'ont réellement été. Il faudrait une étude longitudinale d'un grand nombre d'enfants pendant plusieurs décennies pour établir avec plus de certitude scientifique la relation entre la manière dont nous avons été élevés et nos aptitudes cérébrales d'adultes à la joie.

20. Mais les parents doivent se garder de nier ou de minimiser la peur ou la détresse d'un enfant et lui manifester au contraire de l'empathie – et bien sûr ne pas se laisser eux-mêmes engluer dans son humeur chagrine mais affronter la situation avec une attitude optimiste, rassurante. En profitant des moments de détresse pour manifester leur empathie et leur proximité, pour aider leurs enfants à grandir et à apprendre, les parents deviennent alors des conseillers dans l'art de gérer les hauts et les bas de l'existence. Et ce style d'éducation modifie non seulement le comportement de l'enfant mais aussi son cerveau. Voir Siegel, *The Developing Mind, op. cit.*

21. Sur les élèves de jardin d'enfants et les hormones de stress, voir M.R. Gunnar *et al.*, « Temperament, Social Competence, and Adrenocortical Activity in Preschoolers », *Developmental Psychology* 31 (1997), p. 65-85.

22. Pour l'enfant, la question consiste à savoir comment retrouver son calme. S'il n'apprend pas à se dégager rapidement de sa détresse, il peut recourir à des solutions malencontreuses afin de se sentir un peu mieux : soit il se durcit et refoule sa détresse, soit il se laisse complètement submerger par l'anxiété. Si ces stratégies défensives deviennent des habitudes, elles risquent de se solidifier

et de s'imprimer dans le cerveau comme les seules manœuvres mentales à déployer pour se protéger de toute contrariété.

23. Sur les saïmiris, voir K. Parker *et al.*, « Prospective Investigation of Stress Inoculation in Young Monkeys », *Archives of General Psychiatry* 61 (2004), p. 933-941.

13. L'attachement

1. Les trois formes d'amour sont parfaitement distinctes au niveau chimique. Bien évidemment, les hormones sexuelles – androgènes et œstrogènes – alimentent en grande partie le désir. L'attirance, ce préalable nécessaire au lien amoureux, semble être commandée par un mélange de dopamine et de noradrénaline à forte dose (qui augmente le plaisir et la détente) et un faible taux de sérotonine (qui met de bonne humeur). Voir H. Fisher, *Pourquoi nous aimons* (Paris : Robert Laffont, 2006).

2. J. Bowlby, *Attachment and Loss,* vol. 1 : *Attachment,* 2ᵉ édition (New York : Basic Books, 1982).

3. M.K. McClintock, « A Functional Approach to the Behavioral Endocrinology of Rodents », in *Psychobiology of Reproductive Behavior*, D. Cews éditeur (Englewood Cliffs, N.J. : Prentice-Hall, 1987), p. 176-203.

4. Sur le regard des femmes, voir S.J. Blakemore et U. Firth, « How Does the Brain Deal with the Social World ? », *NeuroReport* 15 (2004), p. 119-128. Sur les quatre visages, voir K. Kampe *et al.*, « Reward Value of Attractiveness and Gaze », *Nature* 413 (2001), p. 589.

5. Cette étude a été réalisée par Irenäus Eibl-Eibesfeldt aux Samoa, au Brésil, à Paris et à New York. Voir I. Eibl-Eibesfeldt, *Human Ethology* (New York : Aline de Gruyter, 1989).

6. Sur les parallèles entre les manœuvres de séduction des adultes et celles des tout-petits, voir J. Panksepp, *Affective Neuroscience : The Foundation of Human and Animal Emotions* (New York : Oxford University Press, 1998).

7. Cette considération joue un rôle plus important dans l'évaluation des hommes par les femmes que dans celle des femmes par les

hommes. C'est peut-être pour cela que les hommes tombent généralement amoureux plus vite que les femmes.

8. Sur l'amour et la dépendance, voir Panksepp, *Affective Neuroscience, op. cit.*

9. Sur la dépendance aux drogues, voir R.Z. Goldstein, « Drug Addiction and Its Underlying Neurobiological Bases : Neuroimaging Evidence for the Involvment of the Frontal Cortex », *American Journal of Psychiatry* 159 (2002), p. 1642-1652. Cette étude montre qu'en plus des circuits sous-corticaux dont le rôle est depuis longtemps reconnu dans la dépendance, les aires préfrontales sont responsables du goût immodéré pour la drogue et empêche les structures neuronales de l'inhibition de fonctionner.

10. L'exemple de Brenda et Bob est tiré de E. Kennedy-Moore et J.C. Watson, *Expressing Emotion : Myths, Realities and Therapeutic Strategies* (New York : Guilford Press, 1999).

11. Sur les styles d'attachement, voir *Handbook of Attachment Theory : Research and Clinical Applications*, J. Cassidy et P. Shaver éditeurs (New York : Guilford Press, 1999).

12. J. Feeney, « Adult Romantic Attachment and Couple Relationships », *ibid.* Feeney décrit différentes typologies dans les styles d'attachement, certains en comportant quatre et non trois, et constate que ces styles ne sont pas nécessairement « gelés » – que l'on peut changer de style selon la relation vécue. Il n'y aurait pas de frontières bien déterminées et fixes entre ces types ; il est possible de les mélanger ou d'en pratiquer un avec certaines personnes et un autre avec d'autres.

13. Sur les partenaires confiants, voir D. Cohn *et al.*, « Working Models of Childhood Attachments and Couple Relationships », *Journal of Family Issues* 13, n° 4 (1992), p. 432-449.

14. Sur les styles d'attachement et les mécanismes cérébraux, voir O. Gallath *et al.*, « Attachment-style Differences and Ability to Suppress Negative Thoughts : Exploring the Neural Correlates », *NeuroImage* (à paraître).

15. Les principaux circuits neuraux de l'attachement relient apparemment les éléments majeurs de la route basse et de la route haute de l'intelligence relationnelle : l'aire orbito-frontale, l'amygdale, le pôle temporal antérieur, le cortex cingulaire antérieur et l'hippocampe. L'amygdale active la route basse dans les moments de peur, le pôle temporal antérieur et le cortex cingulaire antérieur

quand la personne est triste. La route haute s'ouvre quand l'aire orbito-frontale est concernée, par exemple quand la personne s'interroge sur ses relations et surmonte les émotions négatives qui y sont liées.

16. Ces structures sont toutes activées dans l'hémisphère droit de notre cerveau, apparemment plus impliqué dans les émotions pénibles.

17. Le rappel de ce souvenir était signalé par une plus grande activité dans l'hippocampe, site sollicité pour toute remémoration.

18. L'aire cingulaire dorsale traite les situations qui requièrent un plus grand contrôle par le cortex préfrontal, comme les émotions pénibles. Voir M.M. Botvinick *et al.*, « Conflict Monitoring and Anterior Cingulate Cortex : An Update », *Trends in Cognitive Sciences* 8, n° 12 (2004), p. 539-546.

19. Sur le type distant, voir M. Mikulincer et P. Shaver, « The Attachment Behavioral System in Adulthood : Activation, Psychodynamics and Interpresonal Processes », in *Advances in Experimental Social Psychology* 35, M.P. Zanna éditeur (San Diego : San Diego Academic Press, 2003), p. 53-152.

20. Ces schémas d'activité cérébrale expliqueraient certaines découvertes faites par le groupe de Shaver lors d'études précédentes. Par exemple, quand des personnes impliquées dans une relation amoureuse durable imaginaient que leur partenaire les quittait pour quelqu'un d'autre, celles dont l'attachement était de type anxieux se montraient incapables d'arrêter d'y penser, alors que d'autres, plus confiantes ou plus distantes, y arrivaient facilement. Sur l'interruption de l'inquiétude, voir R.C. Fraley et P.R. Shaver, « Adult Attachment and the Suppression of Unwanted Thoughts », *Journal of Personality and Social Psychology* 73 (1997), p. 1080-1091. Mais si l'élimination de ces inquiétudes se faisait facilement chez les personnes confiantes, le refoulement de sentiments douloureux concernant la relation demandait aux personnes distantes un effort constant. Voir M. Mikulincer *et al.*, « Attachment-Related Strategies During Thought Suppression : Ironic Rebounds and Vulnerable Self-representations », *Journal of Personality and Social Psychology* 87 (2004), p. 940-956.

21. Sur le type distant, voir Feeney, « Adult Romantic Attachment », *op. cit.*

14. Le désir, au masculin et au féminin

1. Sur l'imagerie cérébrale de personnes regardant la photo de l'être aimé, voir H.A. Fisher *et al.*, « Early Stage Intense Romantic Love Activates Cortical-basal Ganglia Reward/Motivation, Emotion and Attention Systems », présentation faite à la réunion annuelle de la Society for Neuroscience, La Nouvelle-Orléans, 11 novembre 2003.

2. C'est-à-dire le noyau caudé et le septum.

3. Sur la sexualité volage, voir H. Fisher, *Pourquoi nous aimons* (Paris : Robert Laffont, 2006).

4. Sur les attraits des deux sexes, voir D. Buss, « Sex Differences in Human Mate Preference : Evolutionary Hypothesis Tested in 37 Cultures », *Behavioral and Brain Sciences* 12 (1989), p. 1-49.

5. Sur cette étude, voir C. Wysocki, « Male Axillary Extracts Contain Pheromones that Affect Pulsatile Secretion of Luteinizing Hormone and Mood in Women Recipients », *Biology of Reproduction* 68 (2003), p. 2107-2113.

6. Sur la proportion des mensurations féminines, voir Buss, « Sex Differences », *op. cit.*

7. D. Singh, « Female Mate Value at a Glance : Relationship of Hip-to-Waist Ratio to Health, Fecundity and Attractiveness », *Neuroendoctrinology Letters*, suppl. 4 (2002), p. 81-91.

8. Parmi les principales aires activées par l'amour-passion se trouvent l'insula médiane, le CCA, le noyau caudé et le putamen, dans les deux hémisphères. Elles s'activent toutes dans les moments de bonheur intense. À noter également que certaines portions du gyrus cingulaire et de l'amygdale, qui s'activent pendant les états de malaise, étaient désactivées. Voir A. Bartels et S. Zeki, « The Neural Basis of Romantic Love », *NeuroReport* 17 (2000), p. 3829-3834.

9. Sur l'excitation sexuelle et les circuits cérébraux, voir G. Stoleru *et al.*, « Neuroanatomical Correlates of Visually Evoked Sexual Arousal in Human Males », *Archives of Sexual Behavior* 28 (1999), p. 1-21 ; S.L. Rauch *et al.*, « Neural Activation During Sexual and Competitive Arousal in Healthy Men », *Psychiatry Research* 91 (1999), p. 1-10.

10. Le câblage neural du sexe comprend des structures du cerveau limbique supérieur comme l'aire septale, le noyau du lit de la *stria terminalis* et les aires préoptiques, qui sont connectés par l'hypothalamus antérieur à l'hypothalamus latéral. Voir J. Panksepp, *Affective Neuroscience : The Foundations of Human and Animal Emotions* (New York : Oxford University Press, 1998).

11. Les circuits de l'agressivité se concentrent dans les lobes temporaux, aire plus active chez l'homme ; les circuits de la tendre sollicitude, concentrés dans l'aire cingulaire, sont souvent plus actifs chez la femme. Là encore, ce qui se produit dépend de données spécifiques : la façon précise dont la testostérone affecte le désir sexuel des femmes dépend de la dose ; un taux modéré augmente la libido, un taux très élevé la supprime. Voir R.C. Gur *et al.*, « Sex Differences in Regional Cerebral Glucose Metabolism During a Resting State », *Science* 267 (1995), p. 528-531.

12. La dopamine augmente le taux de testostérone, si bien que la catégorie des antidépresseurs qui augmente le taux de dopamine accroît fréquemment la libido. Voir J.P. Heaton, « Central Neuropharmacological Agents and Mechanisms in Erectile Dysfunction : The Role of Dopamine », *Neuroscience and Behavioral Review* 24 (2000), p. 561-569.

13. La vasopressine peut aussi jouer sur l'agressivité. Vasopressine et ocytocine agissent sur le cerveau de tous les êtres humains, l'une semblant stimuler l'aspect le plus affirmé du maternage chez la femme, l'autre encourageant l'aspect le plus doux du « paternage » chez l'homme.

14. Ce résumé simplifié de la neurochimie de l'amour s'inspire du livre de Panksepp, *Affective Neuroscience, op. cit.* Panksepp note qu'un bien plus grand nombre de substances chimiques cérébrales sont impliquées dans la sexualité, encore très mal connues, pour la plupart.

15. Sur ces étreintes, voir C.S. Carter, « Oxytocin and Sexual Behavior », *Neuroscience and Behavioral Review* 16 (1992), p. 131-144.

16. Sur cette jeune avocate et son fiancé, voir M. Epstein, *Open to Desire* (New York : Gotham, 2005).

17. Anne Rice parle de ses fantasmes sexuels dans K. Ramsland, *Roquelaure Reader : A Companion to Anne Rice Erotica* (New York : Plume, 1996).

18. Sur les fantasmes les plus courants, voir H. Leitenberg et K. Henning, « Sex Fantasies », *Psychological Bulletin* 117 (1995), p. 469-496.

19. Tous les fantasmes ne sont pas nécessairement très élaborés ; certains sont de simples images ou de vagues pensées relatives à une activité sexuelle ou romanesque.

20. Sur l'activité fantasmatique, voir S. Freud, « Creative Writers and Daydreaming », in *The Standard Edition of the Complete Psychological Work of Sigmund Freud*, vol. 9, J. Strachey éditeur (London : Hogarth Press, 1962), p. 146. Essais de psychanalyse appliquée, « La création littéraire et le rêve éveillé », Paris, Gallimard, 1952.

21. Sur les rêveries et l'acte sexuel, voir par exemple G.D. Wilson et R.J. Lang, « Sex Differences in Sexual Fantasy Patterns », *Personality and Individual Differences* 2 (1981), p. 343-346.

22. Car si le fantasme est réellement imposé à l'autre, sans son consentement, la relation Je-Tu se transforme en une sexualité Je-Cela : « cela m'excite » au lieu de « tu m'excites ». Les règles régissant cette frontière entre consentement et obligation ont apparemment été bien définies dans la sous-culture du bondage et de la SM où la nature même des fantasmes mis en scène pourrait facilement tourner au désastre.

23. M.J. Bader, *The Secret Logic of Sexual Fantasies* (New York : St Martin's Press, 2002), p. 157.

24. Sur les narcissiques et leurs attitudes sexuelles, voir B.J. Bushman *et al.*, « Narcissism, Sexual Refusal and Aggression : Testing a Narcissistic Reactance Mode of Sexual Coercion », *Journal of Personality and Social Psychology* 48 (2003), p. 1027-1040.

25. Sur les femmes contraintes à des actes sexuels non consentis, voir E.O. Laumann *et al.*, *The Social Organization of Sexuality : Sexual Practices in the United States* (Chicago : University of Chicago Press, 1994).

26. E.J. Kanin, « Date Rapists : Differential Sexual Socialization and Relative Deprivation », *Archives of Sexual Behavior* 14 (1985), p. 219-231.

27. Sur la nature excitante ou non de la coercition sexuelle, voir B. Lohr *et al.*, « Sexual Arousal to Erotic and Aggressive Stimuli in

Sexually Coercive and Noncoercive Men », *Journal of Abnormal Psychology* 106 (1997), p. 230-242.

28. K.E. Dean et N.M. Malamuth, « Characteristics of Men Who Aggress Sexually and of Men Who Imagine Aggressing », *Journal of Personality and Social Psychology* 72 (1997), p. 449-455.

29. Sur la testostérone, voir A. Boots et J. Dabbs Jr, « Testosterone and Men's Marriages », *Social Forces* 72, n° 2 (1993), p. 463-478.

30. Sur l'excitation provoquée par des descriptions de viol, voir G. Hall *et al.*, « The Role of Sexual Arousal in Aggressive Behavior : A Meta-analysis » *Journal of Clinical and Consulting Psychology* 61 (1993), p. 1091-1095.

31. Sur l'absence d'empathie de violeurs incarcérés, voir D. Scully, *Understanding Sexual Violence* (London : HarperCollinsAcademic, 1990).

32. Sur les violeurs et le non, voir E.C. McDonell et R.M. McFall, « Construct Validity of Two Heterosocial Perception Skill Measures for Assessing Rape Proclivity », *Violence and Victims* 6 (1991), p. 17-30.

33. Des recherches cliniques montrent que ces déviants sexuels se masturbent régulièrement en évoquant leurs fantasmes préférés. Certaines prisons pour pédophiles, violeurs et exhibitionnistes s'efforcent de minimiser le taux de récidive après libération en proposant des programmes de traitement. Pendant plusieurs dizaines d'années, le traitement a consisté à essayer de modifier les fantasmes des prisonniers, en associant le scénario utilisé pendant la masturbation à une odeur écœurante ou par l'usage de médicaments bloquant la production d'hormones pour supprimer les désirs déviants. Mais aujourd'hui, ces techniques sont considérées comme insuffisantes si elles ne s'accompagnent pas d'une approche visant à augmenter l'empathie des délinquants sexuels pour leurs victimes. Dans certains cas, on met donc ces hommes en présence de victimes de crimes comparables aux leurs, qui leur expriment la souffrance physique et morale qu'elles ont ressentie. D'autres traitements visent à modifier la perception qu'ont ces délinquants de l'effet qu'ils font sur leurs victimes. Les exhibitionnistes, par exemple, découvrent que les femmes devant lesquelles ils s'exposent les considèrent comme pathétiques et

non comme terrifiants. La thérapie s'attaque aussi au système de défense des délinquants, qui leur permet de minimiser le caractère criminel de leurs actes. Mais vouloir supprimer les fantasmes dangereux peut avoir un effet paradoxal : à force d'y penser, on peut les renforcer au lieu de les faire disparaître. C'est pourquoi les programmes les plus efficaces apprennent plutôt aux délinquants à repérer les premières manifestations de ces fantasmes et à réprimer immédiatement les habitudes qui, par le passé, les ont conduits à les mettre en scène dans la réalité. Voir Leitenberg et Henning, « Sex Fantasiy », *op. cit.*

34. Voir par exemple N. Malamuth, « Predictors of Naturalistic Sexual Aggession », » *Journal of Personality and Social Psychology* 50 (1986), p. 953-962.

35. Sur le désir et l'empathie, voir J. Jordan, « Clarity in Connection : Empathic Knowing, Desire and Sexuality », in *Women's Growth in Diversity* (New York : Guilford Press, 1997). Sur l'orgasme d'ego, voir par exemple M. Khan, « Ego-Orgasm in Bisexual Love », *International Review of Psycho-analysis* 1 (1974), p. 143-149.

15. Fondements biologiques de la compassion

1. Cette citation est une légère paraphrase de John Bowlby dans *A Secure Base* (New York : Basic Books, 1988), p. 62.

2. Sur les couples, voir B. Feeny, « A Secure Base : Responsive Support of Goal Strivings and Exploration in Adult Intimate Relationships », *Journal of Personality and Social Psychology* 87, n° 5 (2004), p. 631-648.

3. À l'inverse, la personne qui manque de confiance dans ses capacités à affronter le monde peut être rassurée par un partenaire qui prend le contrôle, accueillir son indiscrétion comme un réconfort et se sentir soulagée par sa position de dépendance.

4. Sur l'attachement, l'anxiété et le dévouement, voir M. Mikulincer *et al.*, « Attachment, Caregiving and Altruism : Boosting Attachment Security Increases Compassion and Helping », *Journal of Personality and Social Psychology* 89 (2005), p. 817-839.

5. Sur l'altruisme égoïste, voir R.B. Cialdini *et al.*, « Empathy-based Helping : Is It Selflessly or Selfisly Motivated ? », *Journal of Personality and Social Psychology* 52 (1987), p. 749-758.

6. Les personnes du type confiant offraient d'aider la femme même quand ses difficultés semblaient encore plus grandes : on leur disait qu'elle était gravement déprimée. Elle ne serait sans doute pas guérie par leur aide, mais ils la proposaient tout de même. Cela semble réfuter la théorie selon laquelle les gens tendent la main à quelqu'un pour ressentir le plaisir de rendre cette personne heureuse – motif considéré comme « égoïste » par les tenants de cette théorie.

7. J. Nitschke *et al.*, « Orbitofrontal Cortex Tracks Positive Mood in Mothers Viewing Pictures of Their Newborn Infants », *NeuroImage* 21 (2004), p. 583-592.

8. L'ocytocine est produite dans les noyaux de l'hypothalamus, d'où elle s'écoule vers la glande pituitaire avant d'être entraînée dans le flux sanguin. Empruntant d'autres voies à partir de l'hypothalamus, elle agit sur beaucoup d'autres aires, comme l'amygdale, les noyaux du raphé, le locus cœruleus (entre autres) ainsi que les fluides spinaux.

9. Sur les campagnols et l'ocytocine, voir C. Sue Carter, « Neuroendocrine Perspectives on Social Attachment and Love », *Psychoneuroimmunology* 23, n° 8 (1998), p. 779-818.

10. Sur les connexions complexes entre ocytocine et testostérone, voir H. Fisher, *Pourquoi nous aimons* (Paris : Robert Laffont, 2006).

11. Sur les allergies sociales, voir M.R. Cinningham *et al.*, « Social Allergies in Romantic Relationships : Behavioral Repetition, Emotional Sensitization and Dissatisfaction in Dating Couples », *Personal Relationships* 12 (2005), p. 273-295. Le passage sur les serviettes de toilette mouillées et le papier hygiénique est emprunté au film de Rob Reiner, *The Story of Us* (*Une vie à deux*).

12. Sur les systèmes neuraux essentiels, voir J. Panksepp, *Affective Neuroscience* : *The Foundation of Human and Animal Emotions* (New York : Oxford University Press, 1998).

13. J. Gottman, *The Relationship Cure* (New York : Three Rivers Press, 2002).

14. Voir J. Gottman, *What Predicts Divorce : The Relationships Between Marital Processes and Marital Outcomes* (Hillsdale, N.J. : Erlbaum, 1993).

15. Sur la ressemblance des traits dans un couple, voir R.B. Jazonc *et al.*, « Convergence in the Physical Appearance of Spouses », *Motivation and Emotion* 11 (1987), p. 335-346.

16. S.M. Drogotas *et al.*, « Closer Partners as Sculptors of the Ideal Self », *Journal of Personality and Social Psychology* 77 (1999), p. 293-323.

17. E. Filsinger et S. Thoma, « Behavioral Antecedent of Relationship Stability and Adjustment : A Five Years Longitudinal Study », *Journal of Marriage and the Family* 50 (1988), p. 785-795.

18. Voir par exemple Gottman, *What Predicts Divorce*, *op. cit.*

19. Sur les couples âgés et les plaisirs, voir R.W. Levenson *et al.*, « The Influence of Age and Gender on Affect, Physiology and their Interrelations : A Study of Longe-term Marriages », *Journal of Personality and Social Psychology* 67 n°1 (1994), p. 56-68.

20. Sur la proportion cinq contre un, voir Gottman, *Relationship Cure*, *op. cit.*

16. Le stress est social

1. Sur le couple Tolstoï, voir W.L. Shirer, *Love and Hatred : The Stormy Marriage of Leo and Sonya Tolstoï* (New York : Simon & Schuster, 1994).

2. Sur la survie après une défaillance cardiaque, voir H.M. Krumholz *et al.*, « The Prognostic Influence of Emotional Support for Elderly Patients Hospitalized With Heart Failure », *Circulation* 97 (1988), p. 958-964.

3. Les hommes qui se disaient le plus aimés avaient le moins de maladies coronariennes. Si la présence d'un conjoint amoureux constitue une protection, une relation toxique peut être néfaste à la santé. Voir T.E. Seeman et S.L. Syme, « Social Networks and Coronary Heart Disease : A Comparative Analysis of Network Structural and Support Characteristics », *Psychomanic Medicine* 49 (1987), p. 341-354.

4. Sur les mauvaises relations comme facteur de risque, voir J. Kiecolt-Glaser *et al.*, « Marital Stress : Immunologic, Neuroendocrine, and Autonomic Correlates », *Annals of the New York Academy of Sciences* 840 (1999), p. 656-663.

5. Sur les relations sociales et la maladie, voir T. Seeman, « How Do Others Get Under Our Skin : Social Relationships and Health », in *Emotions, Social Relationships and Health*, C. Ryff et R. Burton éditeurs (New York : Oxford University Press, 2001).

6. L'activation de l'axe HPA commence quand l'hypothalamus libère de l'hormone corticotropine, qui à son tour déclenche la production de corticostimuline (ACTH), incitant la capsule surrénale à produire du cortisol, qui se répand dans le sang et produit des effets dans l'ensemble de l'organisme. Voir R. Sapolsky *et al.*, « How Do Glucocorticoïds Influence Stress Responses ? », *Endocrine Reviews* 21 (2000), p. 55-89.

7. Ces aires se trouvent dans le cingulum prélimbique.

8. Via le cerveau social, nos interactions peuvent intervenir biologiquement dans notre résilience face aux menaces qui pèsent sur notre santé. Mais jusqu'ici les chercheurs n'ont pu qu'esquisser la carte des mécanismes cérébraux impliqués. Plus précisément, l'information sociale est d'abord traitée par les systèmes sensoriels du néocortex ; elle est ensuite conduite à l'amygdale et à l'hippocampe qui envoient des signaux à l'axe HPA et aux systèmes noradrénergique et sérotonergique. Voir Seeman, « How Do Others », *op. cit.*

9. Les bons et les mauvais moments doivent s'accumuler pendant des années, comme l'a montré une étude sur le stress et les maladies cardiaques où des milliers d'hommes et de femmes ont été suivis pendant dix ans. Si leur stress augmentait beaucoup pendant la première année, ou la dixième, la probabilité qu'ils aient des problèmes cardiovasculaires était faible. Mais ceux dont le niveau de stress était élevé la première et la dixième année – ce qui laissait supposer que c'était une constante dans leur vie quotidienne – avaient plus de risques d'avoir une maladie cardiaque. Voir J. House *et al.*, « Social Relationships and Health », *Science* 241 (1989), p. 540-545.

10. Sur le cas d'Elysa Yanowitz, voir S. Greenhouse, « Refusal to Fire Unattractive Saleswoman Led to Dismissal, Suit Contends », *New York Times*, 11 avril 2003, p. A14.

11. Les causes de l'hypertension sont évidemment complexes. La médecine suppose qu'il existe une prédisposition génétique, bien que les tensions du quotidien (mais aussi le régime alimentaire et l'exercice physique) déterminent à quelle vitesse et avec quelle force cette prédisposition se transforme en une maladie déclarée. Il semble douteux d'imputer à une seule personne le déclenchement de la maladie.

12. N. Wager, G. Feldman et T. Hussey, « Impact of Supervisor Interactional Style on Employees' Bloodpressure », *Consciousness and Experimental Psychology* 6 (2001).

13. Alors que le jury n'a pas encore délibéré sur l'hypertension d'Elysa Yanowitz, certaines données permettent de penser que ses patrons ont une part de responsabilité dans sa maladie. Des pics de tension réguliers peuvent relever le point à partir duquel la tension redescend après les crises, ce qui provoque progressivement l'hypertension. Voir par exemple B.D. Perry *et al.*, « Persisting Psychophysiological Effects of Traumatic Stress : The Memory of States », *Violence Update* 1, n° 8 (1991), p. 1-11. Pour une analyse critique, voir S.A. Mann, « Job Stress and Blood Pressure : A Critical Appraisal of Reported Studies », *Current Hypertension Reviews* 2 (2006), p. 127-138.

14. S.P. Wamala *et al.*, « Job Stress and the Occupational Gradient in Coronary Heart Disease Risk in Women », *Social Science and Medicine* 51 (2000), p. 481-498 ; M.G. Marmot et M.J. Shipley, « Do Socio-economic Differences in Mortality Persist after Retirement ? 25-Year Follow-up of Civil Servants in the First Whitehall Study », *British Medical Journal* 313 (1996), p. 1177-1180.

15. Sur la justice et les patrons, voir M. Kivimaki *et al.*, « Justice at Work and Reduced Risk of Coronary Heart Disease among Employees : The Whitehall II Study », *Archives of Internal Medicine* 165 (2005), p. 2245-2251.

16. On a pu prétendre que le taux élevé de maladies chez les employés de plus bas niveau était dû à une moindre éducation, à de plus bas salaires ou à leur absence de contrôle sur l'organisation du travail. Ces facteurs ont certainement leur importance, mais des analyses approfondies ont fait apparaître les interactions toxiques entre patron et employés comme la variable déterminante. Voir

R.G. Wilkinson, *Unhealthy Societies : The Afflictions of Inequality* (London : Routledge, 1996).

17. Y. Gabriel, « An Introduction to the Social Psychology of Insults in Organizations », *Human Relations* 51 (1998), p. 1329-1354.

18. Sur le statut professionnel et la tension artérielle, voir J. Lynch, *The Broken Heart* (New York : Basic Books, 1979).

19. Sur l'accroissement des risques de maladies cardiovasculaires, voir par exemple, S.P. Thomas, « Women's Anger : Relationship of Suppression to Blood Pressure », *Nursing Research* 46 (1997), p. 324-330 ; T.M. Dembroski *et al.*, « Components or Type A, Hostility and Anger-in : Relationship to Angiographic Findings », *Psychosomatic Medicine* 47 (1985), p. 219-233.

20. Sur la tension artérielle pendant les interactions, voir J. Holt-Lunstad *et al.*, « Social Relationships and Ambulatory Blood Pressure : Structural and Qualitative Predictors of Cardiovascular Function During Everyday Social Interactions », *Health Psychology* 22, n° 4 (2003), p. 388-397.

21. Sur cette expérience, voir J.A. Bosch *et al.*, « Acute Stress Evokes Acute Selective Motibliation of T Cells that Differ in Chemokine Receptor Expression : A Potential Pathway Linking Reactivity to Cardiovascular Disease », *Brain, Behavior and Immunity* 17 (2003), p. 251-259.

22. Cela provoquait l'attaque par les cellules T de l'endothélium, où commence la formation des plaques mortelles. Ce recrutement de cellules T, qui enflamment les tissus lorsqu'elles combattent une invasion bactérienne, correspond bien au rôle crucial, que l'on commence à découvrir, de ces inflammations dans la formation des plaques d'artériosclérose.

23. Voir S. Cohen, « Social Relationships and Susceptibility to Common Cold », in *Emotion, Social Relationships and Health*, *op. cit.*, p. 221-244.

24. S. Cohen *et al.*, « Sociability and Susceptibility to the Common Cold », *Psychological Science* 14 (2003), p. 389-395. L'étude tenait compte des rencontres sociales pendant la semaine précédant l'exposition au rhinovirus et non pendant les jours suivants, puisque les volontaires étaient en quarantaine. L'expérience ne répond donc pas à la question de savoir si les effets positifs ou

négatifs d'une relation dans les jours suivant l'exposition affectent les défenses immunitaires. Cette étude reste à faire.

25. Des liens ont été établis entre la sociabilité et la bonne humeur, un meilleur sommeil et des niveaux plus bas de cortisol, ce qui prédisait un moindre risque de rhume. Mais, note le docteur Cohen, en cherchant une connexion plus nette, on comprendrait peut-être mieux comment la sociabilité peut « nous rentrer dans le corps » – question qui reste mystérieuse et demande à être précisée. Voir S. Cohen, « Psychosocial Models of Social Support in the Etiology of Physical Disease », *Health Psychology* 7 (1988), p. 269-297. Les relations avec un conjoint, des petits-enfants, voisins, amis, autres volontaires ou coreligionnaires prédisent toutes que la personne sera moins sensible au rhinovirus auquel on l'expose. Vois S. Cohen, « Social Relationships and Health », *American Psychologist* (novembre 2004), p. 676-684.

26. Sur cette méta-analyse, voir S. Dickerson et M. Kemeny, « Acute Stressors and Cortisol Response : A Theoretical Integration and Synthesis of Laboratory Research », *Psychological Bulletin* 130 (2004), p. 355-391.

27. Certaines des études mesuraient aussi le taux d'ACHT, autre hormone de stress activée par l'axe HPA. Les effets étaient à peu près les mêmes, bien que l'ACHT agisse plus vite, atteignant son niveau maximum dix ou vingt minutes après la première exposition au stress. Les mesures du cortisol étaient au nombre de deux : combien le corps en sécrète et en combien de temps le taux redescend à des valeurs normales. Il existe de grandes différences dans les temps de récupération : certaines personnes « rebondissent » très rapidement alors que d'autres semblent rester engluées dans leur état.

28. Nous ne comprenons pas toujours à quel point le stress social affecte notre état biologique. Les volontaires considéraient les bruits violents comme aussi pénibles que l'exercice de soustraction, bien que les mesures scientifiques prouvent le contraire.

29. Le stress social active généralement les aires neurales suivantes : cortex préfrontal droit, amygdale, cingulum antérieur, hippocampe, insula.

30. Voir T. Guenewald *et al.*, « Acute Threat to the Social Self : Shame, Social Self-esteem and Cortisol Activity », *Psychosomatic Medicine* 66 (2004), p. 915-924.

31. Voir L. Glynn *et al.*, « The Role of Rumination in Recovery from Reactivity : Cardiovascular Consequences of Emotional States », *Psychosomatic Medicine* 64 (2002), p. 714-726.

32. Voir T. Seeman *et al.*, « The Price of Adaptation : Allostatic Load and Its Health Consequences », *Archives of Internal Medicine* 157 (1997), p. 2259-2268 ; T. Seeman *et al.*, « Exploring a New Concept of Cumulative Biologic Risk : Allostatic Load and Its Health Consequences », *Proceedings of the National Academy of Science* 98 (2001), p. 4770-4775.

33. Sur la tonalité émotionnelle des relations et la santé, voir Ryff et Singer, *Emotion, Social Relationships, op. cit.* L'impact négatif sur la santé semblait plus important chez les hommes que chez les femmes, notamment parce que ces derniers avaient déjà des indicateurs de maladies cardiaques, alors que les femmes n'avaient que des indicateurs élevés d'hormones de stress.

34. La zone dorsale supérieure gauche du cortex préfrontal, pour être précis.

35. Sur les relations et le système immunitaire, voir Rosenkrantz *et al.*, « Affective Style and In Vivo Immune Response : Neurobehavioral Mechanisms », *Proceedings of the National Academy of Science* 100 (2003), p. 11, 148-152.

36. Dans ses recherches sur la façon dont les mères rates traitent leurs petits, Meaney a pu établir que les modifications apportées aux gènes pendant l'enfance ont des conséquences pendant toute la vie : une fois leur niveau d'expression fixé, il est définitif. Un bon maternage, conclut-il, produit des gènes qui améliorent la capacité de l'hippocampe à contrôler les hormones de stress, afin que la juste dose soit émise en cas de nécessité – ce qui rend le sujet plus résilient. Or, l'espèce humaine a les mêmes circuits d'hormones de stress que tous les mammifères, y compris les rats de laboratoire. Voir M. Meaney « Maternal Care, Gene Expression and the Transmission of Individual Differences in Stress Reactivity Across Generations », *Annual Review of Neuroscience* 24 (2001), p. 1161-1192.

37. Voir L. Hillenbrand, « A Sudden Illness – How My Life Changed », *The New Yorker*, 7 juillet 2003.

38. Outre J. Kiecolt-Glaser, psychologue, et R. Glaser, immunologiste, le groupe comprenait W.B. Malarkey, médecin à l'école de médecine de l'université de l'Ohio, et J.T. Cacioppo, l'un des fon-

dateurs de la neuroscience sociale, aujourd'hui à l'université de Chicago. Voir par exemple J.T. Cacioppo *et al.*, « Autonomic, Endocrine and Immune Response to Psychological Stress : The Reactivity Hypothesis », *Annals of the New York Academy of Science* 840 (1998), p. 664-673.

39. À propos de ces femmes, voir W.B. Malarkey *et al.*, « Chronic Stress Down Regulates Growth Hormone Gene Expression in Peripheral Blood Mononuclear Cells of Older Adults », *Endocrine* 5 (1996), p. 33-39.

40. Sur cette étude de femmes s'occupant de maris malades d'Alzheimer, voir J. Kiecolt-Glaser *et al.*, « Slowing Wound Healing by Psychological Stress », *Lancet* 346 (1995), p. 1194-1196.

41. Sur le vieillissement des cellules, voir E. Epel *et al.*, « Accelerated Telomere Shortening in Response to Life Stress », *Proceedings of the National Academy of Science* 101 (2004), p.17, 312-315.

42. S. Casanave, « Embracing this Imperfect Life », *Hope* (mars-avril 2002), p. 32-35.

17. Alliés biologiques

1. Sur le choix des relations positives, voir R.W. Levenson *et al.*, « The Influence of Age and Gender on Affect, Physiology, and Their Interrelations : A Study of Long-Term Marriages », *Journal of Personality and Social Psychology* 67, n° 1 (1994), p. 56-68.

2. Sur le soutien affectif et le stress biologique, voir T. Seeman *et al.*, « Social Ties and Support and Neuroendocrine Function », MacArthur Study of Successful Aging, *Annals of Behavioral Medicine* 16 (1994), p. 95-106. Des études antérieures ont établi la même relation, le soutien affectif diminuant les risques, au même titre que d'autres facteurs biologiques comme le rythme cardiaque et la tension : T. Seeman « How Do Others Get Under Our Skin ? », in *Emotion, Social Relationships and Health,* C. Ryff et B. Singer éditeurs (New York : Oxford University Press, 2001).

3. Sur les personnes âgées et la complexité émotionnelle, voir L.L. Cartensen *et al.*, « Emotional Experience in Everyday Life

Across the Lifespan », *Journal of Personality and Social Psychology* 79 (2000), p. 644-655.

4. Sur la qualité de l'environnement social et les capacités cognitives chez les personnes âgées, voir T.E. Seeman *et al.*, « Social Relationships, Social Support, and Patterns of Cognitive Aging in Healthy, High-functioning Older Adults », *Health Psychology* 4 (2001), p. 243-255.

5. À propos de la solitude et de la santé, voir S. Pressman *et al.*, « Loneliness, Social Network Size and Immune Response to Influenza Vaccination in College Freshmen », *Health Psychology* 24 (2005), p. 297-306.

6. Sur les relations sociales dans les maisons de retraite et la genèse des neurones, voir F. Gage, « Neuroplasticity », article présenté au douzième congrès du Mind and Life Institute, du 18 au 22 octobre 2004 à Dharamsala, en Inde.

7. Sur les disputes des jeunes mariés, voir J. Kiecolt-Glaser *et al.*, « Marital Stress : Immunologic, Neuroendocrine and Autonomic Correlates », *Annals of the New York Academy of Sciences* 840 (1999), p. 656-663.

8. *Ibid.*, p. 657.

9. La relation entre l'affrontement verbal et les modifications endocriniennes était insignifiante chez les hommes âgés.

10. T. Wagner et K. Ochsner, « Sex Differences in the Emotional Brain », *NeuroReport* 16 (2005), p. 85-87.

11. Sur l'importance des relations personnelles, voir C. Ryff *et al.*, « Elective Affinities and Uninvited Agonies : Mapping Emotion with Significant Others Onto Health », in *Emotion, Social Relationships, op. cit.* Depuis le Moyen Âge, l'importance donnée par les hommes à leurs relations s'accroît, mais sans atteindre celle que leur donnent les femmes.

12. Sur les femmes et la sollicitude, voir R.C. Kessler *et al.*, « The Costs of Caring : A Perspective on the Relationship Between Sex and Psychological Distress », in *Social Support : Theory, Research and Applications*, I.G. Sarason et B.R. Sarason éditeurs (Boston : Martinus Nijhoff, 1985), p. 491-507.

13. Sur la plus grande sensibilité des femmes, voir M. Corriel et S. Cohen, « Concordance in the Face of a Distressful Event », *Journal of Personality and Social Psychology* 69 (1995), p. 289-299.

14. Sur les souvenirs et les modifications biologiques, voir Kiecolt-Glaser *et al.*, « Marital Stress », *op. cit.*

15. De nombreuses études le prouvent. Voir par exemple J. Kiecolt-Glaser *et al.*, « Marital Conflict in Older Adults : Endocrinological and Immunological Correlates », *Psychosomatic Medicine* 59 (1997), p. 339-349 ; T.J. Mayne *et al.*, « The Differential Effect of Acute Marital Distress on Emotional, Physiological and Immune Functions in Maritally Distressed Men and Women », *Psychology and Health* 12 (1997), p. 277-288 ; T.W. Smith *et al.*, « Agency, Communion, and Cardiovascular Reactivity During Marital Interaction », *Health Psychology* 17 (1998), p. 537-545.

16. Sur les maladies cardiaques entraînant la mort des femmes, voir J. Coyne *et al.*, « Prognostic Importance of Marital Quality for Survival of Congestive Heart Failure », *American Journal of Cardiology* 88 (2001), p. 526-529.

17. Sur le syndrome du cœur brisé, voir I. Wittstein *et al.*, « Neurohumoral Features of Myocardial Stunning Due to Sudden Emotional Stress », *New England Journal of Medicine* 352 (2005), p. 539-548.

18. Sur la satisfaction et la santé des femmes, voir L. Gallo *et al.*, « Marital Status and Quality in Middle-aged Women : Association with Levels and Trajectories of Cardiovascular Risk Factors », *Health Psychology* 22, n° 5 (2003), p. 253-263.

19. Sur le contact de la main, voir J.A. Coan *et al.*, « Spouse But Not Stranger Hand Holding Attenuates Activation in Neural Systems Underlying Respose to Threat », *Psychological Science* (2006).

20. Le circuit comprend l'insula, l'hypothalamus, le cortex préfrontal droit et l'aire cingulaire antérieure.

21. Sur la neuroendocrinologie et l'ocytocine, voir C. Sue Carter, « Neuroendocrine Perspectives on Social Attachment and Love », *Psychoneuroimmunology* 23 (1998), p. 779-818. Les données existantes sur les aspects bénéfiques de l'ocytocine pour la santé sont convaincantes, mais en cartographiant les impacts biologiques des relations, les chercheurs vont sans doute découvrir que d'autres voies neuroendocrines y sont également impliquées.

22. Sur les bienfaits pour la santé, voir K. Uvnäs-Moberg, « Oxytocin Linked Antistress Effects : The Relaxation and Growth Responses », *Acta Physiologica Scandinavica* 161 (1997), p. 38-42. Bien que l'ocytocine ait une demi-vie courte – quelques minutes –, il semble qu'elle déclenche une cascade de mécanismes secondaires ayant des avantages certains pour la santé.

23. Sur la tension et l'ocytocine, voir *ibid.*

24. C. Radziwill, *What Remains : A Memoir of Fate, Friendship and Love* (New York : Scribner, 2005).

25. Sur les femmes et le stress, voir S.E. Taylor *et al.*, « Female Responses to Stress : Tend-and-Befriend, not Fight-and-Flight », *Psychological Review* 107 (2000), p. 411-429. Voir aussi S.E. Taylor, *The Tending Instinct* (New York : Times Books, 2002).

26. Sur les relations comme régulateurs émotionnels, voir L. Diamond et L. Aspinwall, « Emotion Regulation Across the Life Span : An Integrating Perspective Emphasizing Self-regulation, Positive Affect and Dyatic Processes », *Motivation and Emotion* 27, n° 2 (2003), p. 125-156.

27. Certains chercheurs prétendent que l'ensemble de notre activité cardiovasculaire et neuroendocrinienne varie à un degré signifiant en fonction de la qualité émotionnelle de nos principales relations. Voir par exemple J. Cacioppo, « Social Neuroscience : Autonomic, Neuroendocrin, and Immune Responses to Stress », *Psychophysiology* 31 (1994), p. 113-128.

28. Sur le stress et la contagion, voir B. Gump et J. Kulik, « Stress, Affiliation and Emotional Contagion », *Journal of Personality and Social Psychology* 72, n° 2 (1997), p. 305-319.

29. Sur l'attente de l'opération, voir J. Kulik *et al.*, « Stress and Affiliation : Hospital Roommate Effects on Preoperative Anxiety and Social Interaction », *Health Psychology* 12 (1993), p. 118-124.

30. En ce sens, on peut dire que le réseau des personnes attachées à un malade serait une ressource sous-utilisée.

31. Sur l'activité cérébrale des personnes presque inconscientes, voir N.D. Schiff *et al.*, « fMRI Reveals Large-scale Network Activation in Minimally Conscious Patients », *Neurology* 64 (2005), p. 514-523.

32. M. Pettus, *The Savvy Patient* (Richmond, Va. : Capital Books, 2004).

18. Pour une médecine plus humaine

1. Sur ces chiffres, voir S. Chopra *et al.*, « Physician Burnout », *Student JAMA* 291 (2004), p. 633.

2. Sur le chirurgien devenu patient, voir P. Frost, « Why Compassion Counts ! », *Journal of Management Inquiry* 8 (1999), p. 127-133. La saga de ce chirurgien est inspirée de l'histoire de Fitzhugh Mullan, médecin qui a écrit un livre sur son expérience de médecin responsable transformé en patient impuissant atteint d'un cancer : *Vital Signs : A Young Doctor's Struggle with Cancer* (New York : Farrar, Straus & Giroux, 1982). J'ai légèrement modifié et abrégé la version de Frost.

3. D. Kuhl, *What Dying People Want* (Garden City, N.Y. : Doubleday, 2002).

4. Voir à ce sujet W. Levinson *et al.*, « Physician-Patient Communication : The Relationship with Malpractice Claims Among Primary Care Physicians and Surgeons », *Journal of American Medical Association* 227 (1997), p. 553-559.

5. Sur l'humour, voir F. Sala *et al.*, « Satisfaction and the Use of Humor by Physicians and Patients », *Psychology and Health* 17 (2002), p. 269-280.

6. Sur la satisfaction des patients, voir D. Roter, « Patient-Centered Communication », *British Medical Journal* 328 (2004), p. 303-304.

7. Il semble que les médecins ne soient pas les meilleurs juges de ce que comprennent leurs patients. Quand on a interrogé des malades traités pour infarctus du myocarde ou pneumonie sur leur programme de soins ambulatoires, seuls 57 % avaient compris le protocole. Mais quand on a posé la même question aux praticiens qui avaient élaboré et expliqué à leurs patients ces protocoles, ils ont répondu que 89 % d'entre eux les avaient compris. Cette disparité a été confirmée par le fait que 58 % des patients seulement savaient quand ils pourraient reprendre leurs activités, alors que leur médecin assurait aux chercheurs qu'ils étaient 95 % à le savoir. Voir C. Rogers, « Communications 101 », *American Academy of Orthopedic Surgeons'Bulletin* 147 (1999), p. 5.

8. Sur ces enquêtes, voir *ibid*.

9. Voir N. Abernathy, « Empathy in Action », *Medical Encounter* (hiver 2005), p. 6.

10. Sur la sécurisation et la compassion, voir O. Gillath *et al.*, « An Attachment-Theoretical Approach to Compassion and Altruism », in *Compassion : Conceptualizations, Research and Use in Psychotherapy,* P. Gilbert éditeur (London : Routledge & Kegan Paul, 2004).

11. W. Kahn, « Caring for the Caregivers : Patterns of Organizational Caregiving », *Administrative Science Quarterly* 38 (1993), p. 539-563.

12. L. Strazdins, « Emotional Work and Emotional Contagion », in *Managing Emotions in the Workplace*, N. Ashkanazy *et al.* éditeurs (Armonk, N.Y. : M.E. Sharpe, 2002).

13. Pour plus de détails, voir L. Spencer et S. Spencer, *Competence at Work : Models for Superior Performance* (New York : John Wiley, 1993).

14. Voir K.B. Schwartz, « A Patient's Story », *Boston Globe Magazine*, 16 juillet 1995.

15. Le centre Schwartz a un site Web : www.theschwartzcenter.org.

16. M. Lipkin *et al.*, *The Medical Interview* (New York : Springer-Verlag, 1995).

19. Les conditions idéales de la réussite

1. A. Arnsten, « The Biology of Being Frazzled », *Science* 80 (1998), p. 1711-1713.

2. Bel exemple de la sagesse de la nature dans les situations extrêmes – du moins pour ceux qui ont des réflexes bien entraînés. Le problème se pose quand cette même réaction intervient en l'absence de danger mortel. En pareil cas, nous devons faire intervenir le centre exécutif du cerveau, pas nos automatismes primaires. Pour donner le maximum de nos capacités, il faut que la route basse soutienne la route haute – sans prendre le pas sur elle.

3. Sur l'intensité du stress et son influence incapacitante, voir J.T. Noteboom, *et al.*, « Activation of the Arousal Response and Impairment of Performance Increase with Anxiety and Stressor Intensity », *Journal of Applied Physiology* 91 (2001), p. 2039-2101.

4. Malgré ce dysfonctionnement momentané des centres exécutifs du cerveau, celui-ci peut encore prendre des décisions adaptées et efficaces. C'est ce que démontrent des études de personnes confrontées en permanence à des situations de stress telles que guerre, incendie, et matchs de basket-ball. Face au danger, les chefs les plus expérimentés s'en remettaient à des tactiques et automatismes acquis au fil des ans. Un capitaine de pompiers, par exemple, restait capable de diriger ses hommes au milieu du chaos et de la terreur en se fiant à des intuitions forgées grâce à une longue suite de situations semblables. Les novices, par contre, risquaient davantage l'échec. Voir F. Fiedler, « The Curious Role of Cognitive Resources in Leadership », in *Multiple Intelligence and Leadership*, R.E. Riggio *et al.* éditeurs (Mahwah, N.J. : Erlbaum, 2002).

5. Sur les corrélations entre cerveau, tristesse et joie, voir A.R. Damasio *et al.*, « Subcortical and Cortical Brain Activity During the Feeling of Self-Generated Emotions », *Nature Neuroscience* 3 (2002), p. 1042-1056.

6. S. Intrator, *How Teaching Can Inspire Real Learning in the Classroom* (New Haven, Conn. : Yale University Press, 2003).

7. Une humeur optimiste, par exemple, peut rendre les gens plus réalistes ; quand quelqu'un qui se sent en pleine forme a un objectif important à atteindre, il va se mettre à la recherche d'informations utiles, même si elles sont sombres et déprimantes. Voir par exemple L.G. Aspinwall, « Rethinking the Role of Positive Affect in Self-regulation », *Motivation and Emotion* 22 (1998), p. 1-32. À l'inverse, la bonne humeur n'est pas toujours favorable à nos entreprises : quand on se sent joyeux, on a du mal à se concentrer sur les détails d'un contrat par exemple. Et la mauvaise humeur peut parfois rendre nos perceptions plus réalistes. Mieux vaut être sérieux quand les circonstances l'exigent. Pour plus de détails, voir N.M. Ashkanasy *et al.*, « Emotions in Organizations : A Multilevel Perspective », in *Emotions in the Workplace : Research, Theory, and Practice*, N.M. Ashkanasy *et al.* éditeurs (Westport, Conn. : Quorum Books, 2000).

8. Sur les diagnostics des radiologues, voir C.A. Estrada *et al.*, « Positive Affect Facilitates Integration of Information and Decreases Anchoring in Reasoning Among Physicians », *Organiza-*

tional Behavior and Human Decision Processes 72 (1997), p. 117-135.

9. Plus nous avons de mal à accomplir une tâche donnée, plus la carte des sites activés dans notre cerveau sera diffuse et imprécise. Elle est également floue quand nous sommes en train de rêvasser, de nous ennuyer, ou quand nous sommes très anxieux, par exemple. La carte d'activation du cerveau pendant les pics d'efficacité cognitive correspond exactement à la tâche entreprise. L'imagerie cérébrale montre bien que quand une personne fait quelque chose, le cerveau mobilise les sites les plus pertinents avec cette activité, et pas les autres (qui représenteraient une distraction ou une activité différente). L'efficacité cognitive implique que les outils cérébraux spécifiques contribuent à l'accomplissement de la tâche de façon coordonnée.

10. Les élèves qui n'aiment pas les maths, par exemple, ont moins de mémoire de travail disponible quand ils s'attaquent à un problème de maths. Leur anxiété occupe l'espace nécessaire pour les maths, limitant leur aptitude à résoudre le problème ou à comprendre un nouveau concept. Voir M. Ashcroft et E. Kirk, « The Relationship Among Working Memory, Math Anxiety, and Performance », *Journal of Experimental Psychology* 130, n° 2 (2001), p. 224-227.

11. Cette thèse, formulée en termes de « système X » et « système C » (correspondant en gros à la route basse et à la route haute), est proposée par M. Lieberman *et al.*, « A Pain by Any Other Name (Rejection, Exclusion, Ostracism) Still Hurts the Same : The Role of Dorsal Anterior Cingulate in Social and Physical Pain », in *Social Neuroscience : People Thinking About Thinking People*, J. Cacioppo *et al.* éditeurs (Cambridge, Mass : MIT Press, 2005).

12. Sur le cortisol et le U renversé, voir H.C. Abercrombie *et al.*, « Cortisol Variation in Humans Affects Memory for Emotionally Laden and Neutral Information », *Behavioral Neuroscience* 117 (2003), p. 505-516.

13. Un stress modéré augmente la concentration. Voir E. Chajut et D. Algom, « Selective Attention Improves Under Stress : Implications for Theories of Social Cognition », *Journal of Personality and Social Psychology* 85 (2003), p. 231-248.

14. Voir par exemple M. Mikulincer *et al.*, « Attachment, Caregiving and Altruism : Boosting Attachment Security Increases

Compassion and Helping », *Journal of Personality and Social Psychology* 89 (2005), p. 817-839.

15. M. Csikszentmihalyi et R. Larson, *Being Adolescent : Conflict and Growth in the Teenage Years* (New York : Basic Books, 1984).

16. Sur les patrons de mauvaise humeur, voir J.M. George et A.P. Brief, « Motivational Agendas in the Workplace », *Research and Organizational Behaviour* 18 (1996), p. 75-109.

17. En décrivant la relation entre humeur et résultats par cette courbe en U renversé, je simplifie un peu trop. Chaque émotion majeure exerce son influence propre sur notre façon de penser. Nos humeurs modifient nos jugements ; quand nous sommes grognons, nous déprécions plus facilement tout ce que nous voyons ; à l'inverse, l'optimisme nous rend plus généreux et plus positifs. Voir Ashkanasy, « Emotions in Organizations », *op. cit.* Si la bonne humeur est productive, les émotions négatives peuvent être utiles dans certaines situations. Elles nous rendent plus attentifs aux détails et affinent notre capacité de choix. Cette relation entre tâches et état intérieur a été étudiée de près par J. Mayer de l'université du New Hampshire. À propos de l'influence de l'humeur sur les performances, voir D. Caruso *et al.*, *The Emotionally Intelligent Manager* (San Francisco : Jossey Bass, 2004). Sur les aspects purement neuroscientifiques, voir aussi J. Gray *et al.*, « Integration of Emotion and Cognition in the Lateral Prefrontal Cortex », *Proceedings of the National Academy of Sciences* 199 (2002), p. 4115-4120.

18. Sur le stress social et l'affaiblissement de la mémoire de travail, voir B. Elizuya et K. Rochlofs, « Cortisol-induced Impairments of Working Memory Requires Acute Sympathetic Activation », *Behavioral Neuroscience* 119 (2005), p. 98-103.

19. La destruction de l'hippocampe met fin à la capacité d'apprendre ; les personnes privées d'hippocampe vivent chaque instant comme si l'instant précédent n'avait jamais existé. Certaines maladies ou chocs traumatiques réduisent la taille de l'hippocampe en détruisant des neurones. Mais ceux-ci se régénèrent progressivement lorsque la cause du mal a disparu.

20. R. Alpert et R.N. Haber, « Anxiety in Academic Achievement Situations », *Journal of Abnormal and Social Psychology* 61 (1960), p. 207-215.

21. S. Beilok et T. Garr, « When High-powered People Fail : Working Memory and "Choking Under Pressure" in Math », *Psychological Science* 16 (2005), p. 101-105.

22. J. Nakamura, « Optimal Experience and the Uses of Talent », in *Optimal Experience : Psychological Studies of Flow in Consciousness*, M. et I. Csikszentmihalyi éditeurs (New York : Cambridge University Press, 1988).

23. Sur les effets des expressions positives sur le visage des patrons, voir M.T. Newcombe et N.M. Ashkanasy, « The Code of Affect and Affective Congruence in Perceptions of Leaders », *Leadership Quarterly* 13 (2002), p. 601-604.

24. M.T. Dasborough, « Cognitive Assymetry in Employee Emotional Reactions to Leadership Behaviours », *Leadership Quarterly* 17 (2006) p. 163-178. Voir également T. Sy *et al.*, « The Contagious Leader : Impact of the Leader's Mood on the Mood of Group Members, Group Affective Tone and Group Processes », *Journal of Applied Psychology* 90 (2005), p. 295-305.

25. N. Ashkanasy *et al.*, « Managing Emotions in a Changing Workplace », in *Emotions in the Workplace, op. cit.*

26. J. Harter, Gallup Organization, rapport non publié, décembre 2004.

27. Ce sondage est cité par A. Zipkin, « The Wisdom of Thoughtfulness », *New York Times*, 31 mai 2000, p. C5.

28. Voir l'édition spéciale du *Journal of School Health* 74, n° 7, septembre 2004.

29. Voir B. Hamre et R. Pianta, *Child Development* 76 (2005), p. 949-967.

30. K. Wentzl, « Are Effective Teachers Like Good Parents ? Teaching Styles and Student Adjustment in Early Adolescence », *Child Development* 73 (2002), p. 287-301.

31. J. Durlak et R. Weisberg, « A Major Meta-Analysis of Positive Youth Development Programs », rapport présenté à la réunion annuelle de l'American Psychological Association, à Washington, en août 2005.

32. Sur les bénéfices éducatifs d'un environnement bienveillant, voir par exemple K.F. Osterman, « Students' Need for Belonging in the School Community », *Review of Educational Research* 70 (2000), p. 323-367.

20. Maisons de connexions

1. J'ai emprunté ces informations à un rapport de la fondation Annie E. Casey, « Small is Beautiful », Missouri Division of Youth Services, 2003.

2. Sur les taux de récidive, voir *ibid*. Mais les comparaisons entre États doivent être considérées avec précaution ; elles peuvent ne pas refléter des mesures identiques. Pour une meilleure comparaison, il faudrait intégrer tous les États et un suivi identique des prisonniers libérés.

3. Sur les lésions préfrontales, voir A. Raine *et al.*, « Brain Abnormalities in Murderers Indicated by Positron Emission Tomography », *Biological Psychiatry* 42 (1997), p. 495-508.

4. A. Raine *et al.*, « Reduced Prefrontal Gray Matter Volume and Reduced Autonomic Activity in Antisocial Personality Disorder », *Archives of General Psychiatry* 57 (2000), p. 119-127. Voir aussi R.J. Davidson, K.M. Putnam et C.L. Larson, « Dysfunction in the Neural Circuitry of Emotion Regulation – A Possible Prelude to Violence », *Science* 289 (2000), p. 591-594.

5. Sur les lobes préfrontaux et le contrôle cognitif, voir E.K. Miller et J.D. Cohen, « An Integrative Theory of Prefrontal Cortex Function », *Annual Review of Neuroscience* 24 (2001), p. 167-202.

6. Ce délai neurologique a été pris en compte par la Cour suprême qui, en 2005, a décidé de ne pas autoriser l'exécution des mineurs parce que leur cerveau n'a pas atteint la maturité nécessaire pour que leurs capacités de prise de décision et de contrôle des pulsions aient atteint le même niveau que celles des adultes.

7. Le coût annuel de ce vaste système carcéral a dépassé soixante milliards de dollars en 2002. Sur la population carcérale, voir Bureau of Justice Statistics, US Department of Justice, novembre 2005.

8. Voir P. Langer et D. Levin, « Recidivism of Prisoners Released in 1994 », rapport du Bureau of Justice Statistics, NCJ 193427, juin 2002.

9. Coalition du comté de Kalamazoo pour la justice criminelle, « A Plan for Integrating Prevention, Intervention, Corrections and

Reintegration Programs in the Kalamazoo County Criminal Justice System », 15 septembre 2004.

10. Voir Dr Felton Earls, « On Crime as Science » *New York Times*, 6 janvier 2004.

11. Voir R.J. Sampson *et al.*, « Neighborhoods and Violent Crime : A Multilevel Study of Collective Efficacy », *Science* 277 (1997), p. 918-924.

12. La création d'une plus grande cohésion sociale est une expérience qui reste à faire.

13. N. Guerra et R. Slaby, « Cognitive Mediators of Aggression in Adolescent Offenders : 2. Intervention », *Developmental Psychology* 26 (1990), p. 269-277.

14. Voir « Childhood on Trial : The Failure of Trying and Sentencing Youth in Adult Criminal Courts », rapport annuel de la Coalition for Juvenile Justice, 2005.

15. Ces circuits restent assez malléables tout au long de la vie ; si une personne est suffisamment motivée pour apprendre, elle le pourra, quel que soit son âge, avec une méthode d'apprentissage adéquate. Mais après vingt-cinq ans, il faut plus de temps et d'efforts pour modeler ces circuits. Sur les méthodes d'apprentissage adéquates, voir D. Goleman *et al.*, *Primal Leadership* (Boston : Harvard Business School Press, 2002).

16. Voir *What Works : Reducing Reoffending*, J. McGuire éditeur (New York : Jon Wiley, 1995) ; J. MacGuire, *Offender Rehabilitation and Treatment* (New York : John Wiley, 2002).

17. Pour les programmes d'apprentissage social et émotionnel, voir www.casel.org.

18. Sur ces chiffres, voir W. Garrard, « Does Conflict Resolution Education Reduce Antisocial Behavior in Schools ? The Evidence Says Yes », communication faite à la réunion de la Commission de l'Ohio sur la résolution et la gestion des conflits à Columbus, Ohio, en novembre 2005.

19. Sur ces programmes, voir notamment www.lionheart.org. Voir aussi Z. Stambor, « Can Teaching Troubled Teens Social Problem-solving Keep Them Out of Trouble ? », *Monitor on Psychology* (décembre 2005), p. 90-91.

20. Sur la réunion du Bucks County, voir L. Mirsky, « Directions *Burning Bridges*, a Documentary About a Restorative Conference », sur www.realjustice.org.

21. Sur la justice réparatrice, voir G. Johnstone, *Restorative Justice* (London : Willan Publishers, 2001).

22. Sur la récidive et la thérapie multisystémique, voir C.M. Brouin *et al.*, « Multisystemic Treatment of Serious Juvenile Offenders : Long-term Prevention of Criminality and Violence », *Journal of Consulting and Clinical Psychology* 63 (1995), p. 569-578.

23. *Ibid.*

24. Sur l'âge des prisonniers, voir P. Harrison et A.J. Beck, « Prisoners in 2003 », bulletin du Bureau of Justice Statistics, Washington D.C., novembre 2004.

21. D'Eux à Nous

1. Cette anecdote, vécue par Peter Senge, est rapportée dans son livre *Presence : Human Purpose and the Field of the Future* (Cambridge, Mass. : Society for Organizational Learning, 2004).

2. Sur cette expérience, voir par exemple D. Krebs, « Empathy and Altruism : An Examination of the Concept and a Review of the Literature », *Psychological Bulletin* 73 (1970), p. 258-302 ; C.D. Batson, *The Altruism Question : Toward a Scientific Answer* (Hillsdale, N.J. : Erlbaum, 1991).

3. Phrase prononcée par Elie Wiesel lors du soixantième anniversaire de la libération d'Auschwitz. Voir le *Jerusalem Post* du 25 janvier 2005.

4. Les données fournies par le « test d'associations implicites » suggèrent qu'aux États-Unis la plupart des Blancs et environ la moitié des Noirs associent plus rapidement aux Blancs des termes positifs comme « joie » et aux Noirs des termes négatifs comme « bombe ». Les personnes se déclarant antiracistes sont souvent dépitées de découvrir qu'elles ont un préjugé favorable en faveur des Blancs.

5. À propos de ce test, voir A. Greenwald *et al.*, « Measuring Individual Differences in Implicit Cognition : The Implicit Association Test », *Journal of Personality and Social Psychology* 74 (1998), p. 1464-1480.

6. L'imagerie cérébrale révèle que plus la personne a de préjugés subtils envers une catégorie, plus son amygdale s'active devant des photos de Blancs, de femmes de science ou de personnes âgées. Voir A. Hart *et al.*, « Differential Response in the Human Amygdala to Racial Out-group Versus In-group Face Stimuli », *NeuroReport* 11 (2000), p. 2351-2355 ; E. Phelps et M.R. Banaji, « Performance on Indirect Measures of Race Evaluation Predicts Amygdala Activation », *Journal of Cognitive Neuroscience* 12 (2000), p. 729-738. Et quand des images de visages d'un groupe Eux sont montrées très vite, de manière à ne pas être enregistrées consciemment, l'amygdale réagit plus violemment qu'aux images vues consciemment. Voir aussi W.A. Cunningham *et al.*, « Separable Neural Components in the Processing of Black and White Faces », *Psychological Science* 15 (2004), p. 806-813.

7. I.V. Blair, « The Malleability of Automatic Stereotypes and Prejudice », *Personality and Psychological Review* 202 (2002), p. 242-261.

8. Voir N. Dasgupta et A. Greenwald, « On the Malleability of Automatic Attitudes : Combating Automatic Prejudice with Images of Admired and Disliked Individuals », *Journal of Personality and Social Psychology* 81 (2001), p. 800-814.

9. À propos de ces méthodes, voir Blair, « Malleability », *op. cit.*

10. Curieusement, la personne qui a décidé de se débarrasser d'un parti pris négatif en est capable si elle voit consciemment la personne du groupe cible entrer dans son champ de vision. Mais si l'image est subliminale (33 millisecondes), le préjugé implicite demeure. Voir *ibid.*

11. Voir à ce sujet M. Lieberman *et al.*, « A Pain by Any Other Name (Rejection, Exclusion, Ostracism) Still Hurts the Same : The Role of Dorsal Anterior Cingulate Cortex in Social and Physical Pain », in *Social Neuroscience : People Thinking About Thinking People*, J. Cacioppo *et al.* éditeurs (Cambridge, Mass. : MIT Press, 2005).

12. Cette étude permet aussi de comprendre pourquoi les démagogues ont toujours suscité la peur et la colère en plus de l'hostilité envers les groupes Eux. Le sentiment de sécurité représente en effet une menace pour les préjugés.

13. Voir T. Pettigrew et L. Tropp, « A Meta-analytical Test of Intergroup Contact Theory », *Journal of Personality and Social Psychology* (2006).

14. Voir R. Van Dick *et al.*, « Role of Perceived Importance in Intergroup Conflict, *Journal of Personality and Social Psychology* 87, n° 2 (2004), p. 211-227.

15. Sur les schismes entre ethnies en Europe, voir T. Pettigrew, « Generalized Intergroup Contact Effects on Prejudice », *Personality and Social Psychology Bulletin* 23 (1997), p. 173-185.

16. Sur l'Allemagne et les préjugés, voir U. Wagner *et al.*, « Ethnic Prejudice in East and West Germany : The Explanatory Power of Intergroup Contact », *Group Processes and Intergroup Relations* 6 (2003), p. 22-36.

17. Sur les effets relatifs des affects et des catégories cognitives, voir Pettigrew et Tropp, « Meta-analytic Test », *op. cit.*

18. Sur la réorganisation des catégories, voir S. Rakosi Rosenblum et N. Way, « Experiences of Discrimination Among African American, Asian American and Latino Adolescents in an Urban High School », *Youth and Society* 35 (2004), p. 420-451.

19. E. Aronson, *Nobody Left to Hate* (New York : W.H. Freeman, 2000), p. 15.

20. Voir à ce sujet M. Twenge *et al.*, « Social Exclusion and the Deconstructed State : Time Perception, Meaninglessness, Lethargy, Lack of Emotion and Self-awareness », *Journal of Personality and Social Psychology* 85 (2003), p. 409-423.

21. Voir T. Schmader et M. Johns, « Converging Evidence that Stereotype Threat Reduce Working Memory Capacity », *Journal of Personality and Social Psychology* 85 (2003), p. 440-452.

22. S. Gaertner *et al.*, « The Contact Hypothesis », in *What's Social about Social Cognition ?*, J. Nye et A. Brower éditeurs (Thousand Oaks, Calif. : Sage, 1996).

23. Voir J. Berger, « A Muslim Santa's Gift to an Interfaith Group : Free Rent », *New York Times*, 24 décembre 2004.

24. Sur les dimensions physiologiques du pardon, voir Fred Luskin, *Forgive for Good* (San Francisco : HarperSanFrancisco, 2001).

25. *Ibid.*

26. Le feuilleton *New Dawn* est produit par George Weiss, la Benvulencija Productions, Amsterdam. Le projet Rwanda a un site : www.Heal-reconcile-Rwanda.org.

27. E. Staub, *The Roots of Evil* (New York : Cambridge University Press, 1992).

28. E. Staub et L.A. Pearlman, « Advancing Healing and Reconciliation in Rwanda and Other Post-conflict Settings », in *Psychological Interventions in Time of Crisis*, L. Barbanel et R. Sternberg éditeurs (New York : Springer-Verlag, 2006).

Épilogue : Ce qui compte vraiment

1. Sur la réification, voir J. Gustafson, « G.H. Mead and Martin Buber on the Interpersonal Self », in *The Perceived Self*, U. Neisser éditeur (New York : Cambridge University Press, 1993).

2. Voir G.H. Mead, *Mind, Self and Society* (Chicago : Chicago University Press, 1934), p. 310.

3. Si le roi du Bhoutan a décrété cette priorité nationale il y a plusieurs dizaines d'années, ce n'est qu'en 2004 que l'idée a fait l'objet d'une conférence internationale, à Timphu, capitale du royaume. Les minutes d'un séminaire antérieur ont été publiées en 1999 par le Centre d'études du Bhoutan sous le titre : *Gross National Happiness : A Set of Discussion Papers* (Timphu, Bhoutan).

4. Pour l'index des biens sociaux, voir www.neweconomics.org.

5. D. Myers, *The Pursuit of Happiness* (New York : William Morrow, 1992).

6. C. Camerer *et al.*, « Neuroeconomics : How Neuroscience Can Inform Economics, » *Journal of Economic Literature* 43 (2005), p. 9-64.

7. Weinberg fut aussi conseiller scientifique de deux présidents des États-Unis. Le laboratoire qu'il dirigeait à Oak Ridge fut l'un des principaux organismes à vouloir développer des programmes nucléaires civils et des technologies douces – médecine nucléaire, sources d'énergie alternatives, études climatiques, essais sur la génétique, entre autres. Voir A. Weinberg, *Reflections on Big Science* (Cambridge, Mass. : MIT Press, 1967).

8. Sur la violence structurelle, voir P. Farmer, *Pathologies of Power* (Berkeley : University of California Press, 2003).

9. Pour plus d'informations sur les programmes d'éducation parentale, voir par exemple www.families_first.org. Sur le développement des capacités sociales et émotionnelles, et les conséquences sur les résultats scolaires, voir www.casel.org.

10. Traduction J. Darras, in Walt Whitman, *Feuilles d'herbe*, Poésie/Gallimard 2002.

11. Susan Alberts, biologiste à l'université Duke, est citée dans « Social Baboons Make Better Mums », *New Scientist*, novembre 2003.

REMERCIEMENTS

Beaucoup de gens ont contribué à mon travail de réflexion pendant la préparation de ce livre, même si je suis le seul responsable des conclusions qu'il propose. Je suis particulièrement reconnaissant à ces experts qui ont revu certaines parties de mon texte, notamment : Cary Cherniss, de l'université Rutgers ; Jonathan Cohen, de l'université de Princeton ; John Crabbe, du Health and Science Center de l'Oregon ; John Cacioppo, de l'université de Chicago ; Richard Davidson, de l'université du Wisconsin ; Owen Flanagan, de l'université Duke ; Denise Gottfredson, de l'université du Maryland ; Joseph LeDoux, de l'université de New York ; Matthew Lieberman, de l'UCLA ; Kevin Ochsner, de l'université de Columbia ; Philip Shaver, de l'université de Californie à Davis ; Ariana Vora, de l'école de médecine de Harvard ; et Jeffrey Walker, JP Morgan Partners. Si le lecteur relève des erreurs dans ces pages, qu'il me les signale sur mon site web (www.Danielgoleman.info) et je m'efforcerai de les corriger lors de la prochaine réimpression.

Parmi tous ceux qui ont contribué à stimuler ma pensée, je remercie : Eliot Aronson, de l'université Stanford ; Neal Ashkanazy, de l'université du Queensland, Brisbane, Australie ; Warren Bennis, USC ; Richard Boyatzis, de l'université Case de la Réserve Ouest ; Shaldon Cohen, de l'université Carnegie Mellon ; Jonathan Cott, de New York ; Frans de Waal, de l'université Emory ; George Dreyfus du Williams College ; Mark Epstein, de New York ; Howard Gardner, de l'université Harvard ; Paul Ekman de l'université de Californie à San Francisco ; John Gottman, de l'université du Washington ; Sam Harris de l'UCLA ; Fred Gage, de l'institut Salk ; Layne Habib, de Shokan, New York ; Judith Hall, de l'université Northeastern ; Kathy Hall, du Collège américain international ; Judith Jordan, du Wellesley College ; John Kolodin, Hadley, Mass. ; Jeroma Kagan, de l'université Harvard ; Daniel Kahneman, de l'université de Princeton ; Margaret Kemeny, de l'université de Californie à San Francisco ; John Kihlstrom, de l'université de Californie à Berkeley ; John Kohlrieser, de l'Institut international de gestion, Lausanne, Suisse ; Robert Levenson, de l'université de Californie à Berkeley ; Carey Lowell, de New York ; Beth Lown, de l'école de médecine de Harvard ; Pema Latshang, du Département de l'éducation de New York ; Annie Mckee, de l'institut Teleos ; Carl Marci, de l'école de médecine de Harvard ; John Mayer, de l'université du New Hampshire ; Michael Meaney, de l'université Mc Gill ; Mario Mikulincer, de l'université Bar-Ilan, Ramat Gan, Israël ; Mudita Nisker et Dan Clurman, de Communication Options ; Stephen Nowicki, de l'université Emory ; Stephanie Preston, de l'université de l'Iowa ;

Hersh Shefrin, de l'université de Santa Clara ; Thomas Pettigrew, de l'université de Californie à Santa Cruz ; Stephan Rechstaffen, de l'institut Omega ; Ronald Riggio, du Claremont McKenna College ; Robert Rosenthal, de l'université de Californie à Riverside ; Susan Rosenbloom, de l'université Drew ; John F. Sheridan, de l'université de l'Ohio ; Joan Strauss, de l'hôpital général du Massachusetts ; Daniel Siegel, de l'UCLA ; David Spiegel, de l'école de médecine de Stanford ; Ervin Staub, de l'université du Massachusetts ; Daniel Stern, de l'université de Genève ; Erica Vora, de l'université de Saint-Cloud ; David Sluyter, de l'institut Fetzer ; Leonard Wolf, de New York ; Alvin Weinberg, de l'Institut pour l'analyse énergétique (retraité) ; Robin Youngston, de l'Association des directeurs de clinique en Nouvelle-Zélande.

Rachel Brod, ma principale collaboratrice, m'a facilité l'accès à des sources scientifiques considérables. Un grand merci également à Rowan Foster, qui est toujours prêt à réagir quand il le faut et qui gère très bien les choses. Toni Burbank reste un magnifique éditeur avec lequel j'ai toujours plaisir à travailler. Et comme toujours, je suis infiniment reconnaissant à Tara Bennett-Goleman, partenaire extrêmement inspirée dans le travail comme dans la vie, qui fut mon guide en intelligence relationnelle.

TABLE DES MATIÈRES

Dialogue autour du Dalaï-Lama

Daniel Goleman
auteur de *L'intelligence émotionnelle*

Surmonter
les émotions
destructrices

Un dialogue avec le Dalaï-Lama

Préface inédite
de Matthieu Ricard

(Pocket n° 12331)

Mars 2000, un groupe de penseurs et de scientifiques s'est réuni autour du Dalaï-Lama.
Selon la philosophie bouddhiste, la source du malheur est à rechercher dans « trois poisons » : le désir, la colère, l'illusion... Pour les surmonter et atteindre le but ultime de l'existence – le bonheur –, elle a élaboré une méthode qui constitue une véritable science de l'esprit humain. Ce dialogue devrait être une source de réflexion et d'inspiration pour tous ceux qui sont en quête d'une humanité en paix avec elle-même.

Il y a toujours un Pocket à découvrir

La maîtrise de la sérénité

Bertrand Poncet

Le bien-être
à votre portée

Méditation, relaxation,
massage, respiration

POCKET Évolution
Des livres pour vous faciliter la vie !

(Pocket n° 13320)

Voici un guide indispensable pour vous retrouver vous-même et apprendre à vivre en harmonie avec le monde qui vous entoure. Grâce à des exercices pratiques qui offrent des solutions radicales pour être plus en forme et moins stressé, vous profiterez des diverses techniques de relaxation énergétique, et découvrirez un art de vivre mettant en harmonie le corps et l'esprit.

Il y a toujours un Pocket à découvrir

Composé par Nord Compo
à Villeneuve-d'Ascq (Nord)

Achevé d'imprimer en Espagne
sur les presses de Black Print CPI Iberica
à Sant Andreu de la Barca
en mai 2011

POCKET – 12, avenue d'Italie – 75627 Paris cedex 13

Dépôt légal : juin 2011
S20318/01